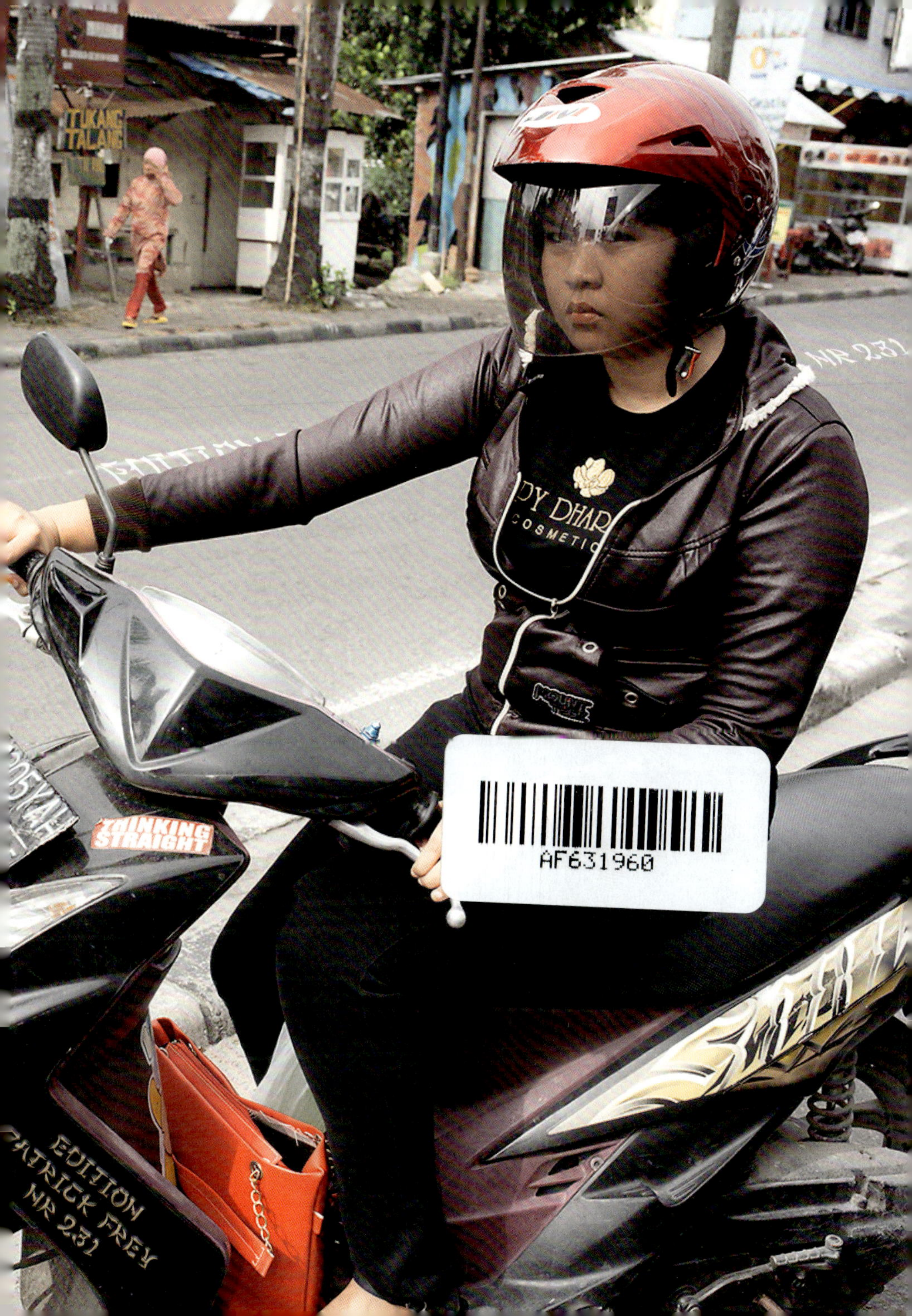
TUKANG
TALANG
NR 231
THINKING
STRAIGHT
AF631960
EDITION
PATRICK FREY
NR 231

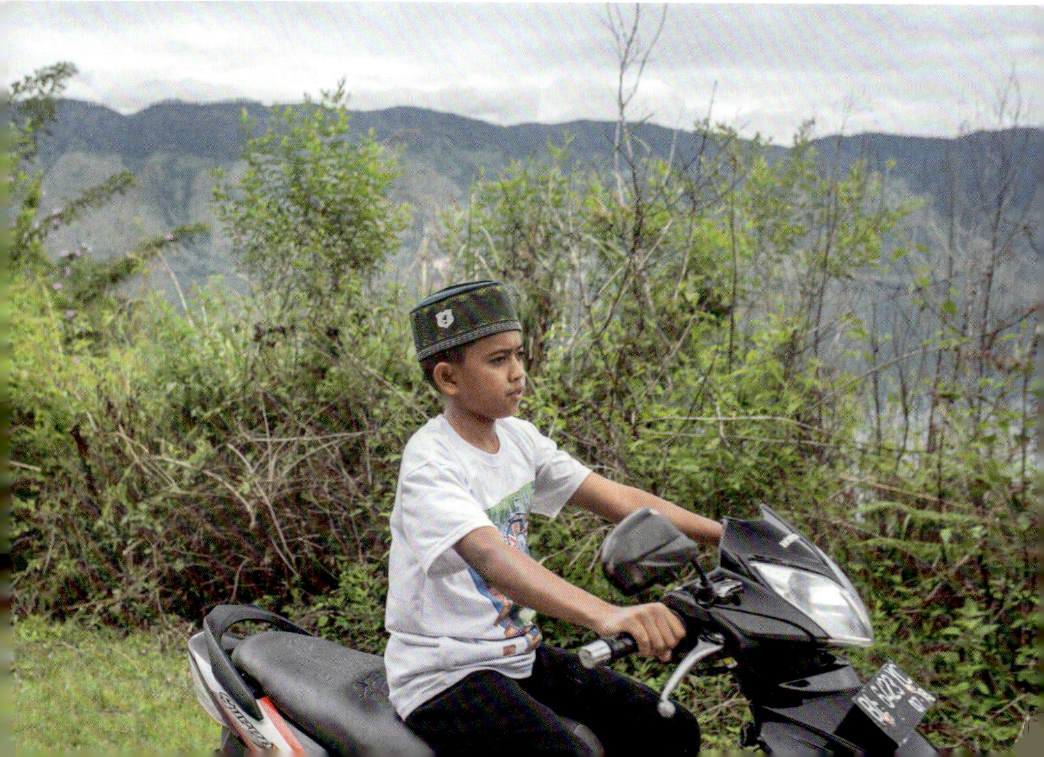

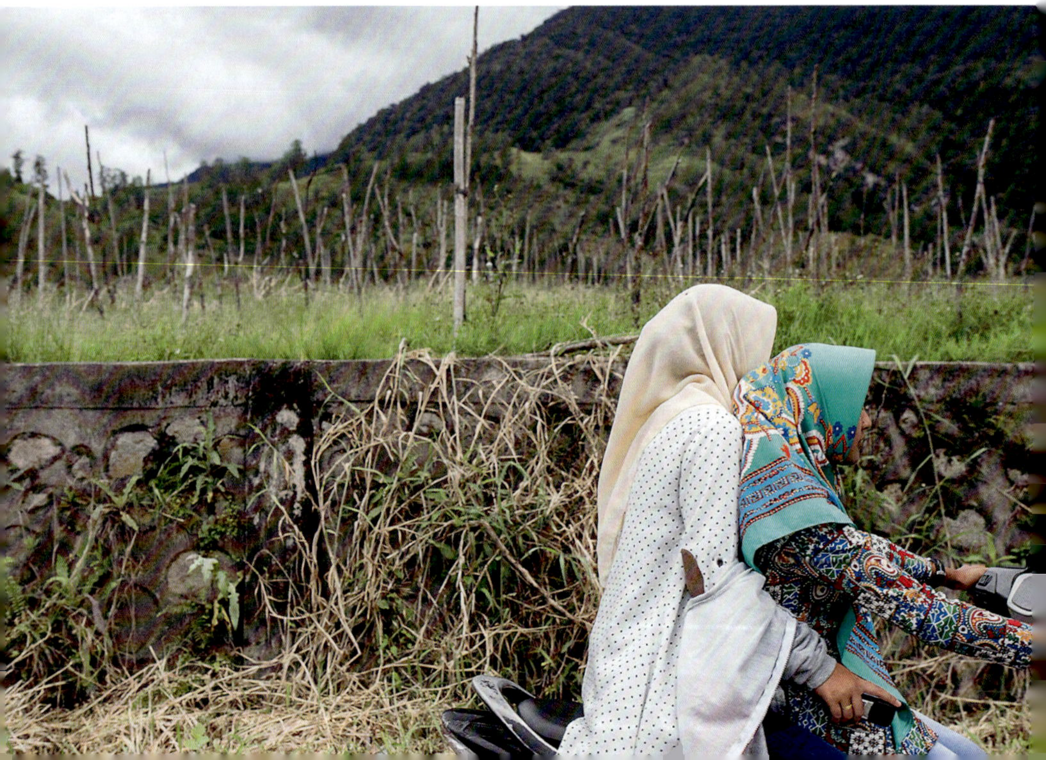

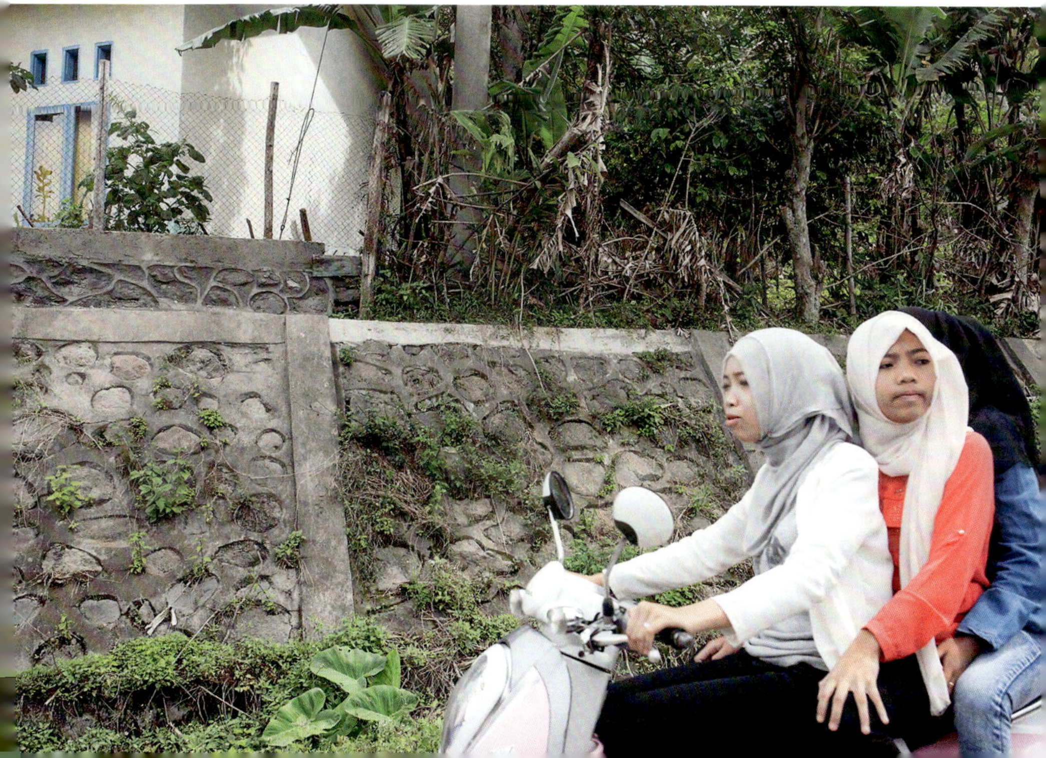

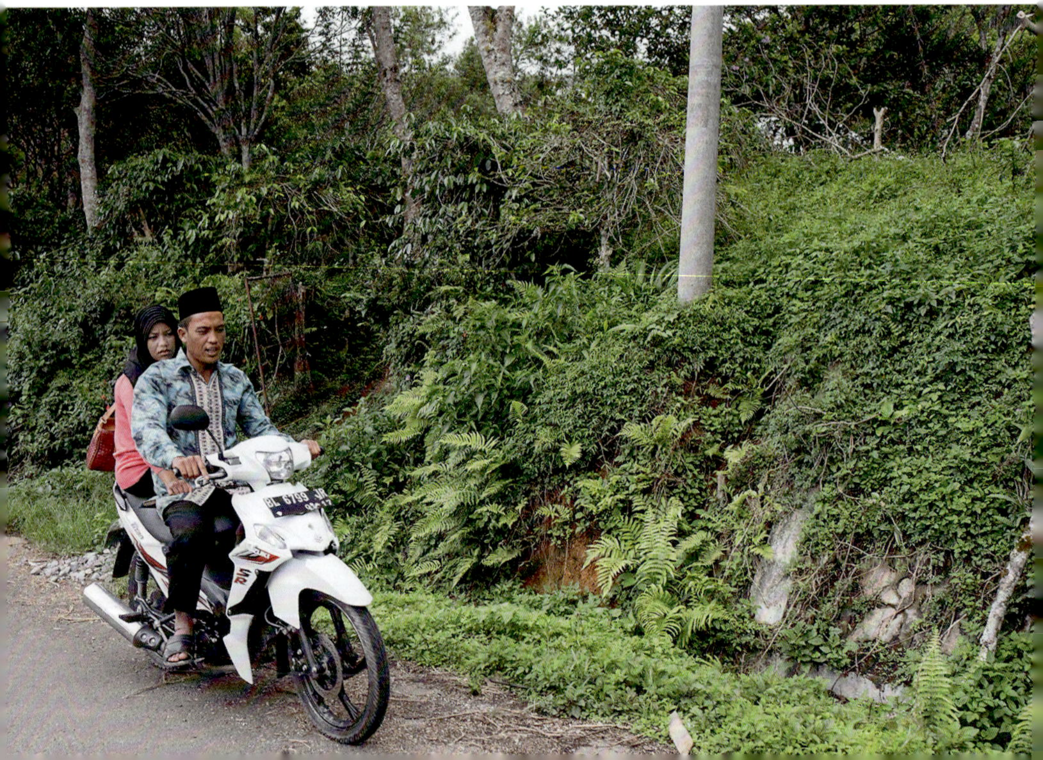

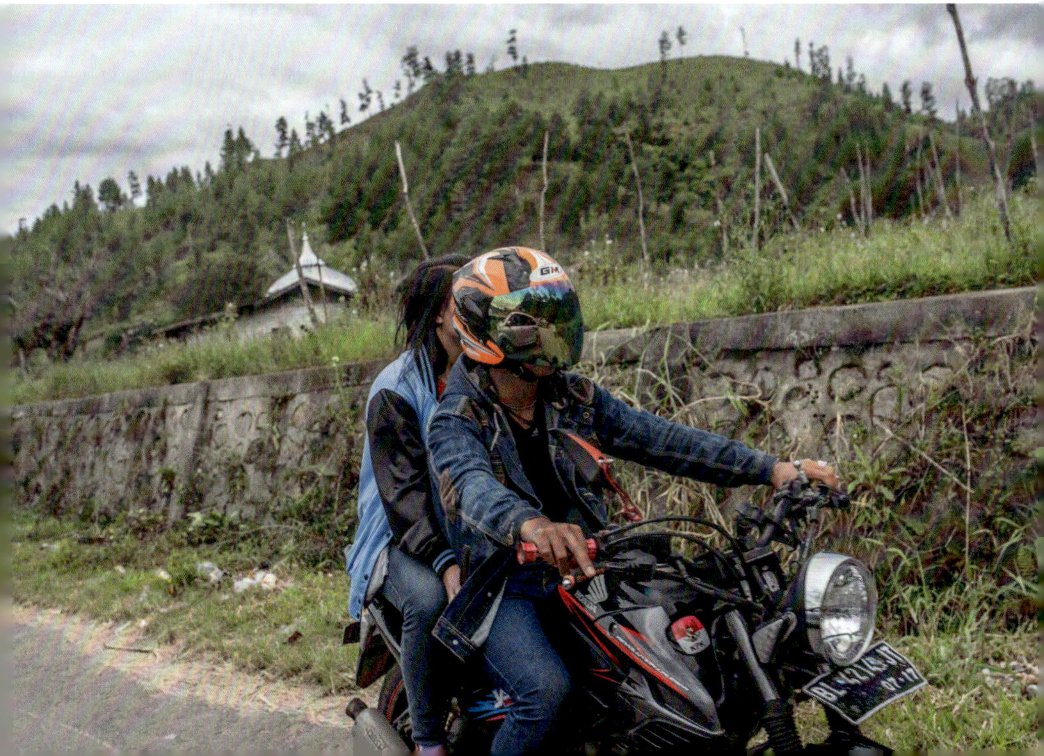

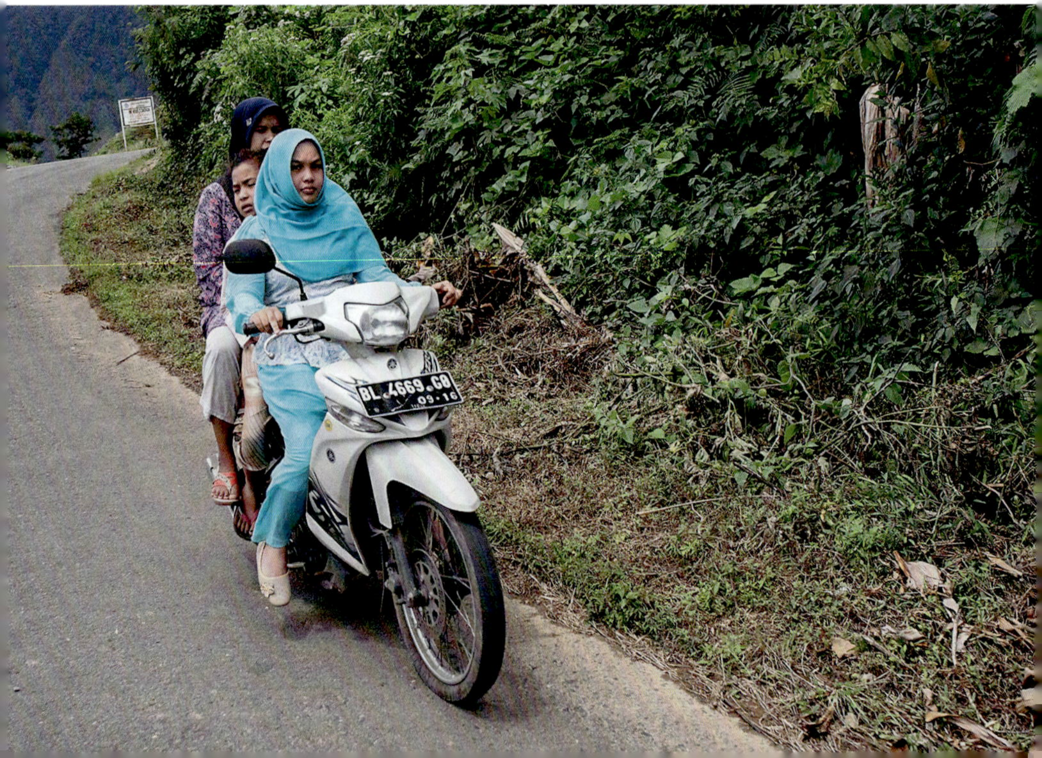
BL 4669
09 · 16

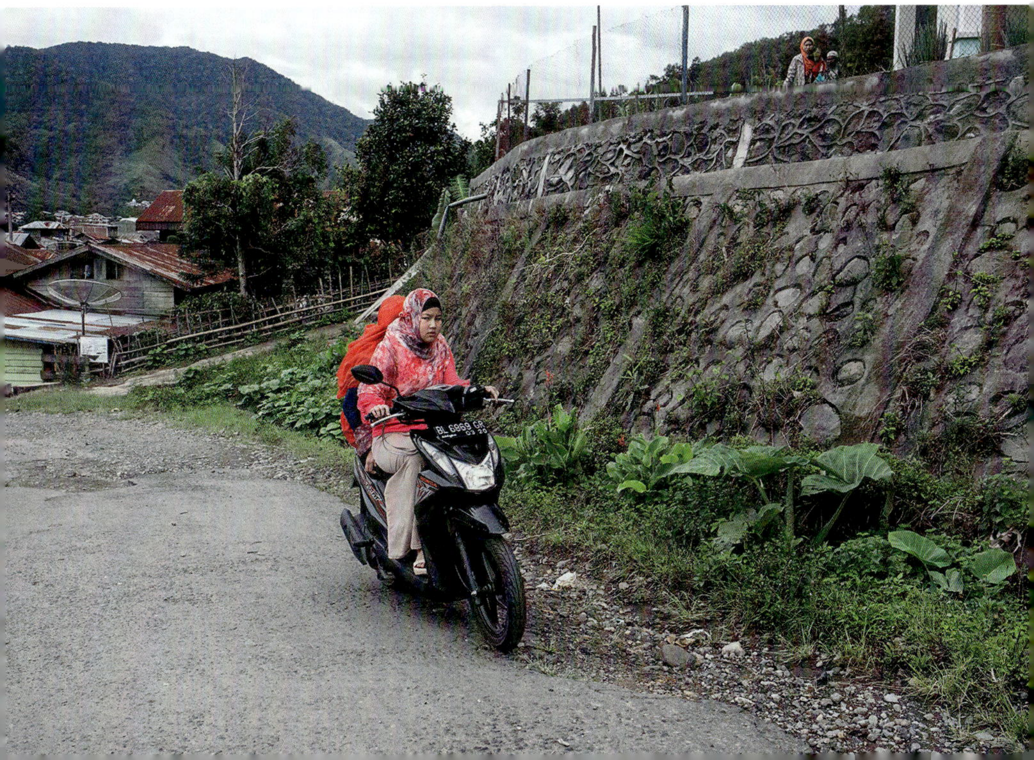
BL 6869 GB

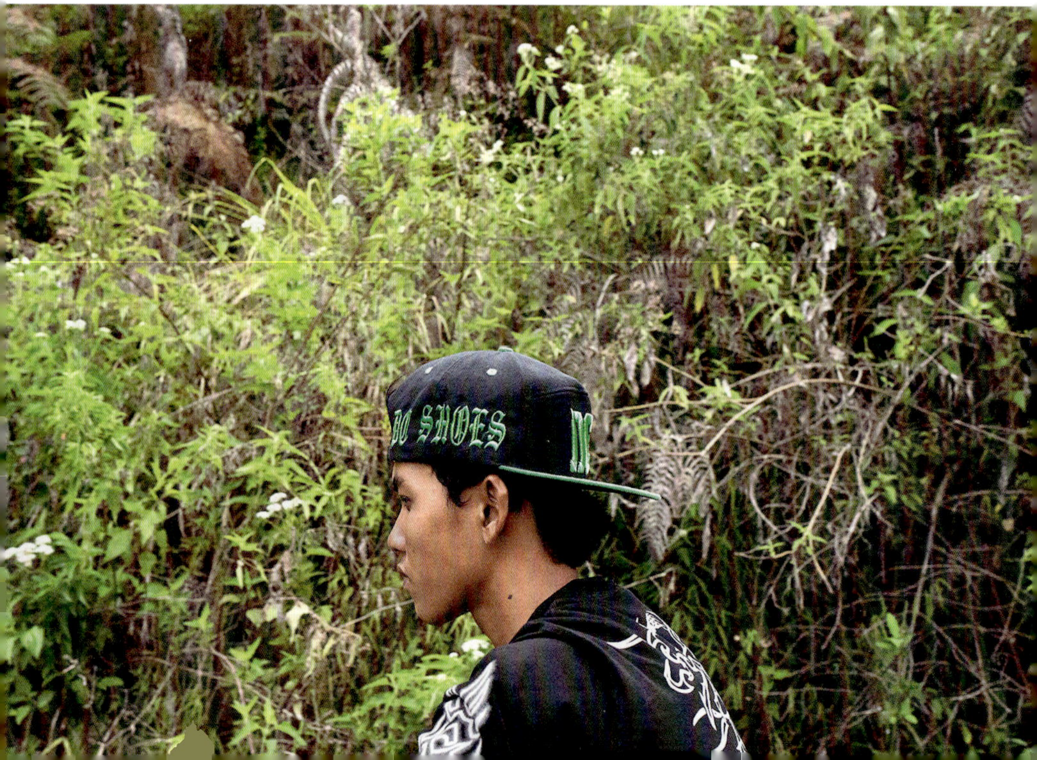

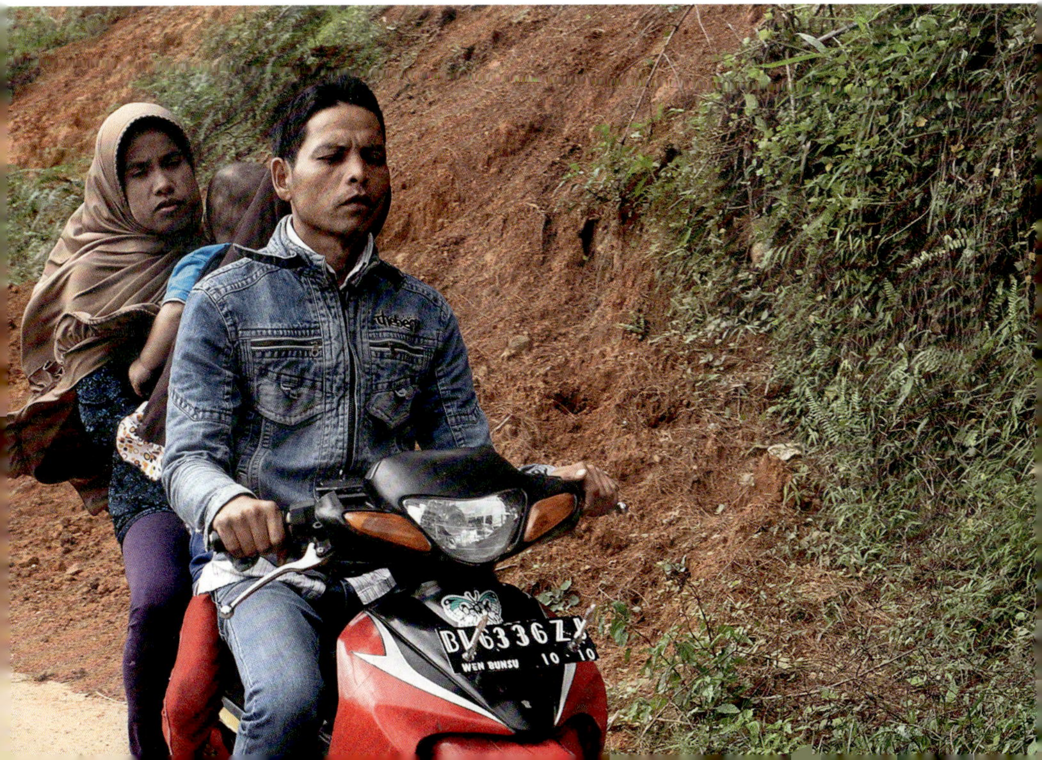

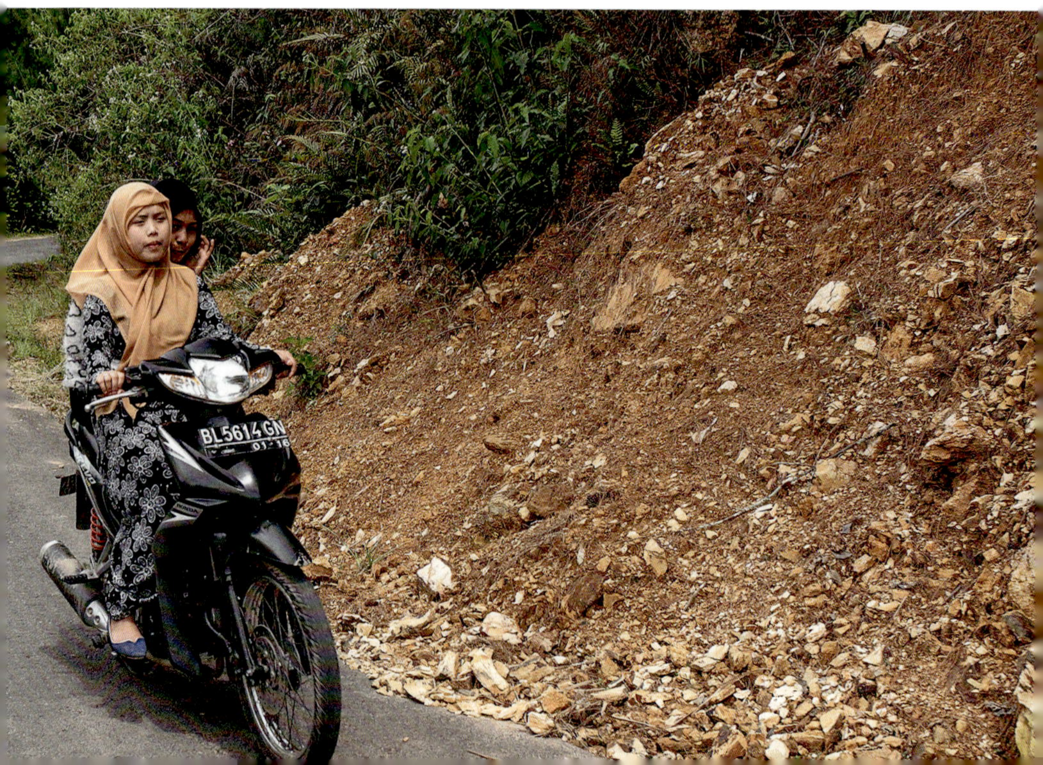
BL 5614 GN

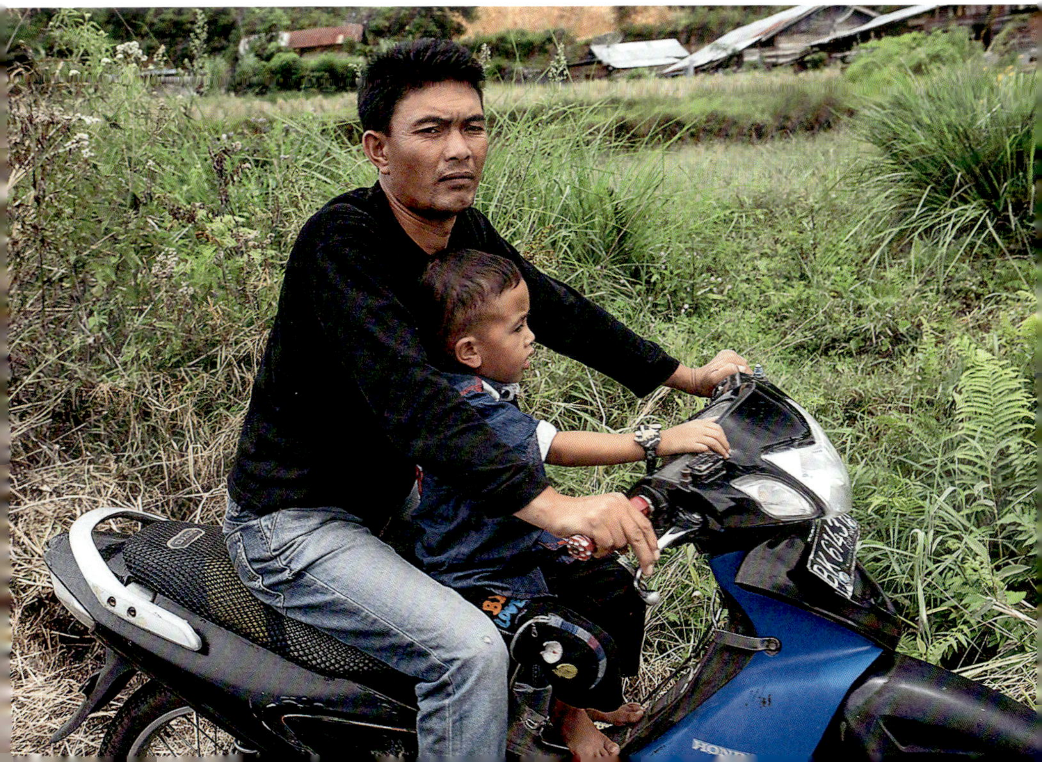

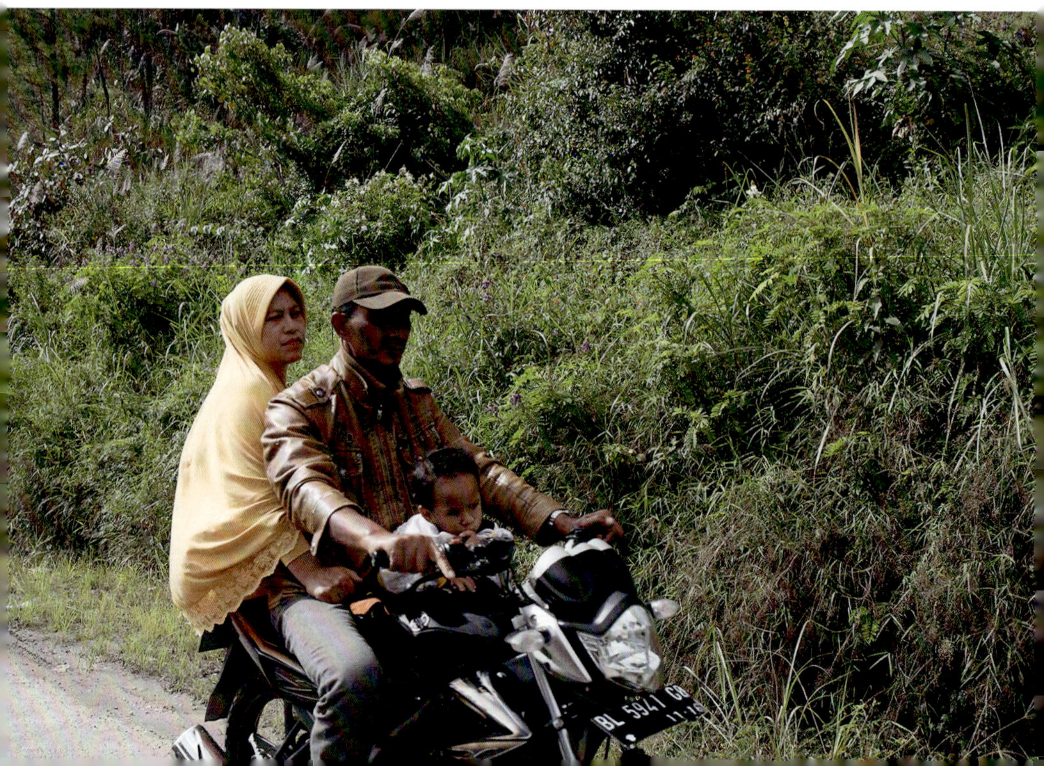
BL 5941 GB

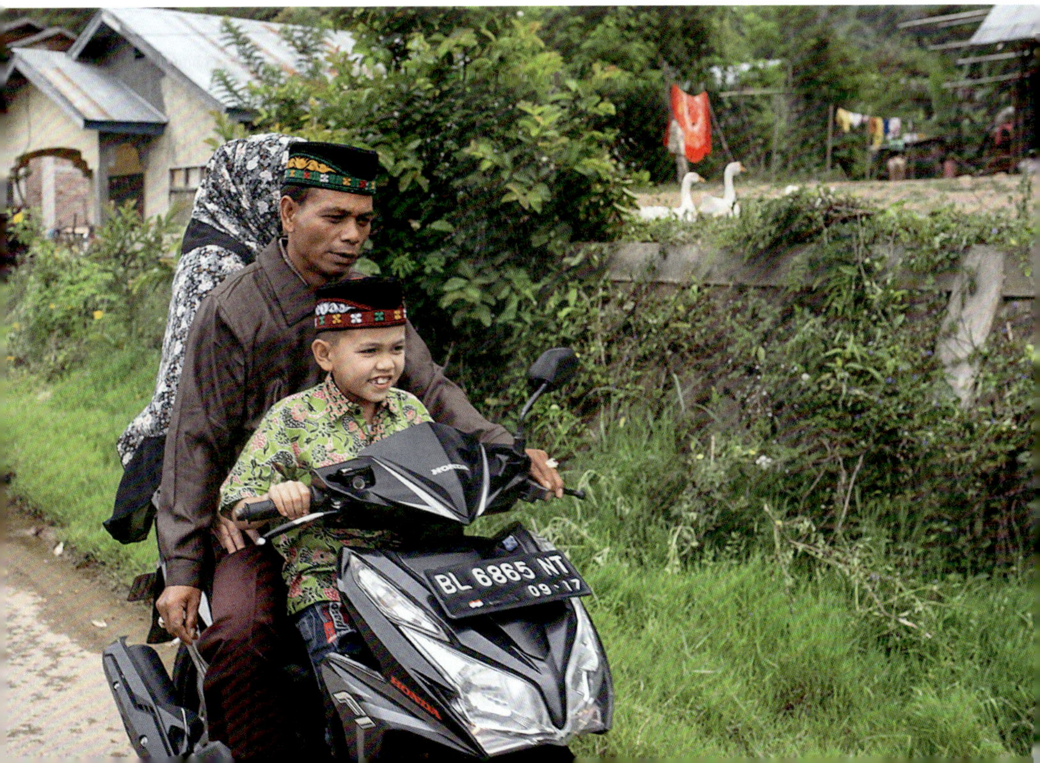
BL 6865 NT
09 · 17
HONDA

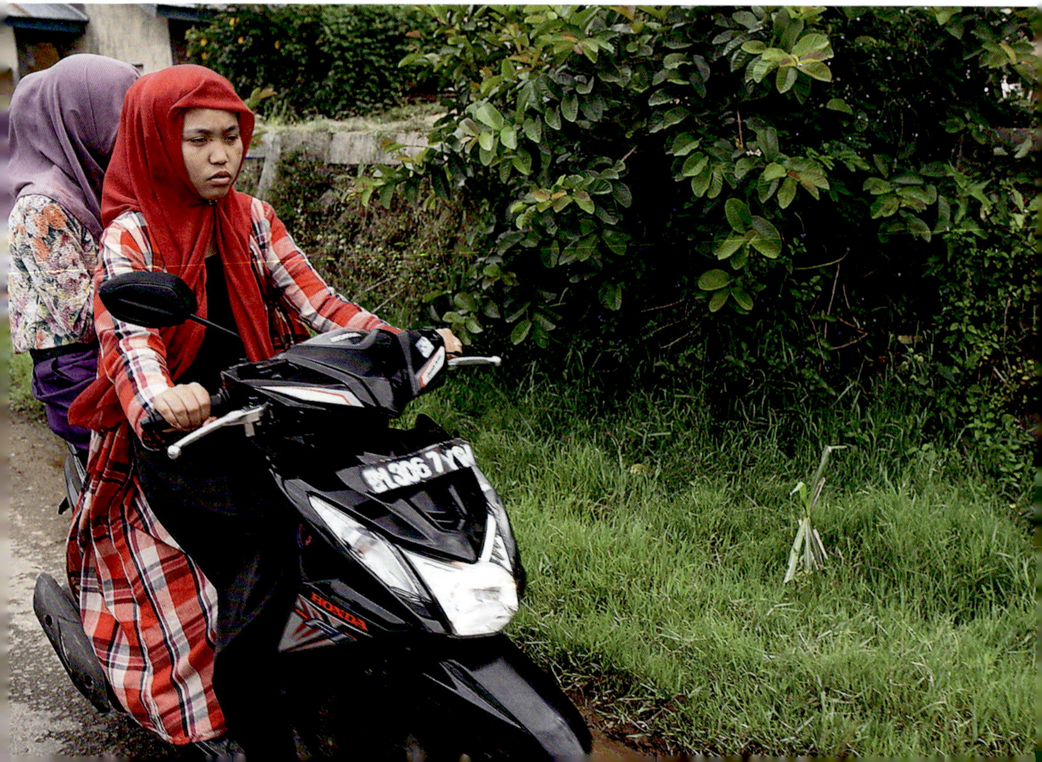
HONDA

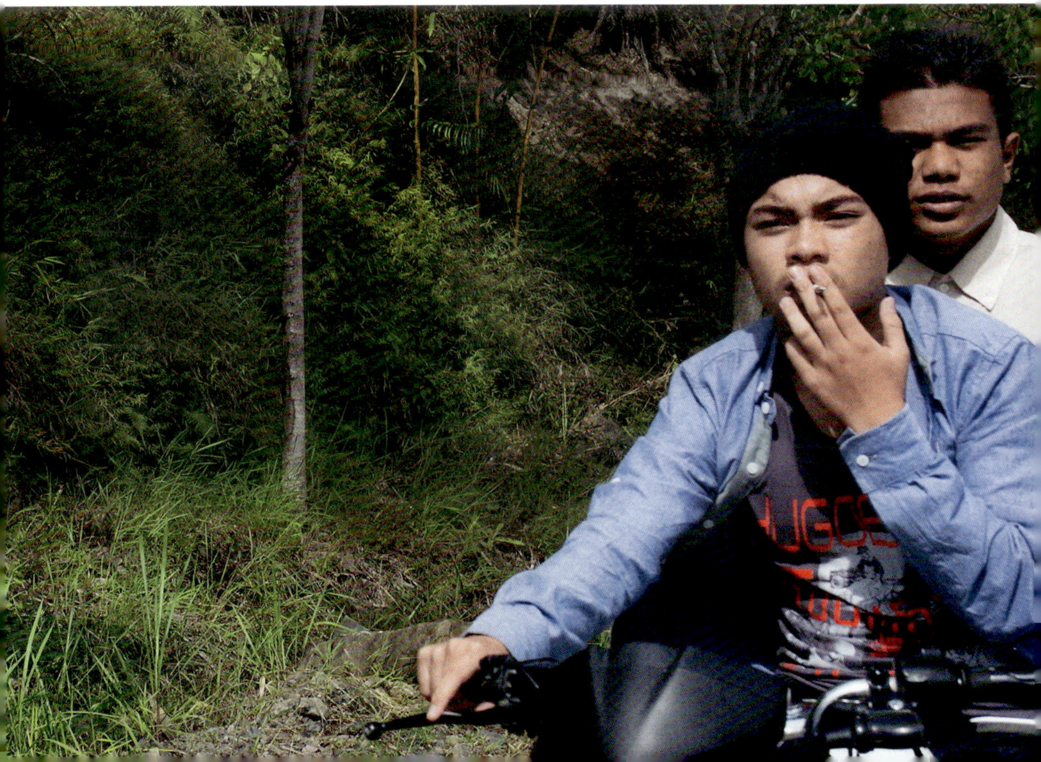

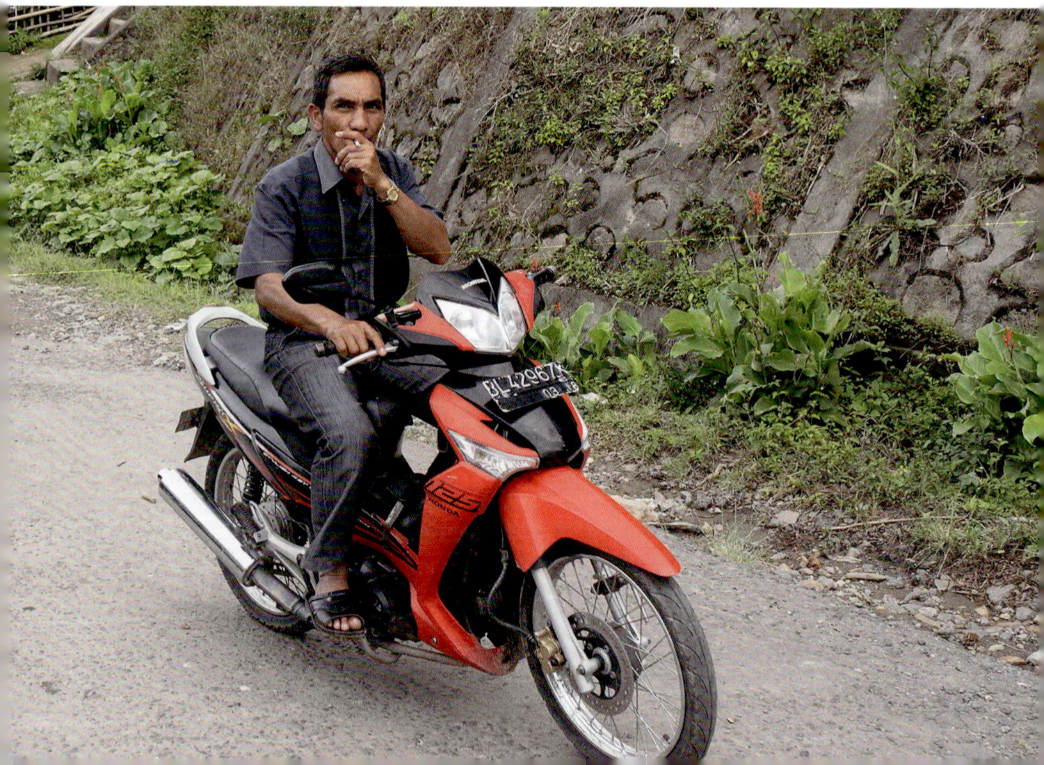

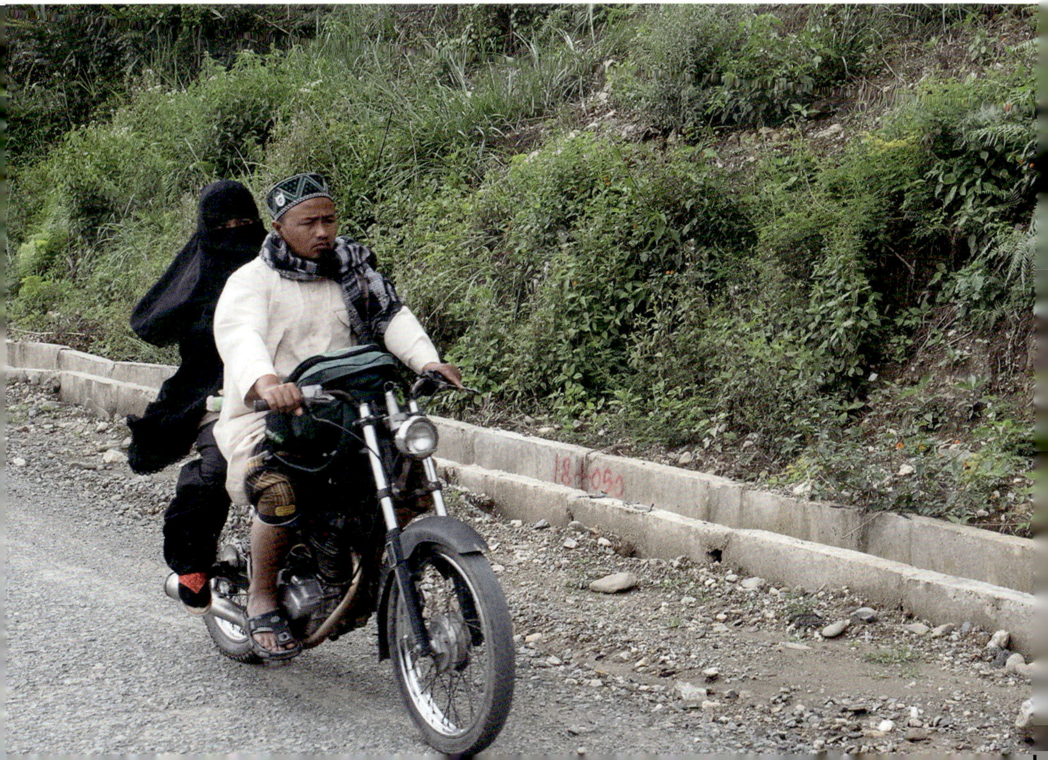

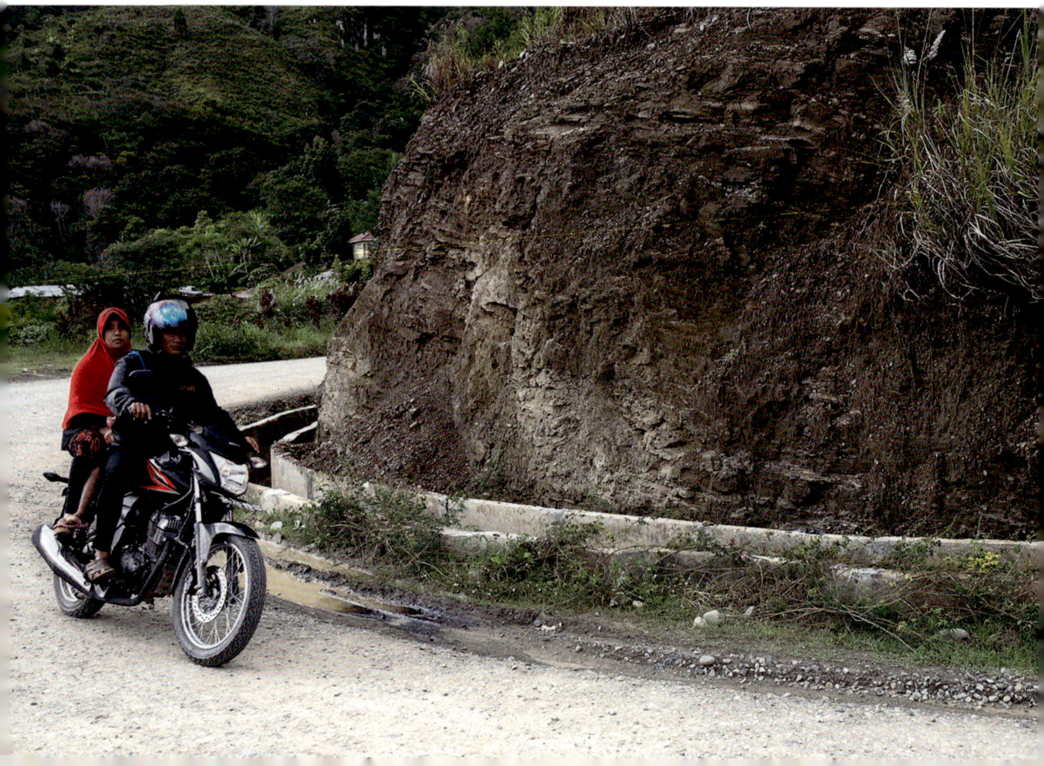

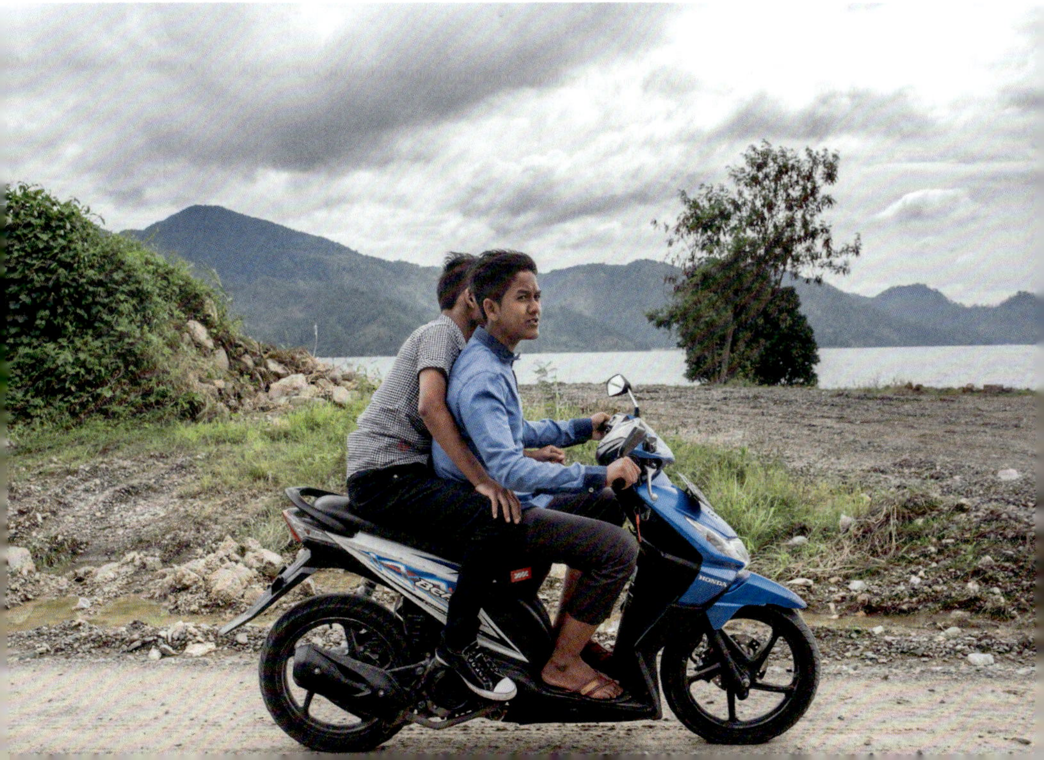

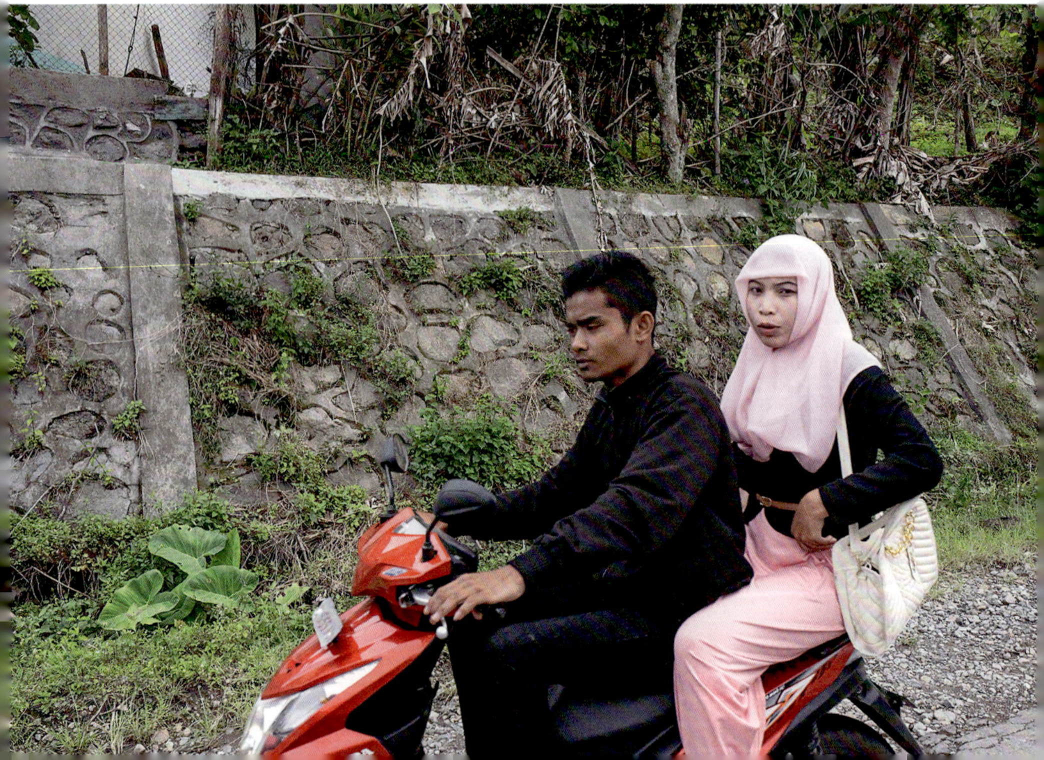

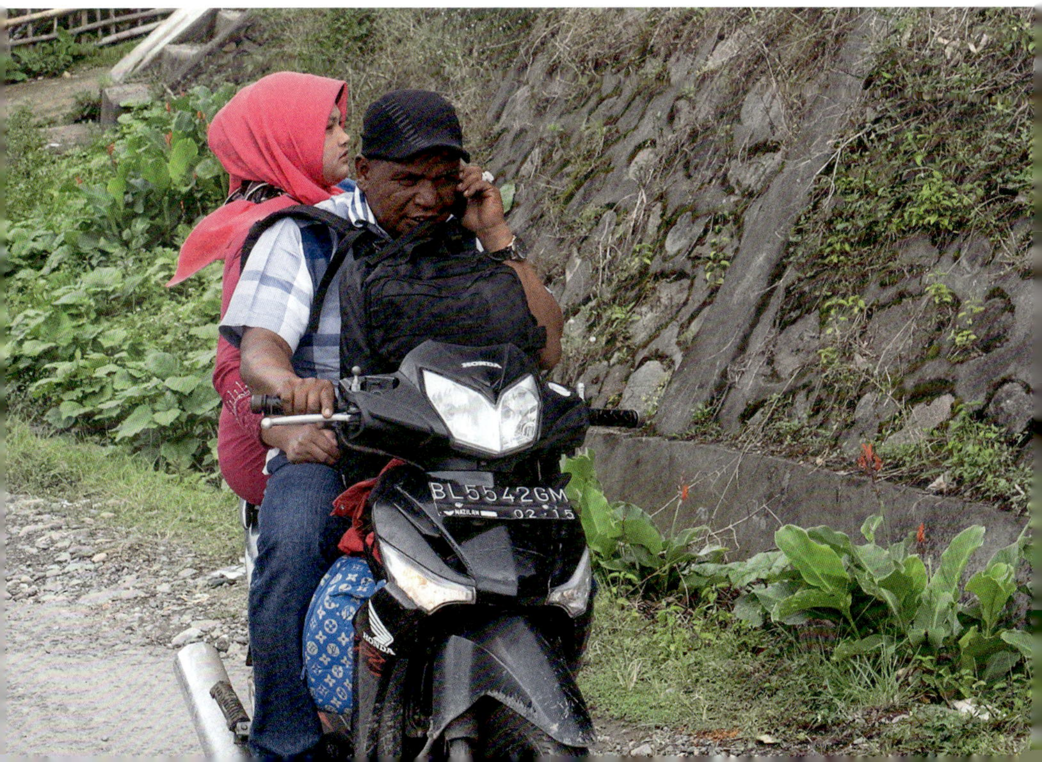
HONDA
BL5542GM
02 . 15

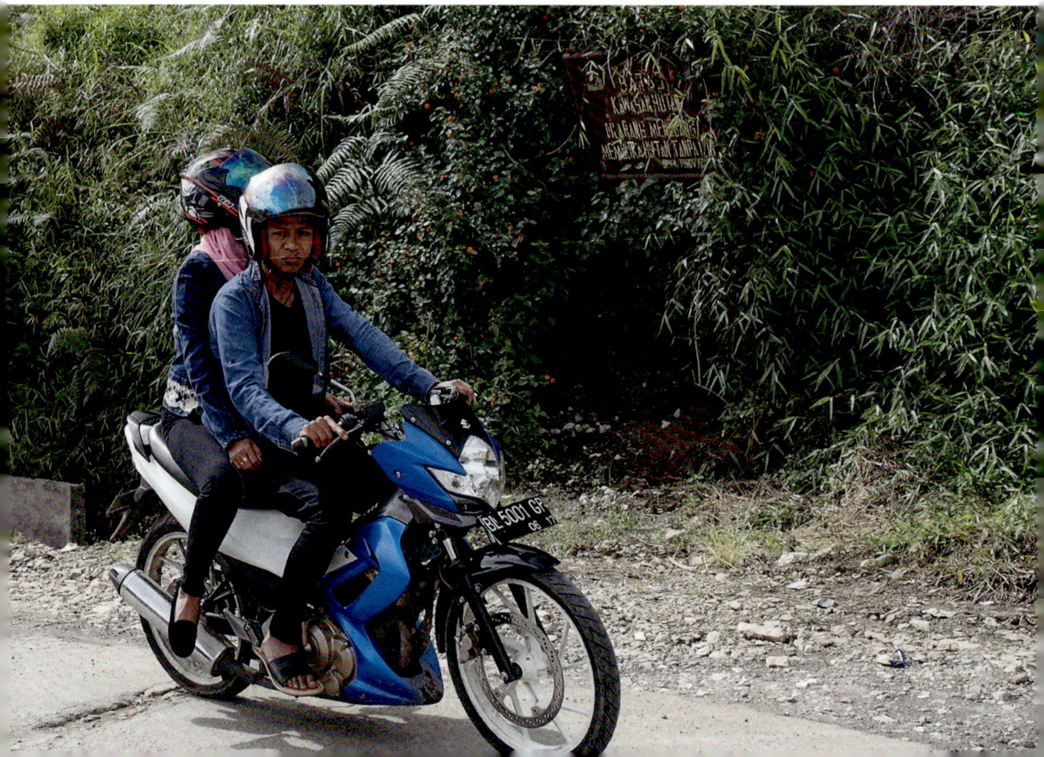
KAWASAN HUTAN
BL 5001 GP

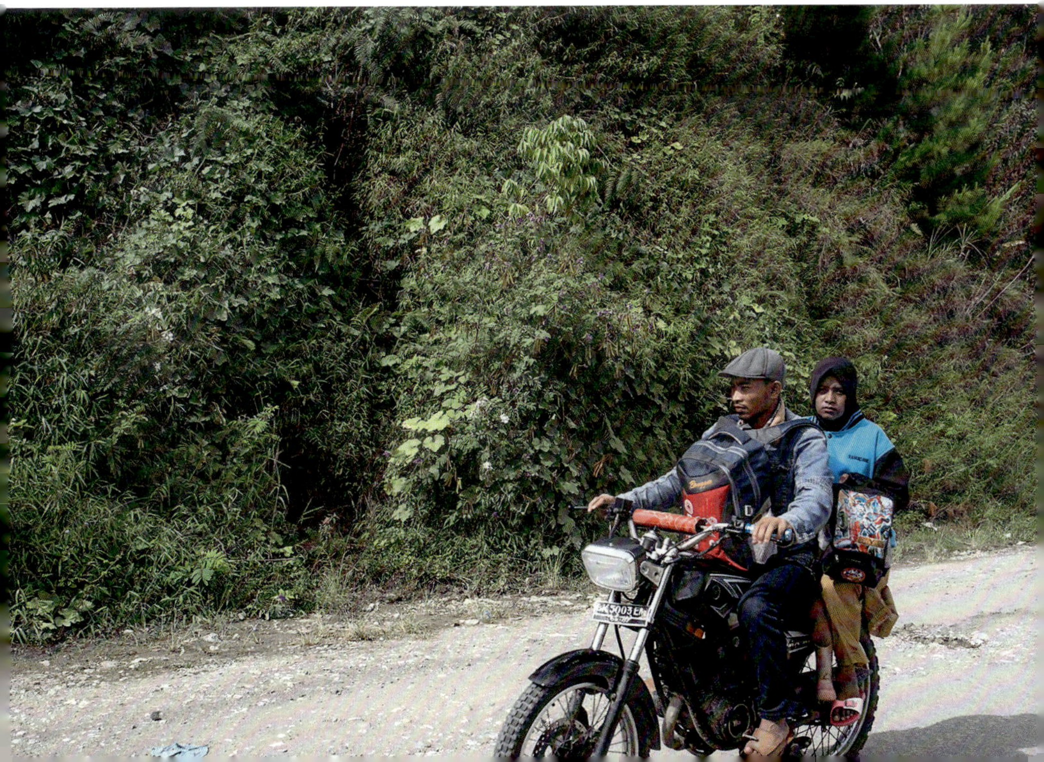

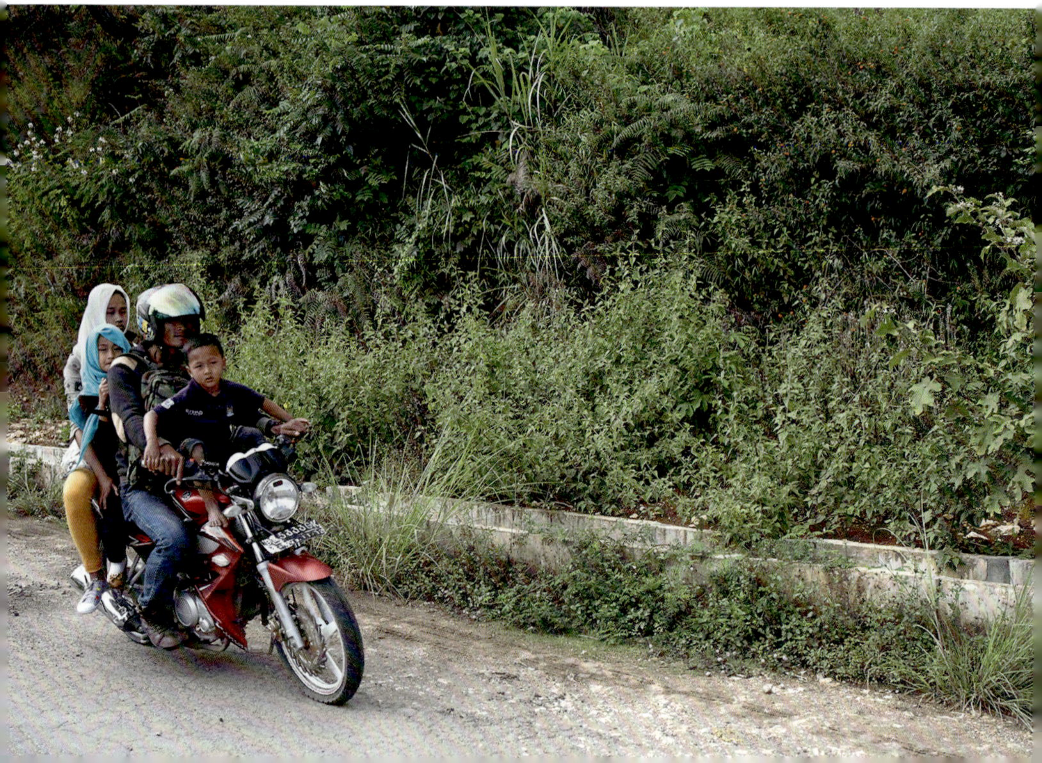

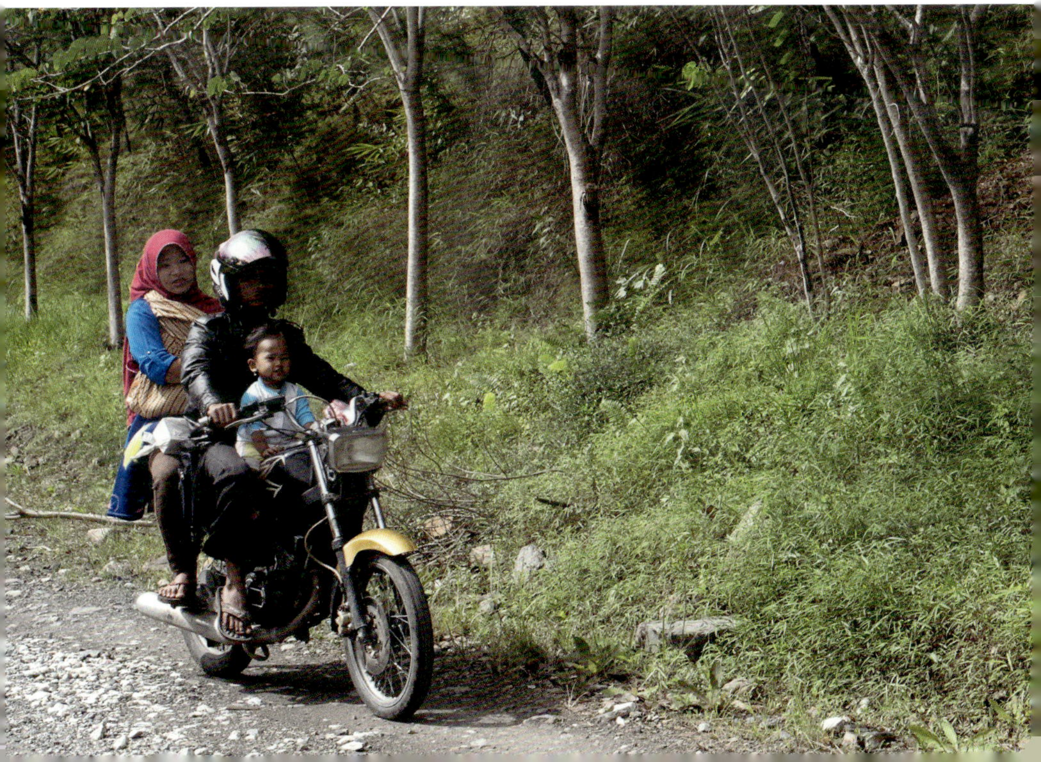

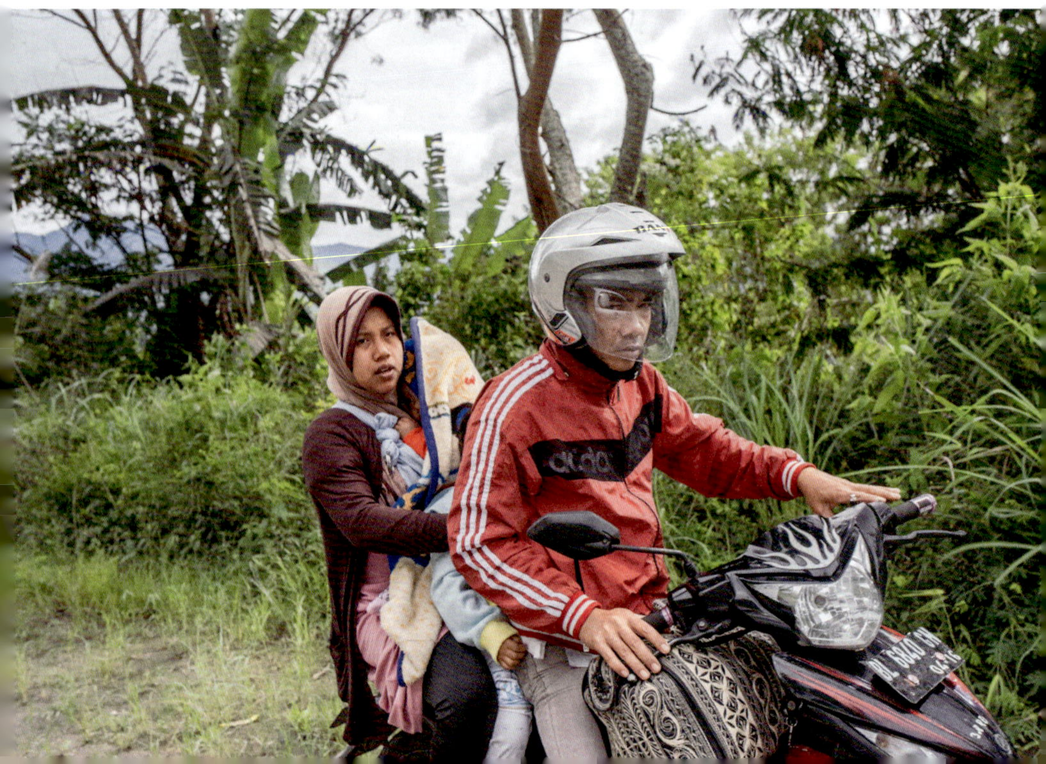

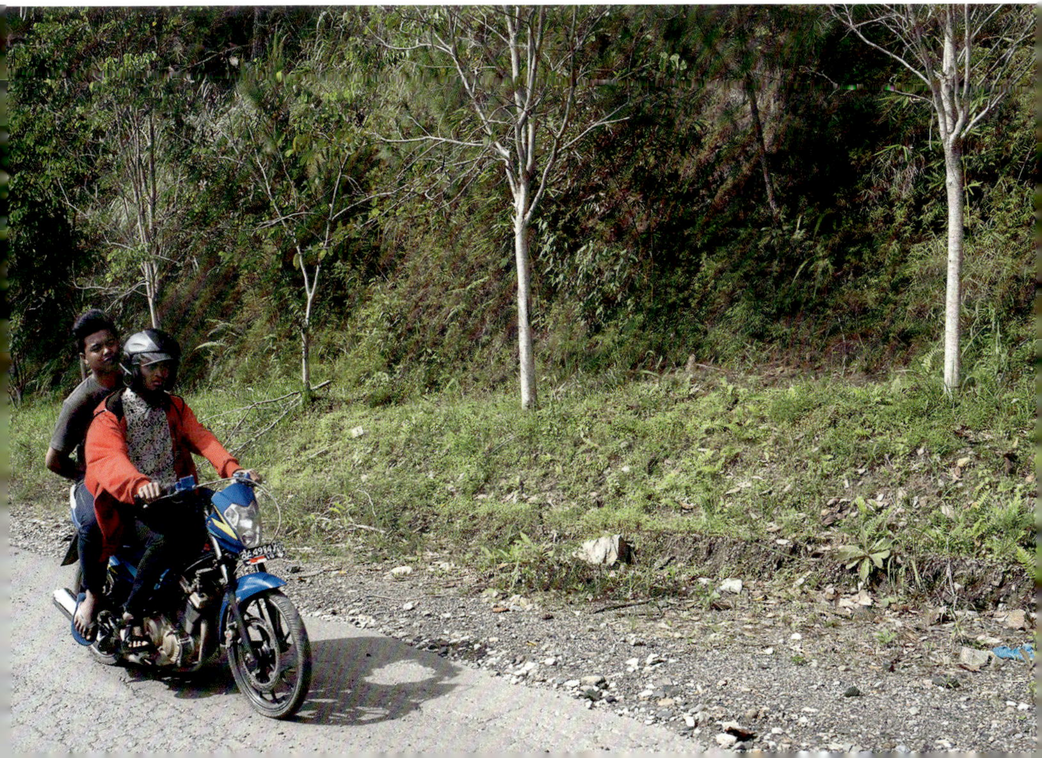

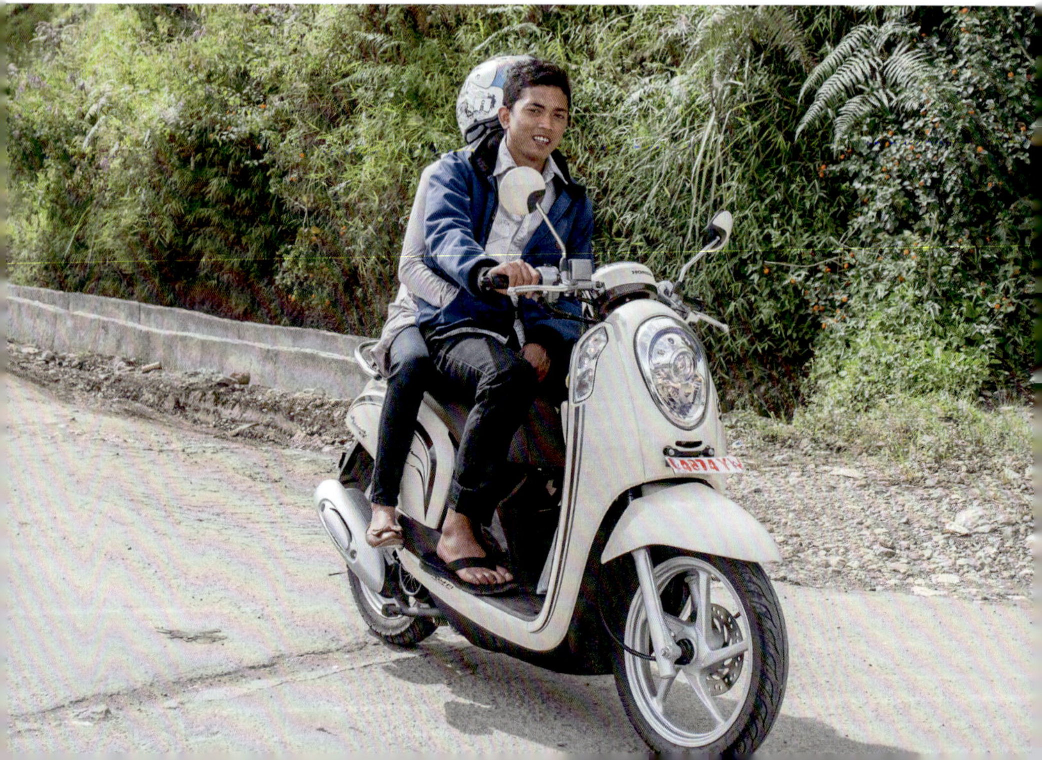

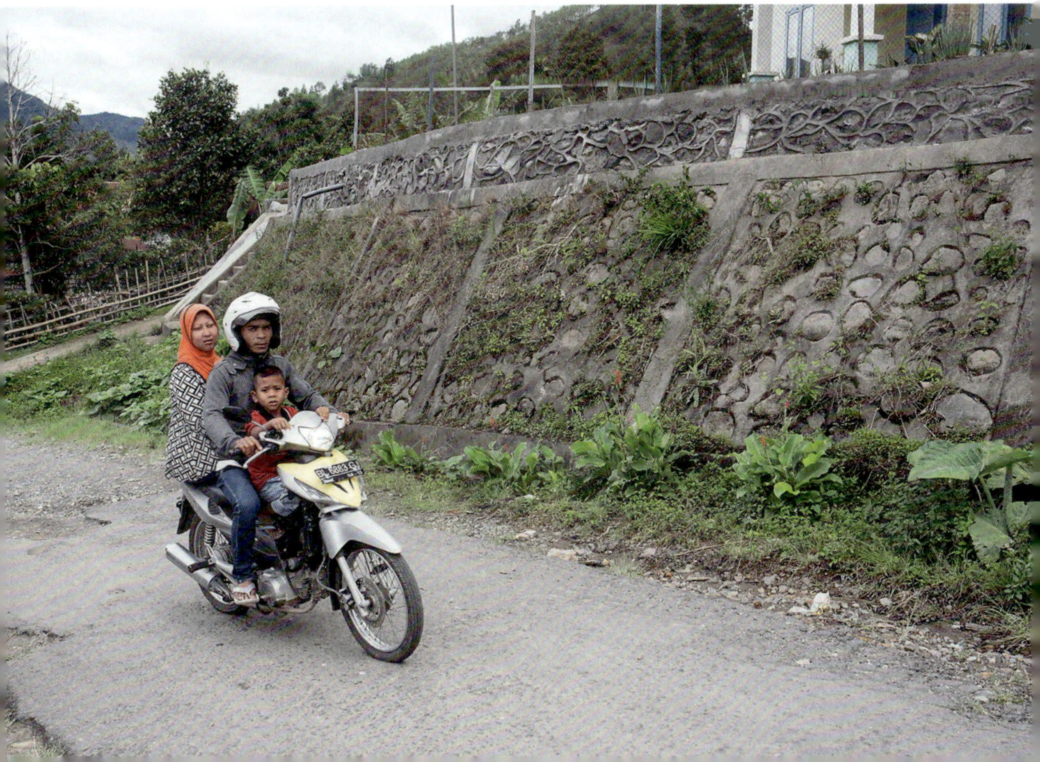

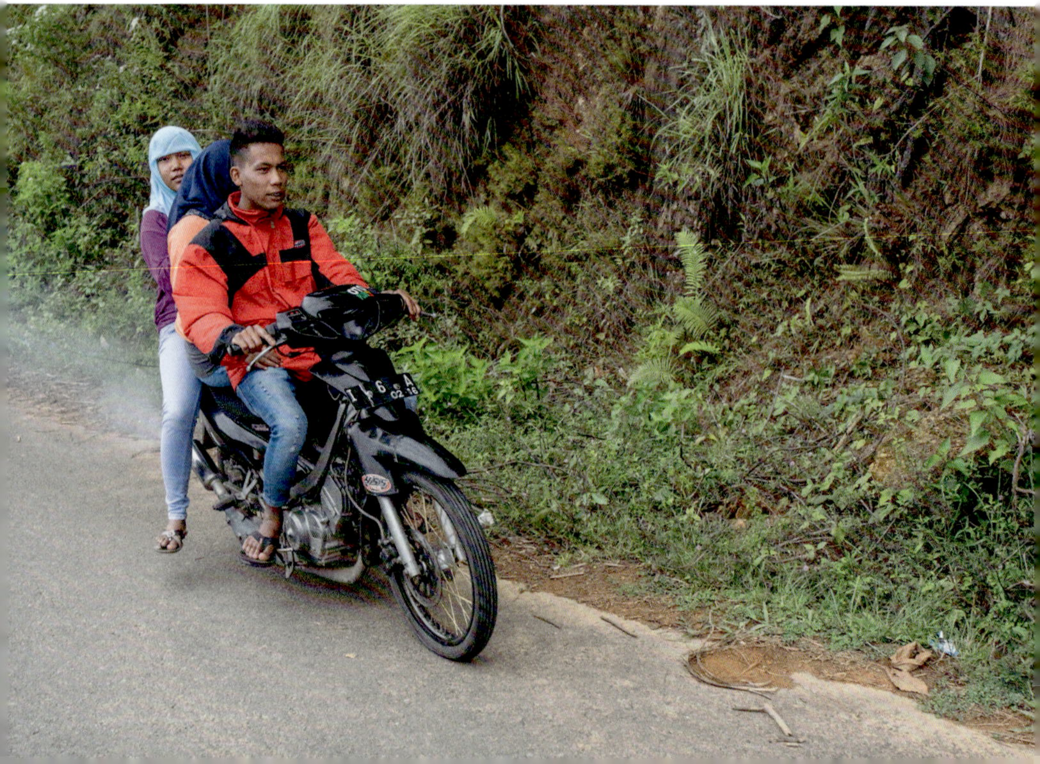

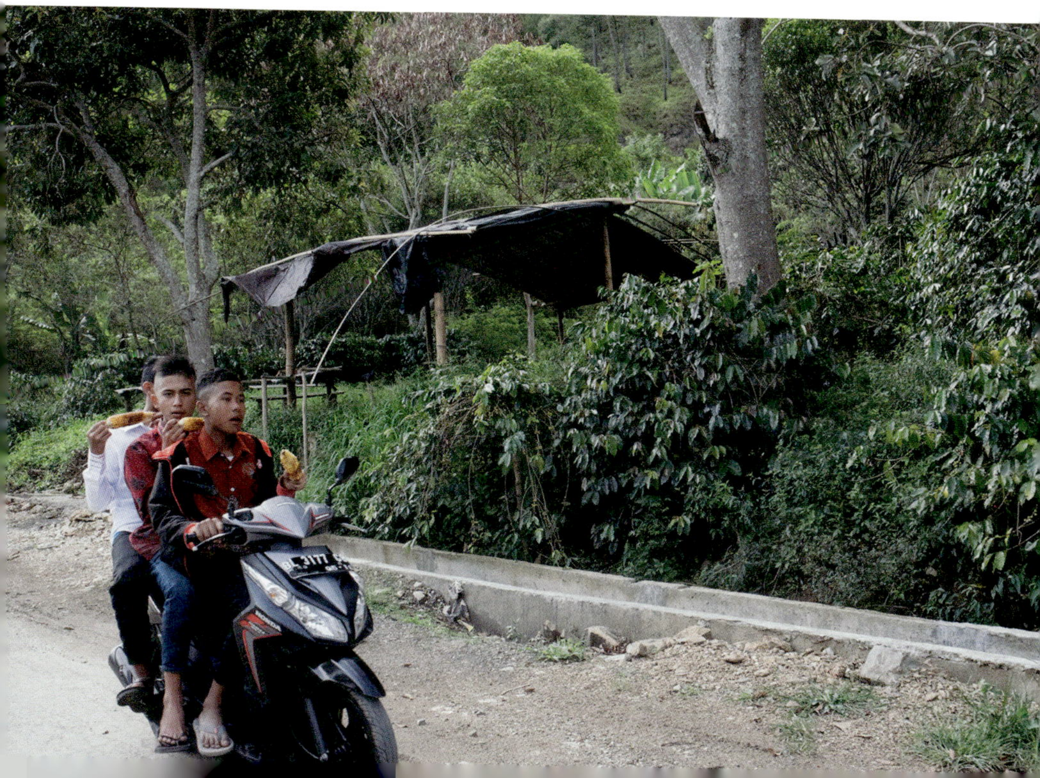

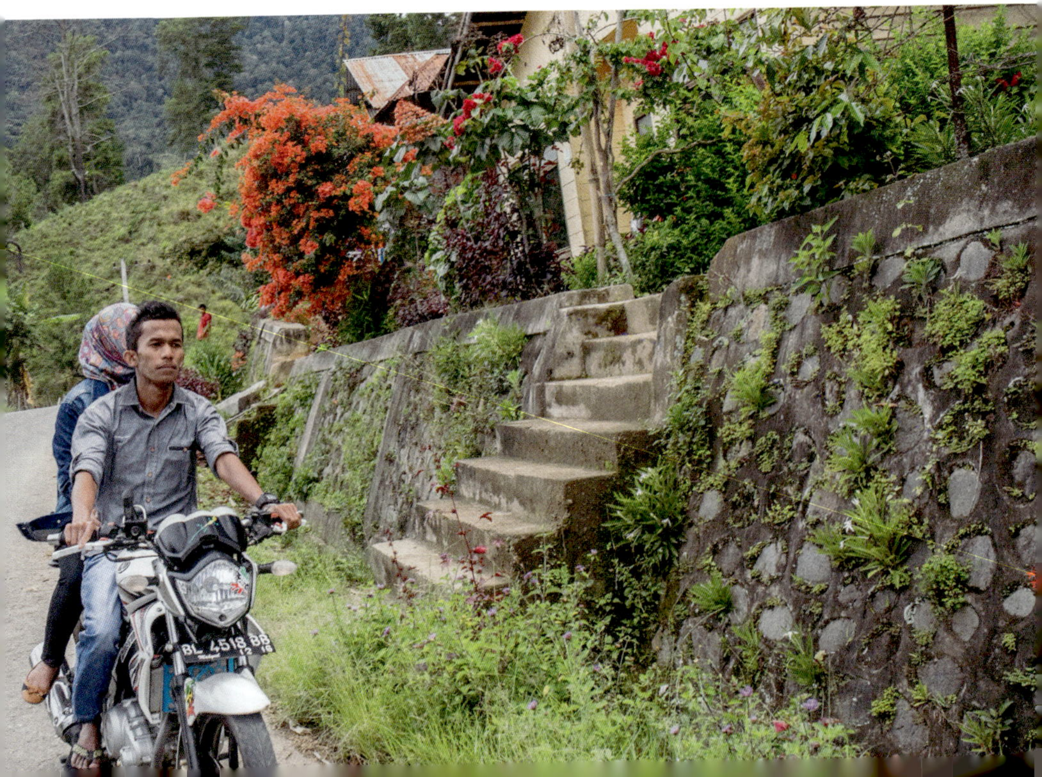
BL 4518 BB

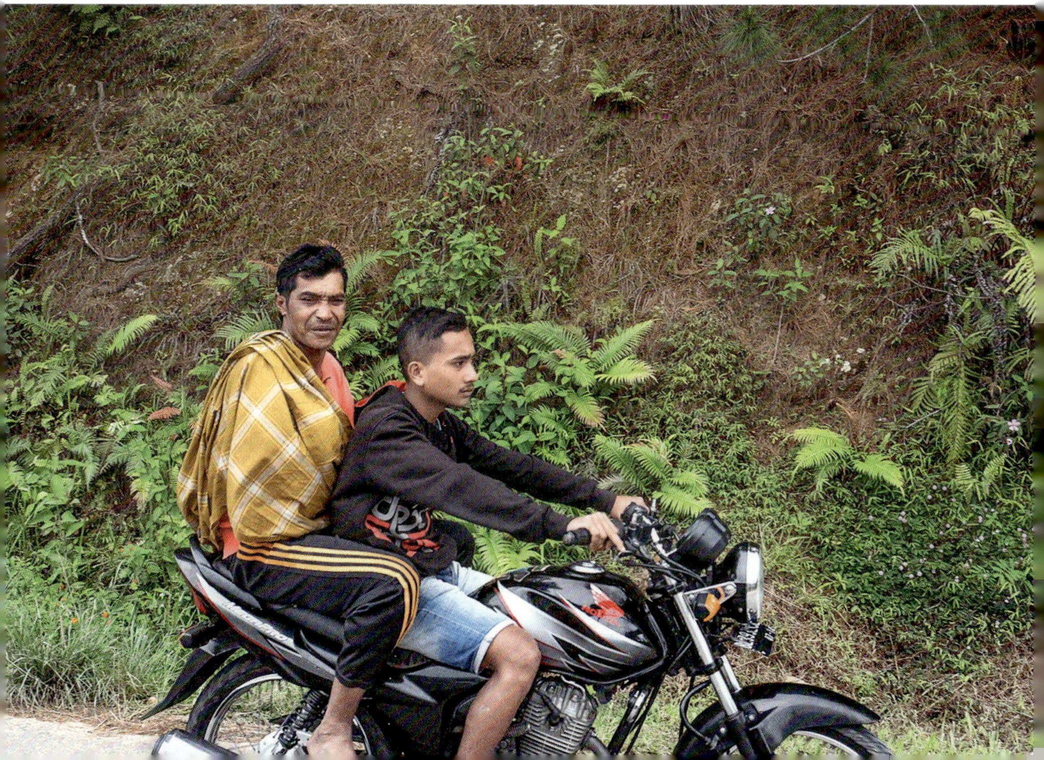

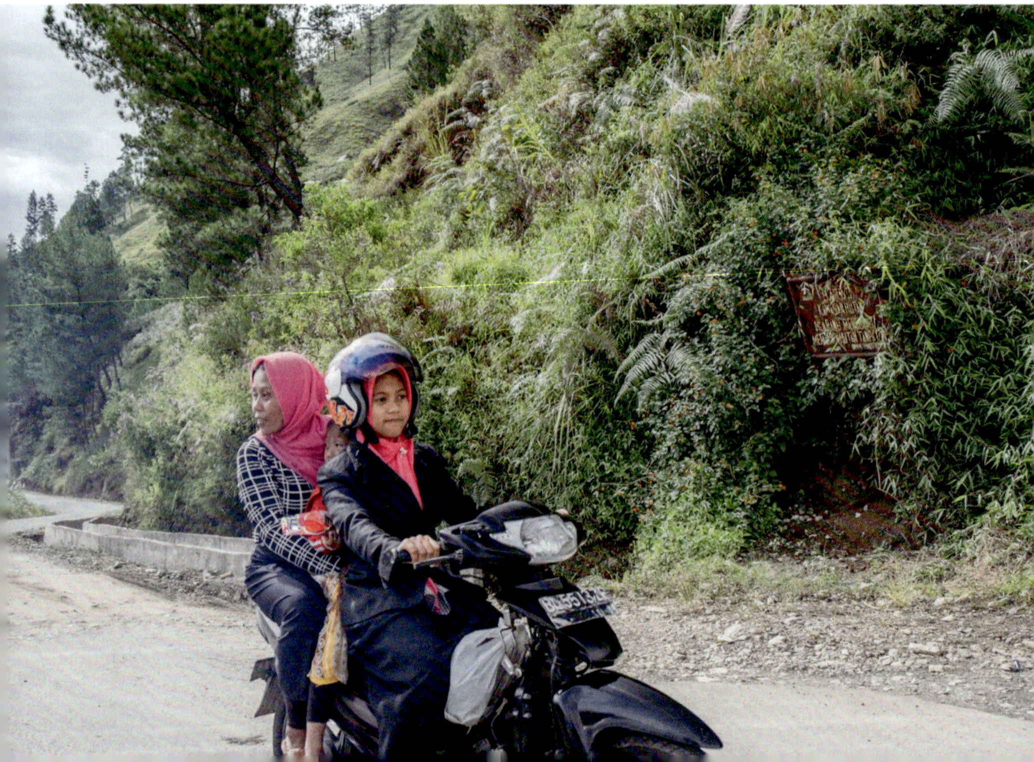

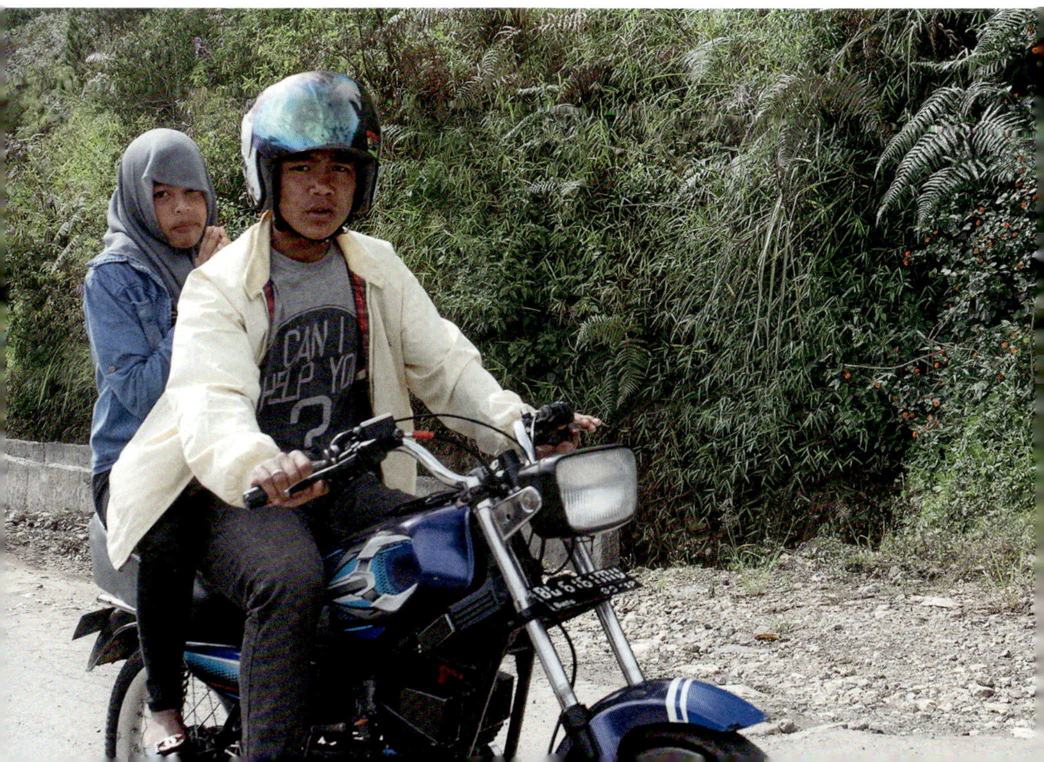
CAN I

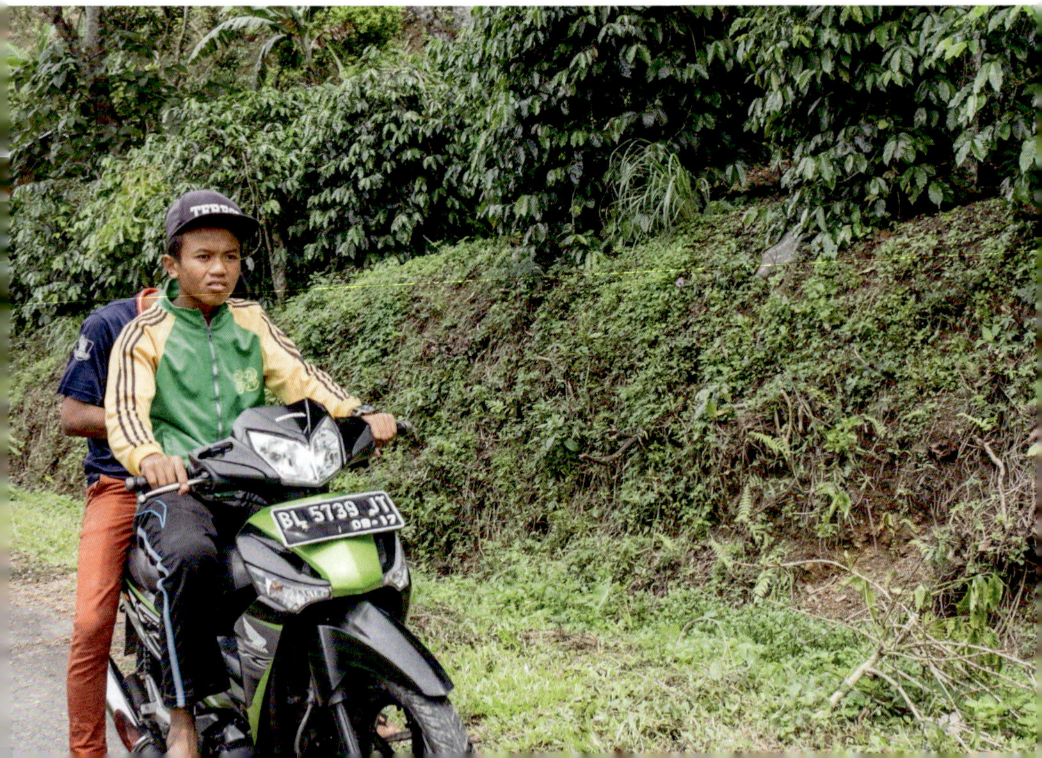
BL 5739 JT
08-17

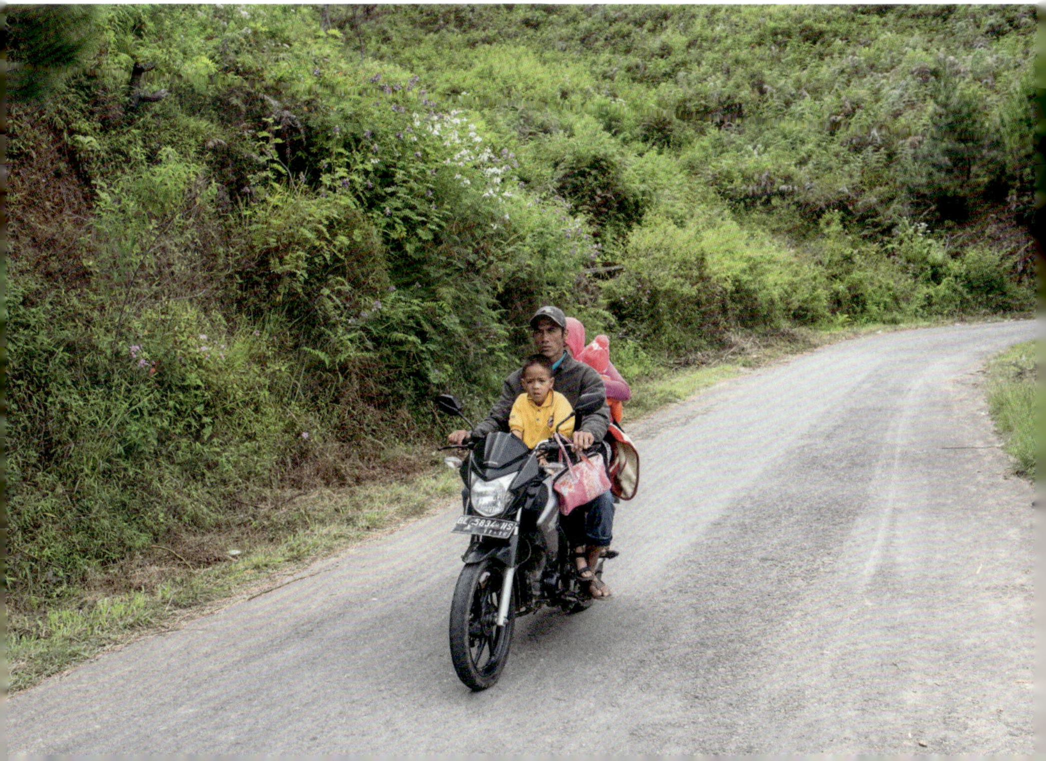

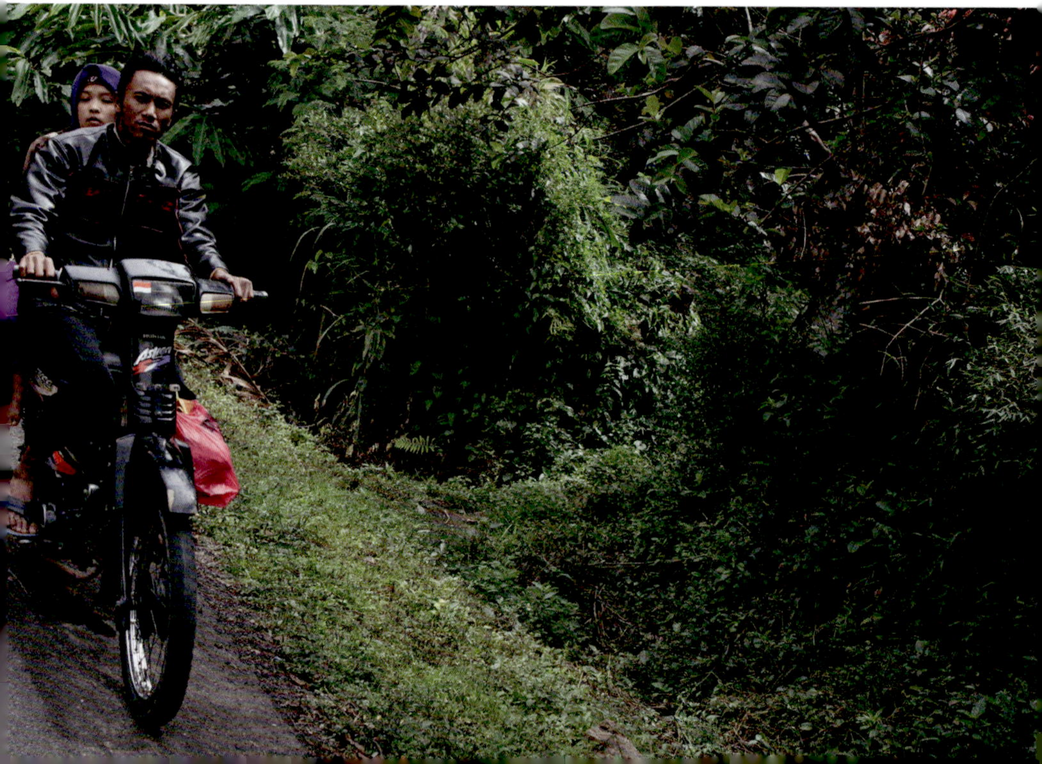

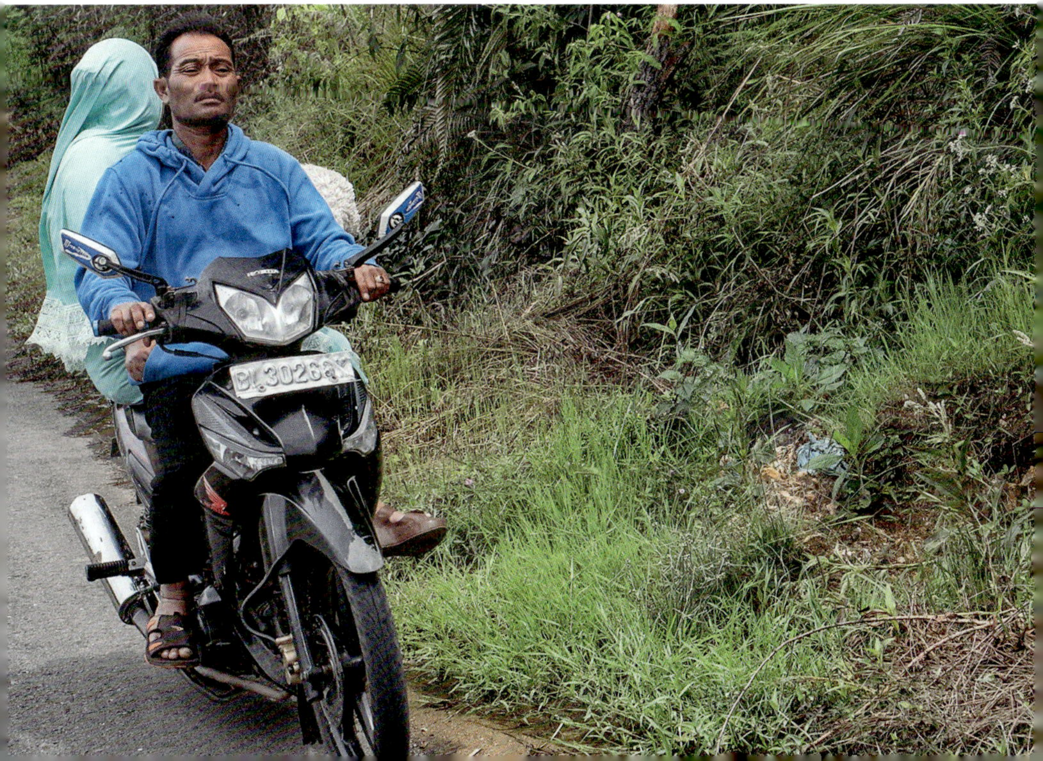

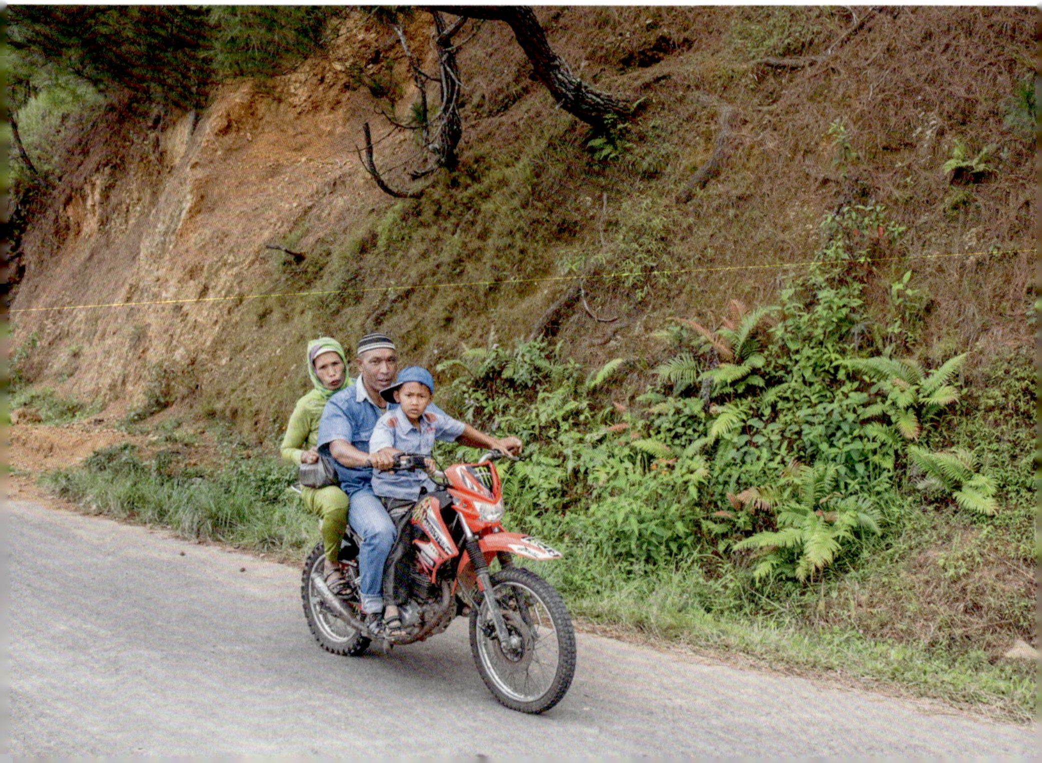

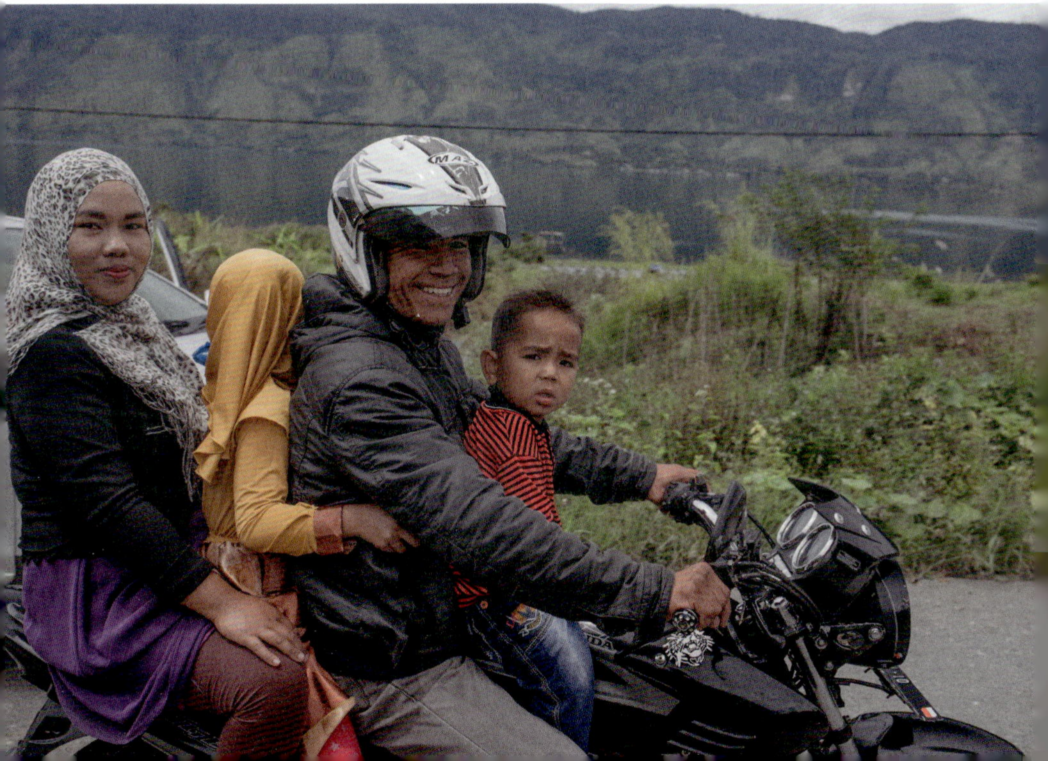

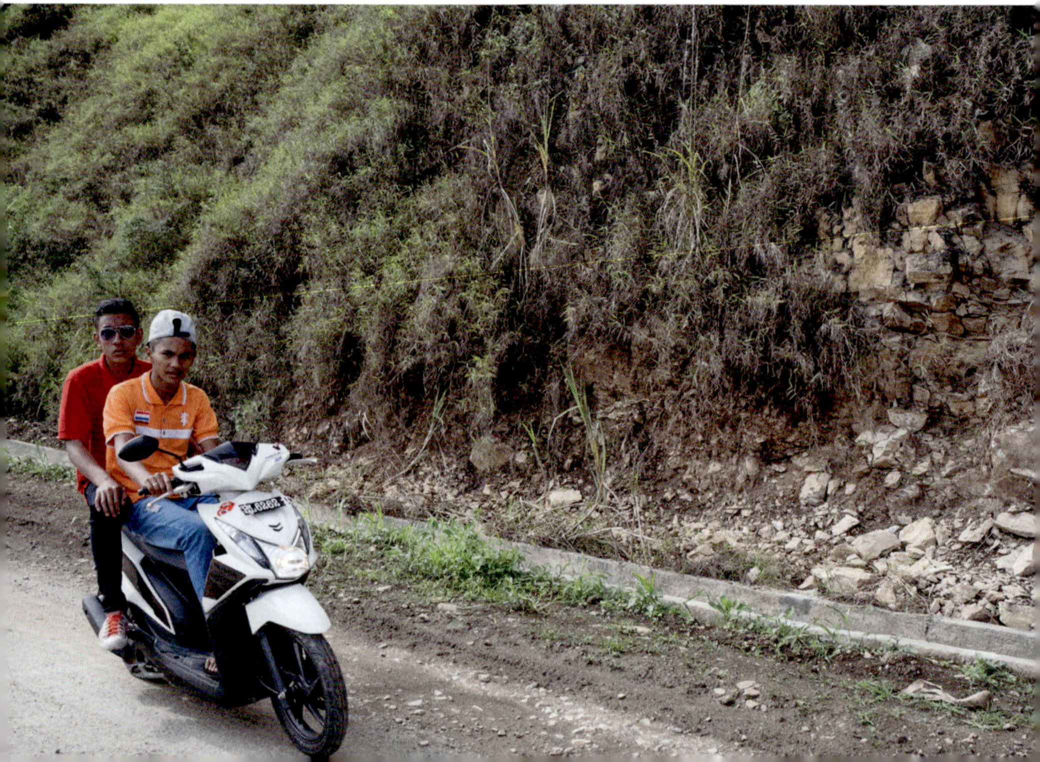

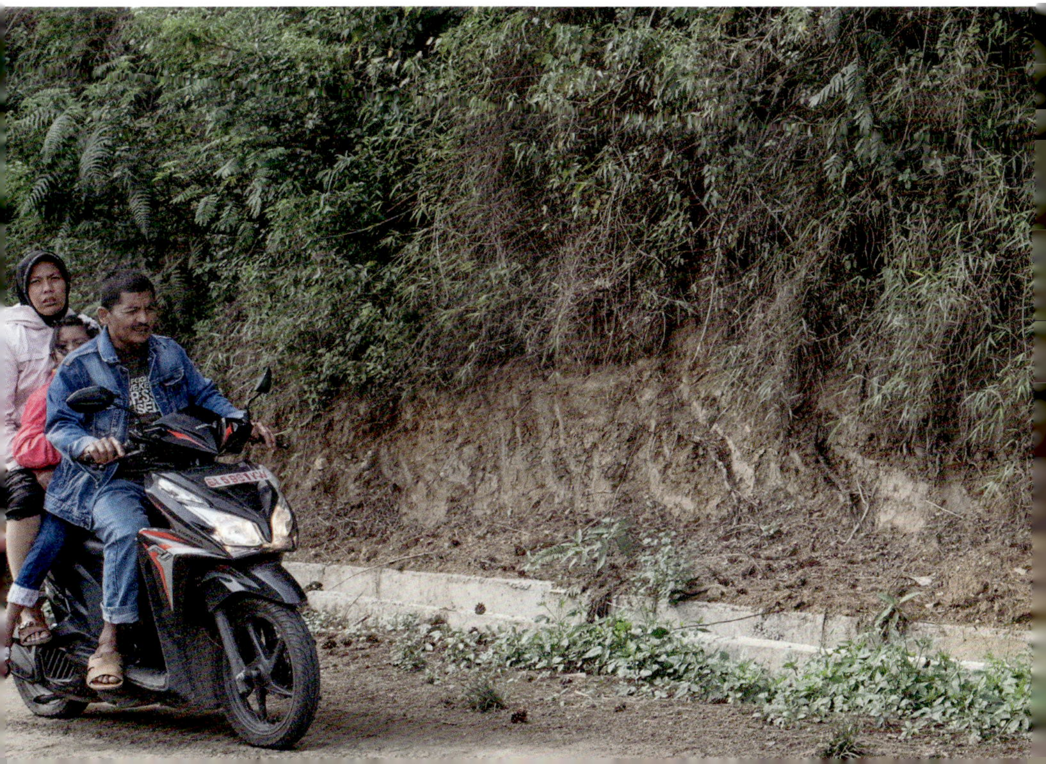

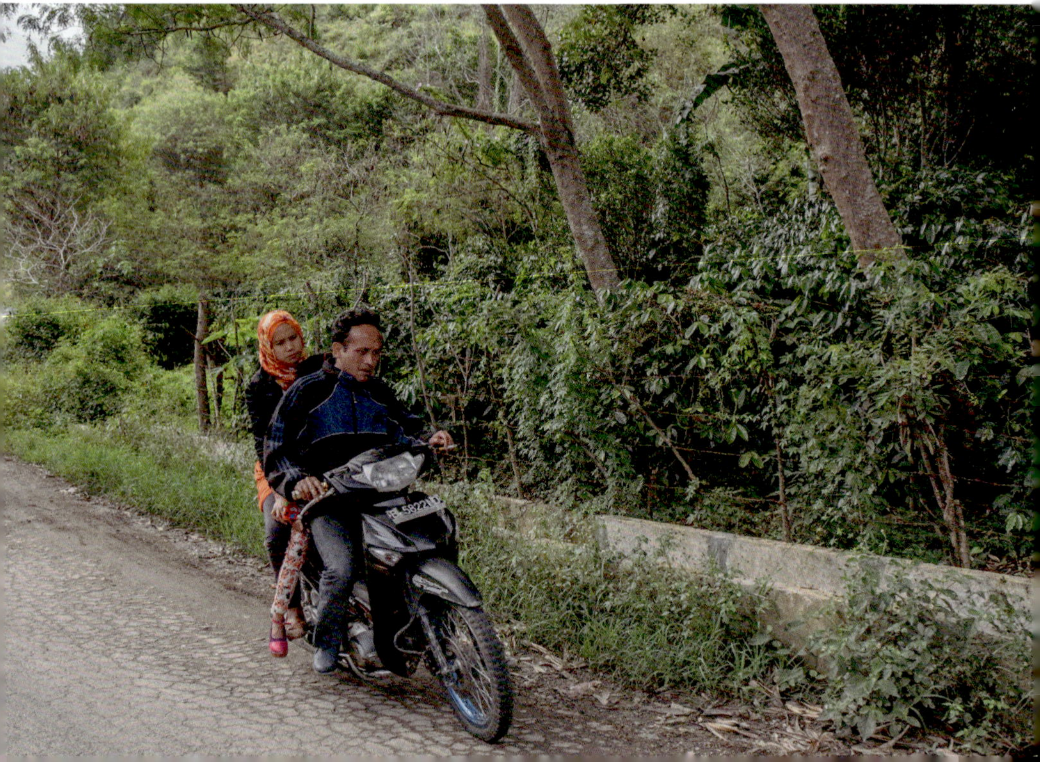

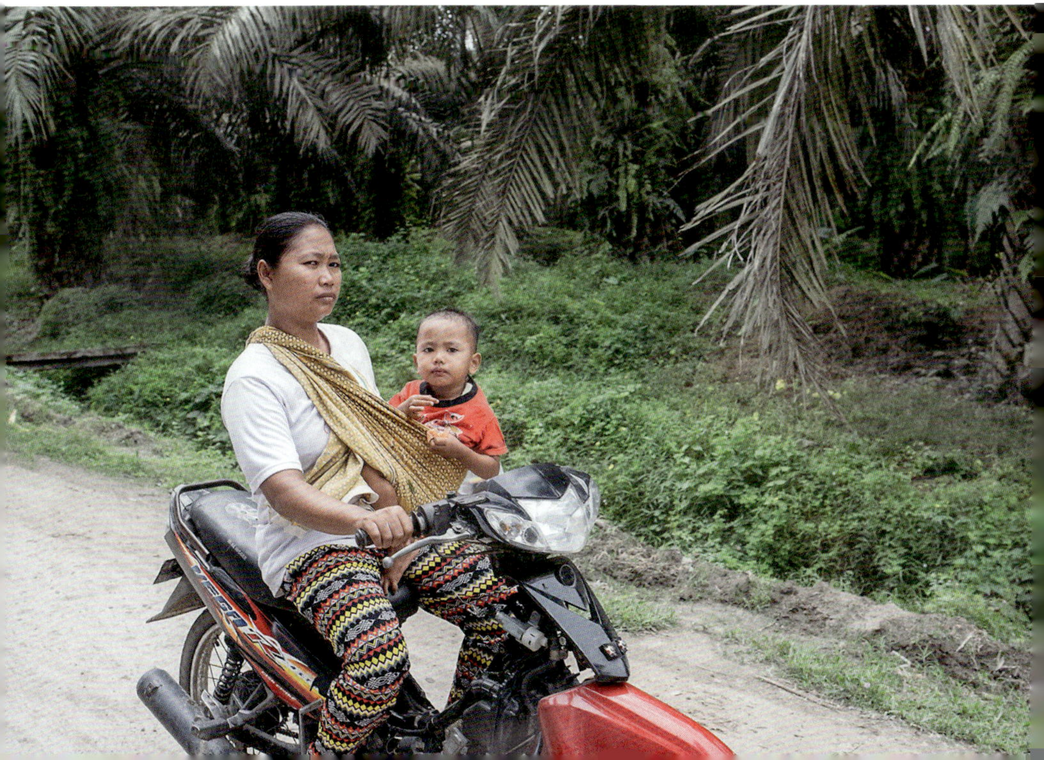

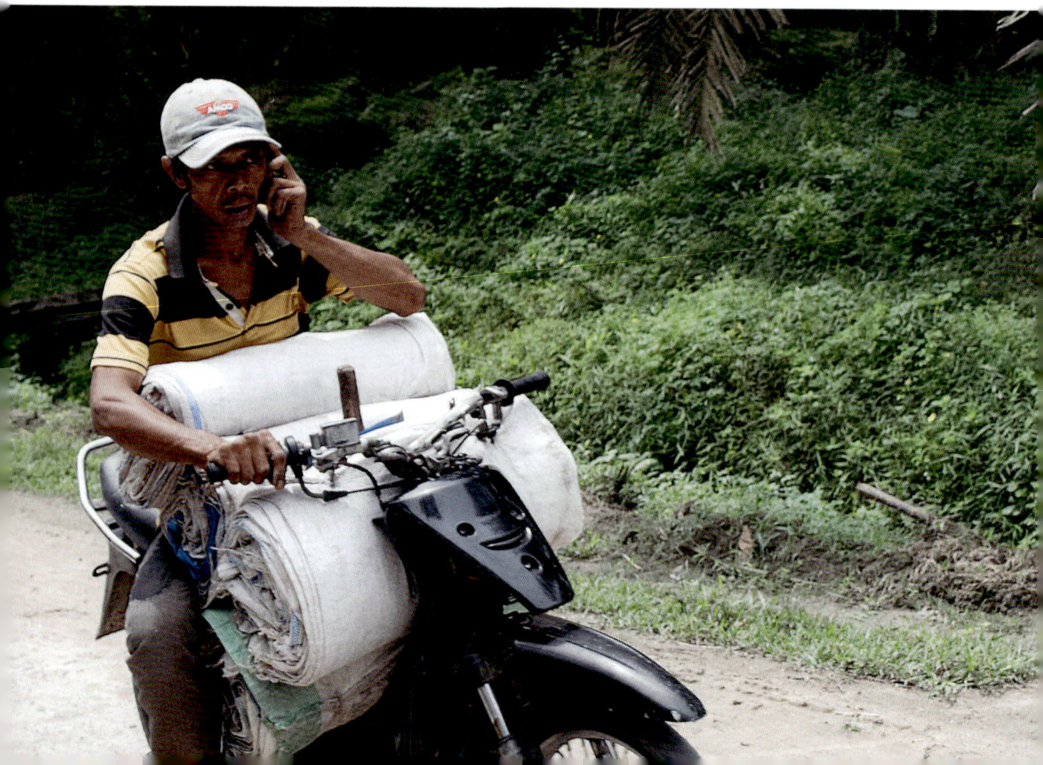

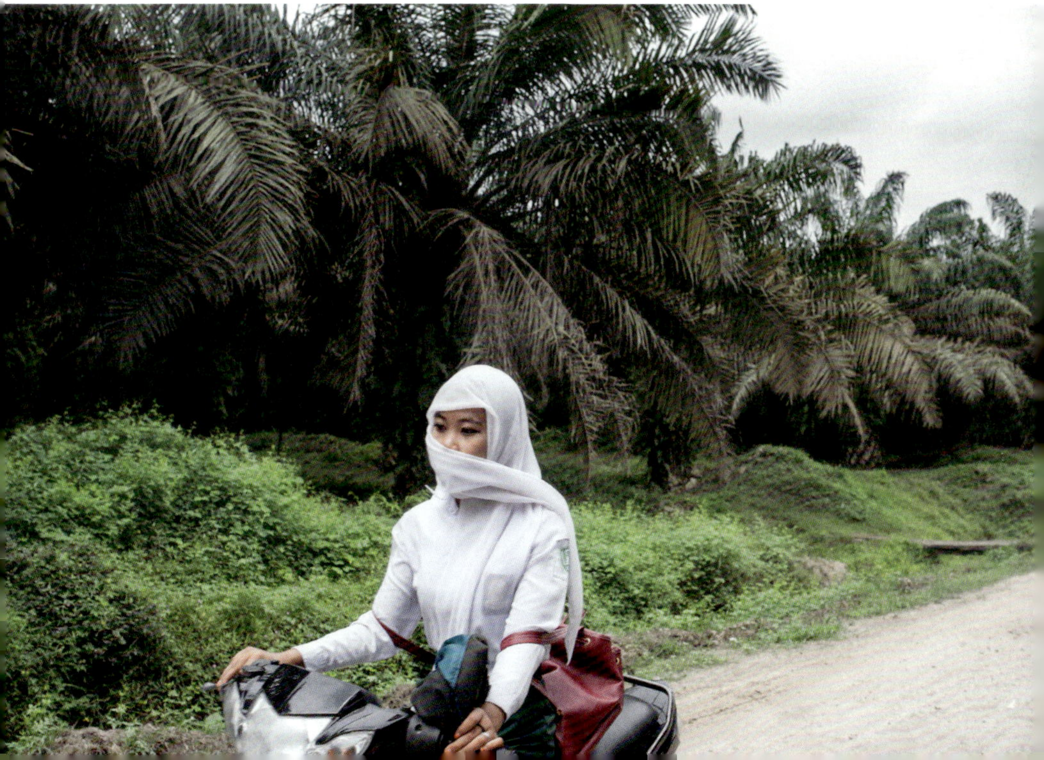

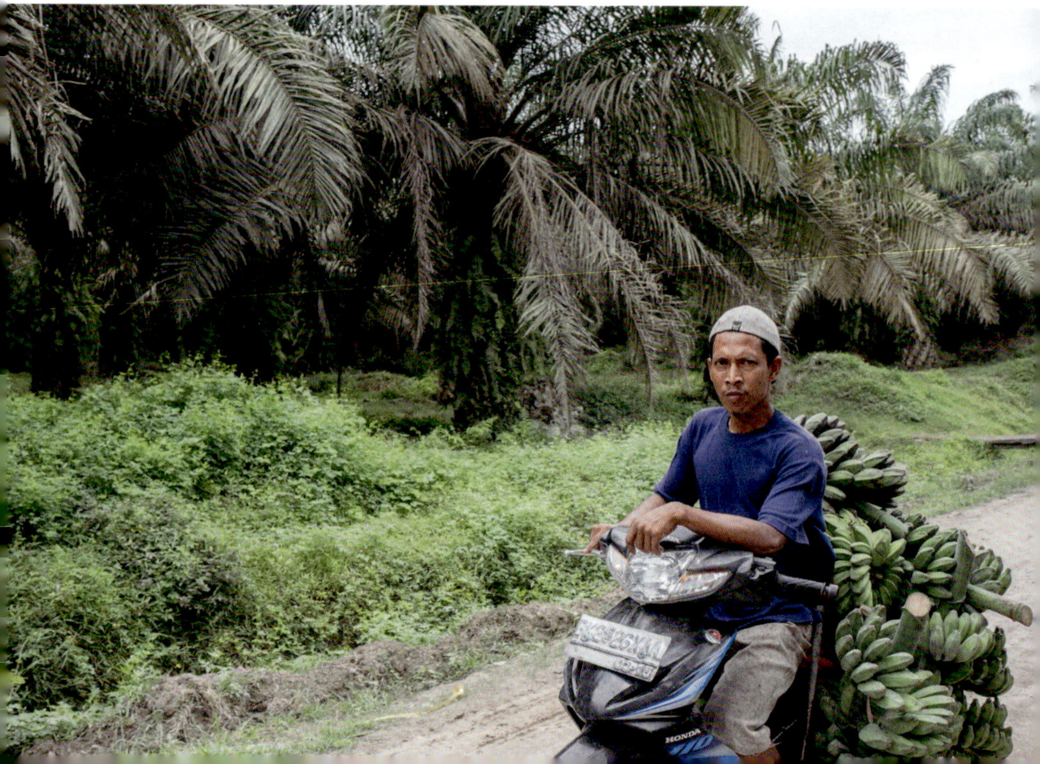

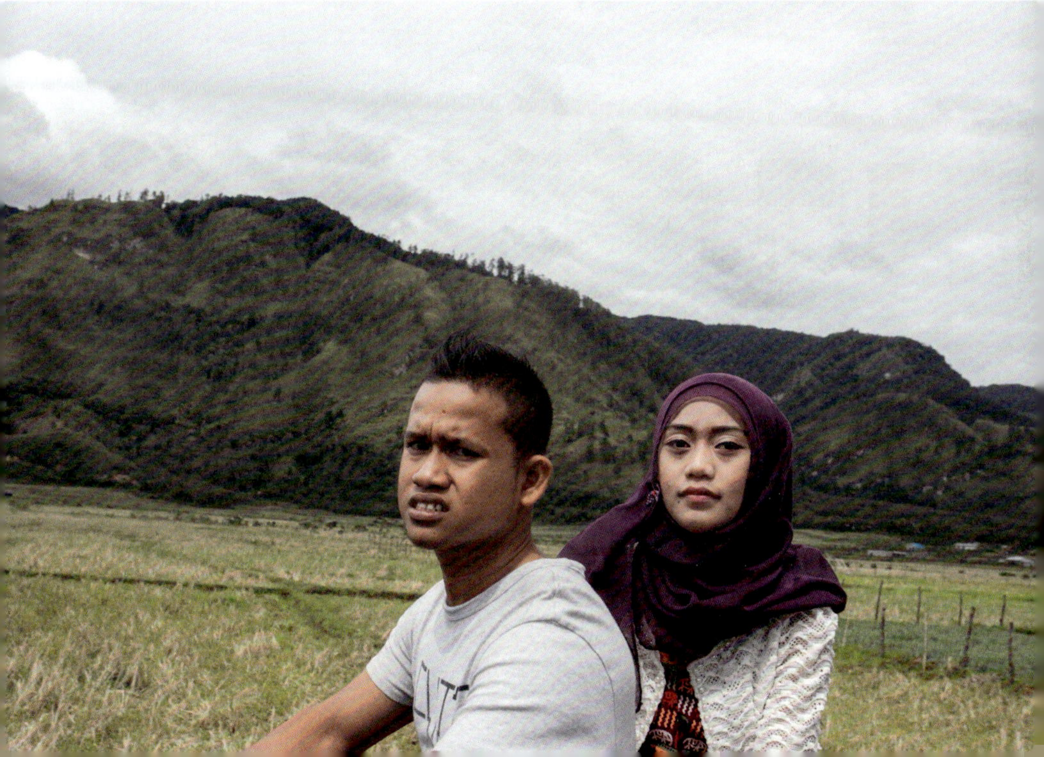

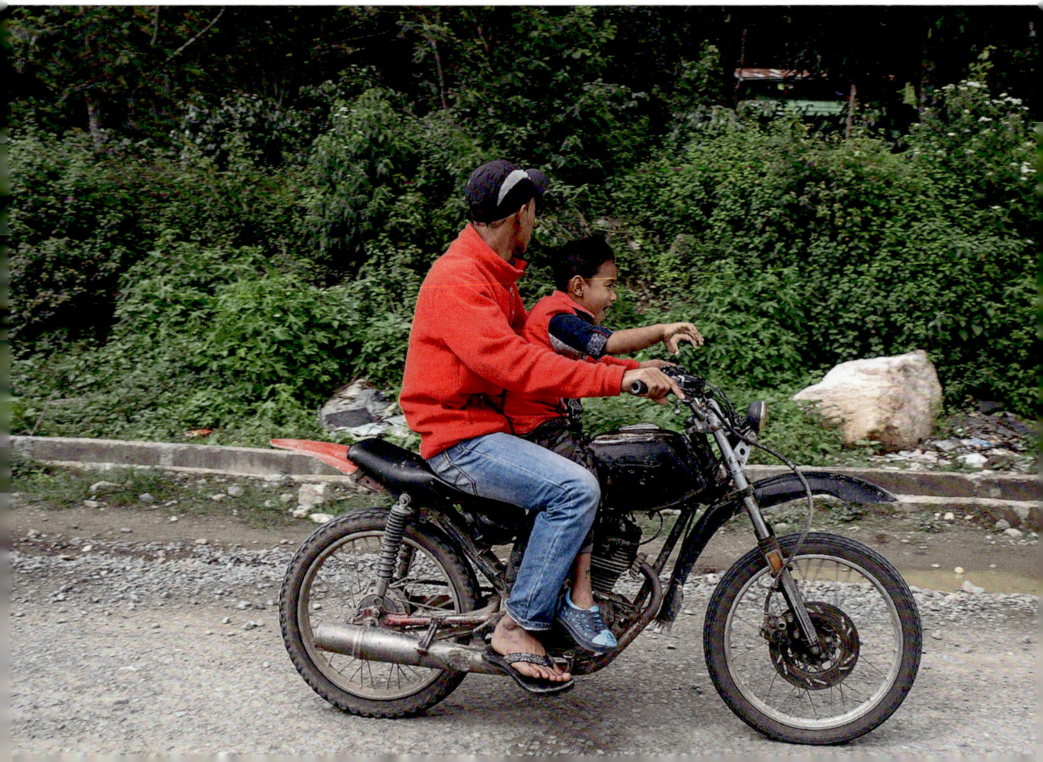

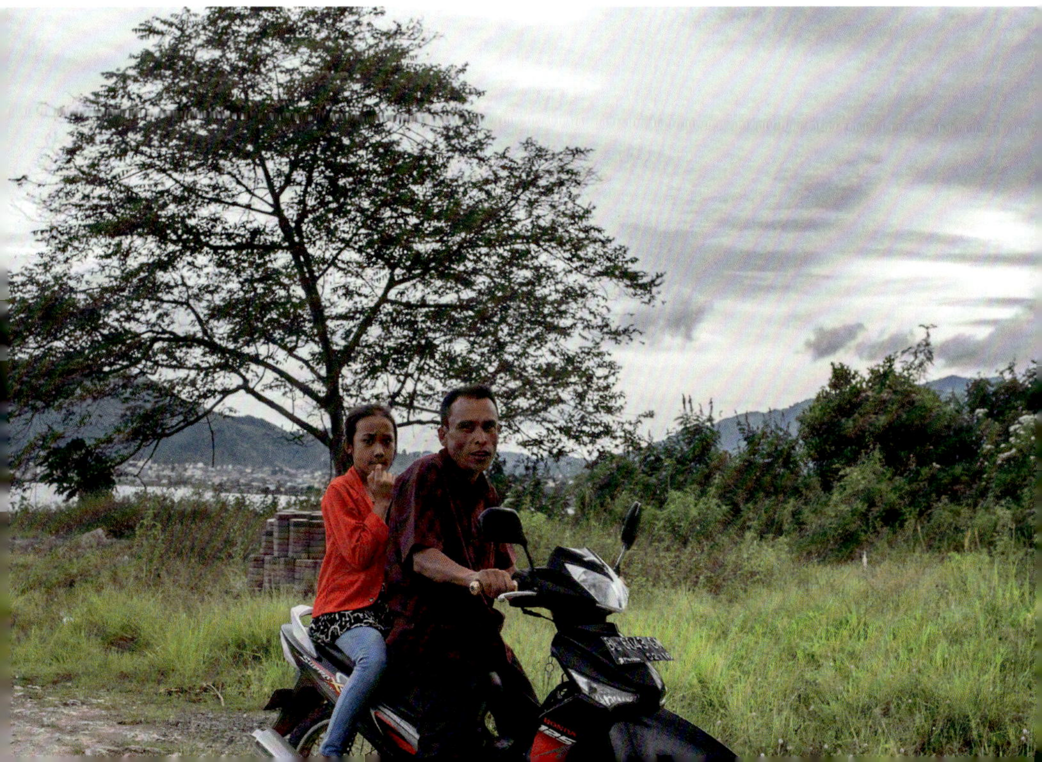

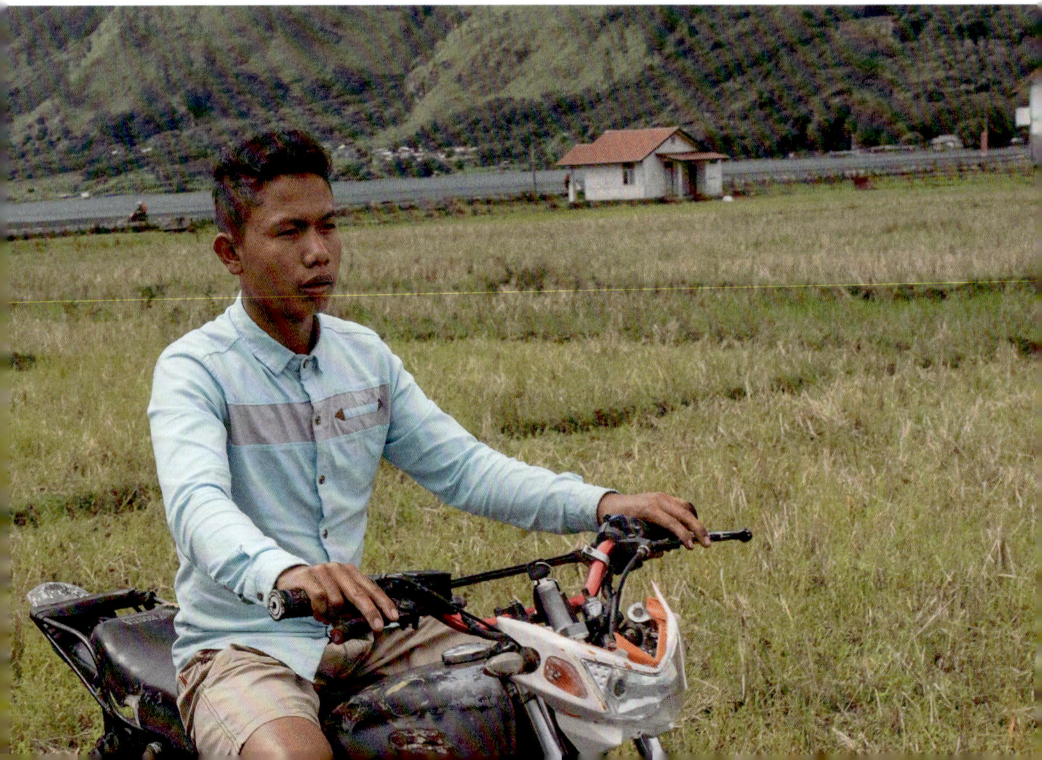

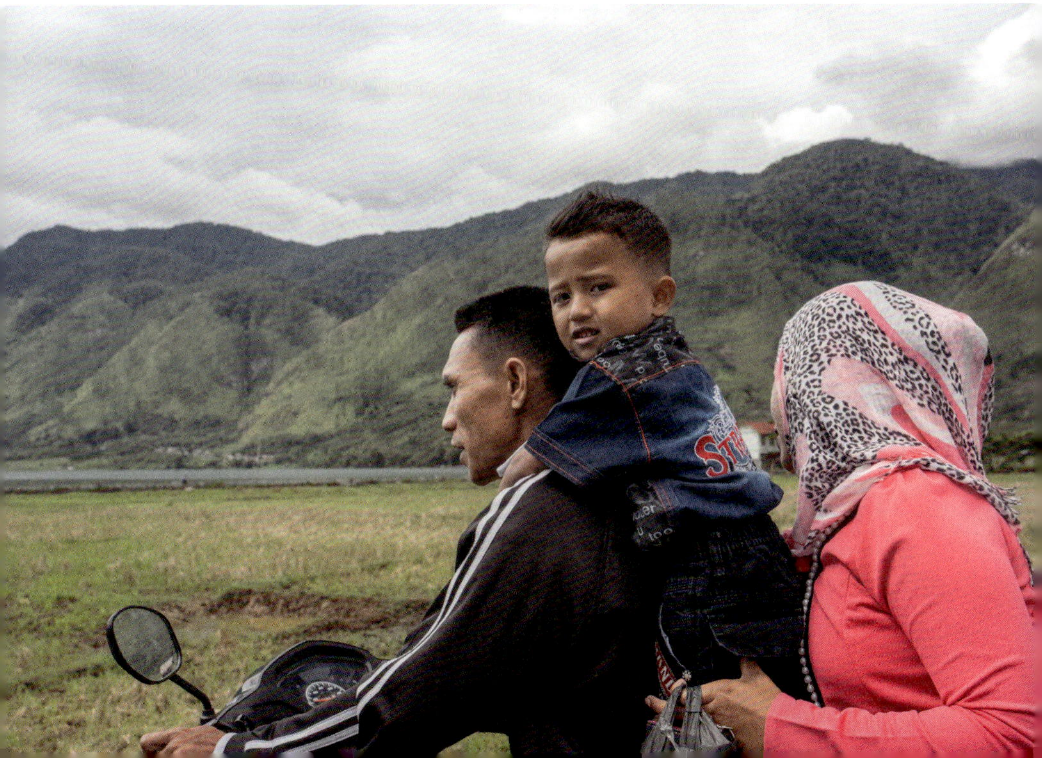

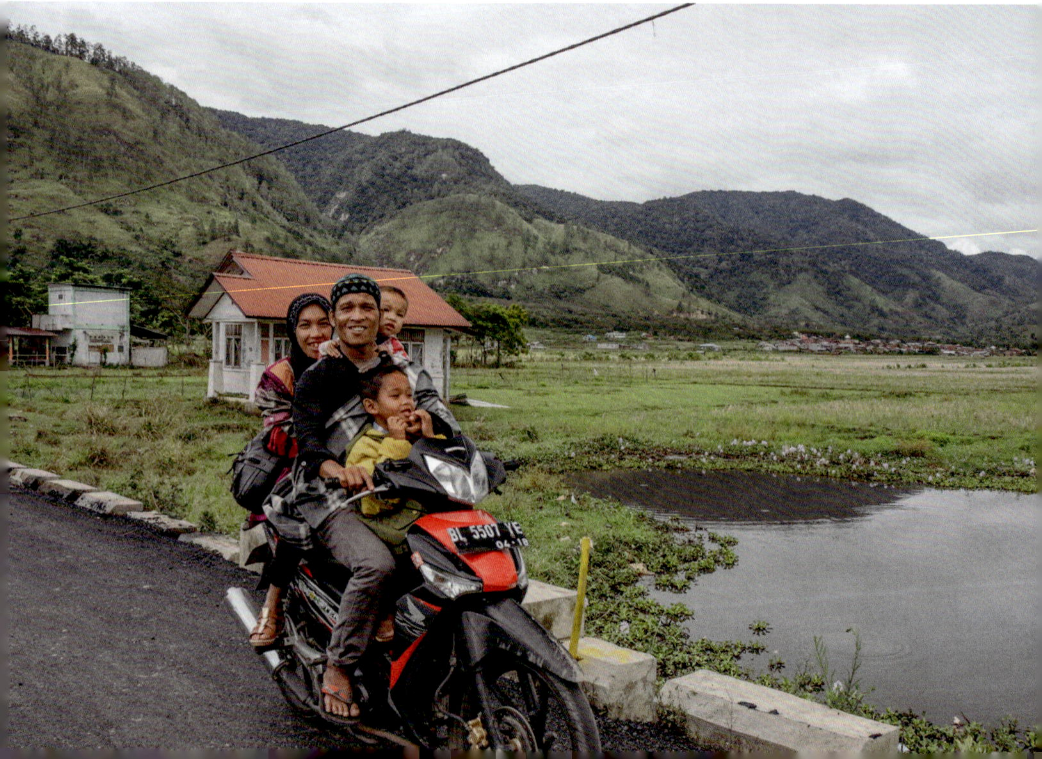
BL 5507 YE

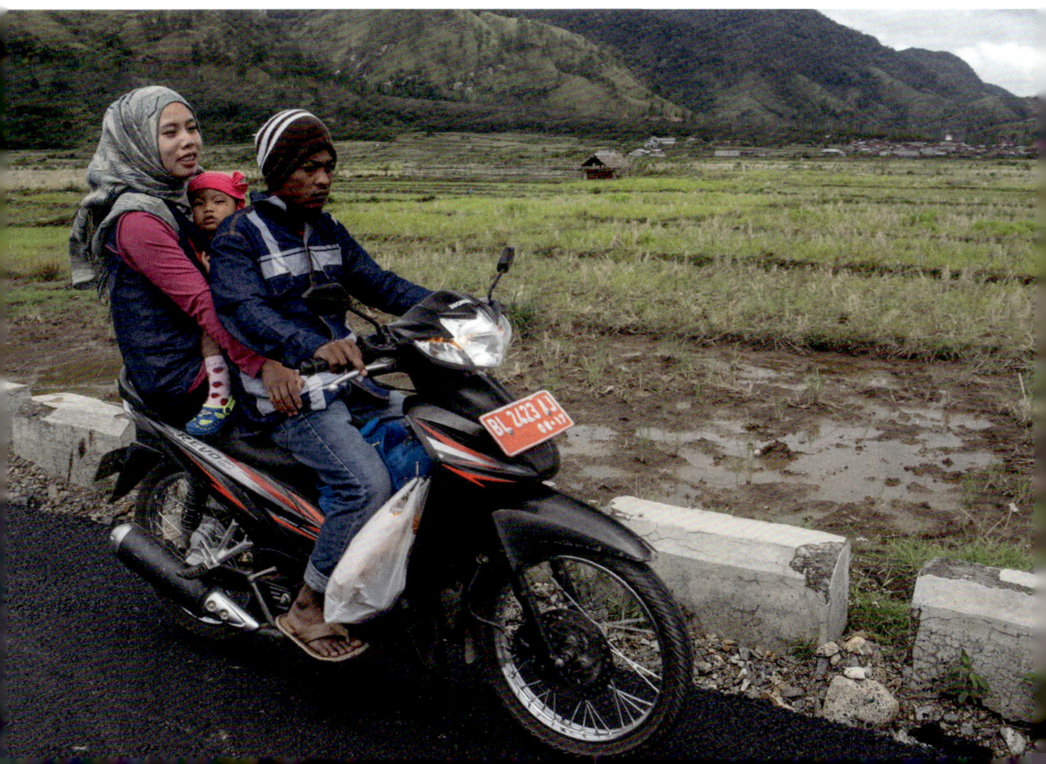

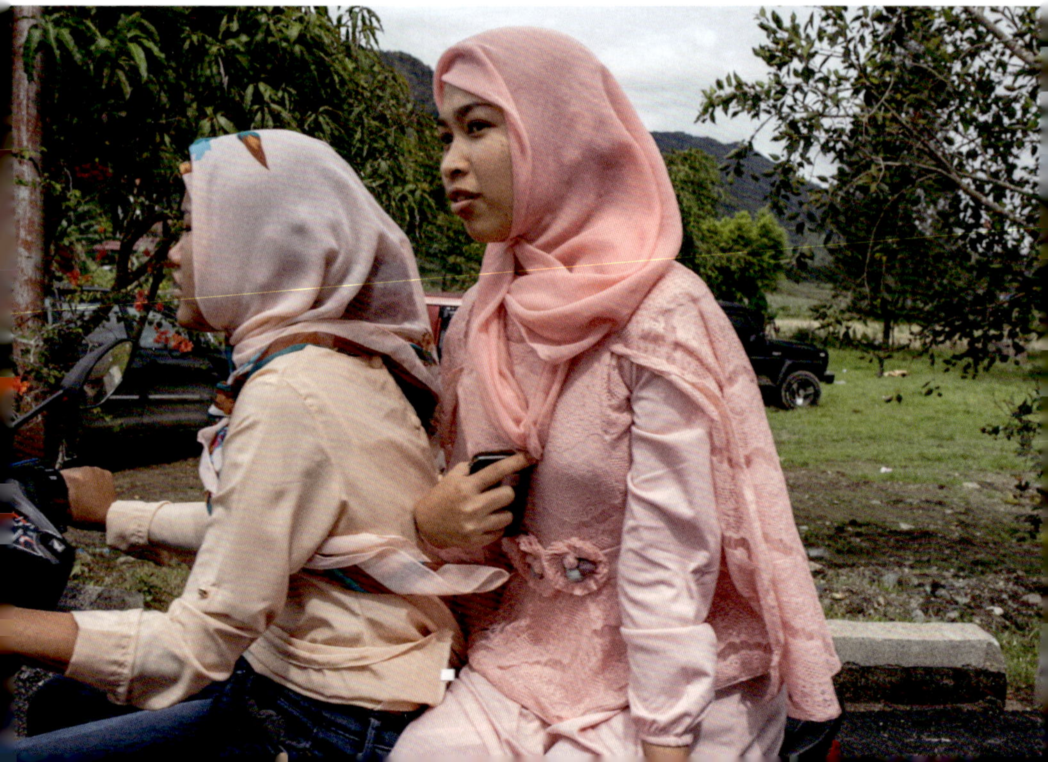

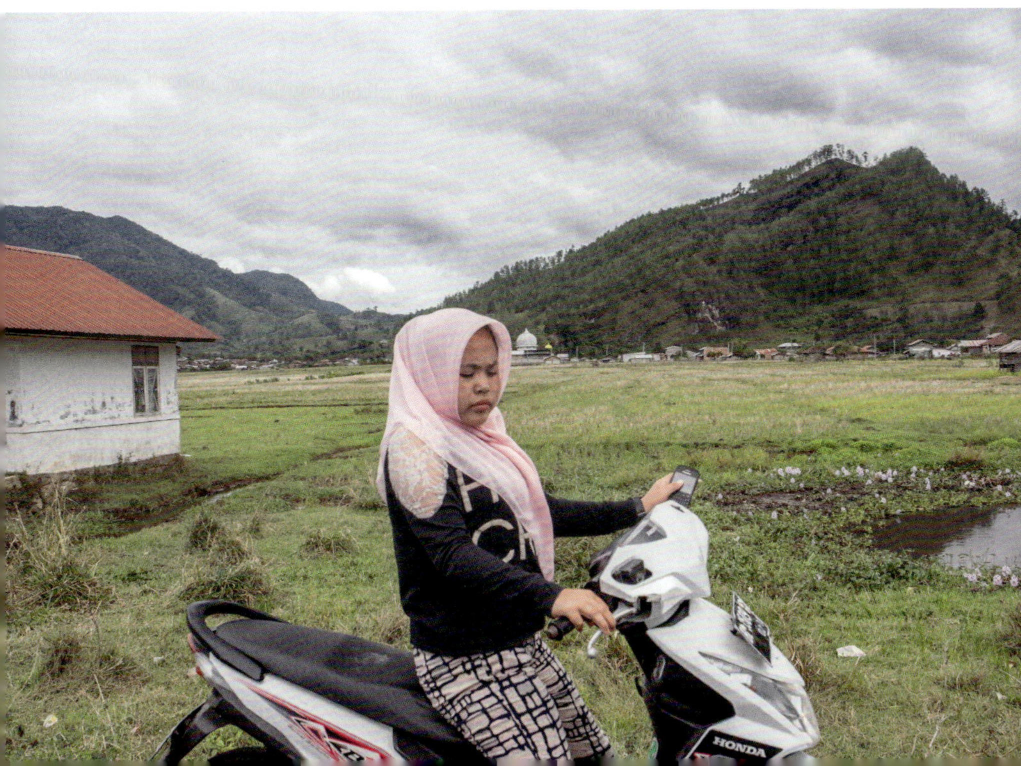
HONDA

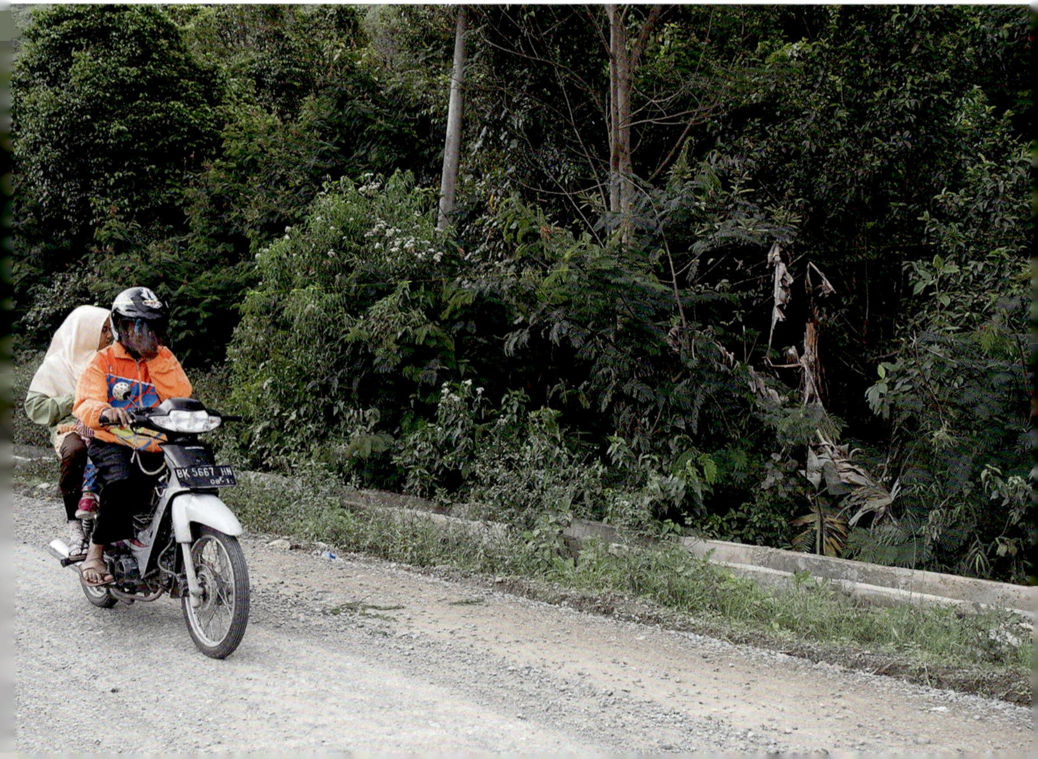
BK 5667 HN

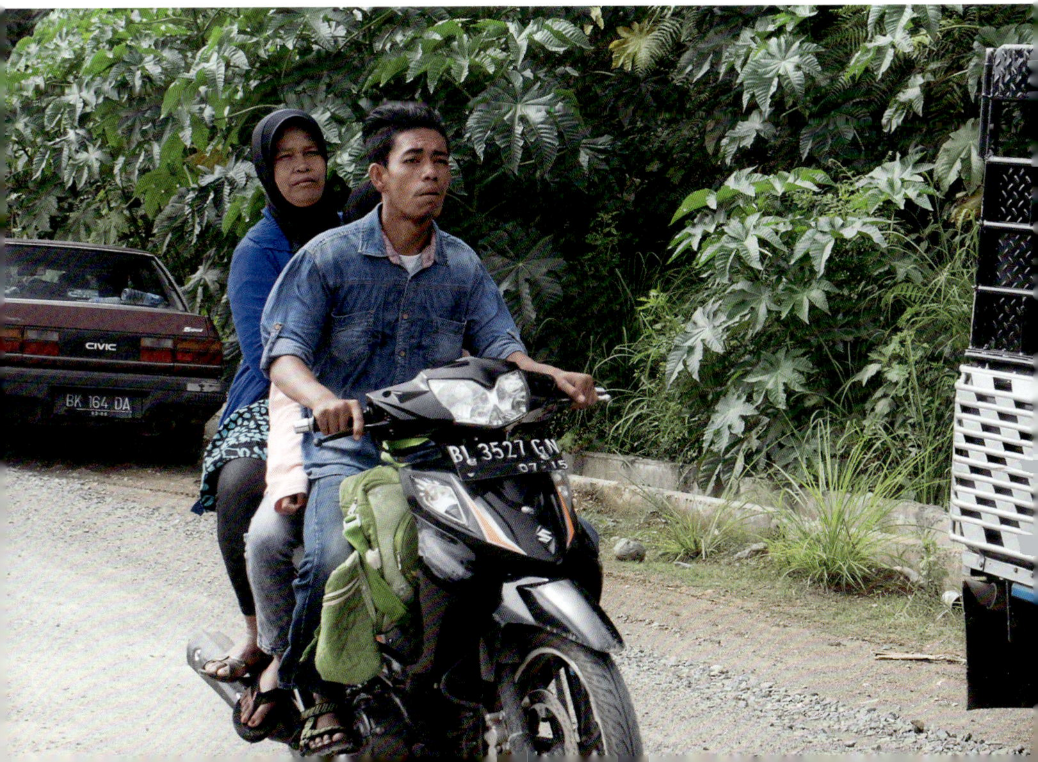
CIVIC
BK 164 DA
BL 3527 GN

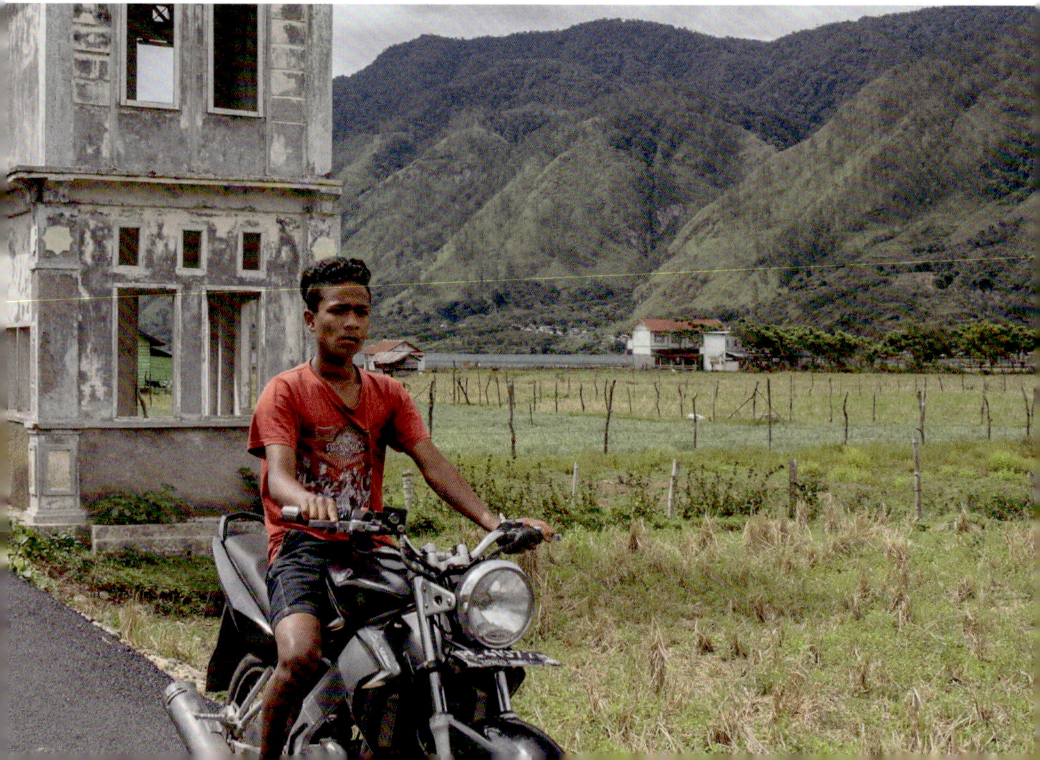

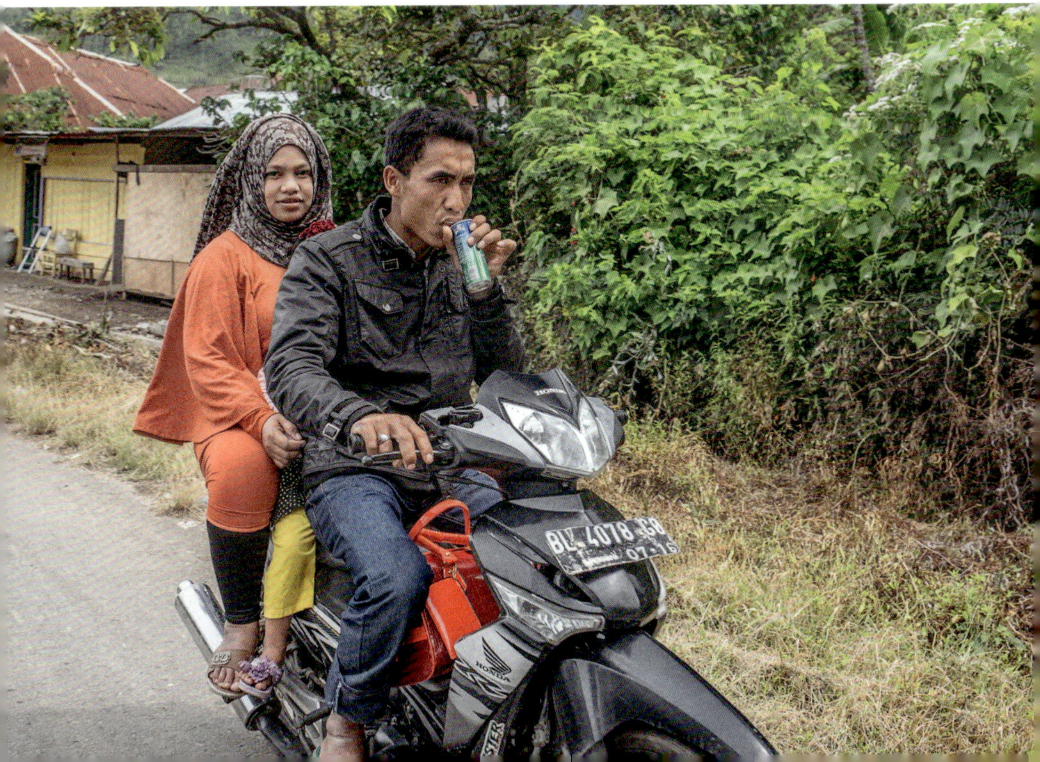
HONDA

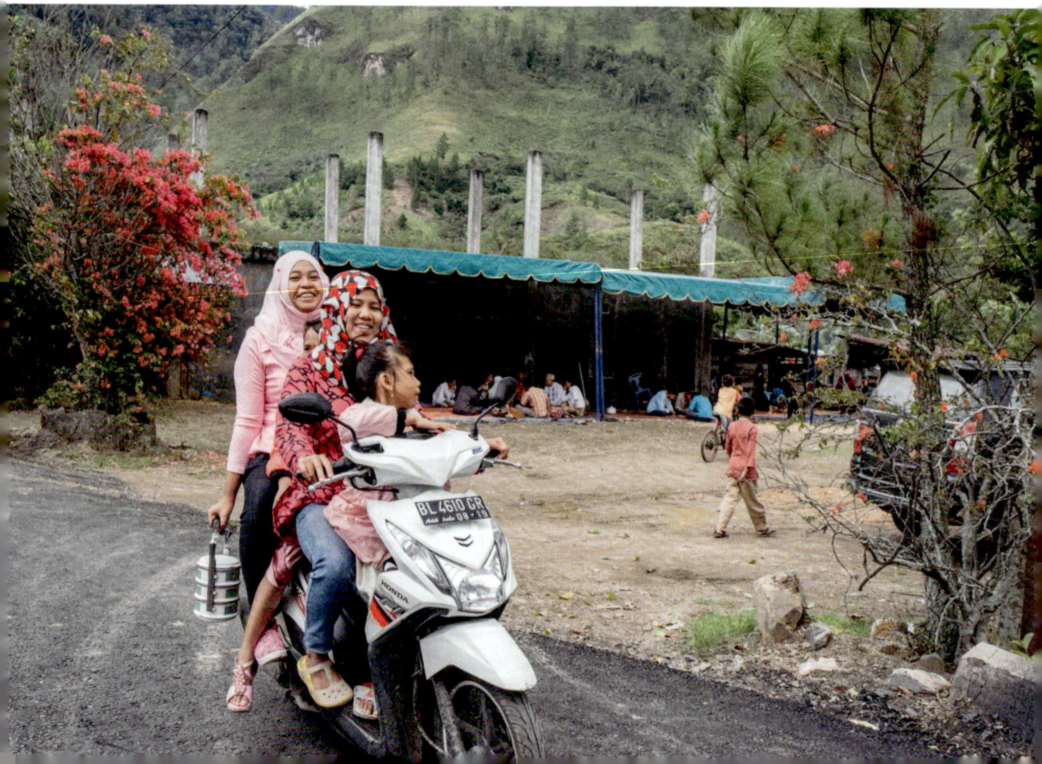
BL 4610 GR
HONDA

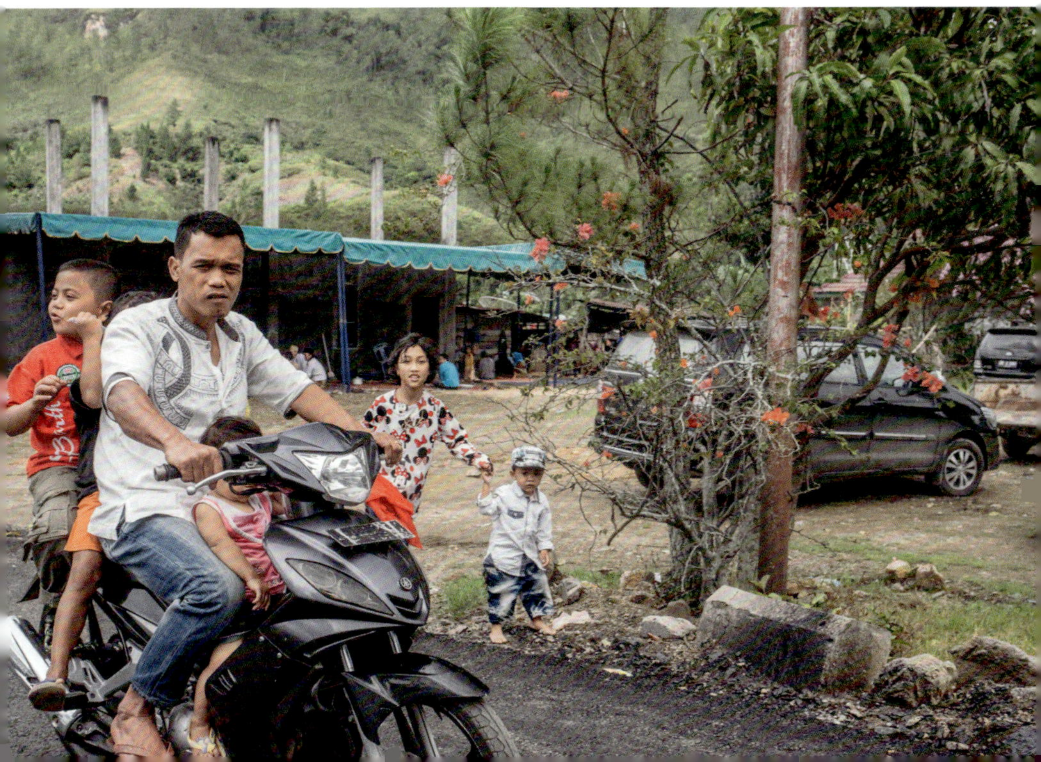

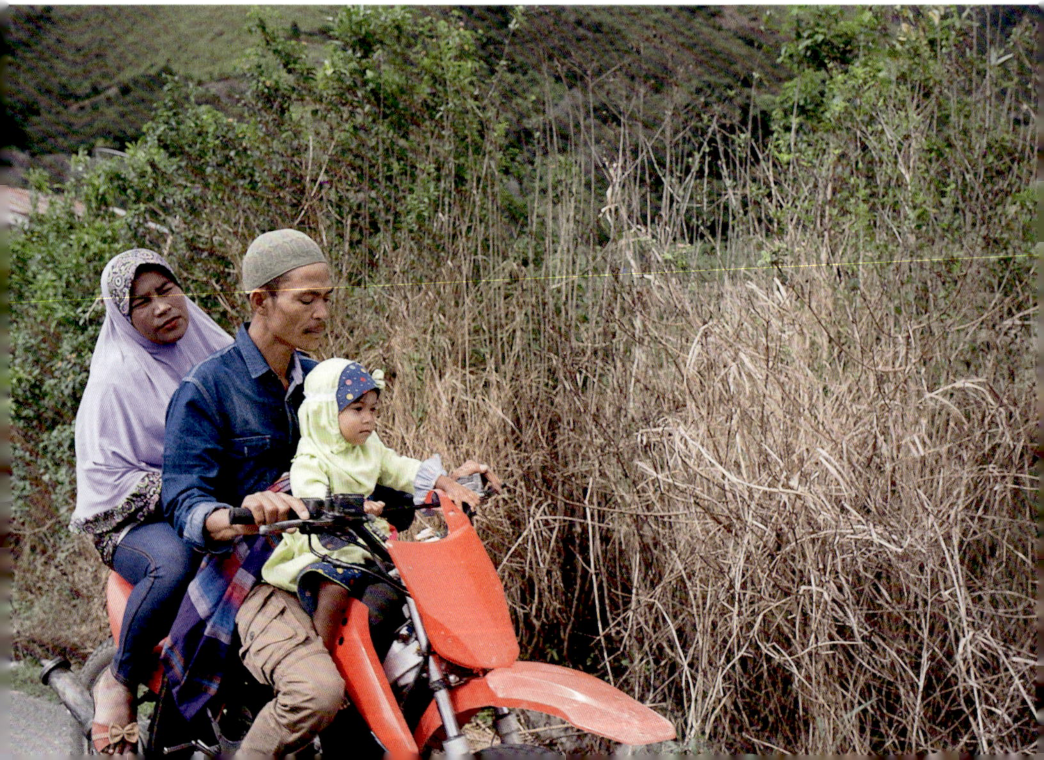

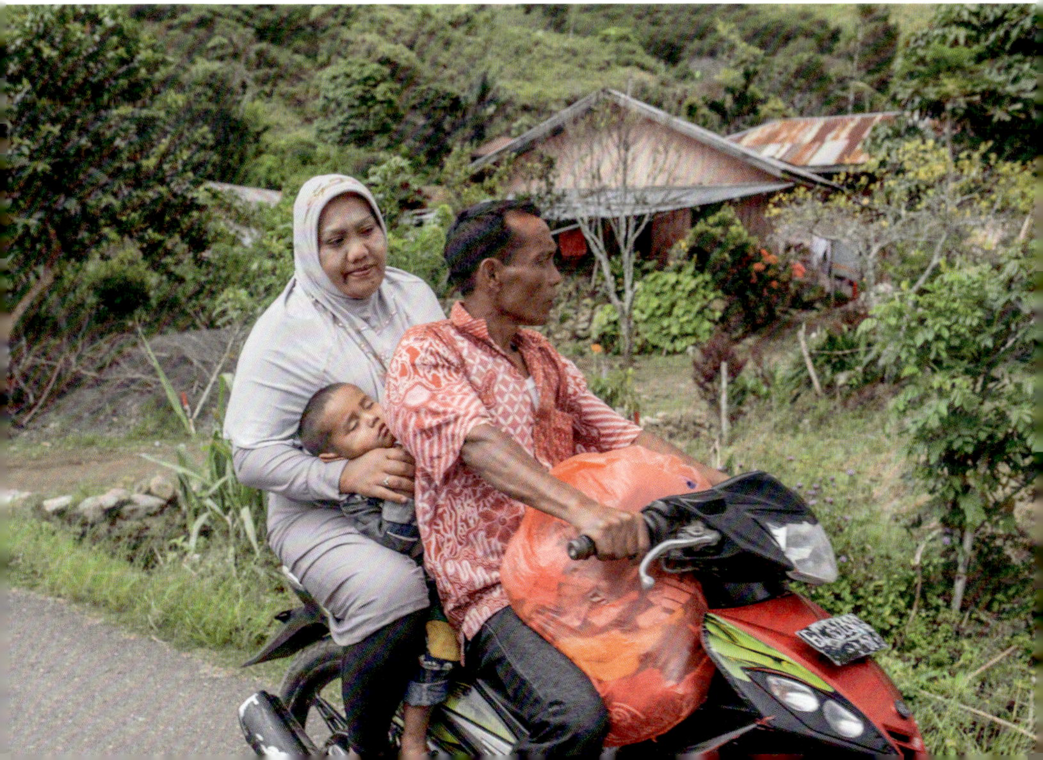

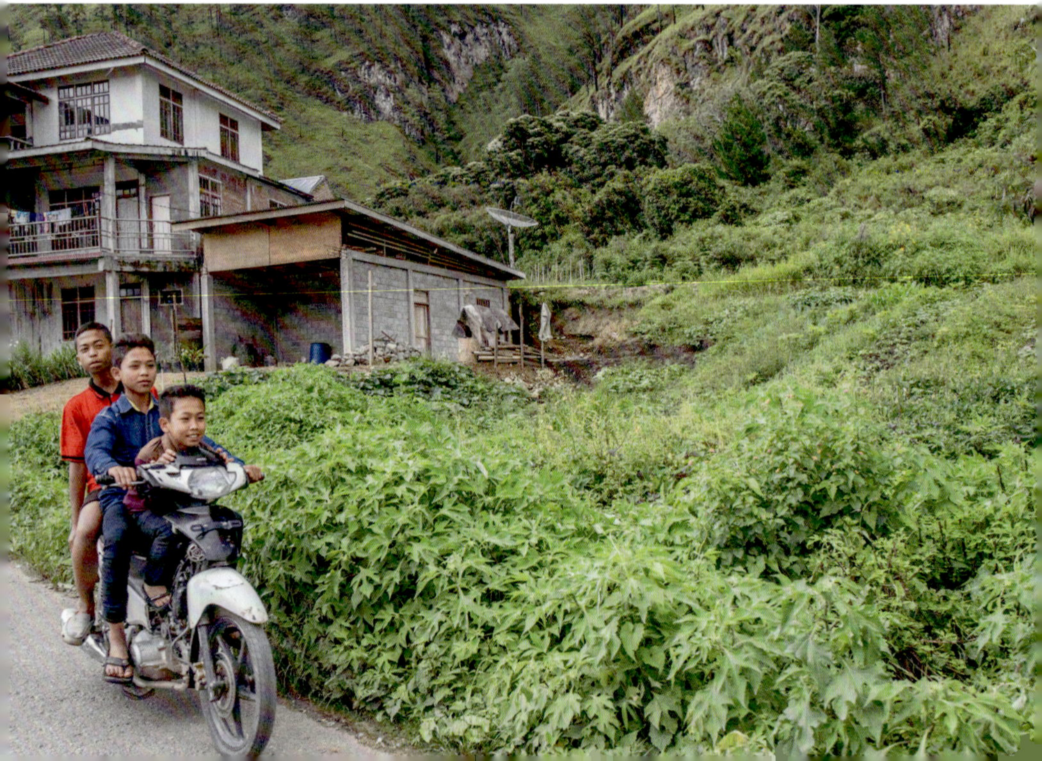

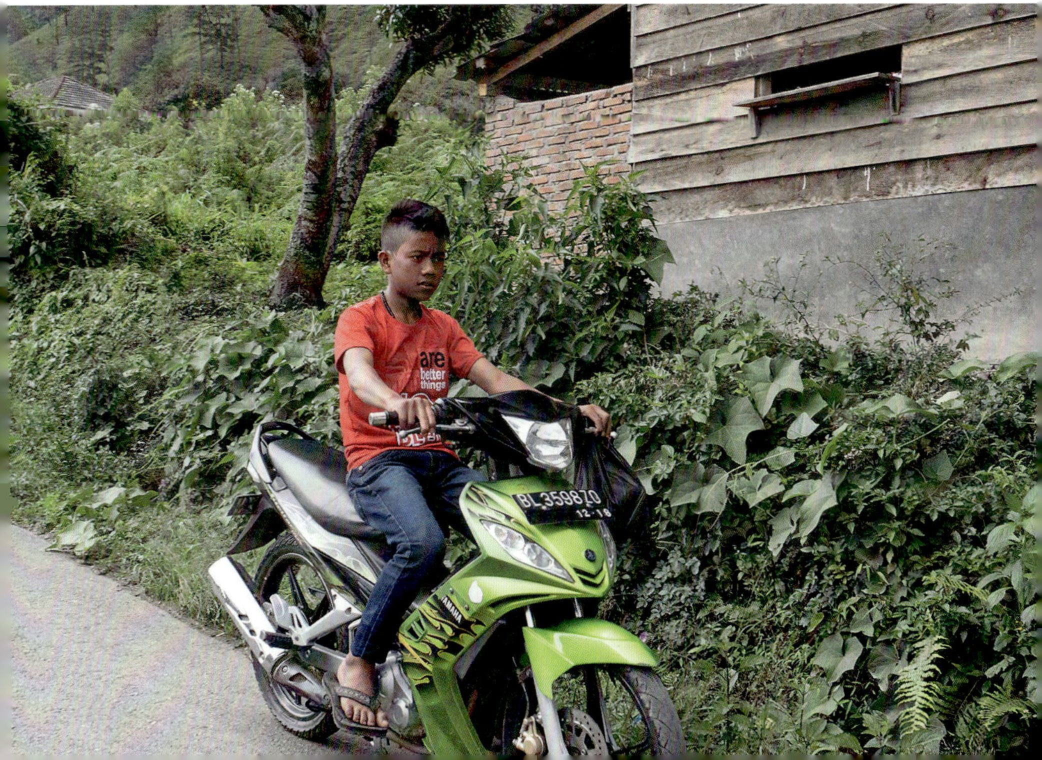
are
better
things
BL 3598 ZO
12·18

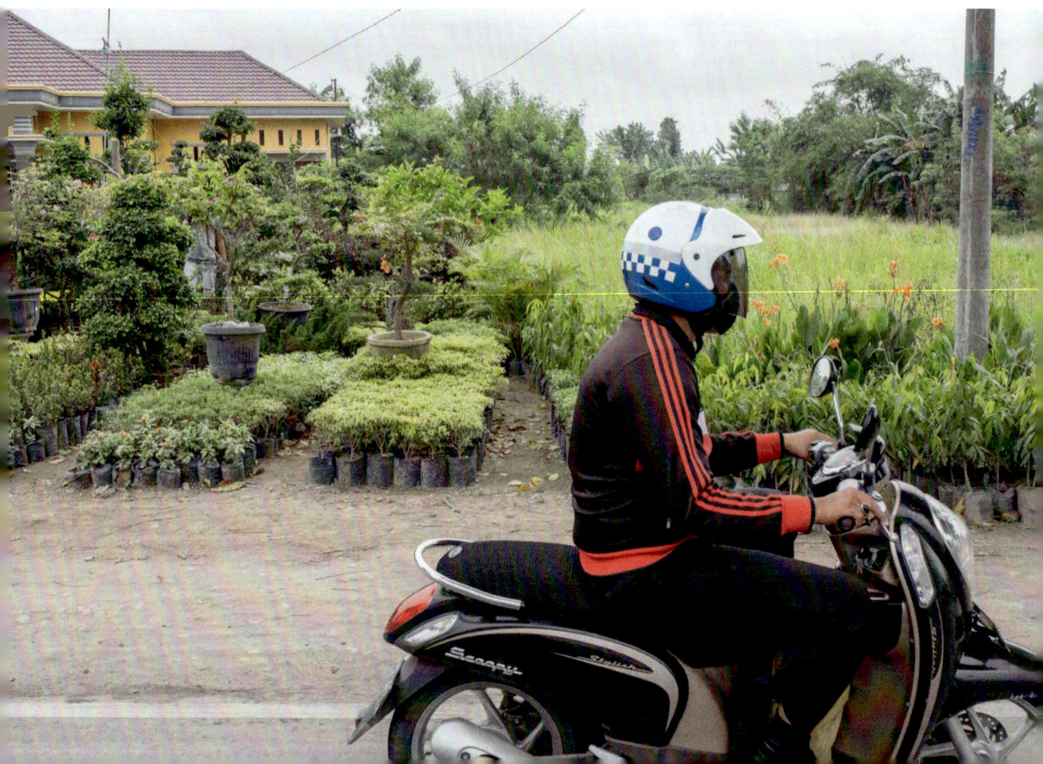

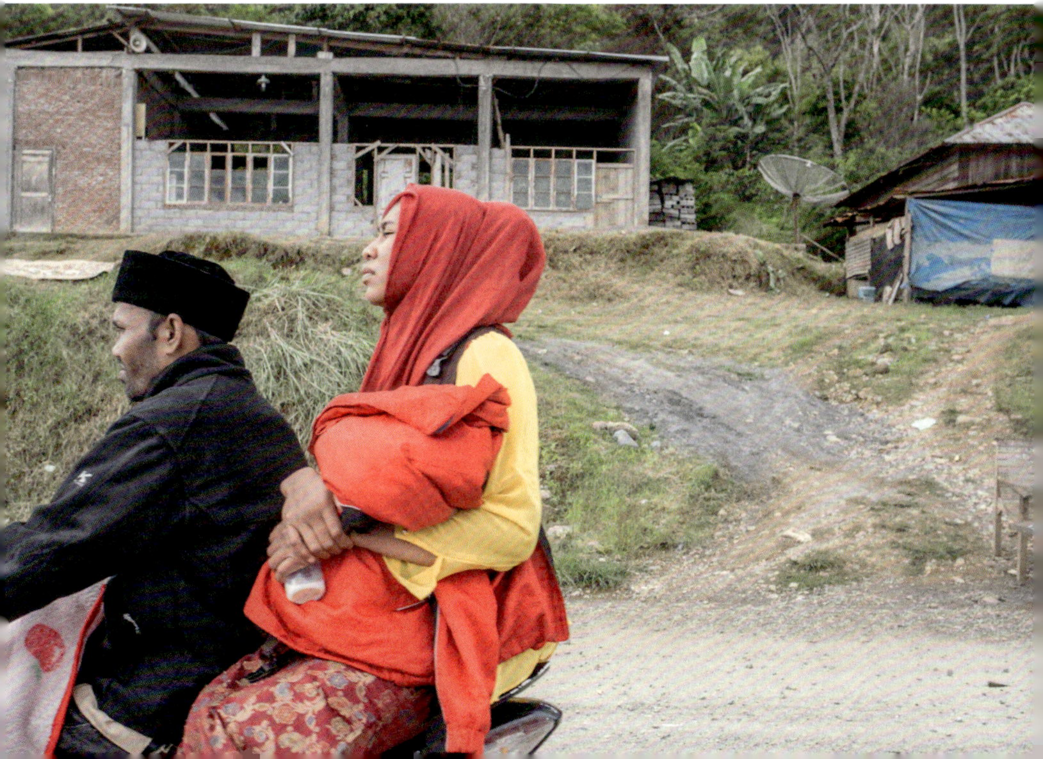

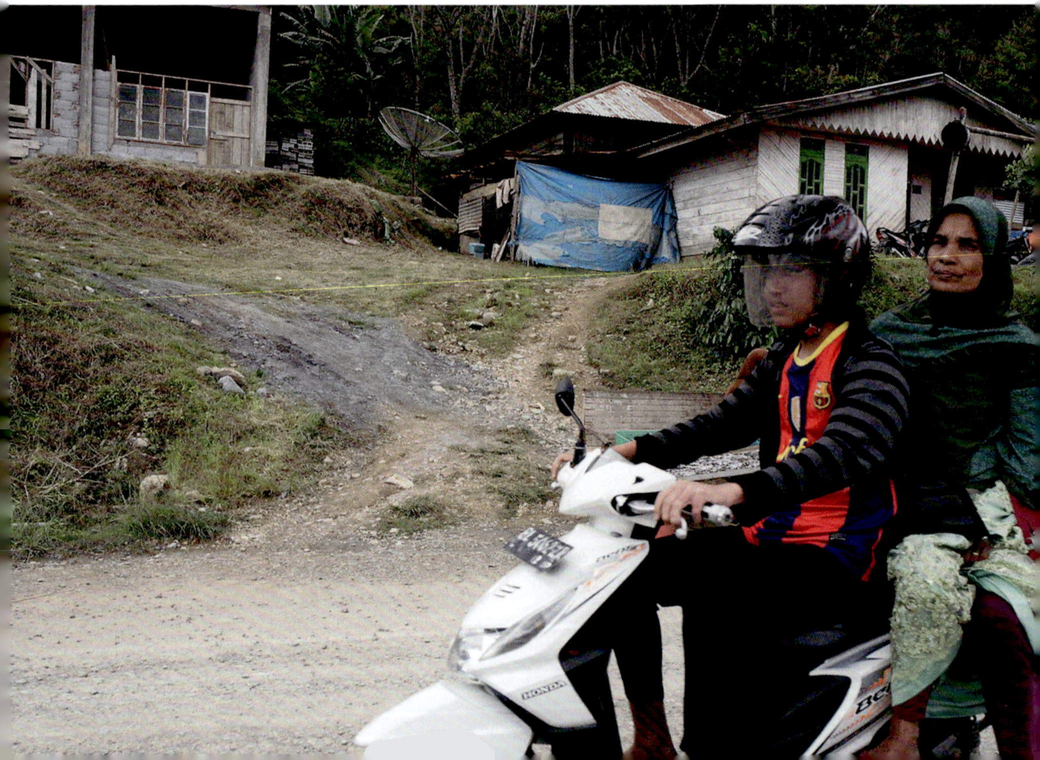

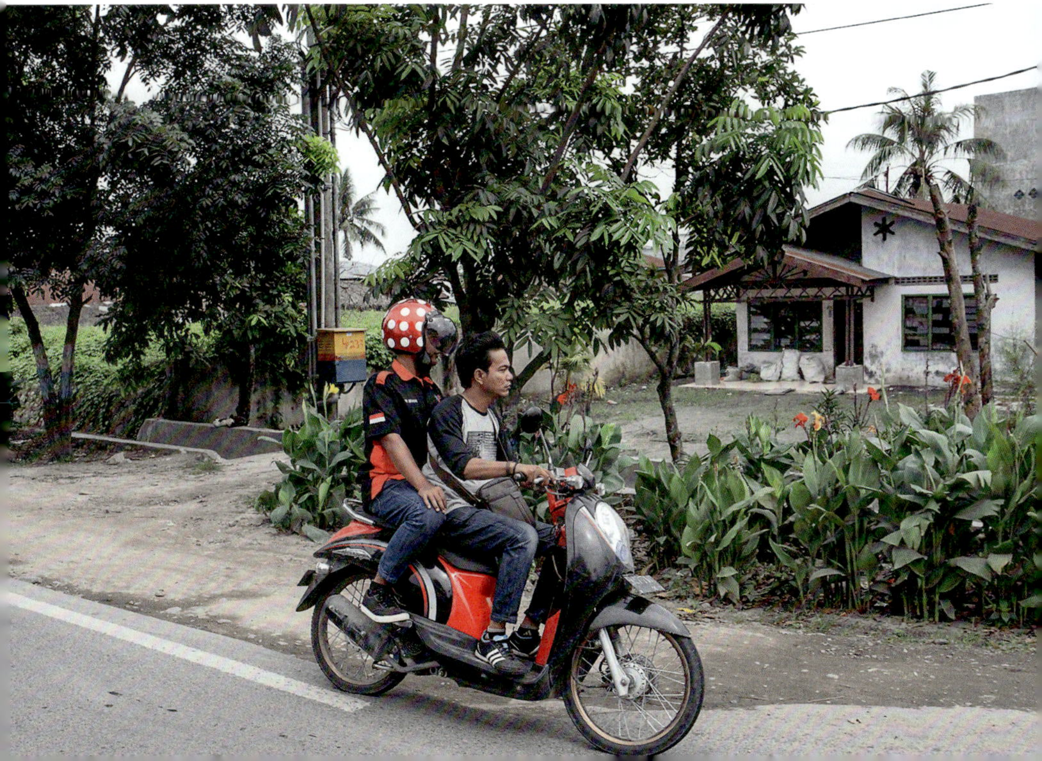

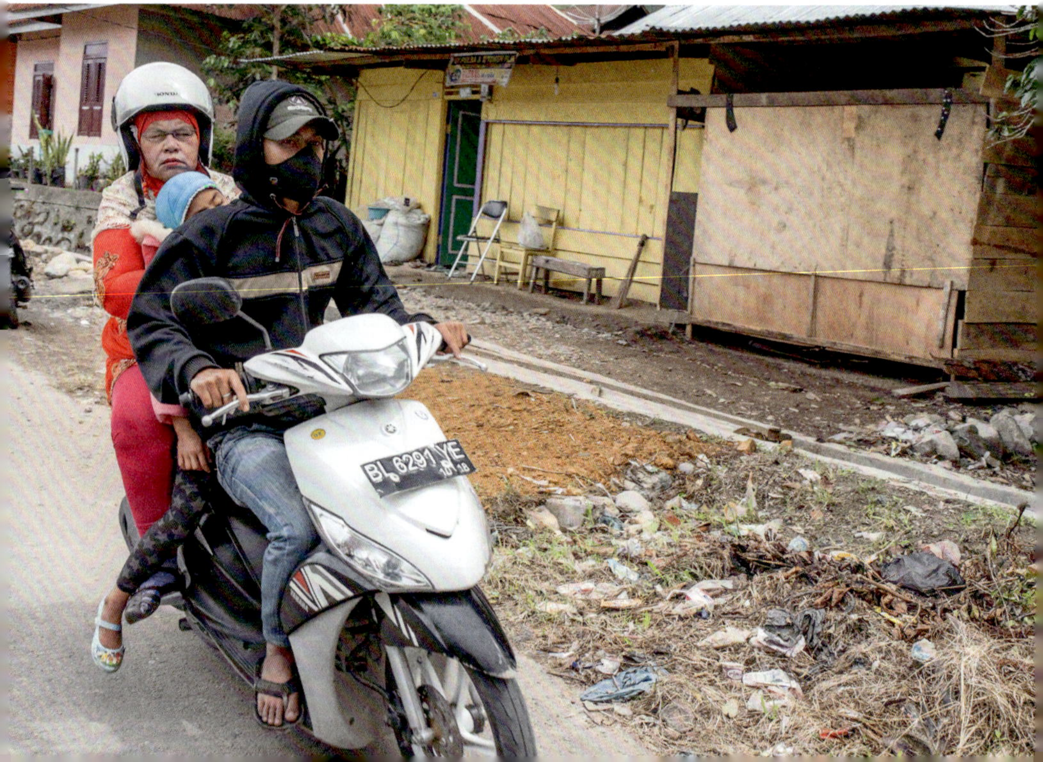
BL 6291 YE

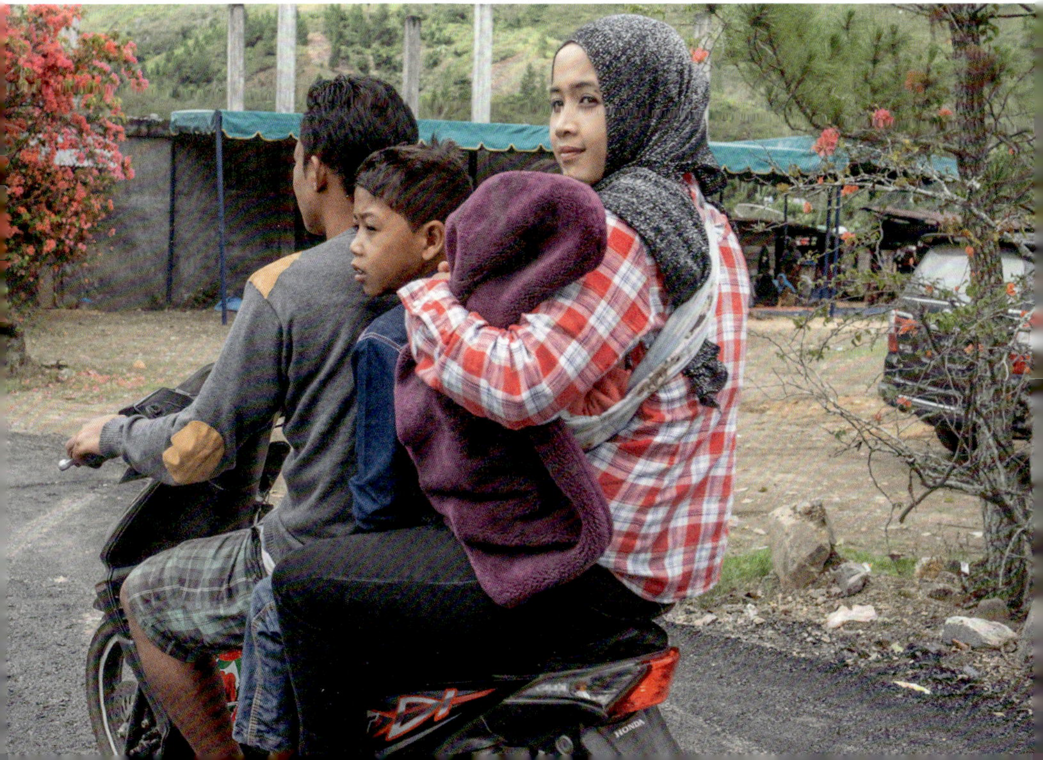

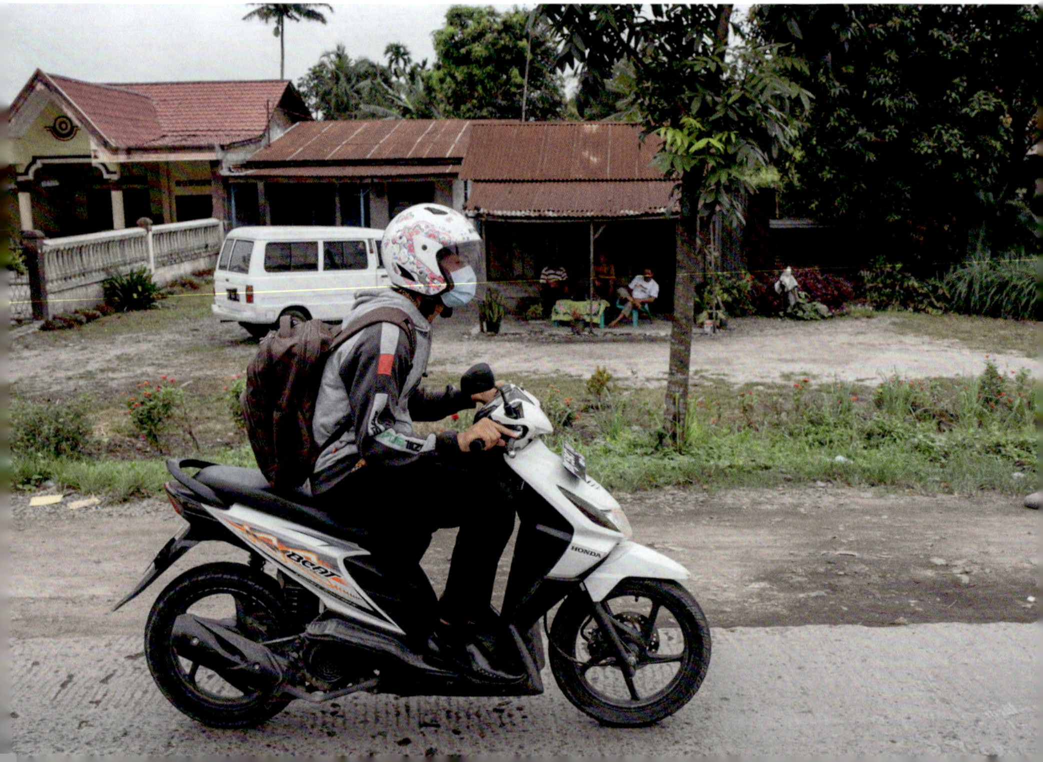

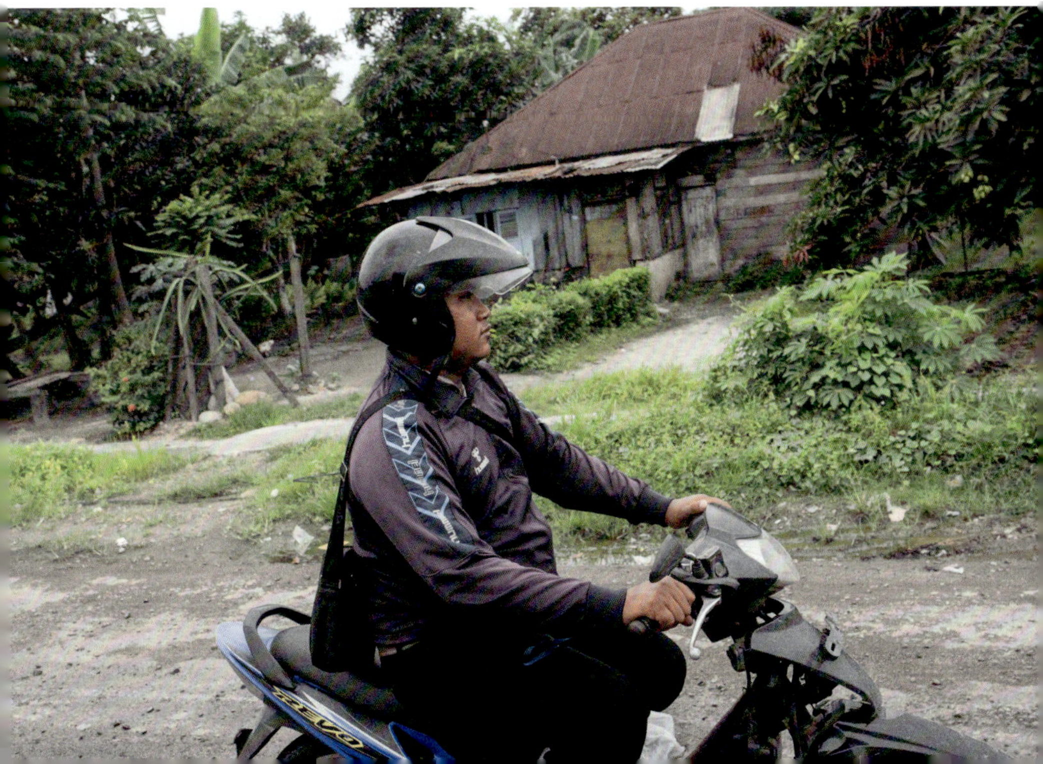
REVO

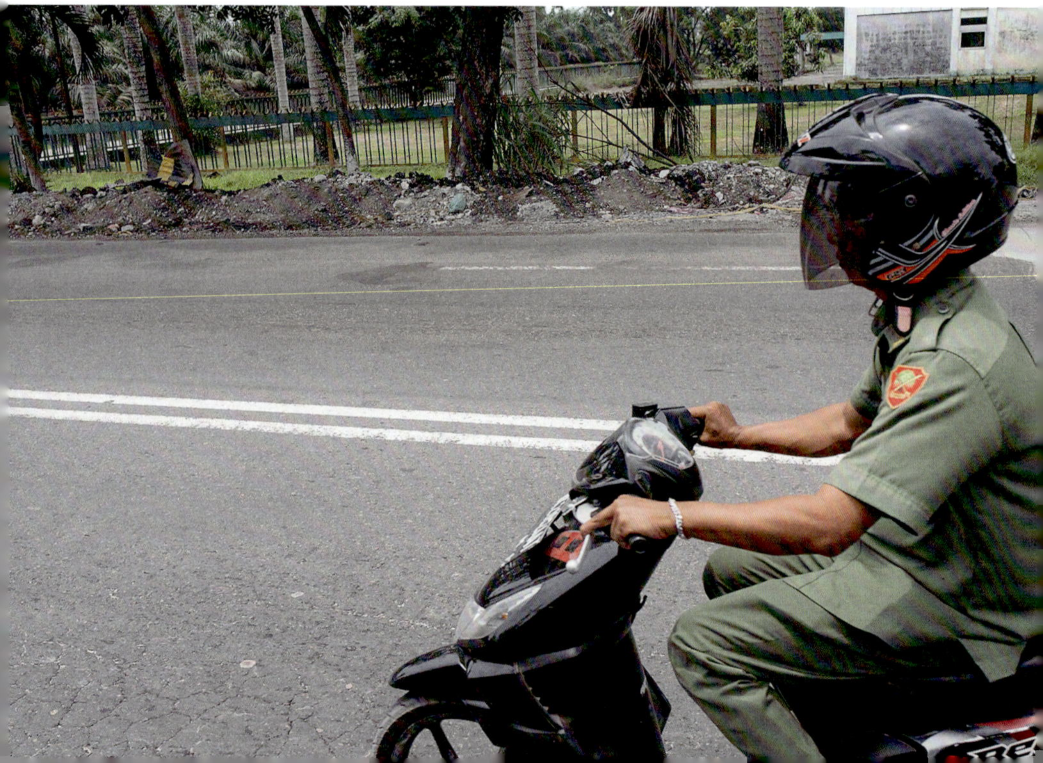

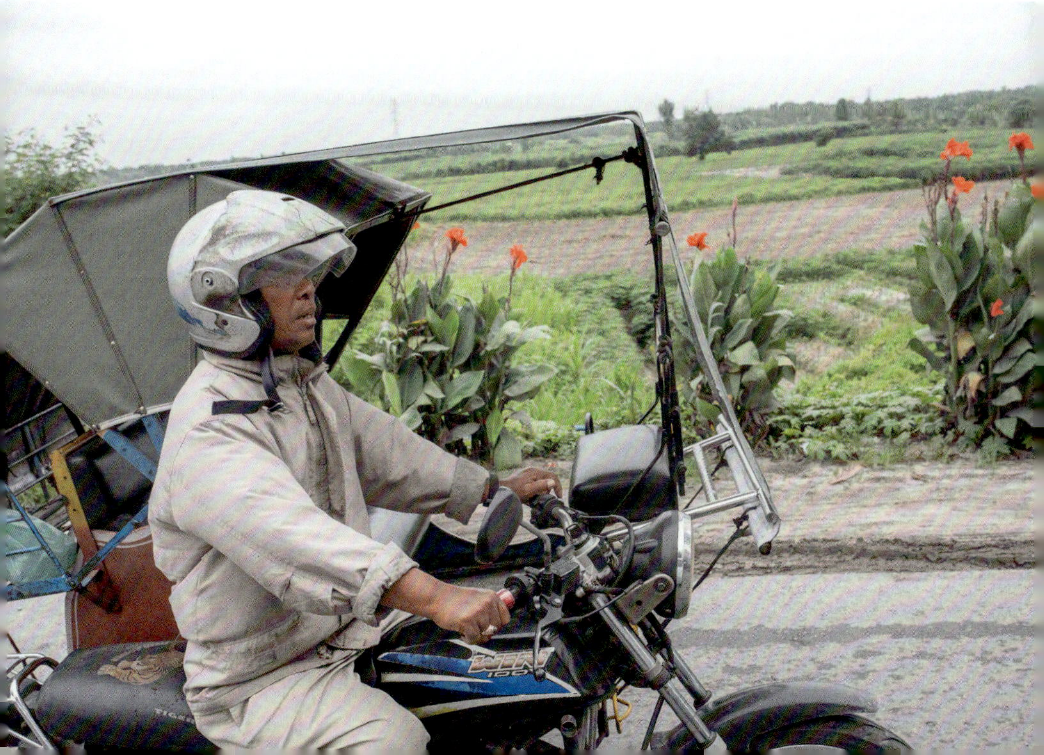

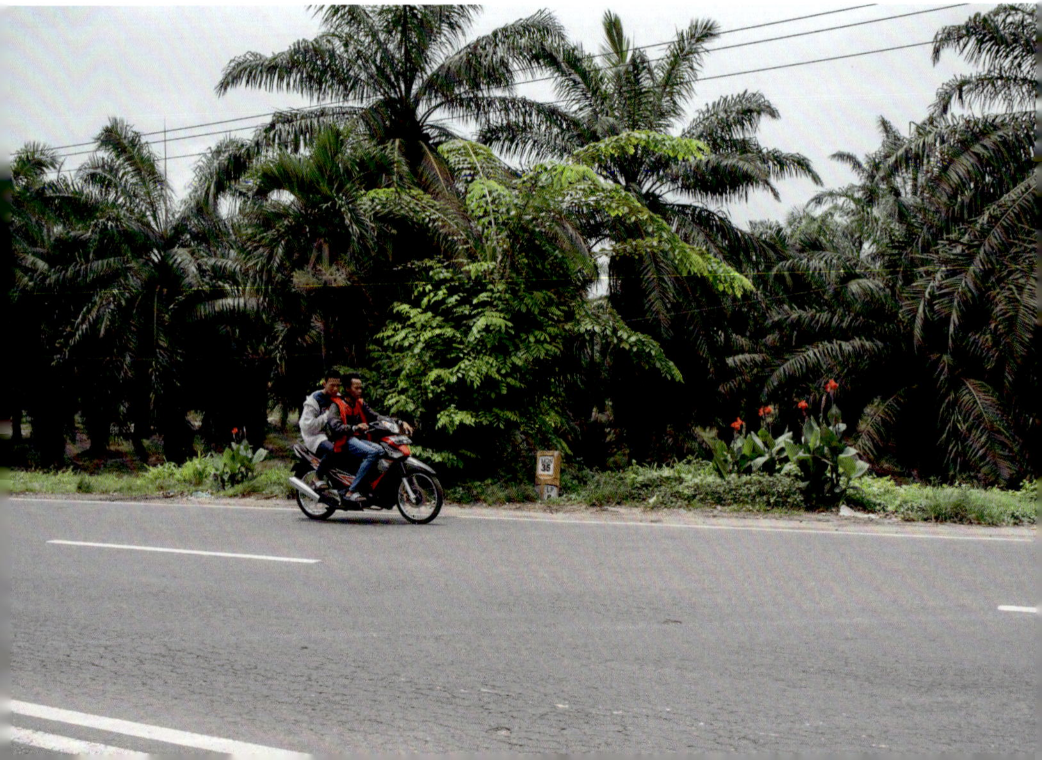

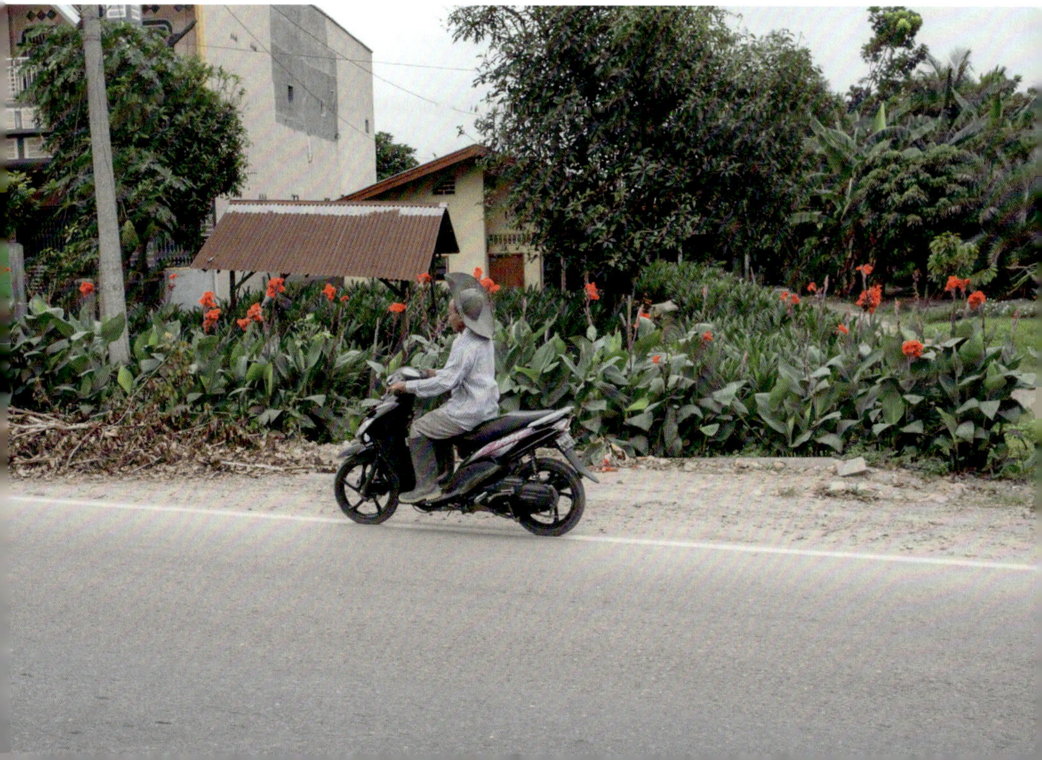

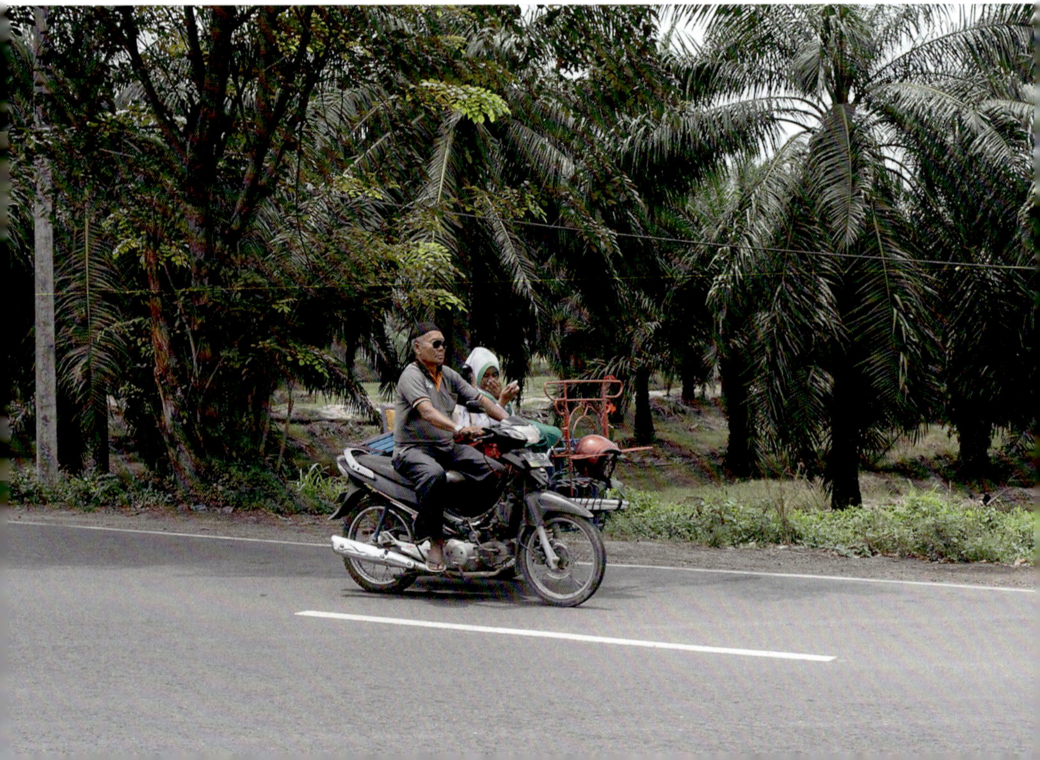

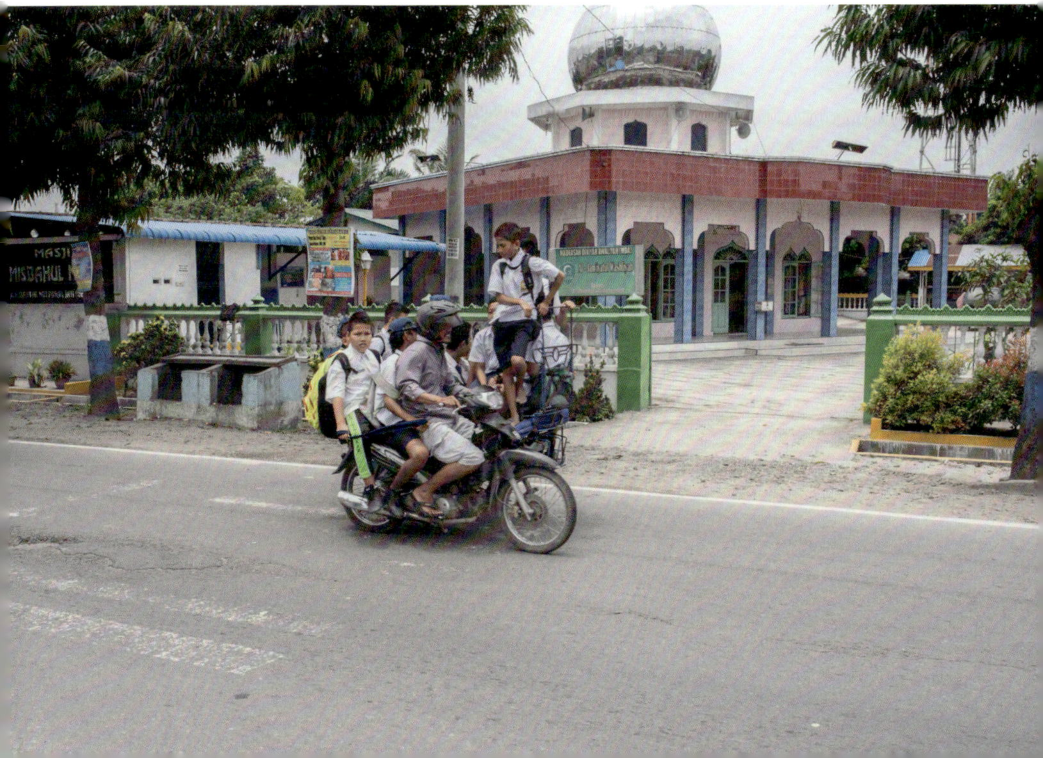

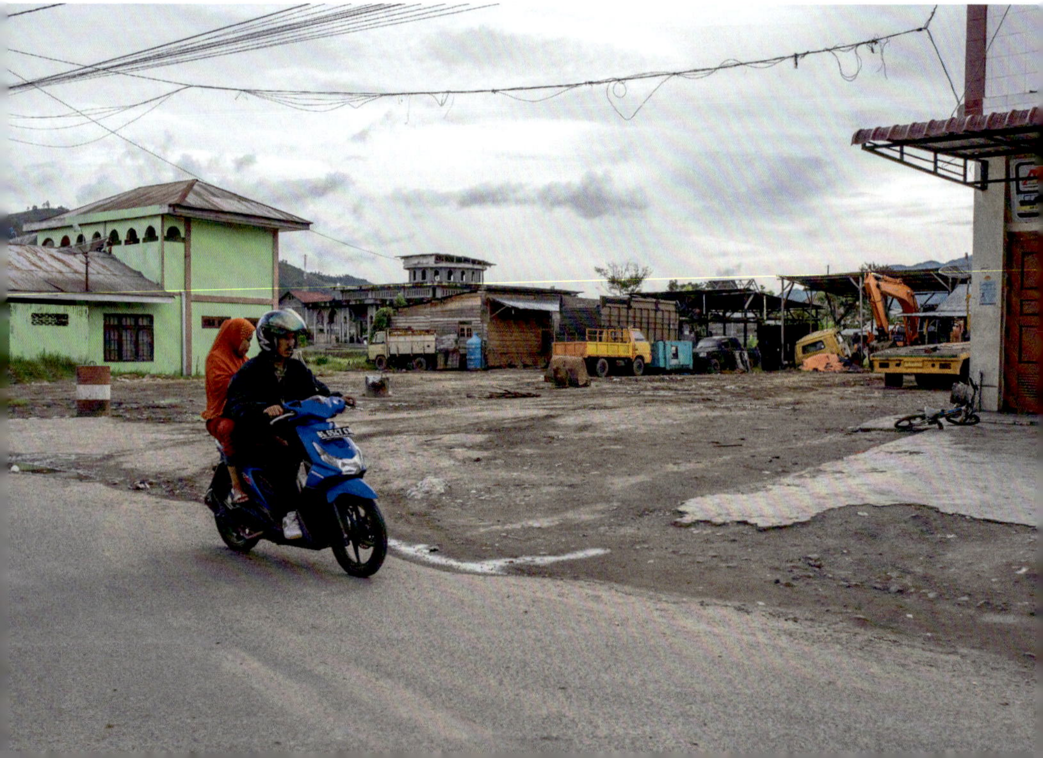

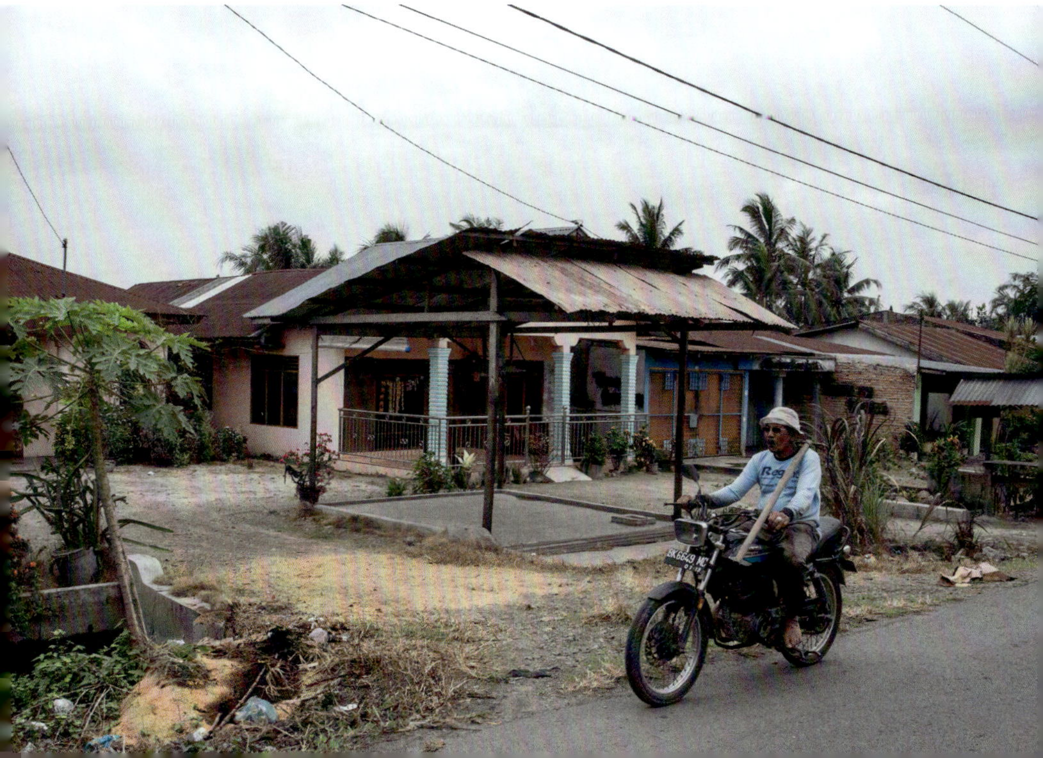

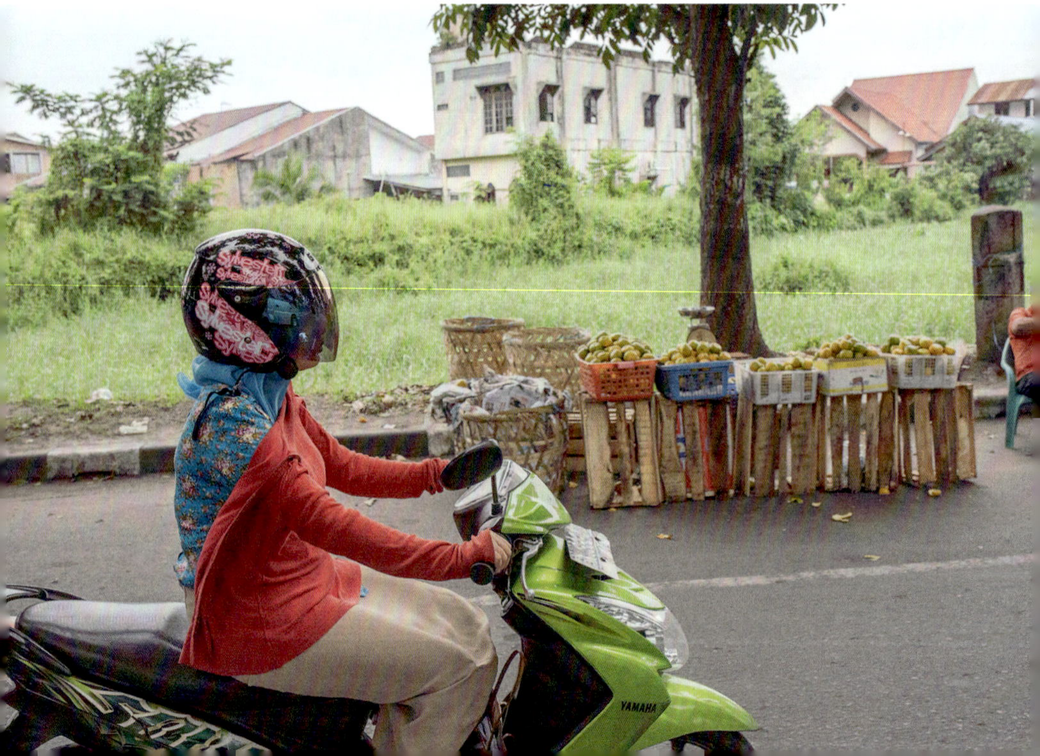
YAMAHA

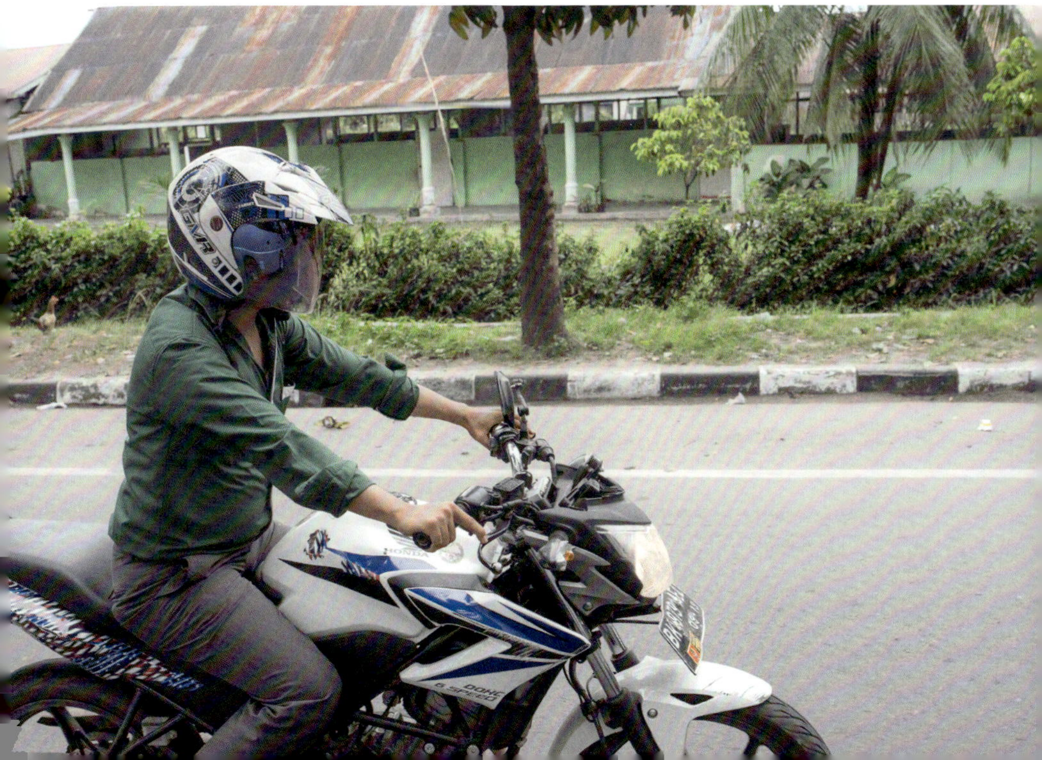
HONDA
DOHC
6 SPEED

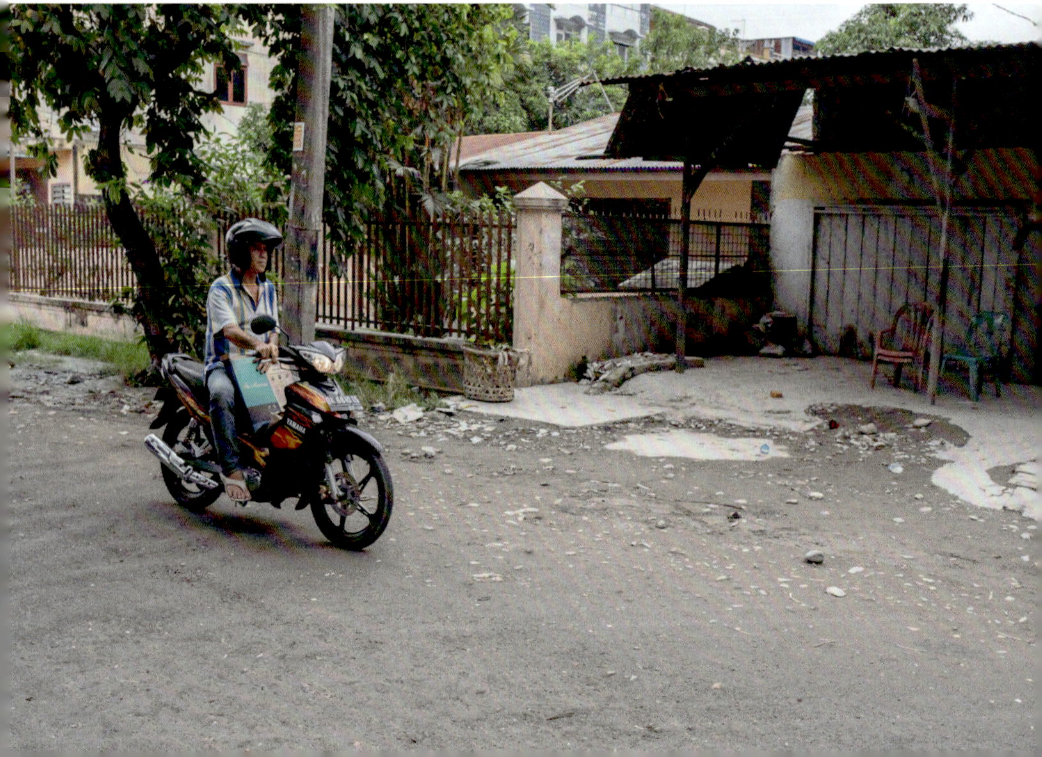

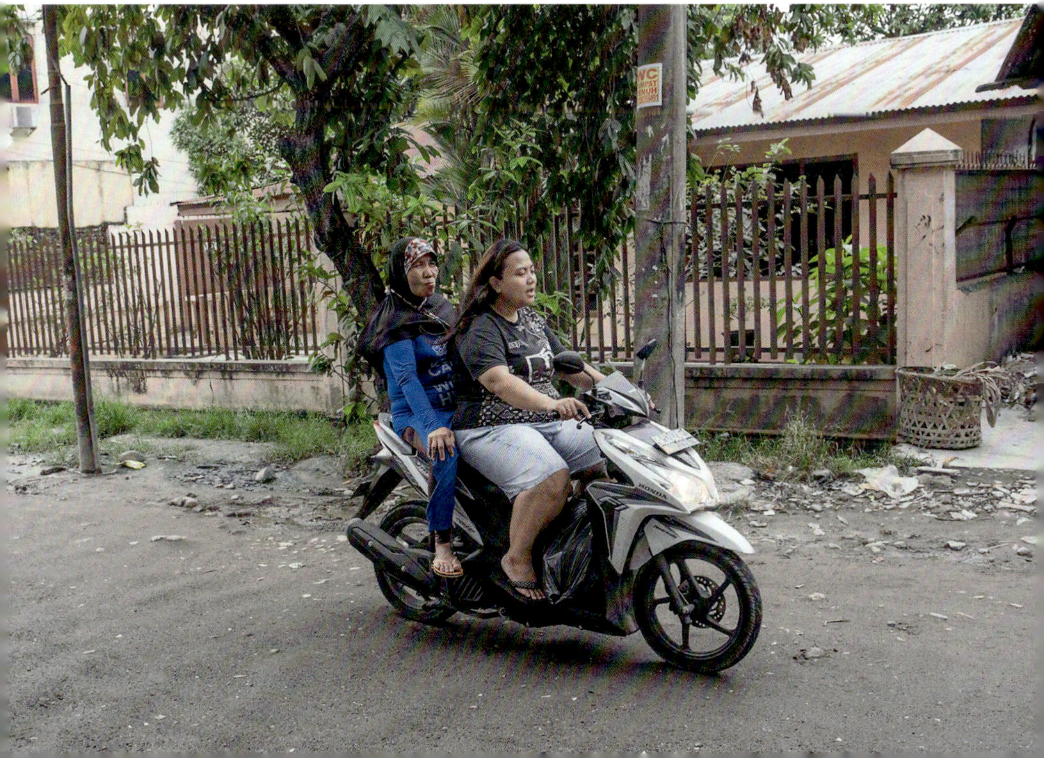
WC

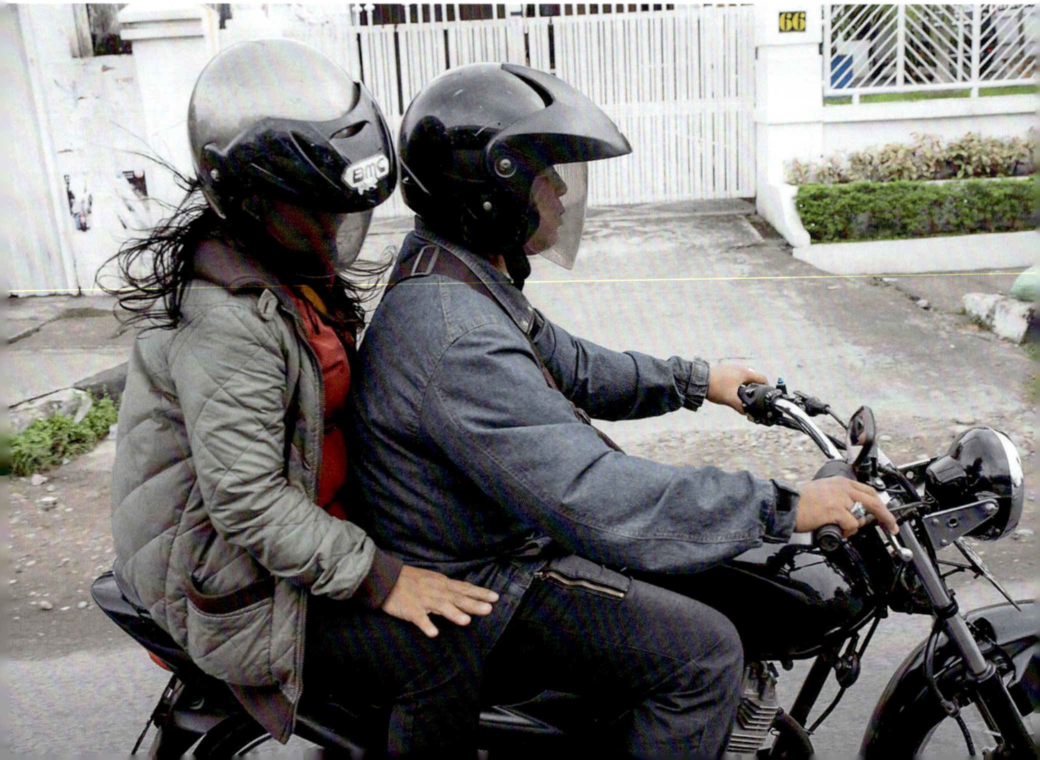
BMC
66

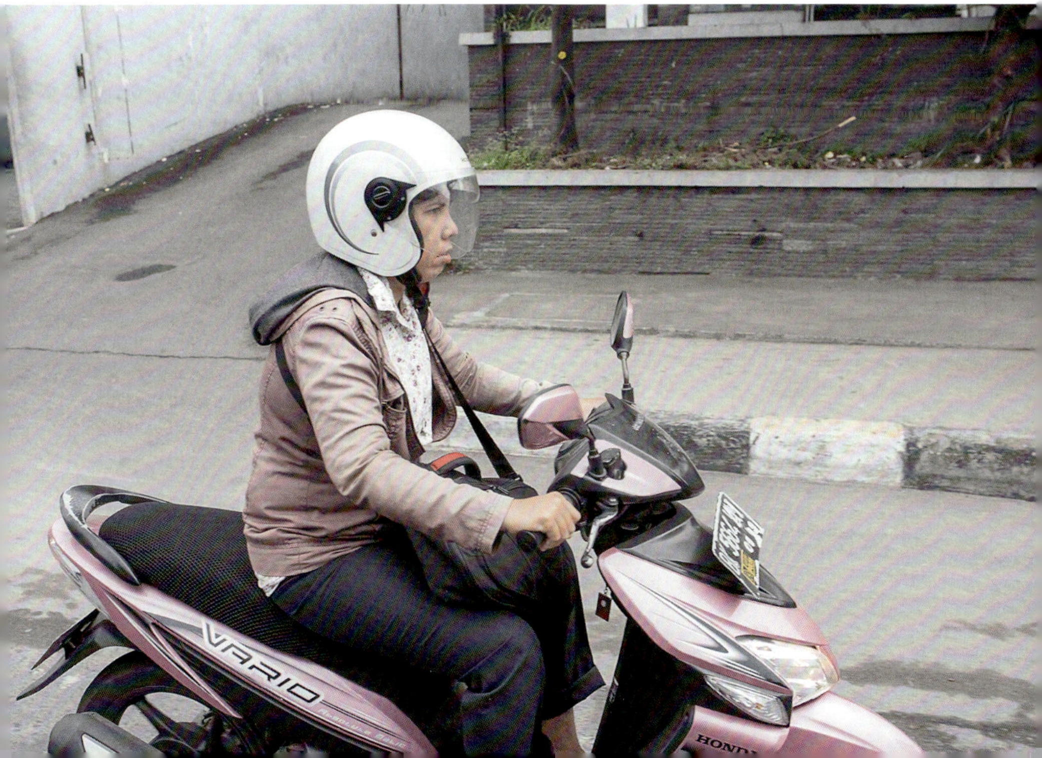
VARIO

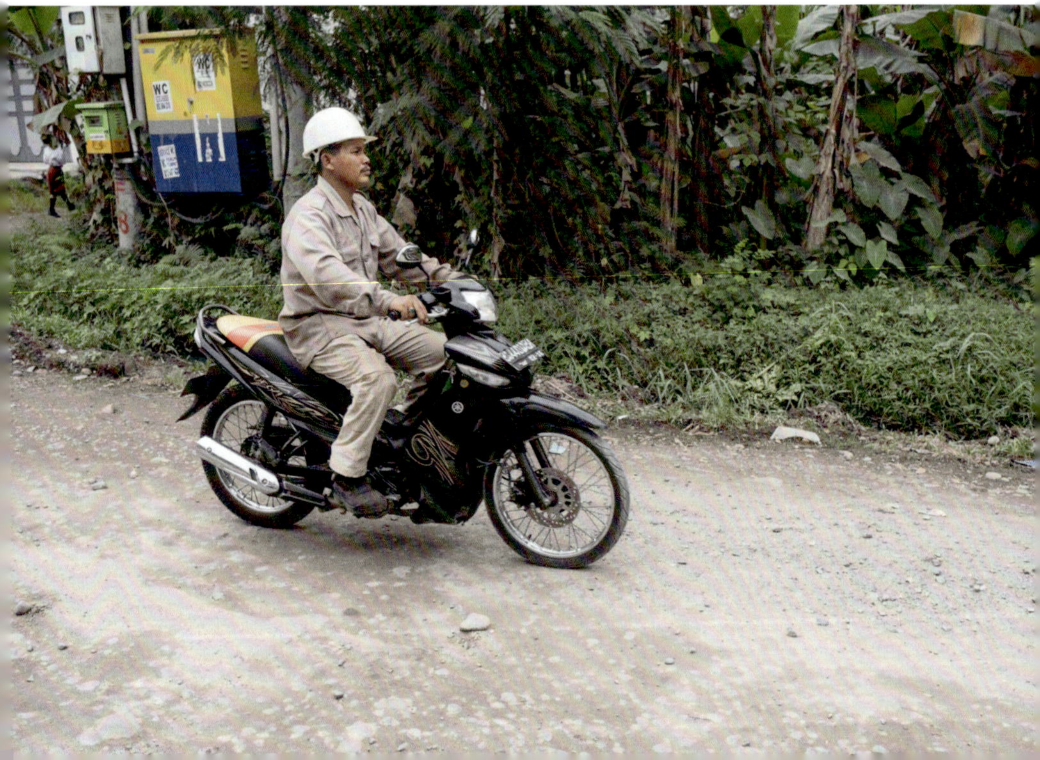
WC

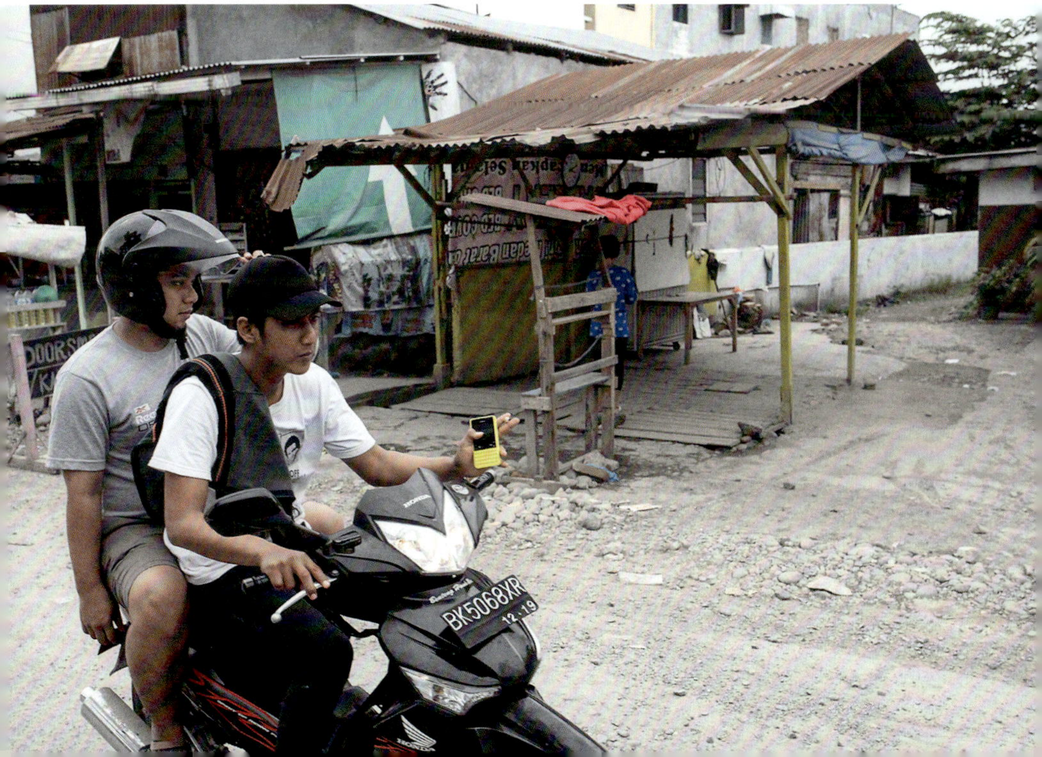
BK5068XR
12·19

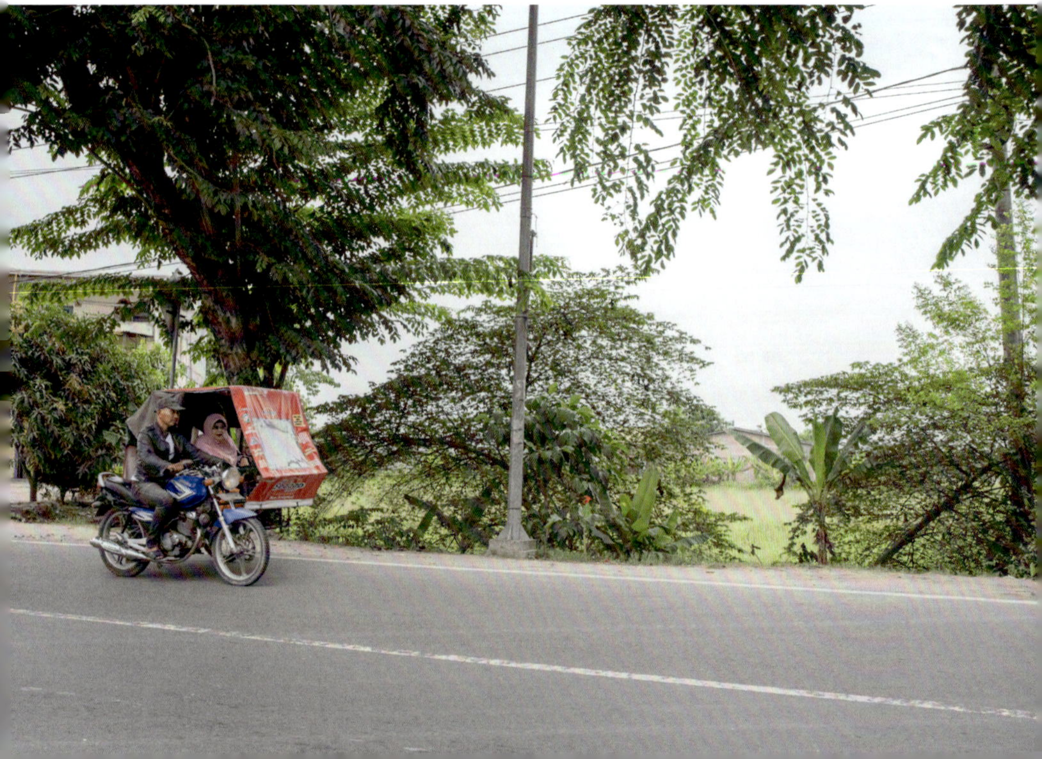

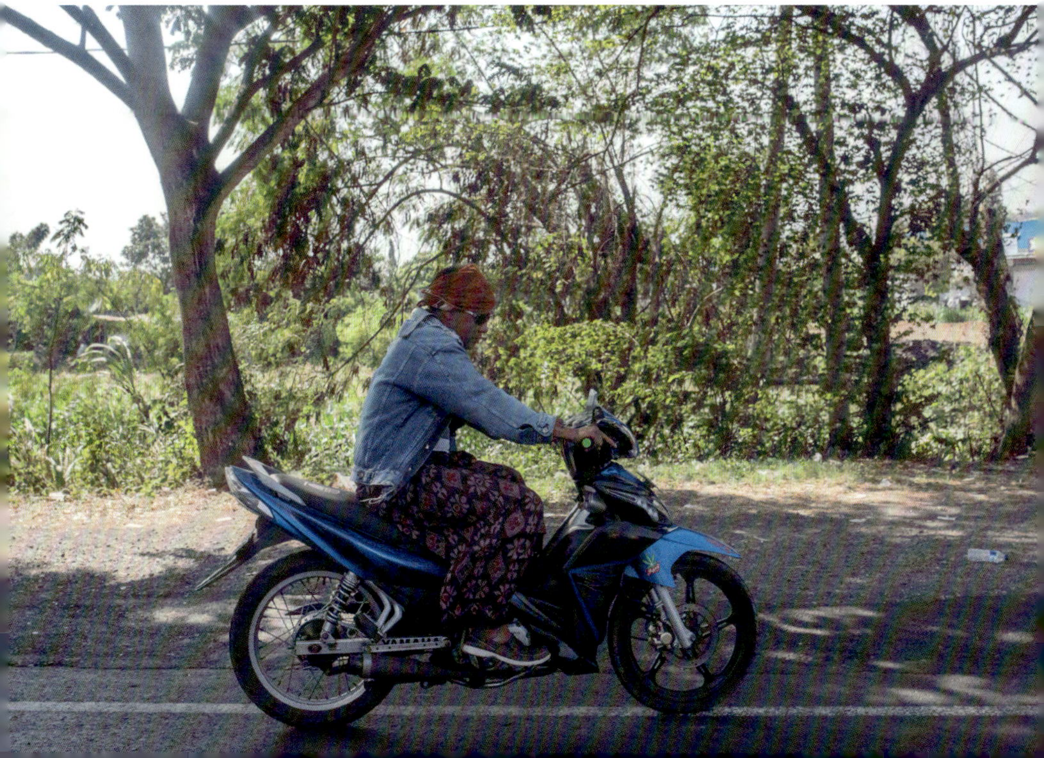

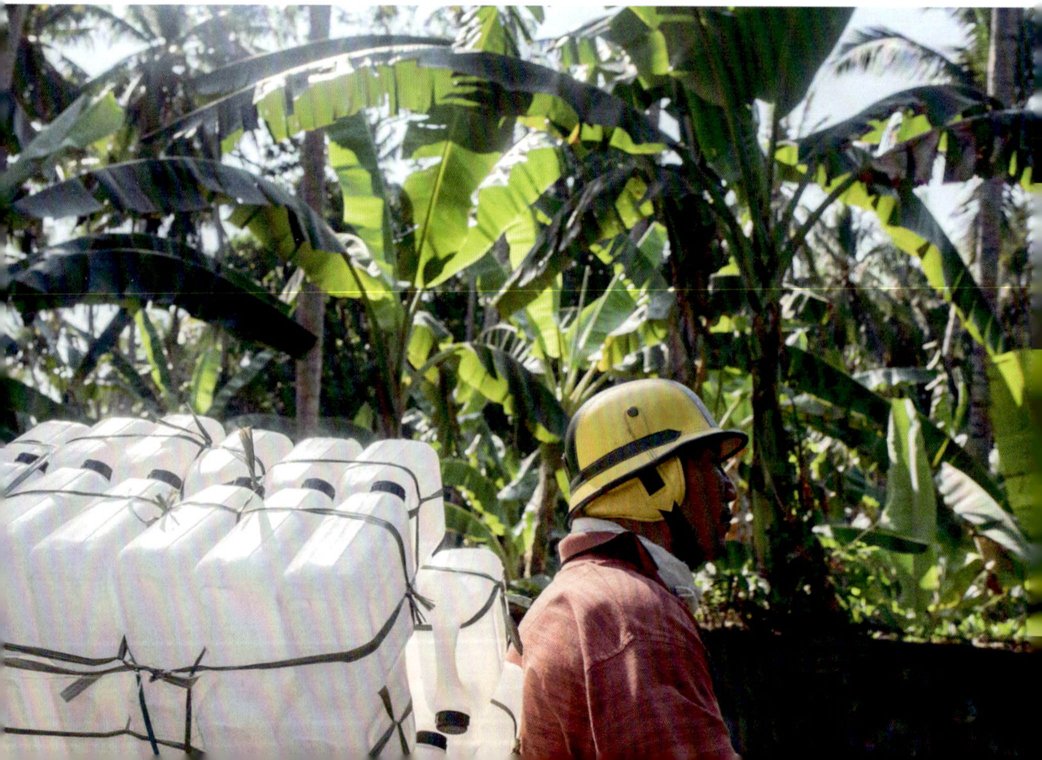

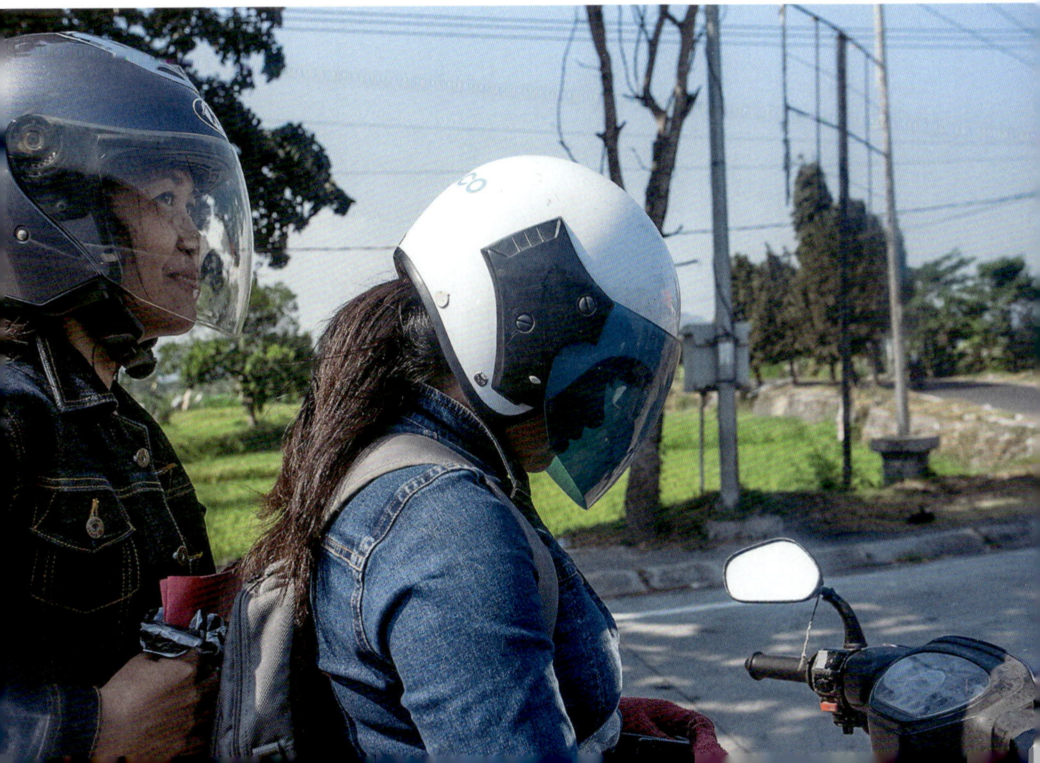

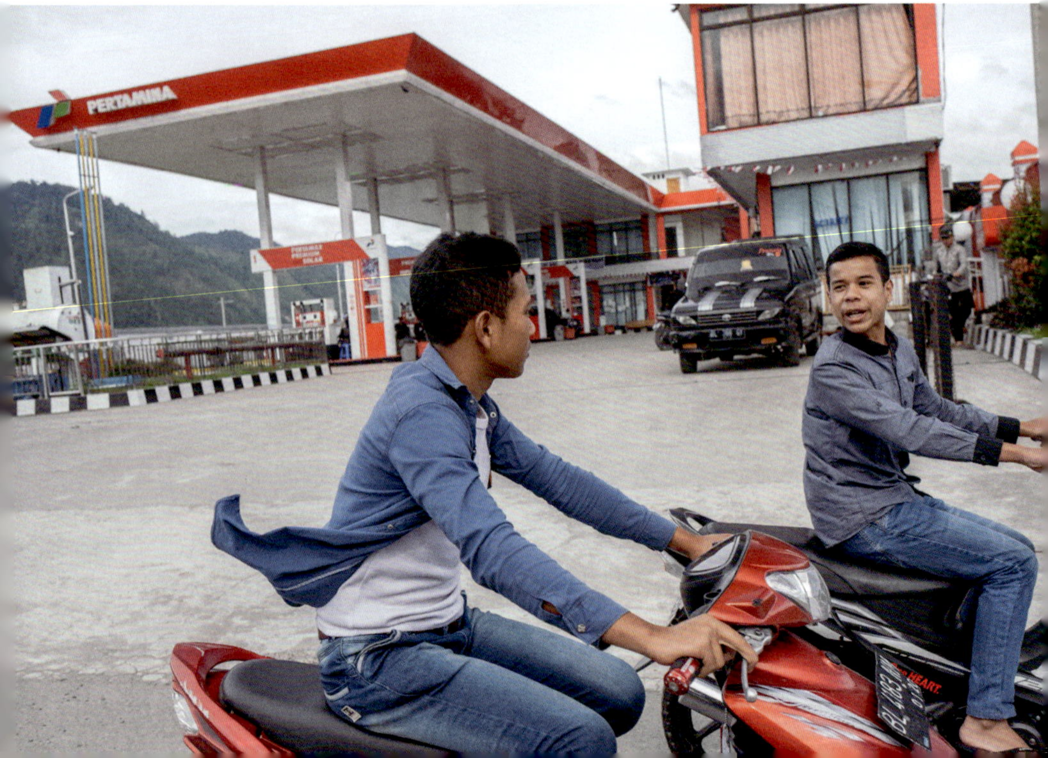
PERTAMINA

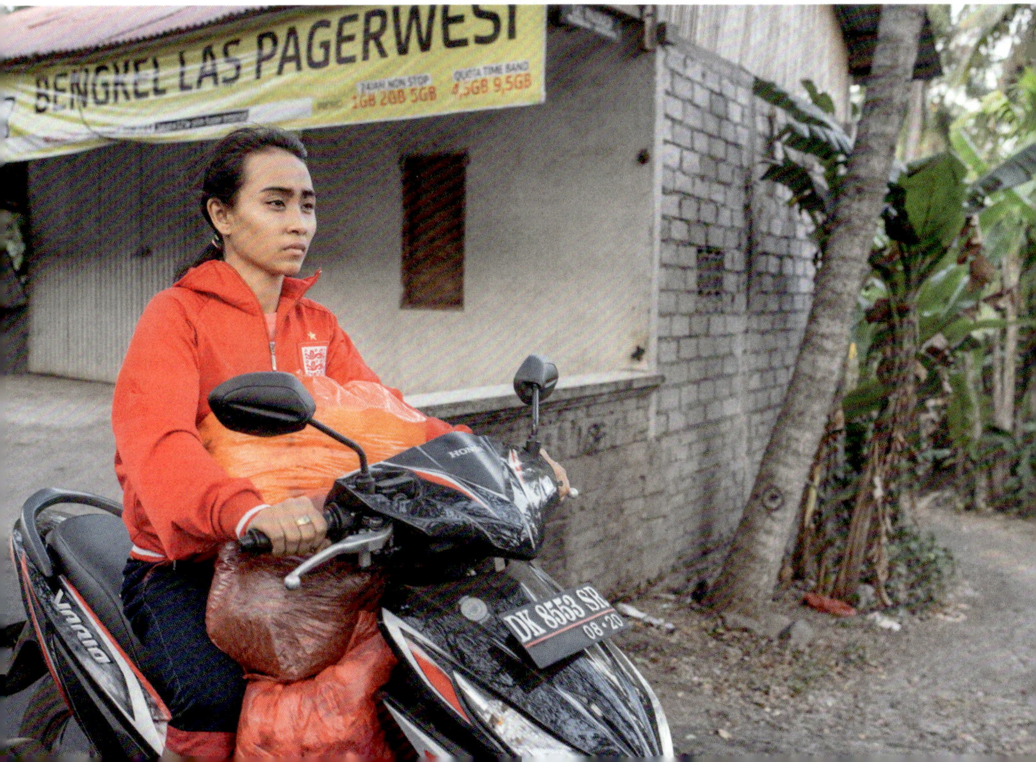
BENGKEL LAS PAGERWESI

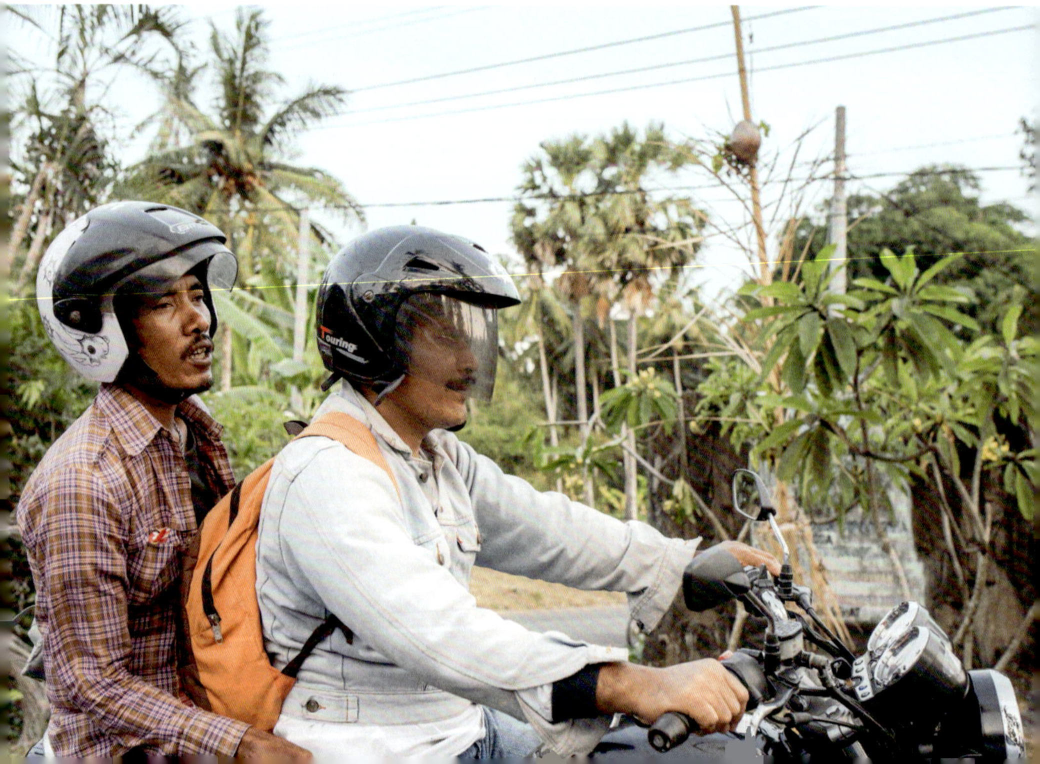
Touring

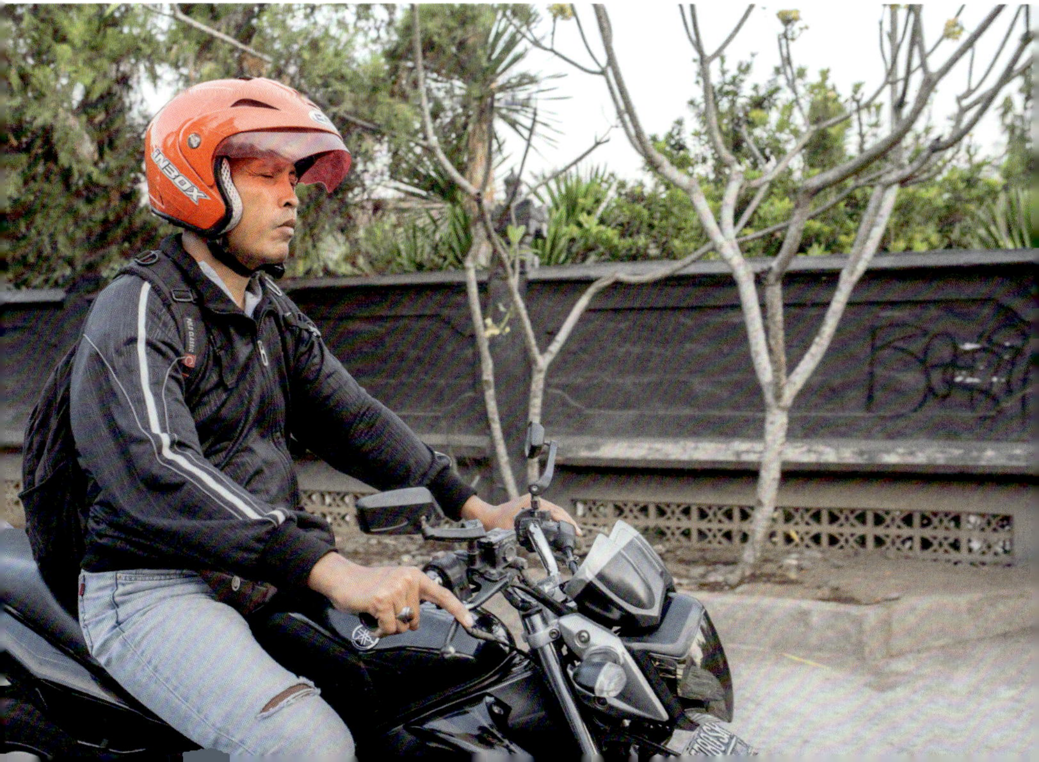

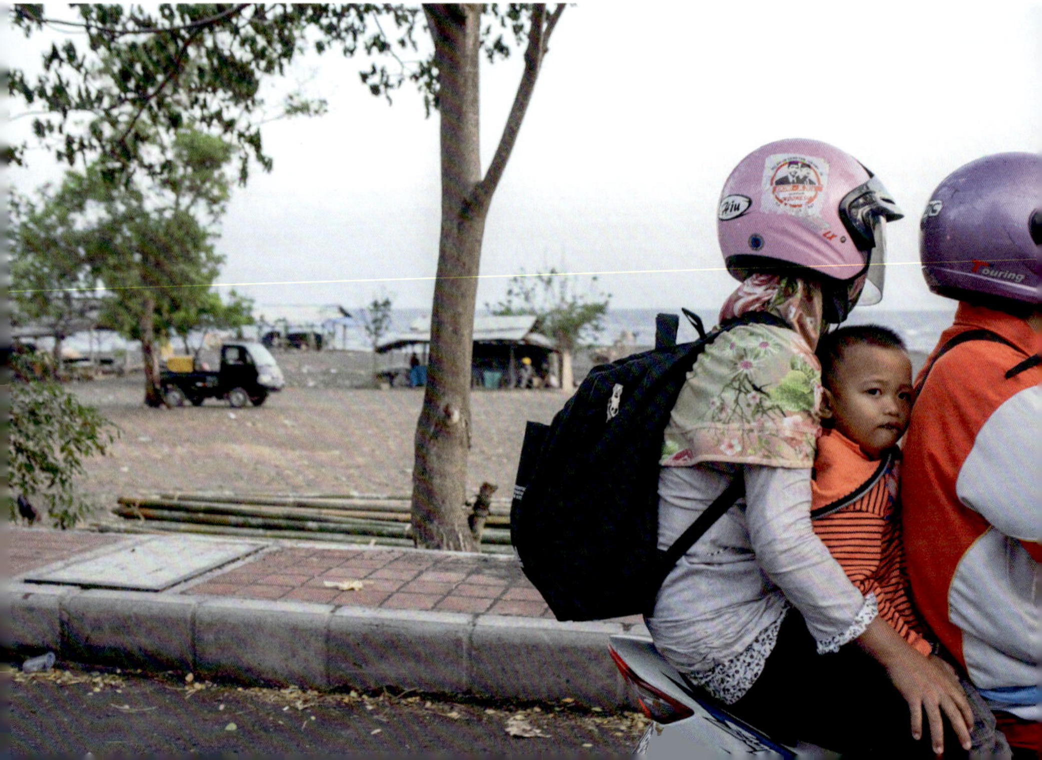
Hiu
Touring

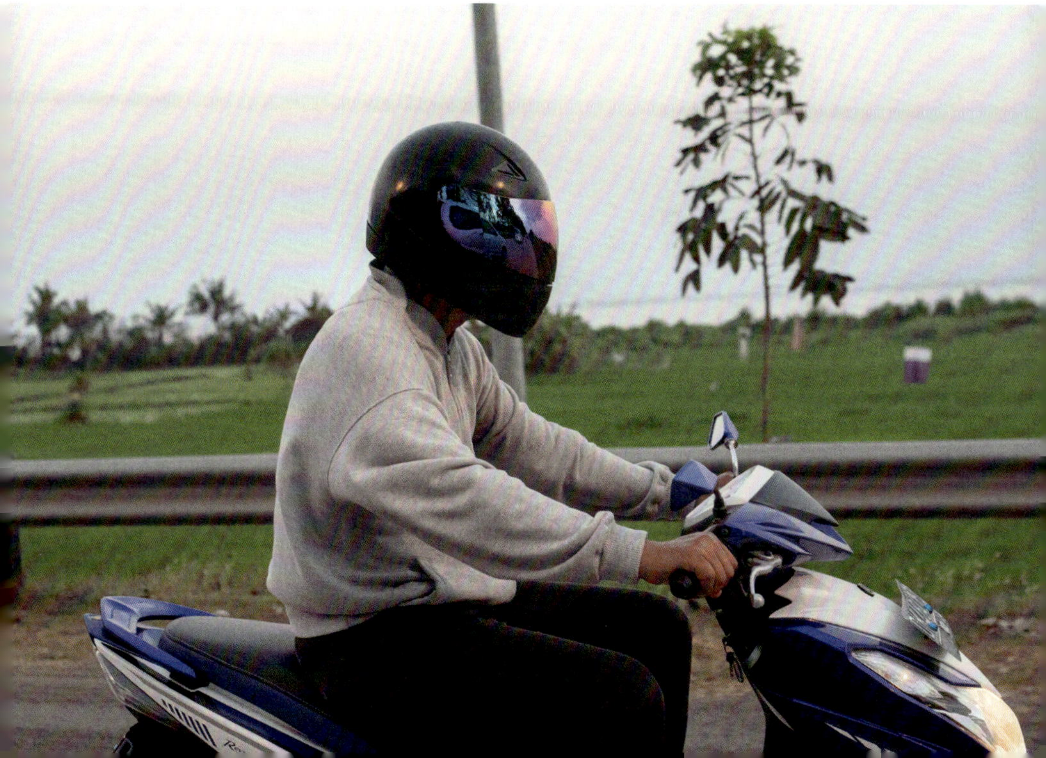

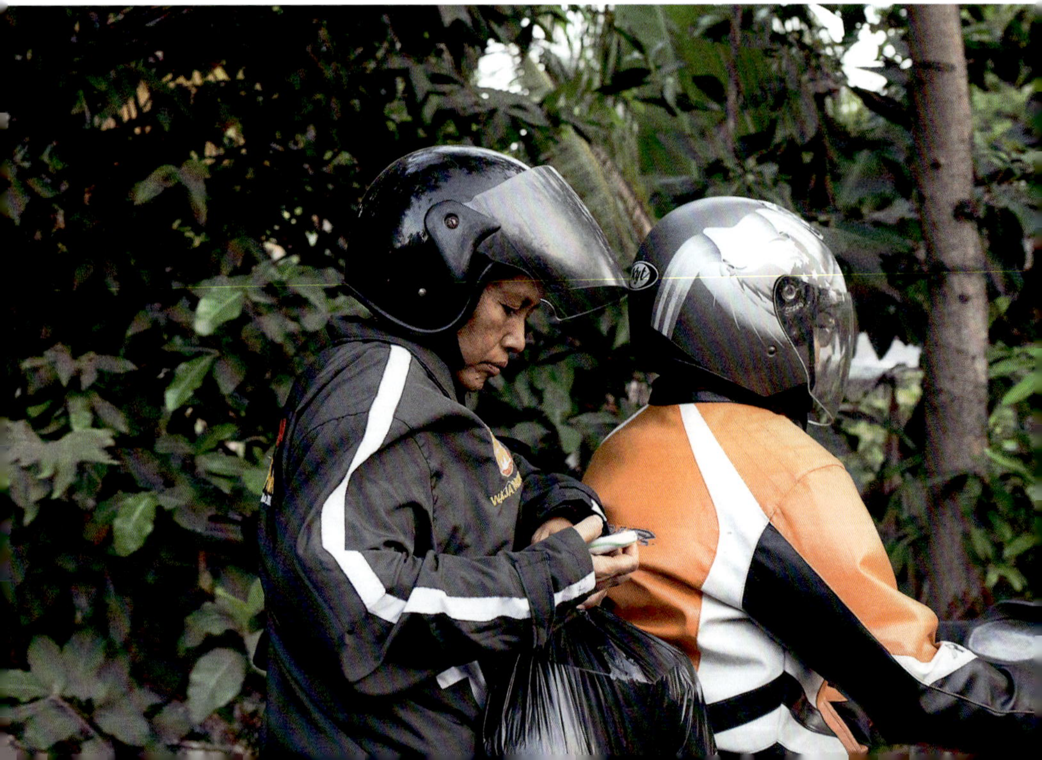

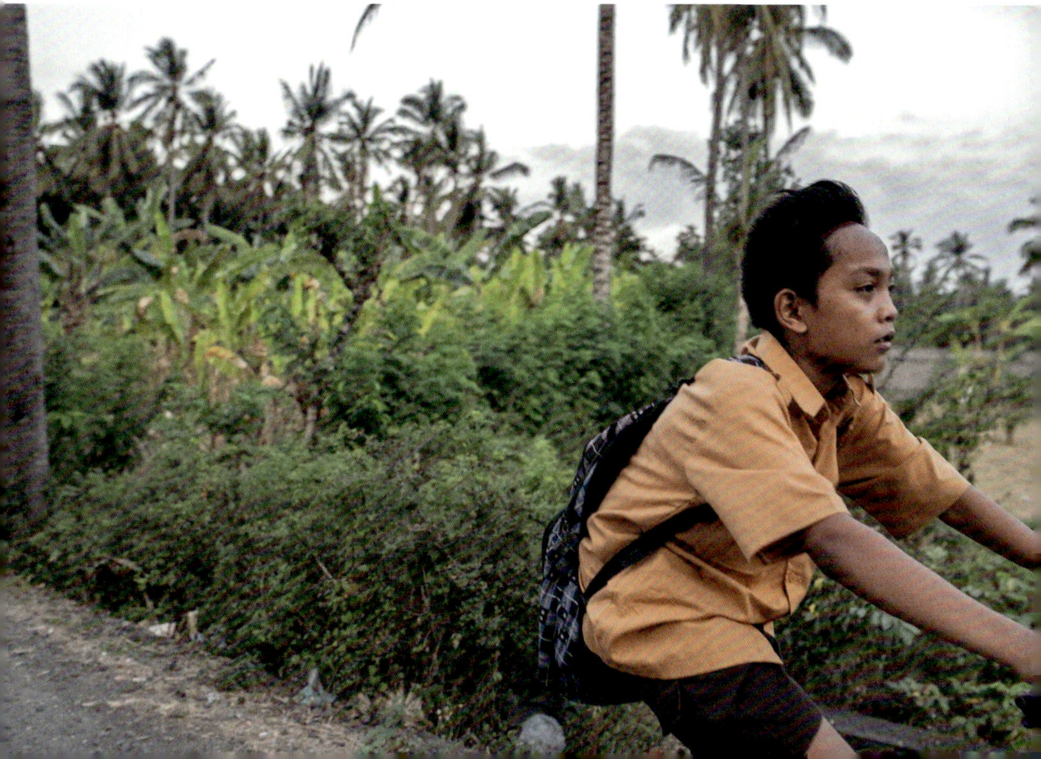

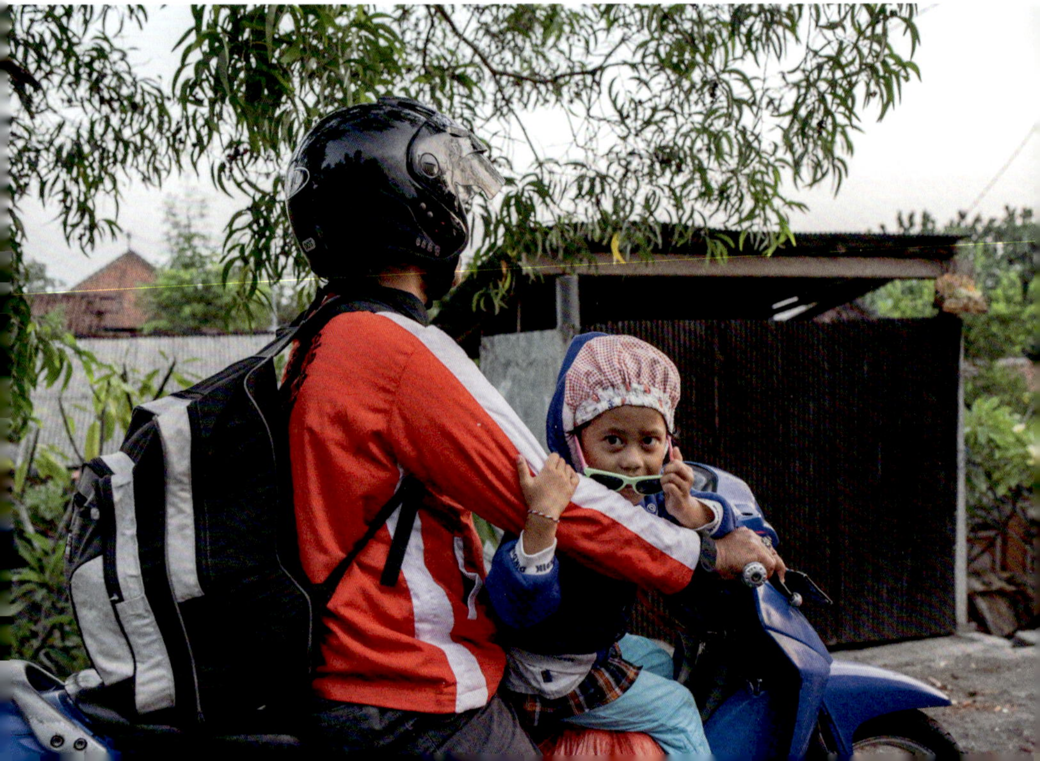

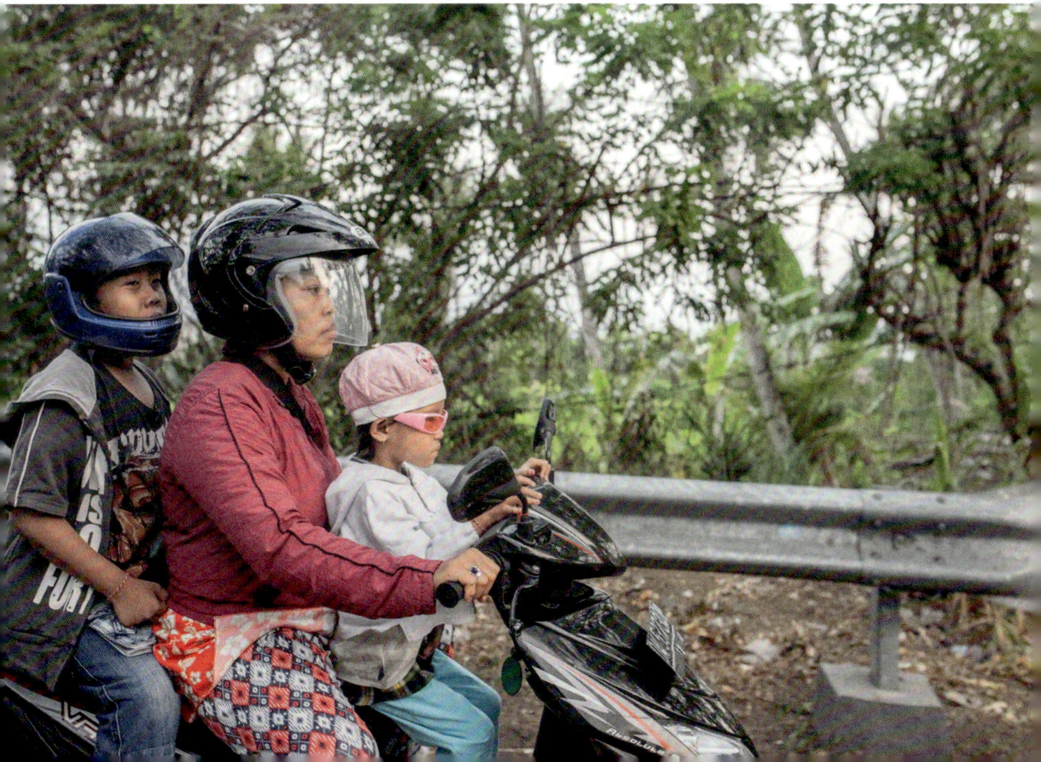

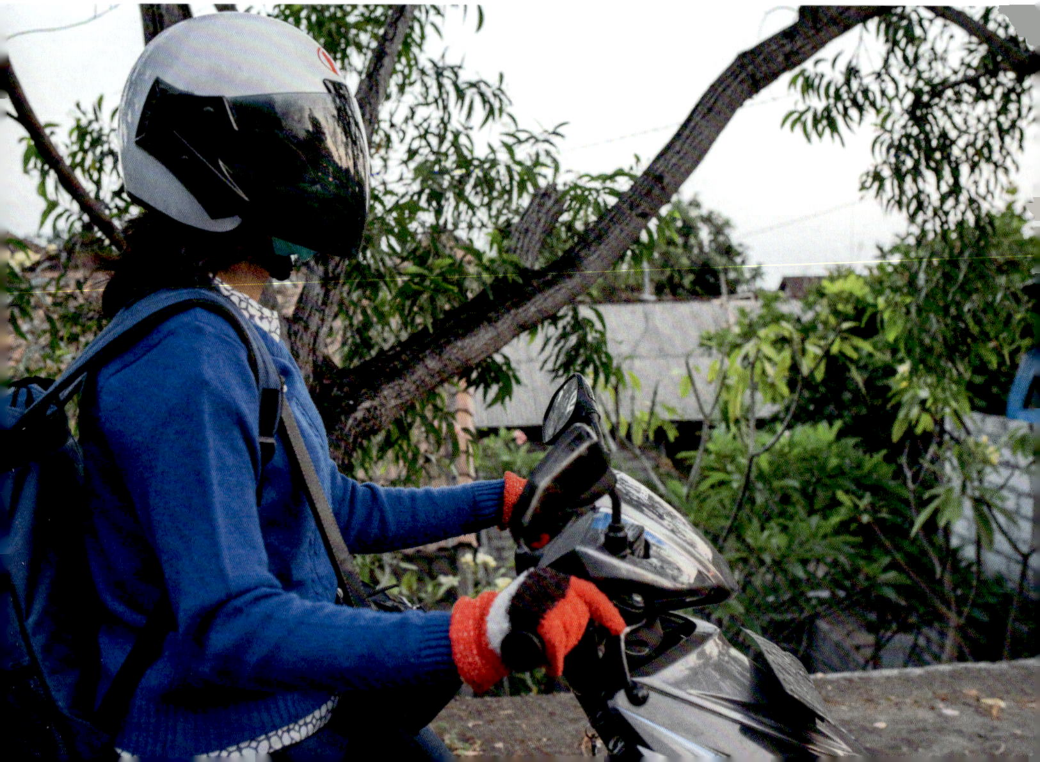

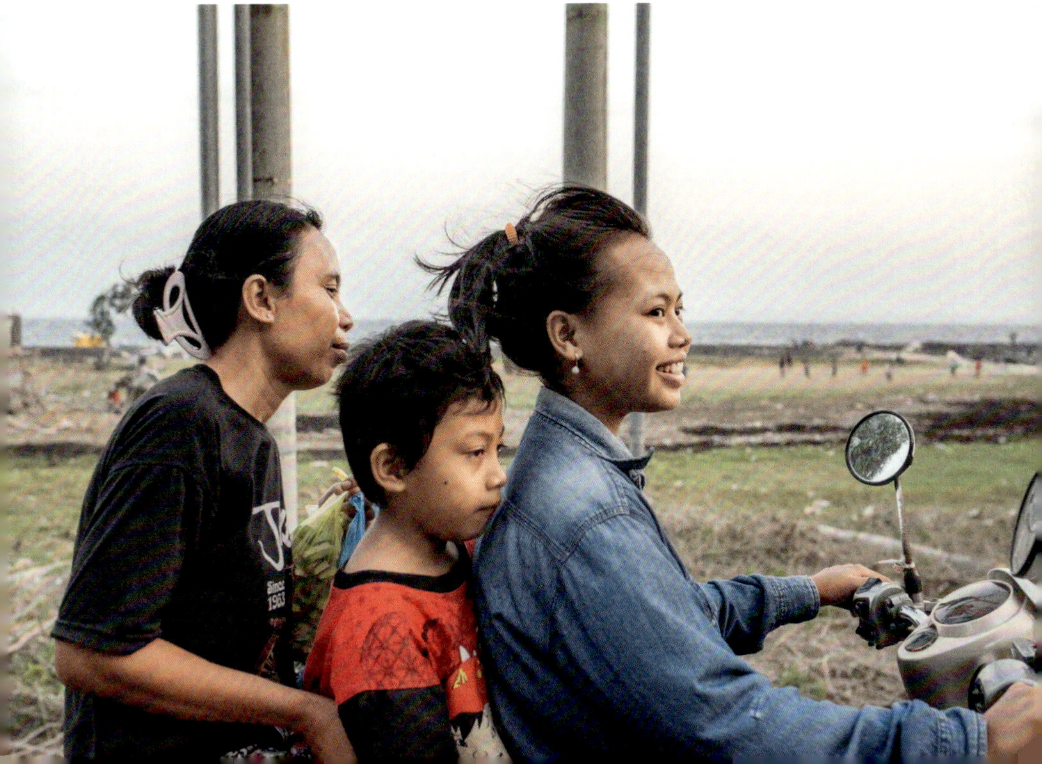

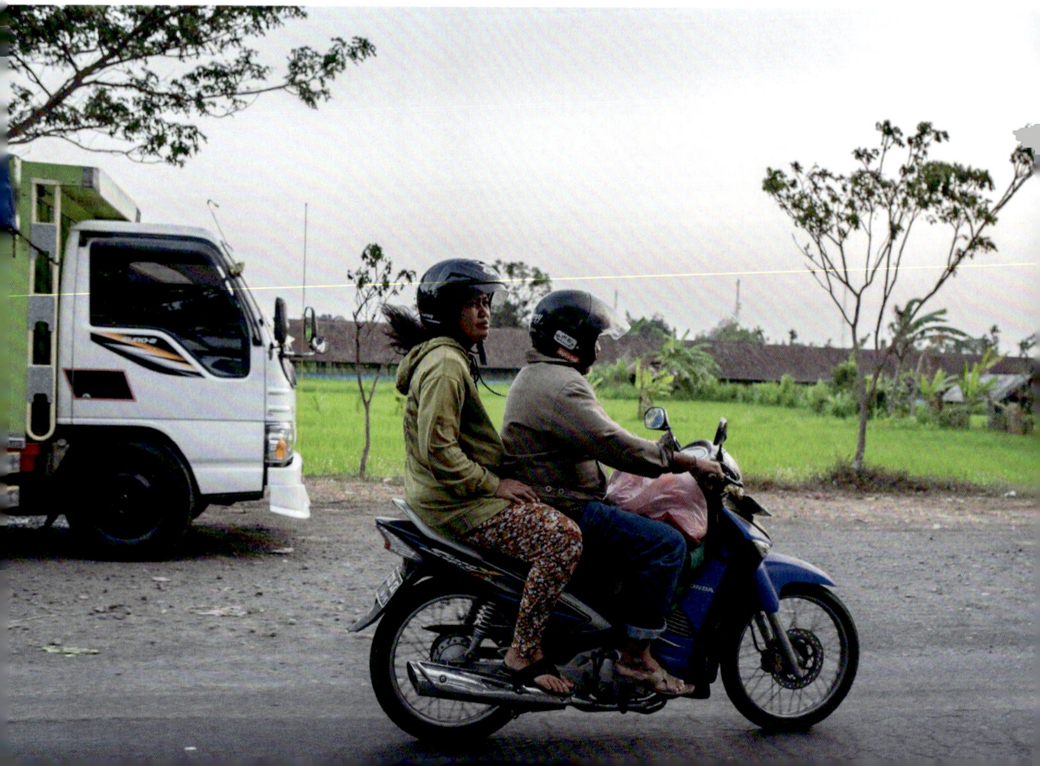

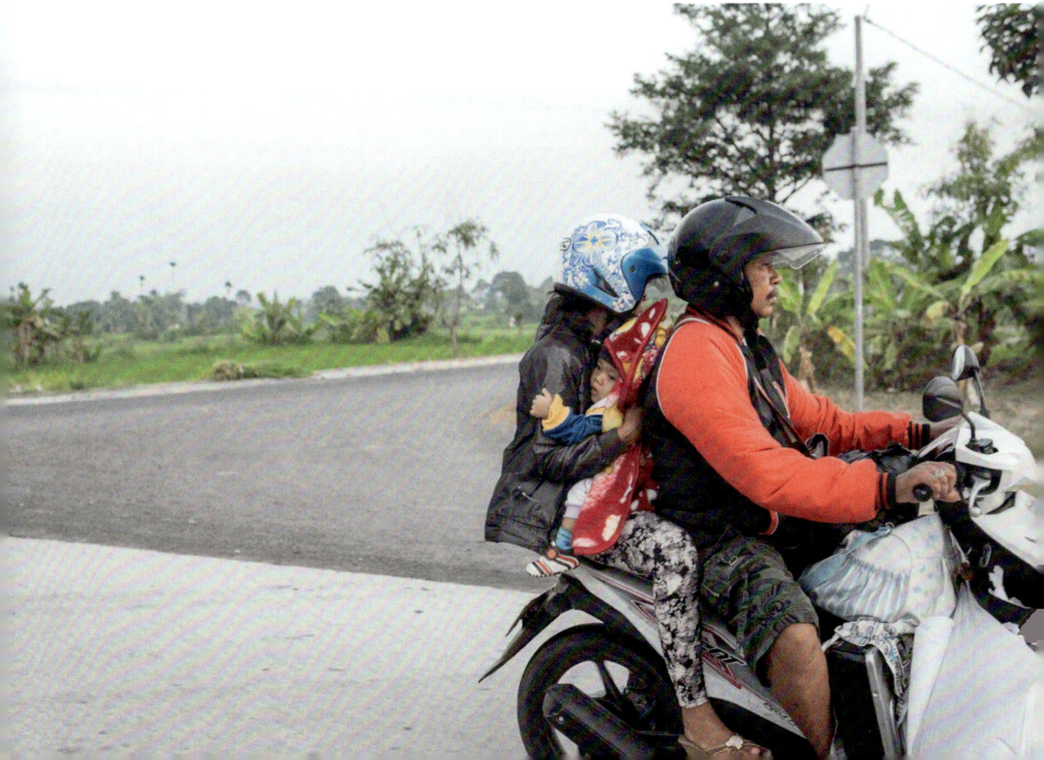

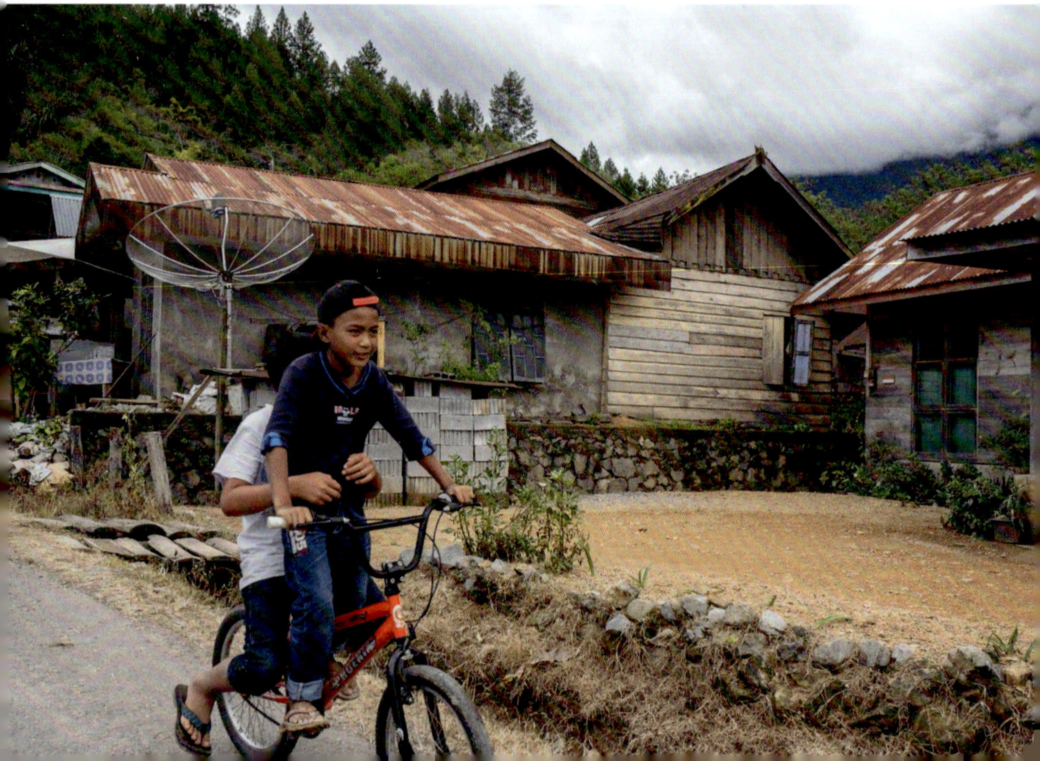

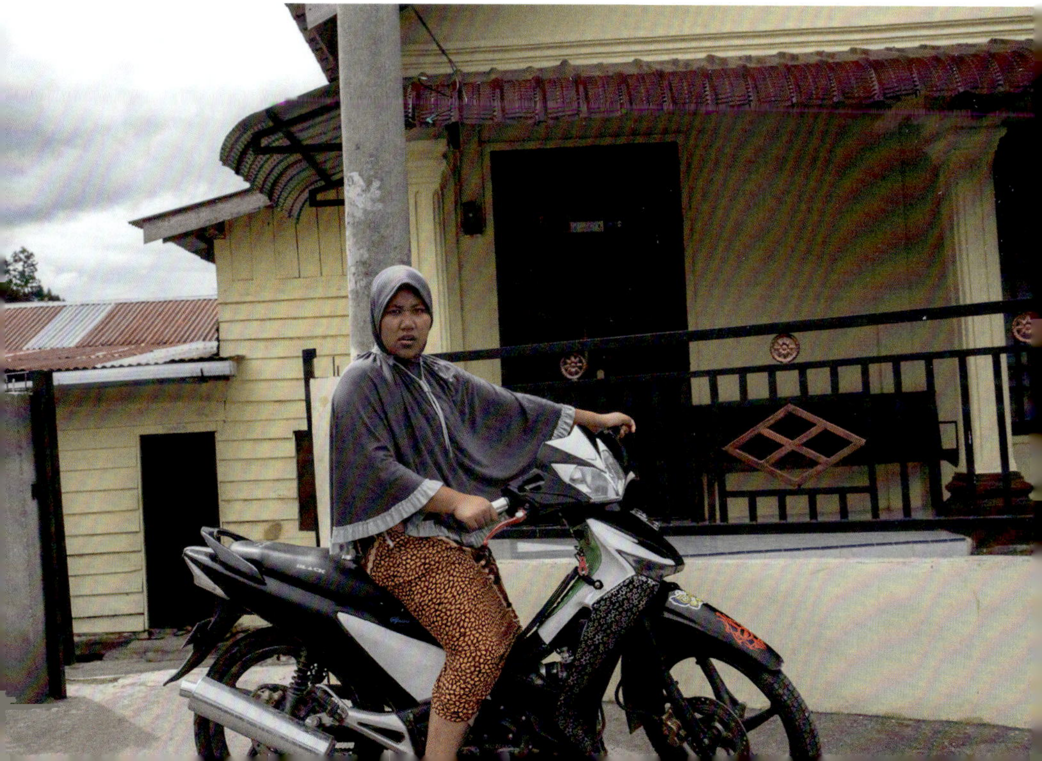

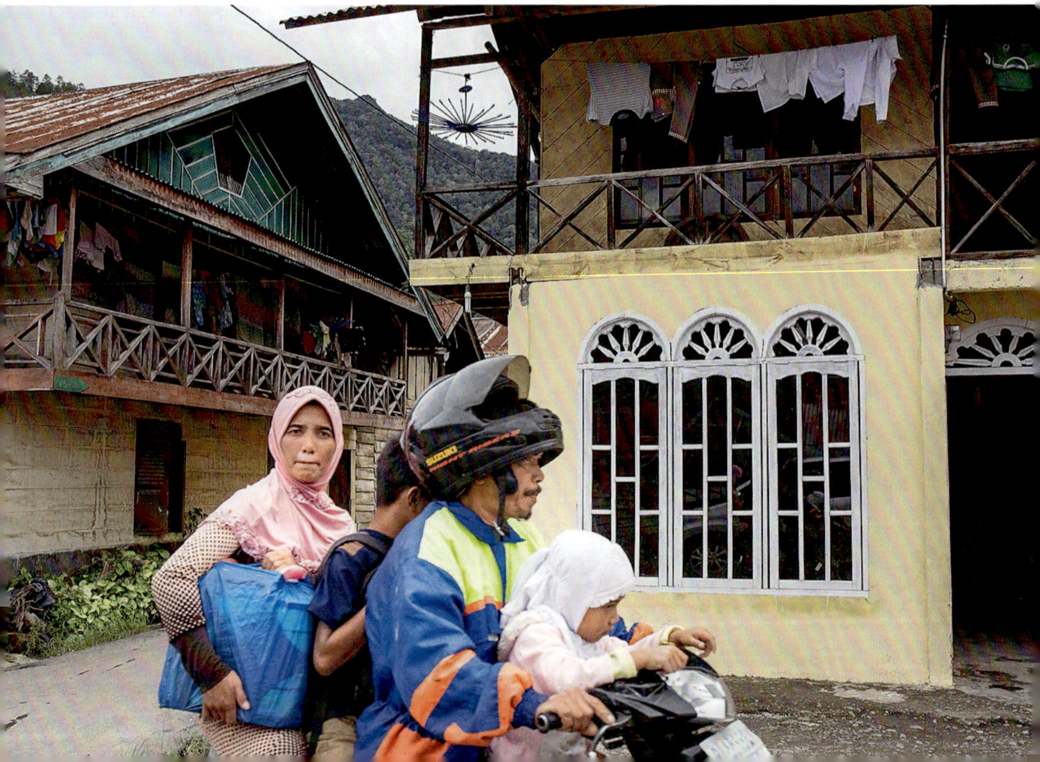

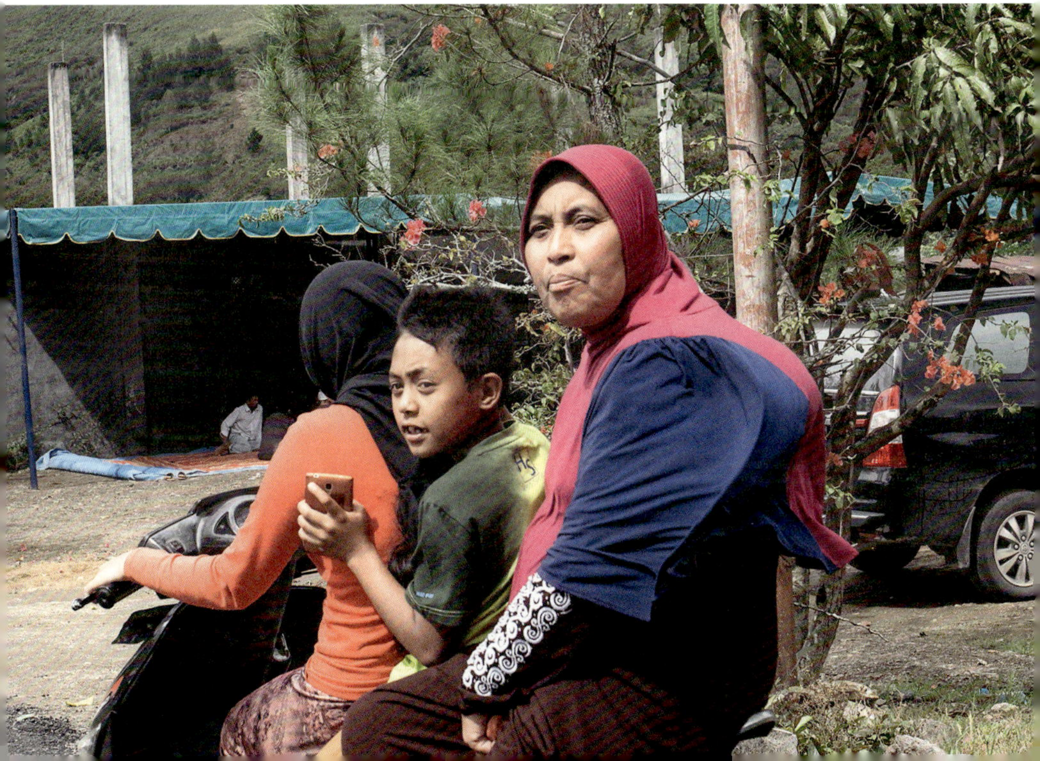

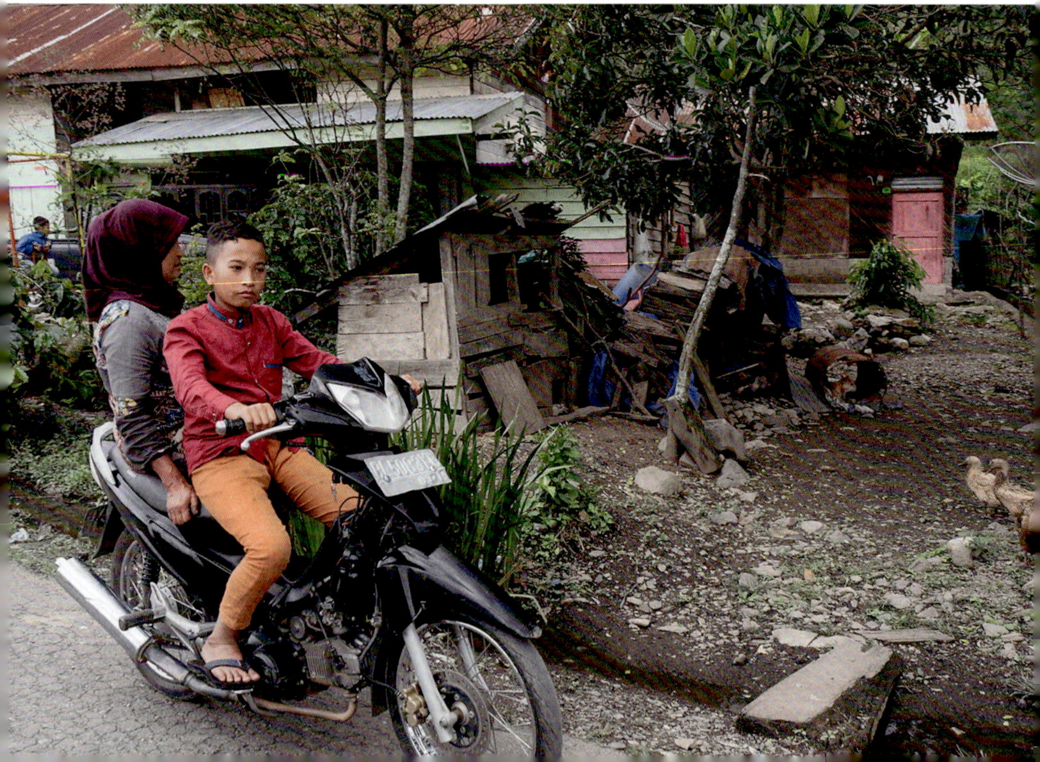

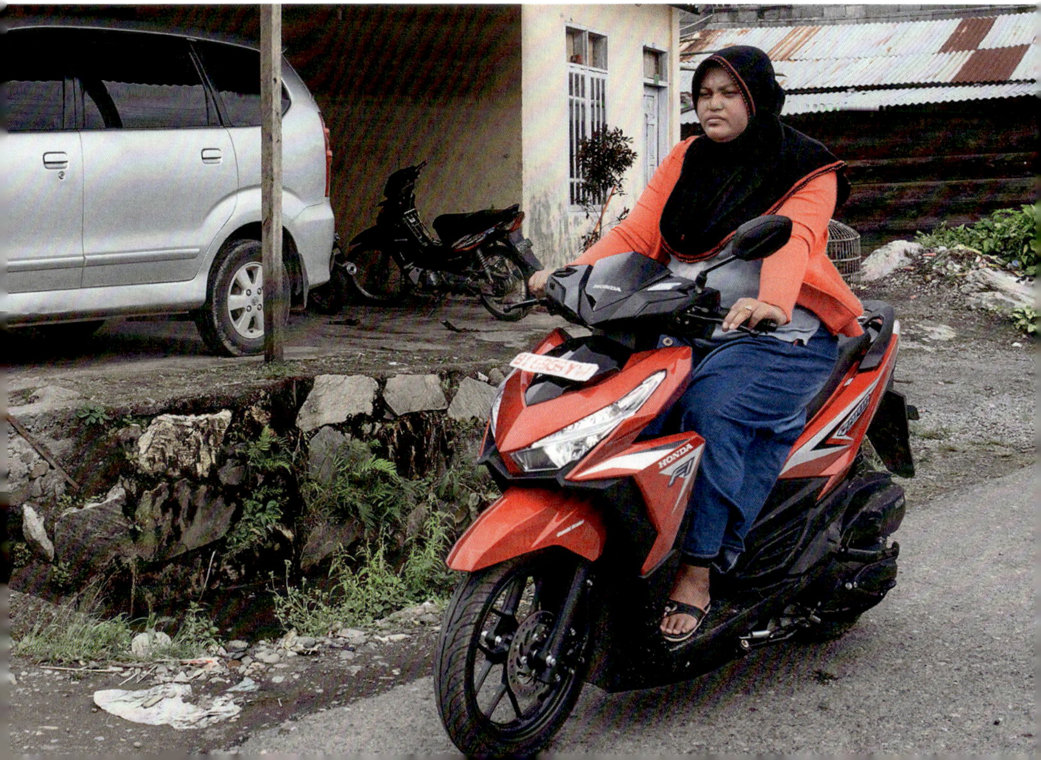

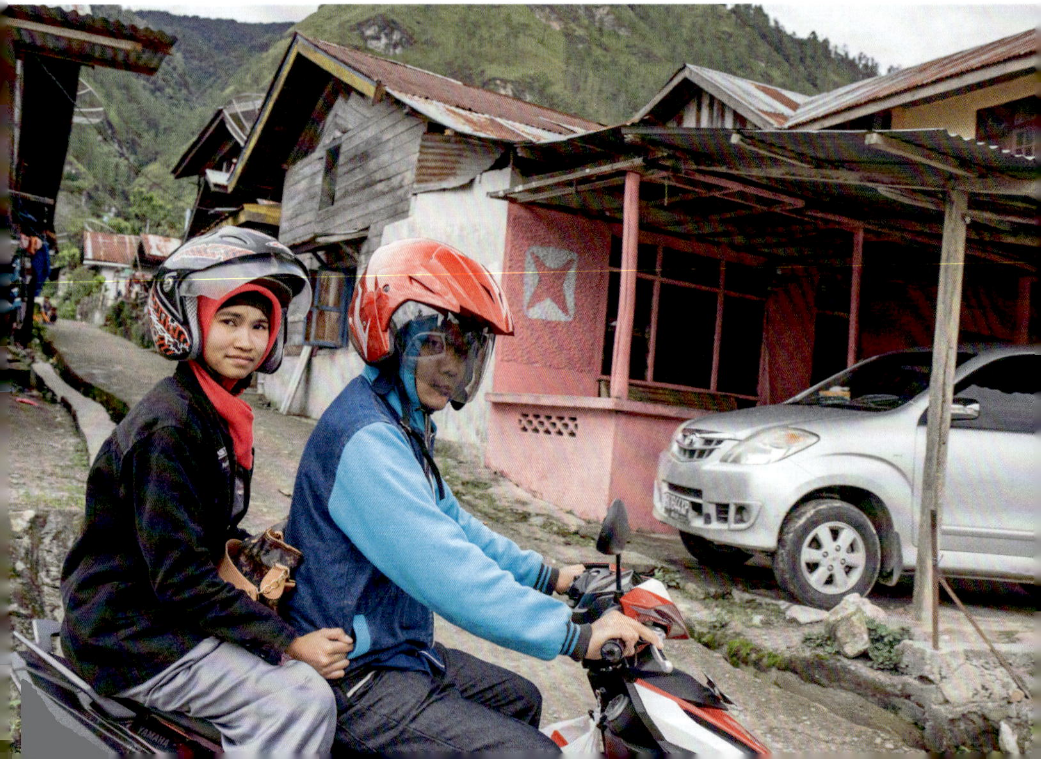

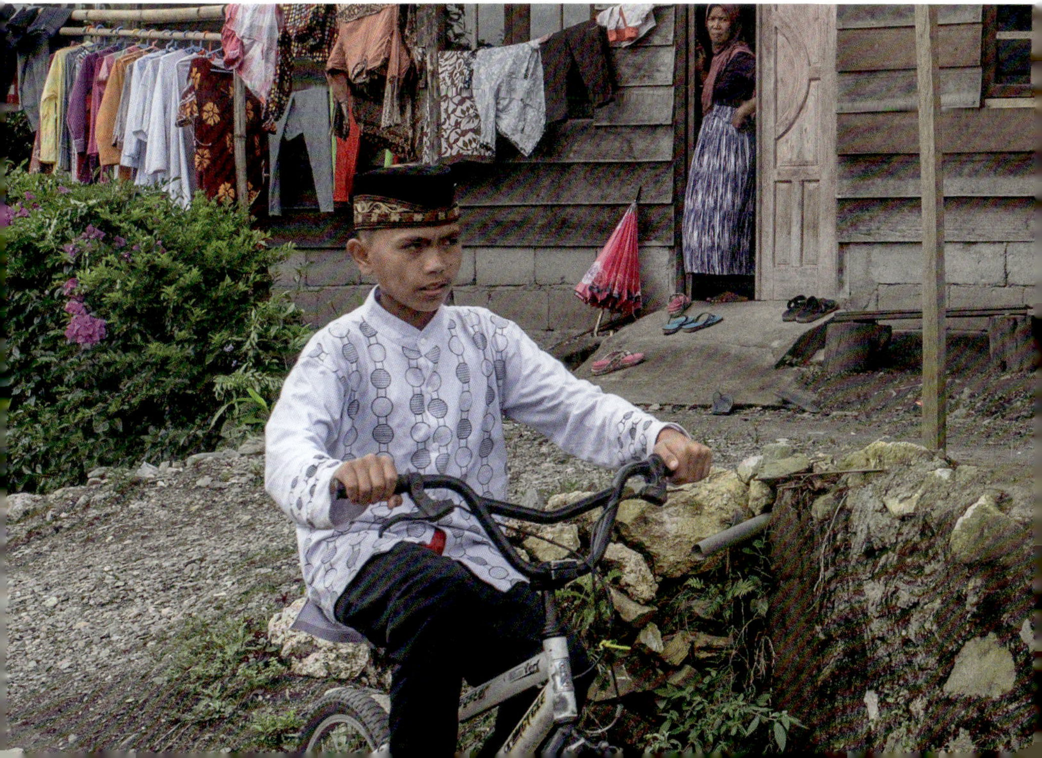

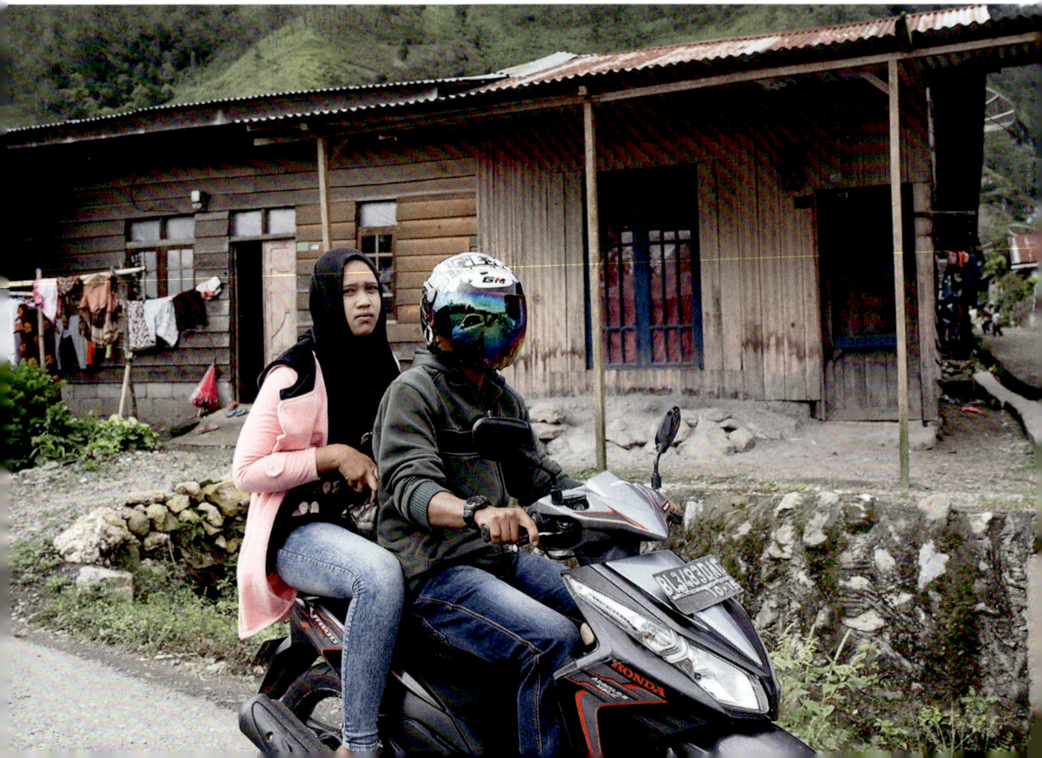
HONDA

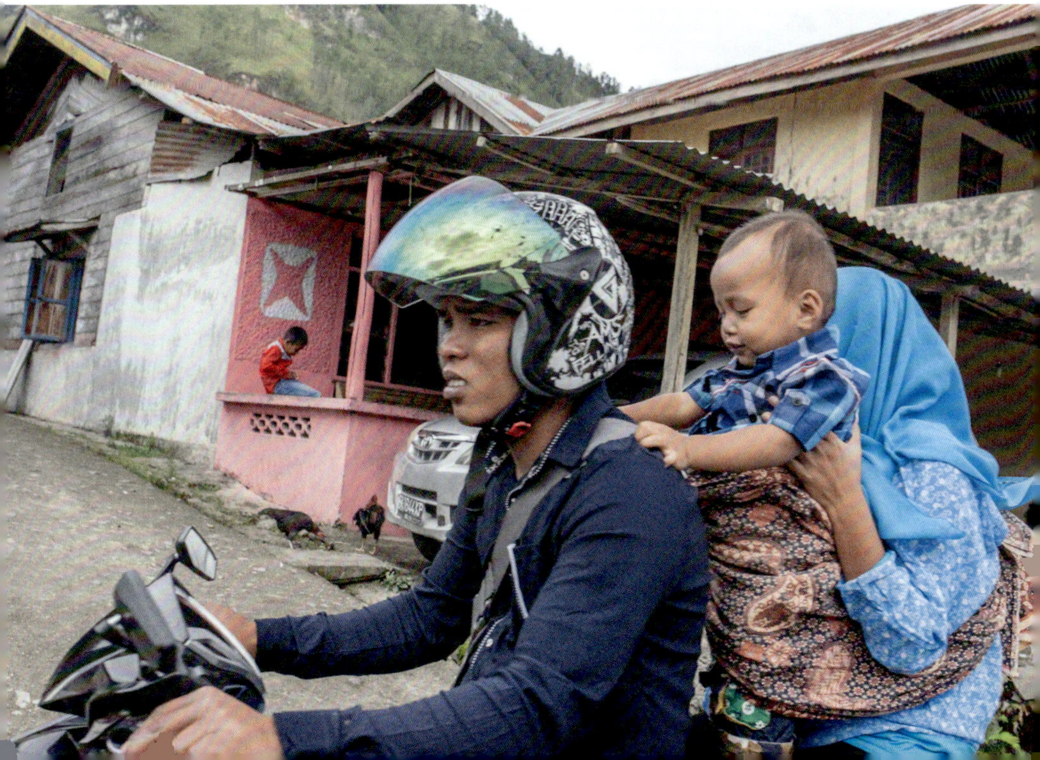

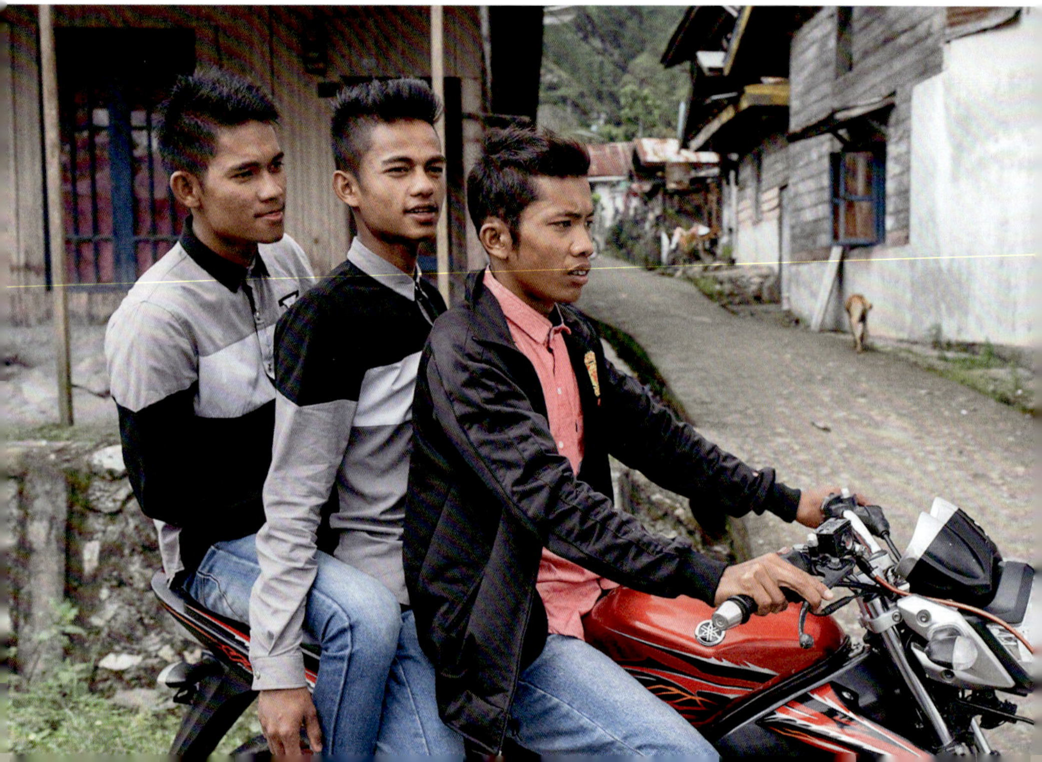

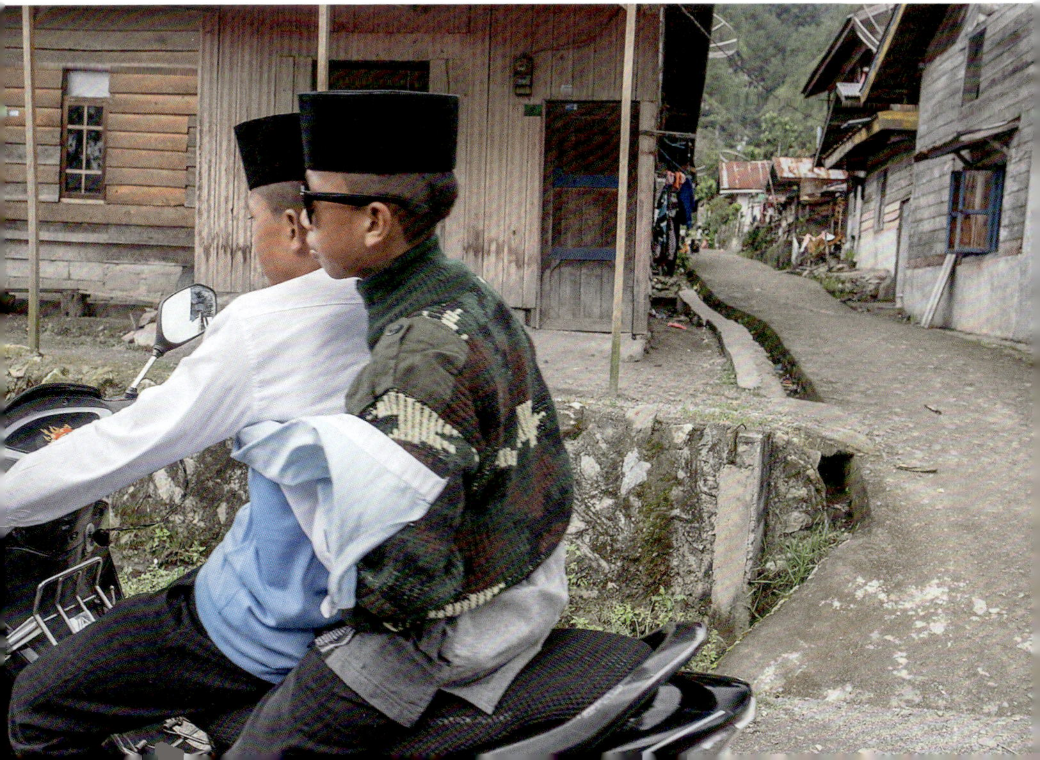

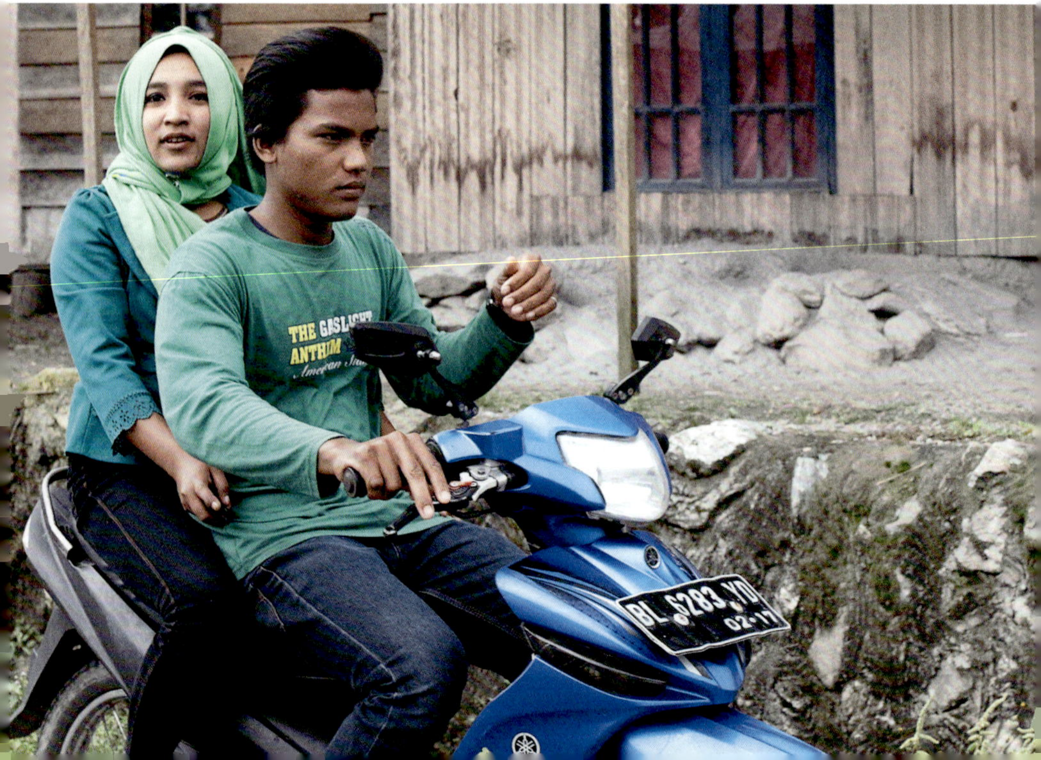
BL 6283 YD
02·17

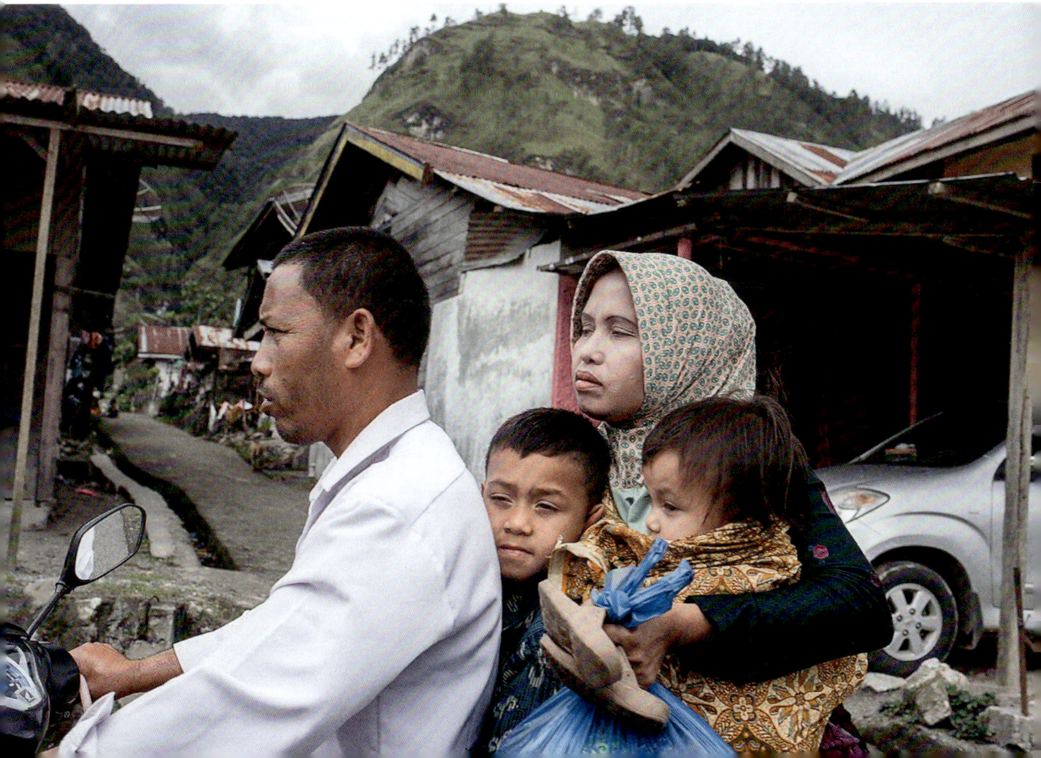

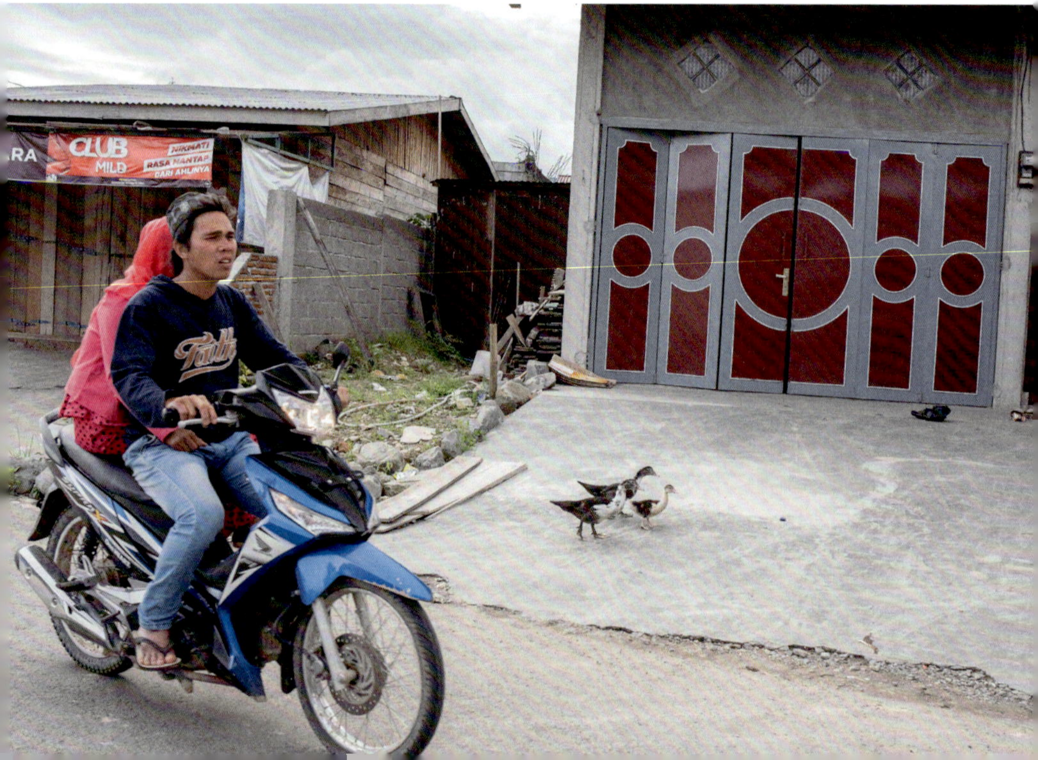
CLUB
MILD
NIKMATI
RASA MANTAP
DARI AHLINYA

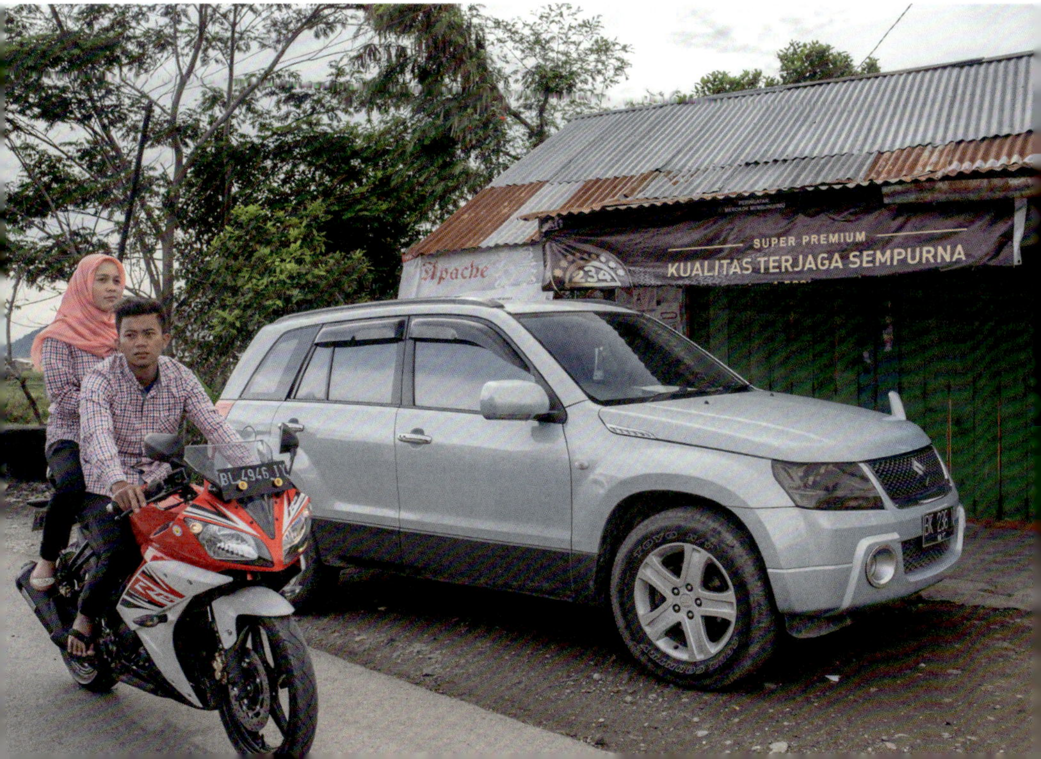
SUPER PREMIUM
KUALITAS TERJAGA SEMPURNA
Apache
BL 4946 JY

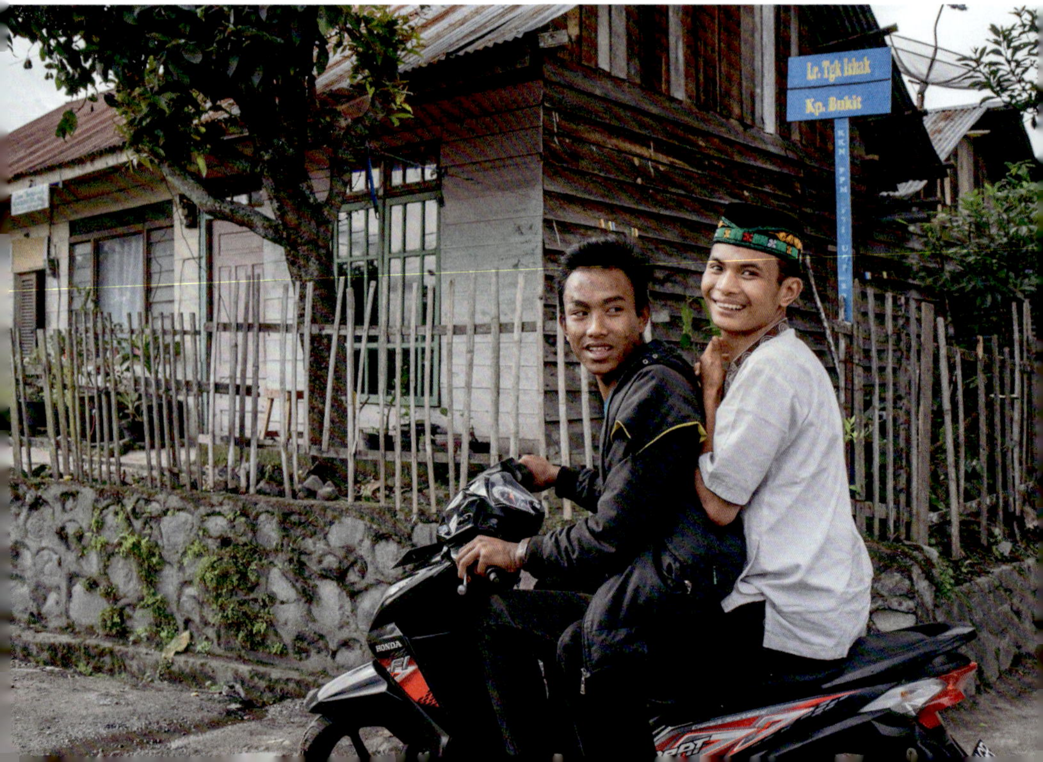
Lr. Tgk Ishak
Kp. Bukit

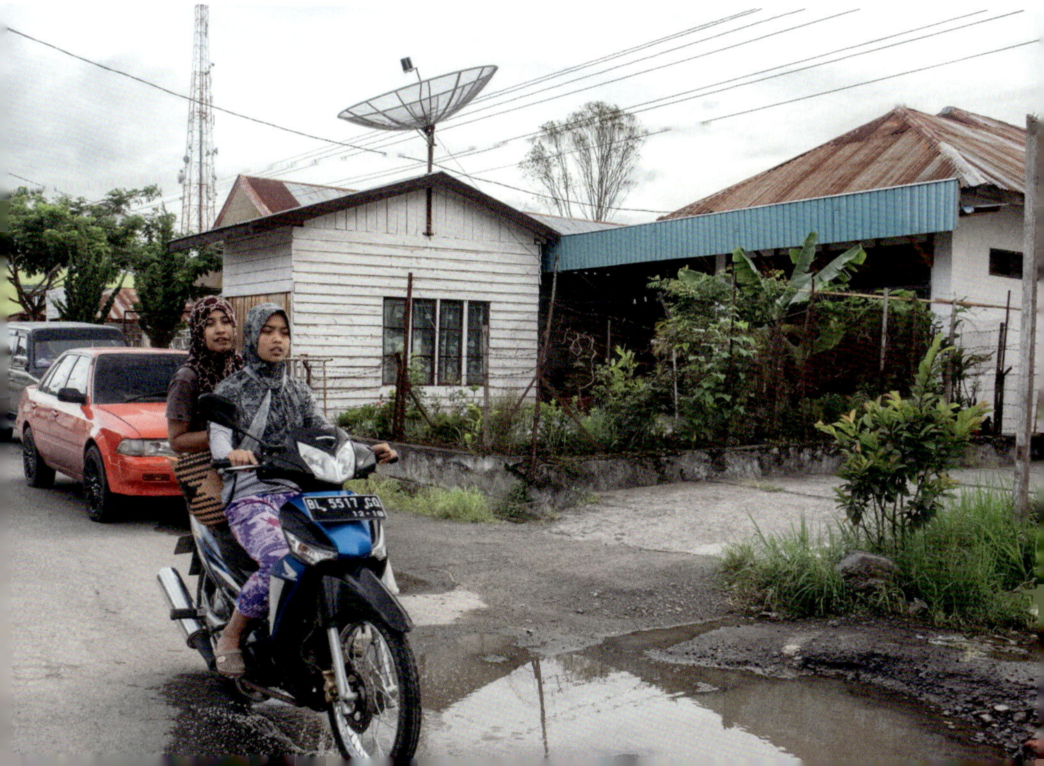
BL 5517 CQ

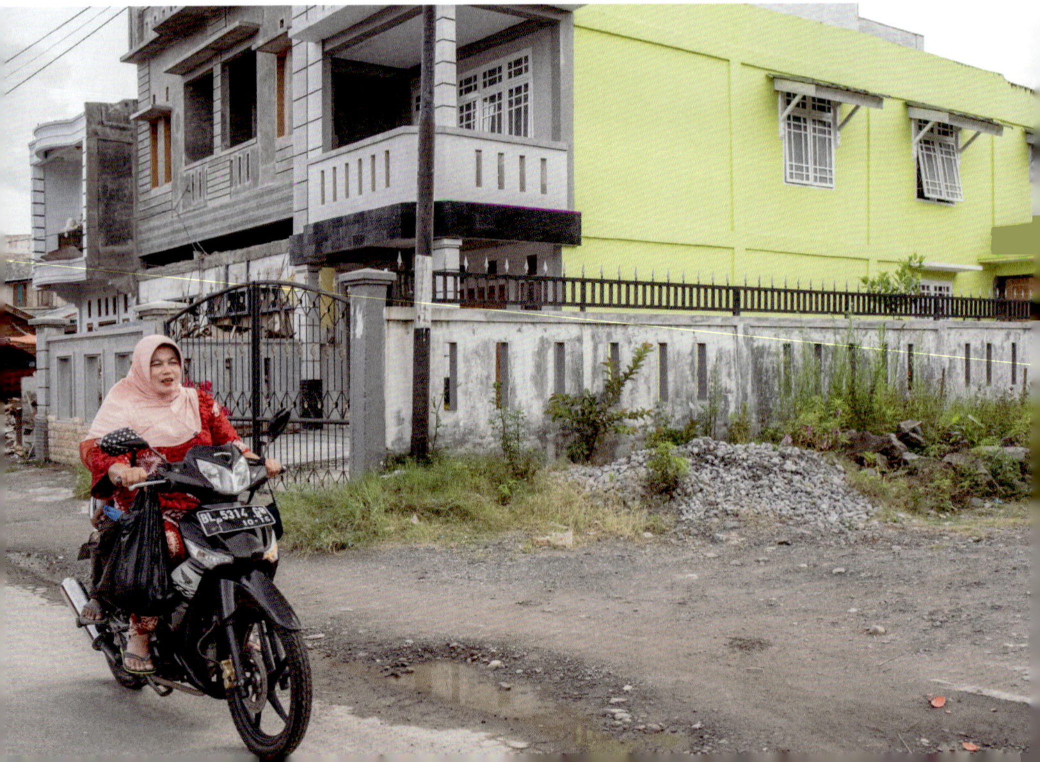

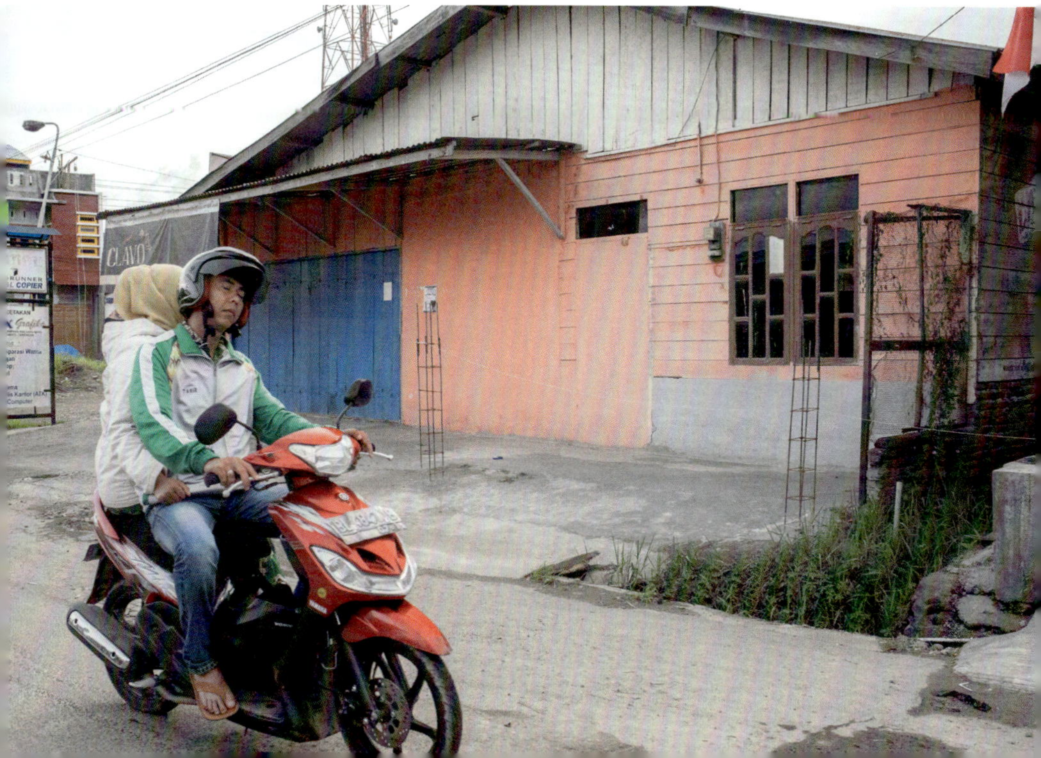
CLAVO

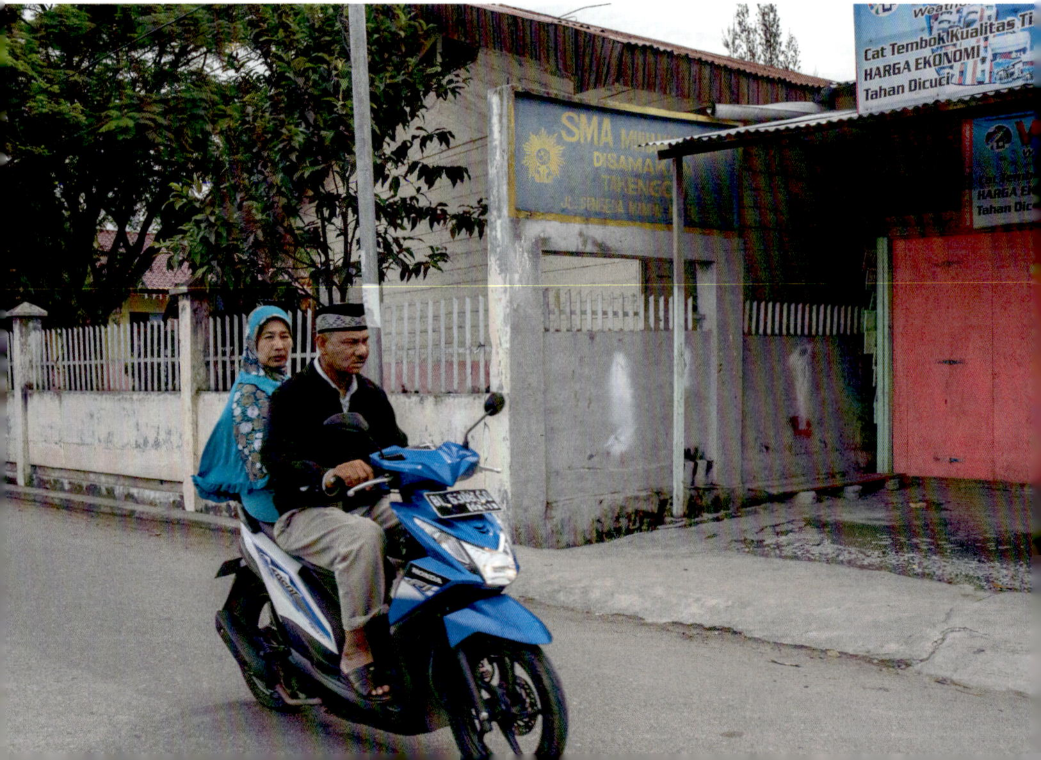

Cat Tembok Kualitas
HARGA EKONOMI
Tahan Dicuci
SMA

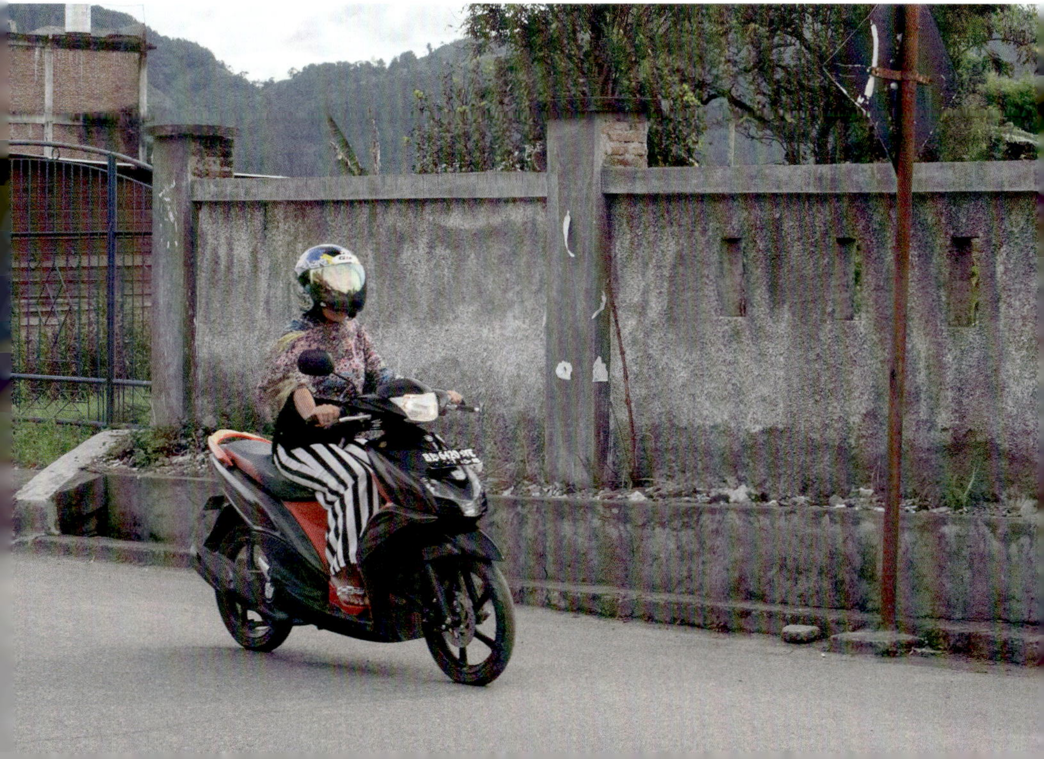

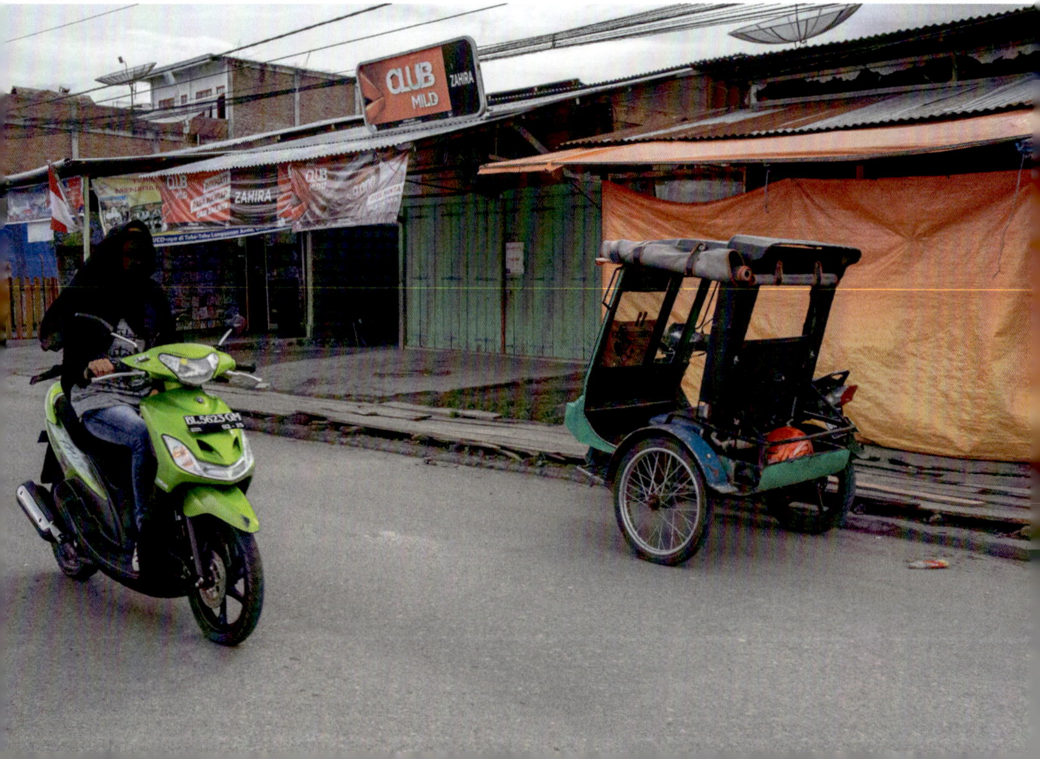
CLUB
MILD
ZAHIRA

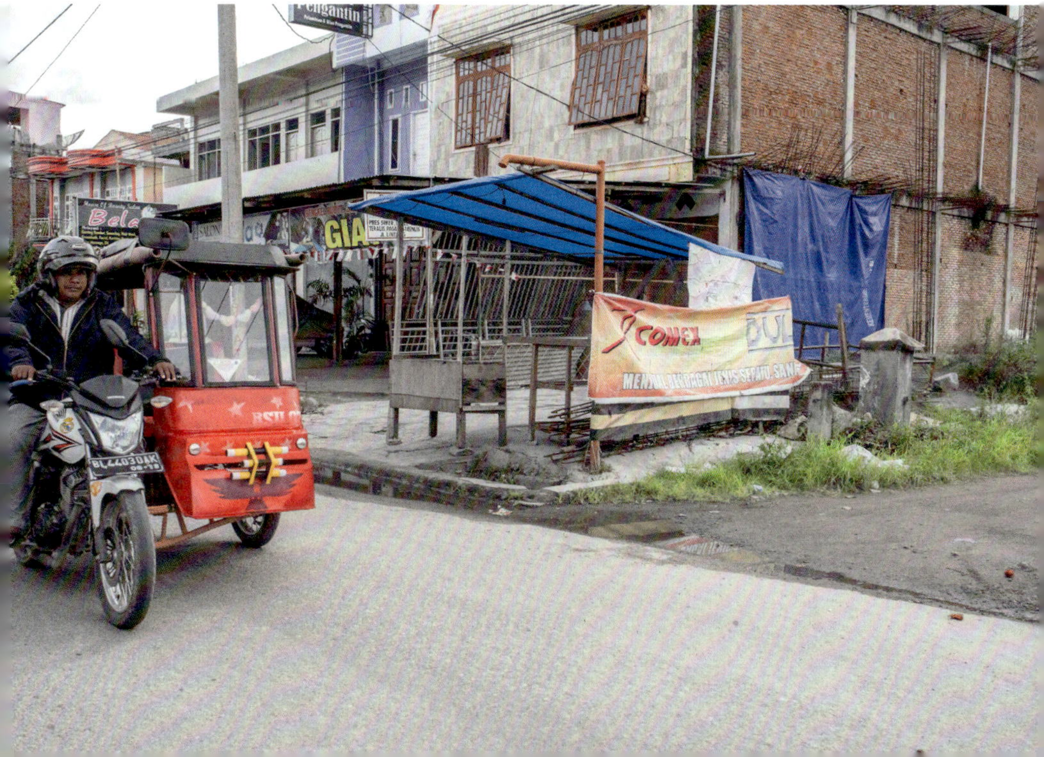
Pengantin
COMEX

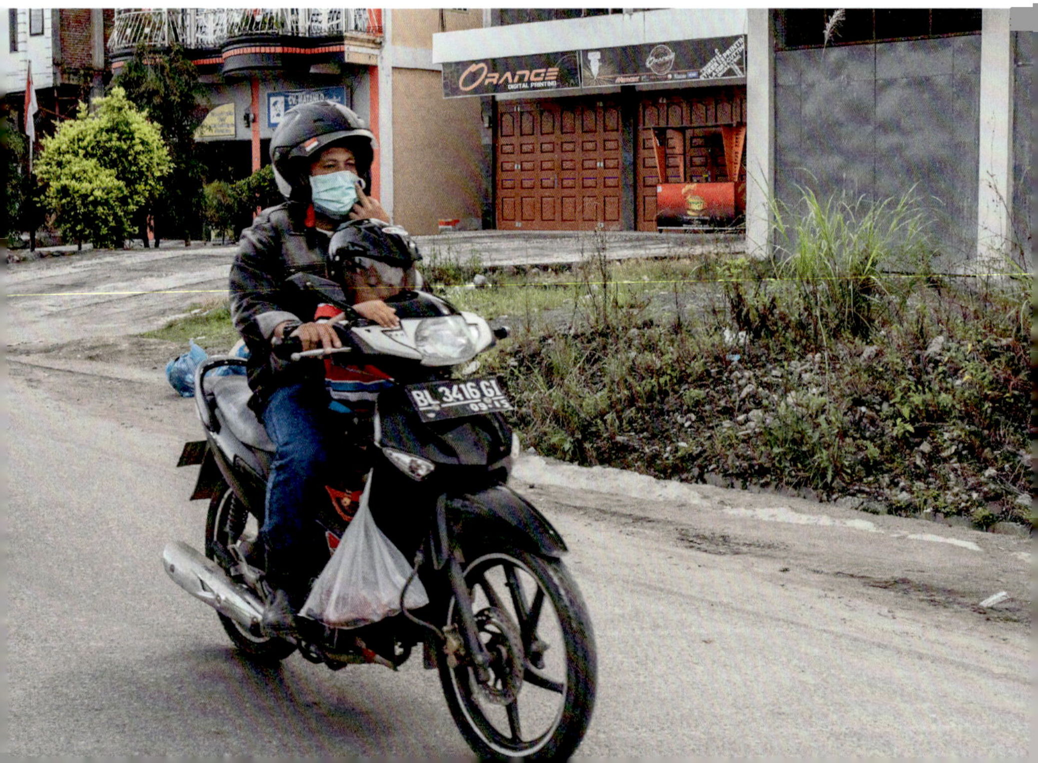
ORANGE
DIGITAL PRINTING
BL 3416 GI

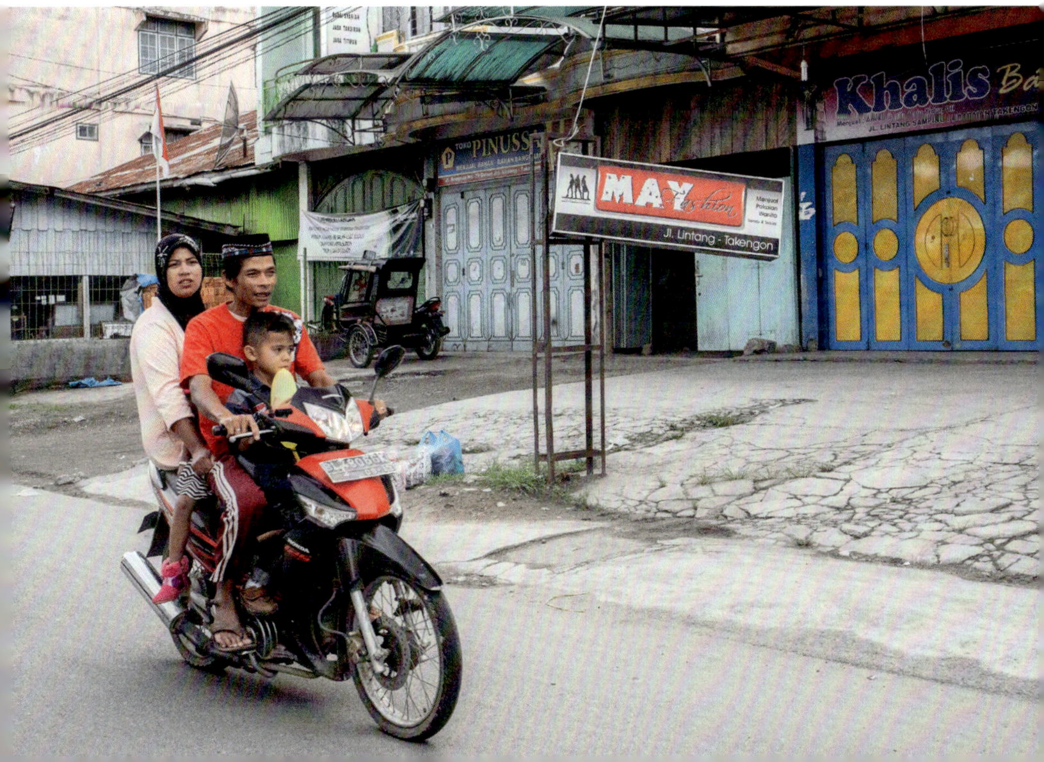
TOKO PINUSS
MAY fashion
Jl. Lintang - Takengon
Khalis

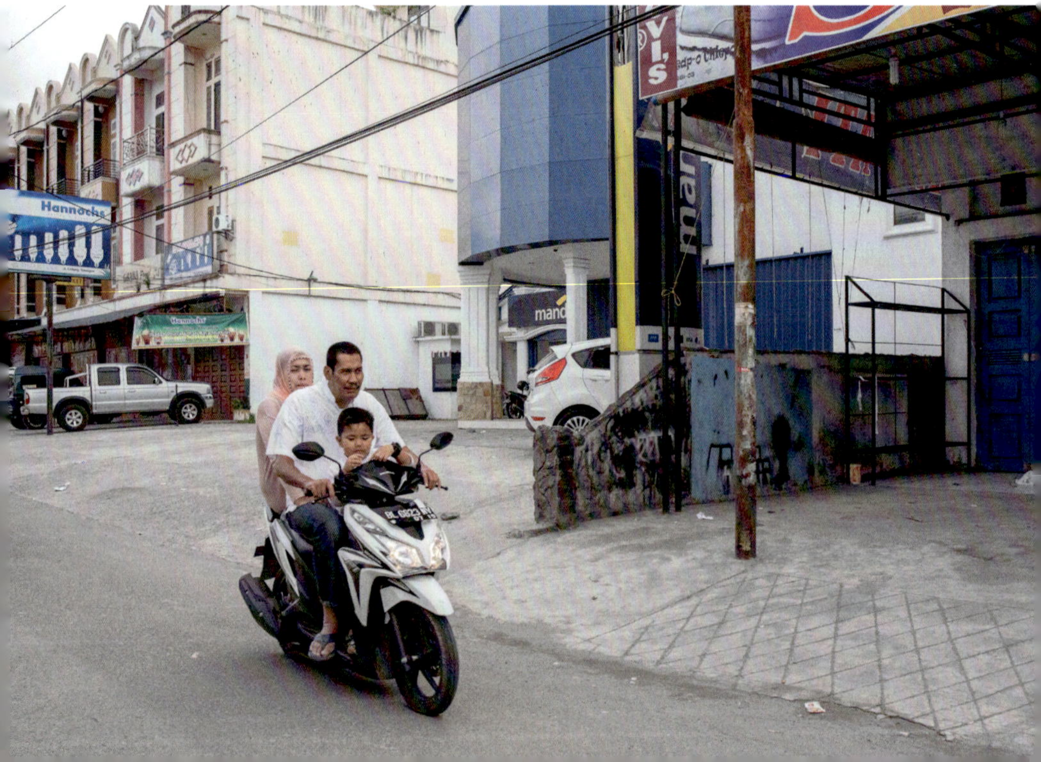
Hannochs

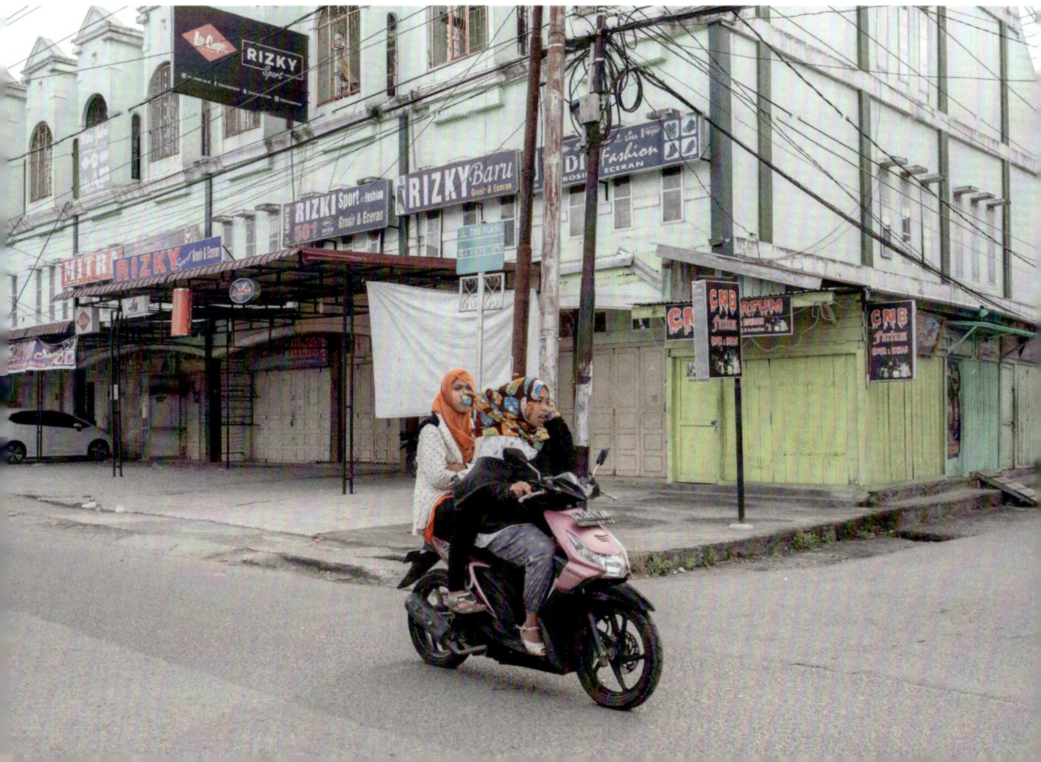
RIZKY Sport
RIZKY Baru
Grosir & Eceran
RIZKI Sport & Fashion
Grosir & Eceran
501
MITRA
RIZKY Sport Grosir & Eceran
Fashion
CNB

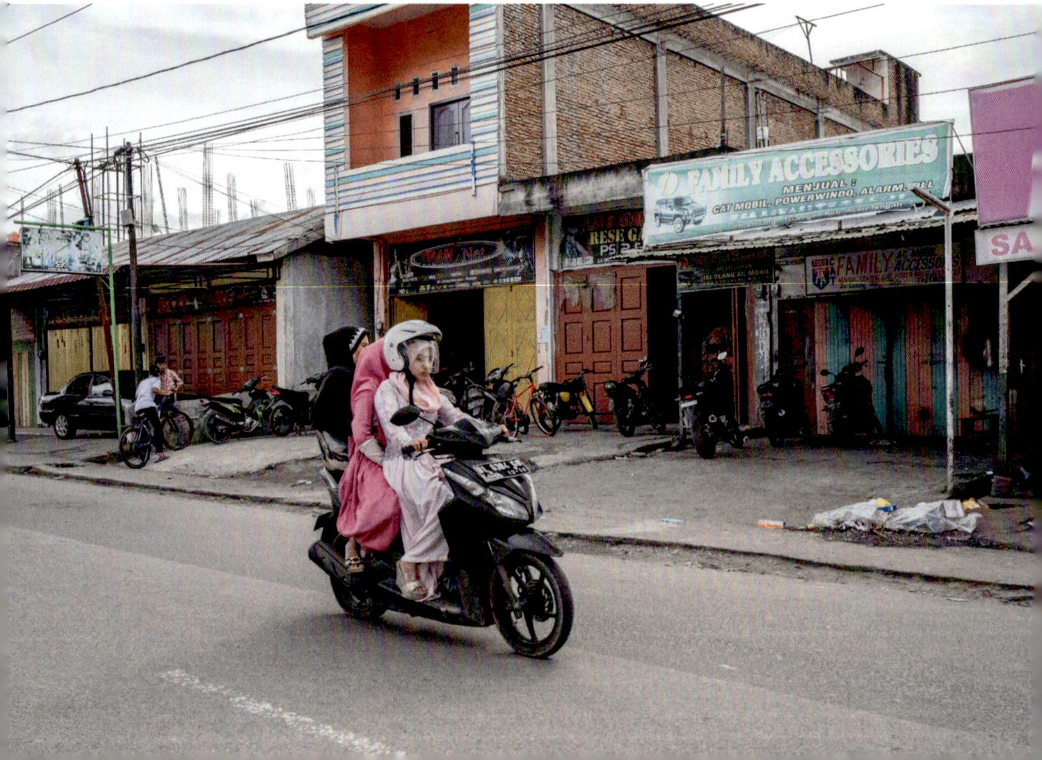
FAMILY ACCESSORIES
MENJUAL :
CAT MOBIL, POWERWINDO, ALARM,

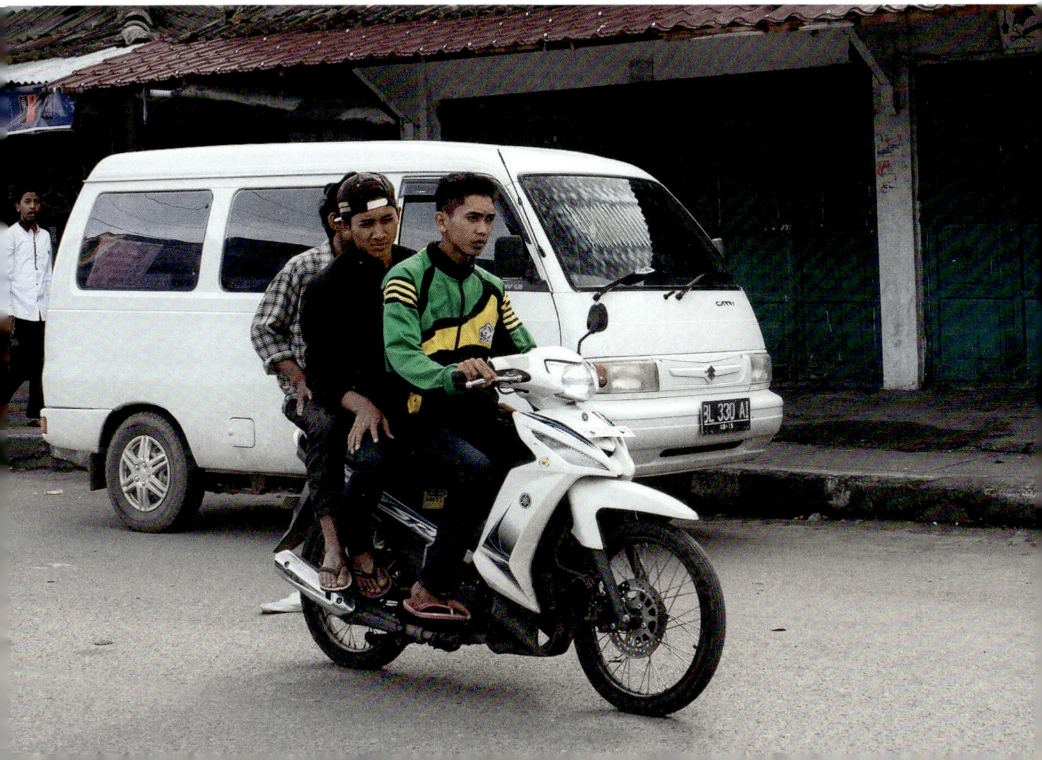
BL 330 AI

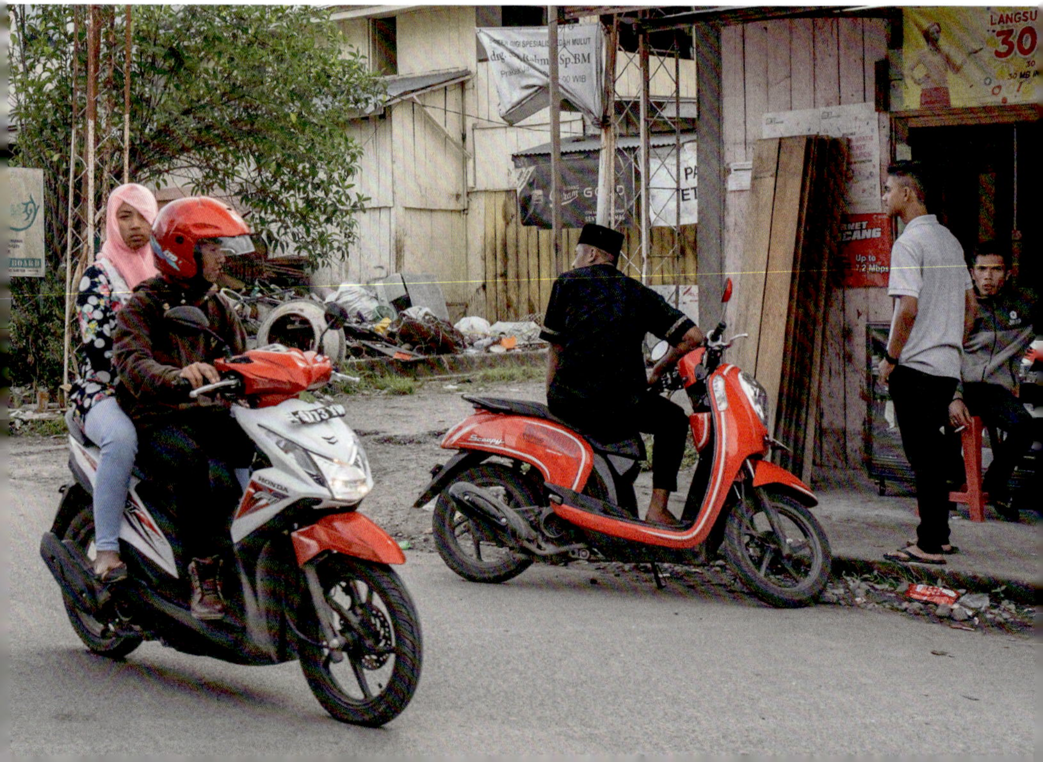
LANGSU
30
Scoopy
HONDA
Up to
7,2 Mbps

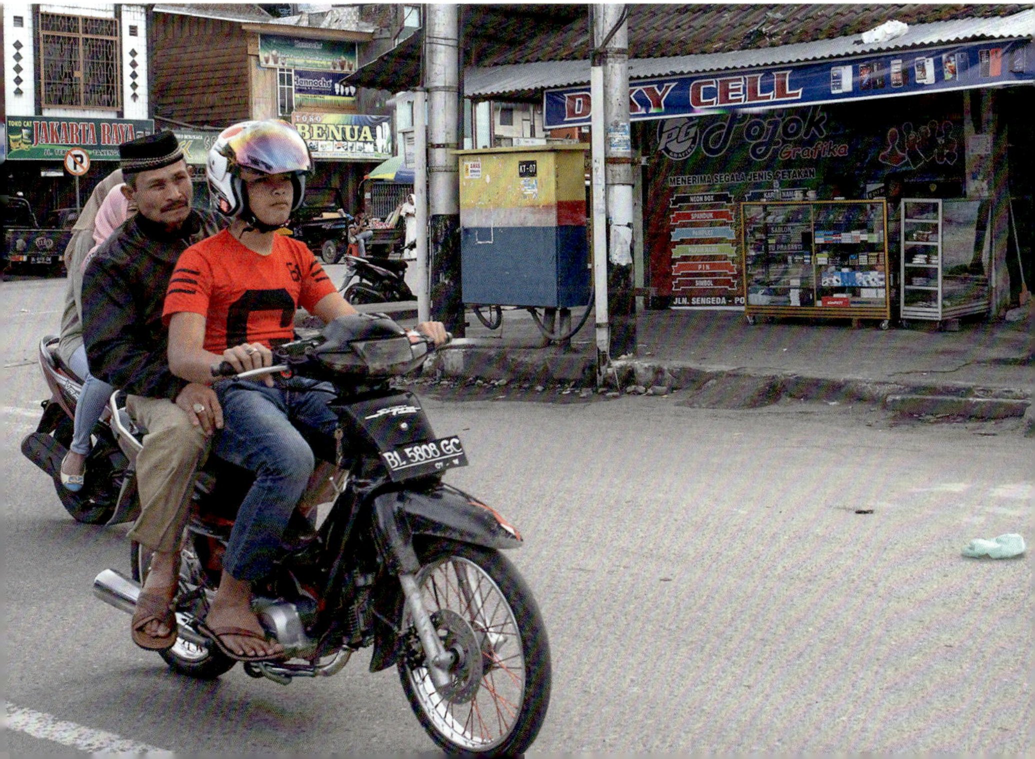
TOKO CAT
JAKARTA RAYA
TOKO
BENUA
CELL
MENERIMA SEGALA JENIS CETAKAN
NEON BOX
SPANDUK
SABLON
PIN
SIMBOL
KT-07
BL 5808 GC

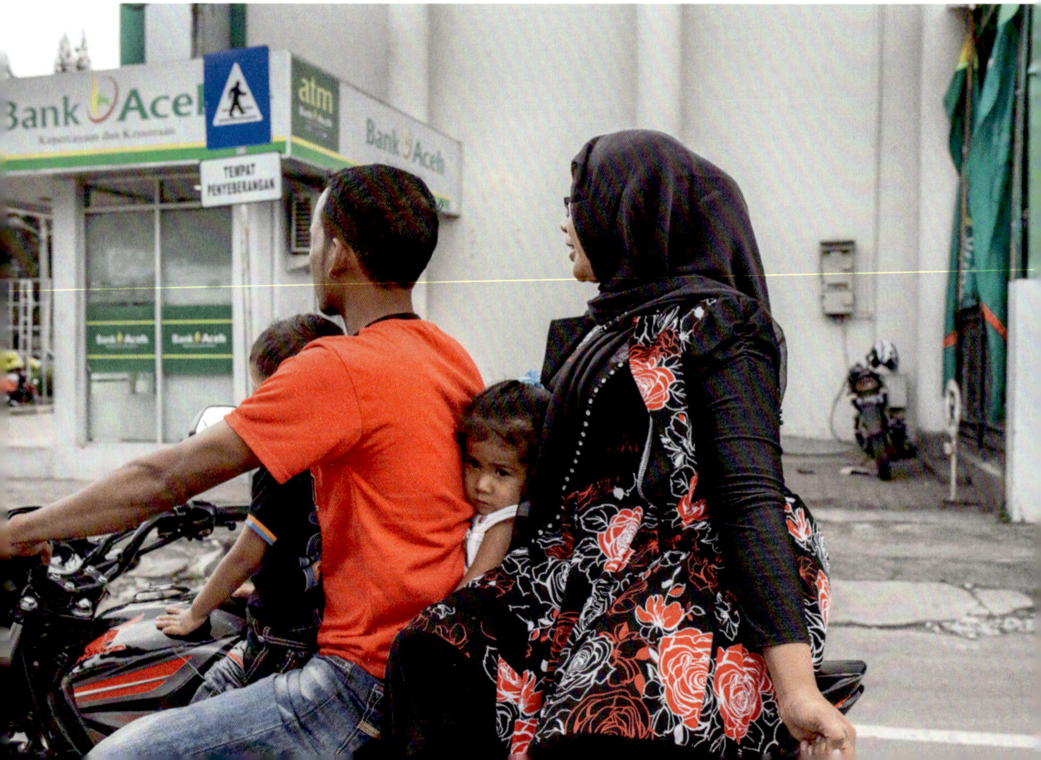
Bank Aceh
atm
Bank Aceh
TEMPAT
PENYEBERANGAN

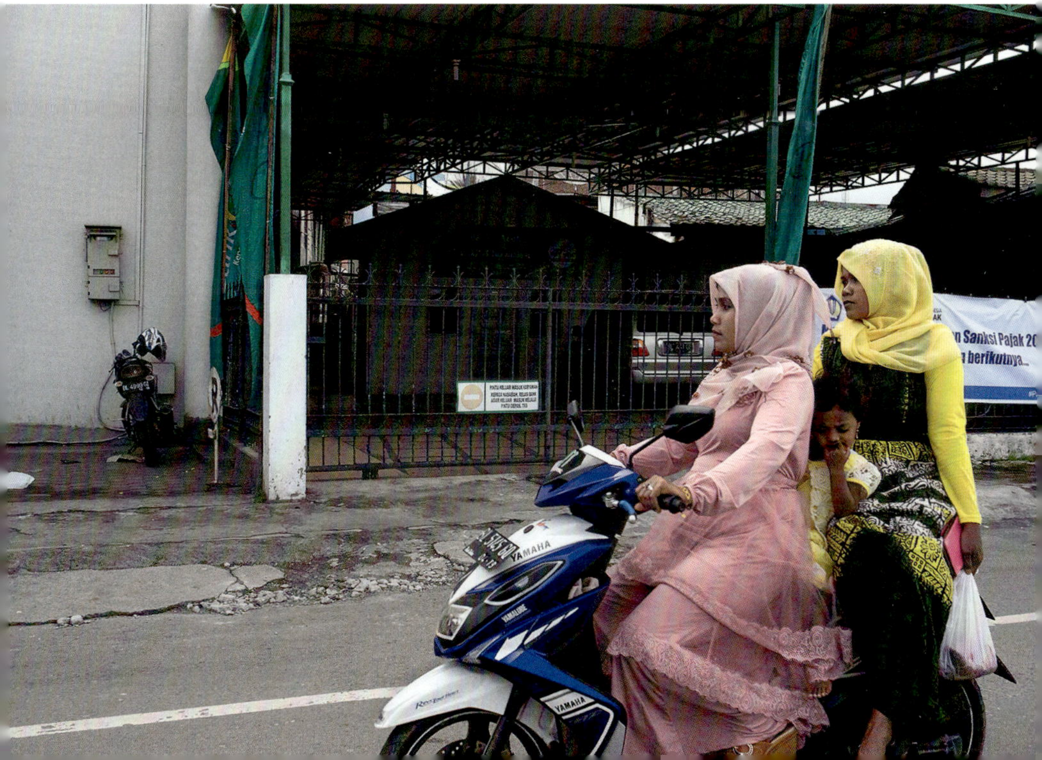
Sanksi Pajak
berikutnya...
YAMAHA

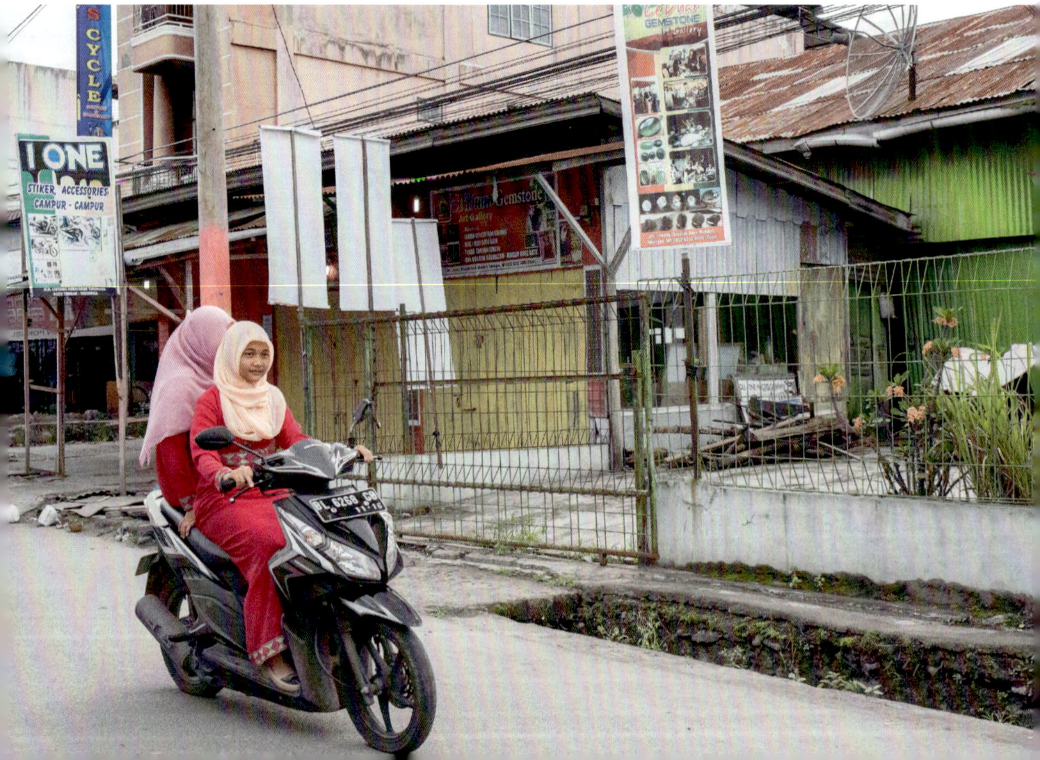

CYCLE
I ONE
STIKER ACCESSORIES
CAMPUR - CAMPUR
GEMSTONE
Gemstone
Art Gallery

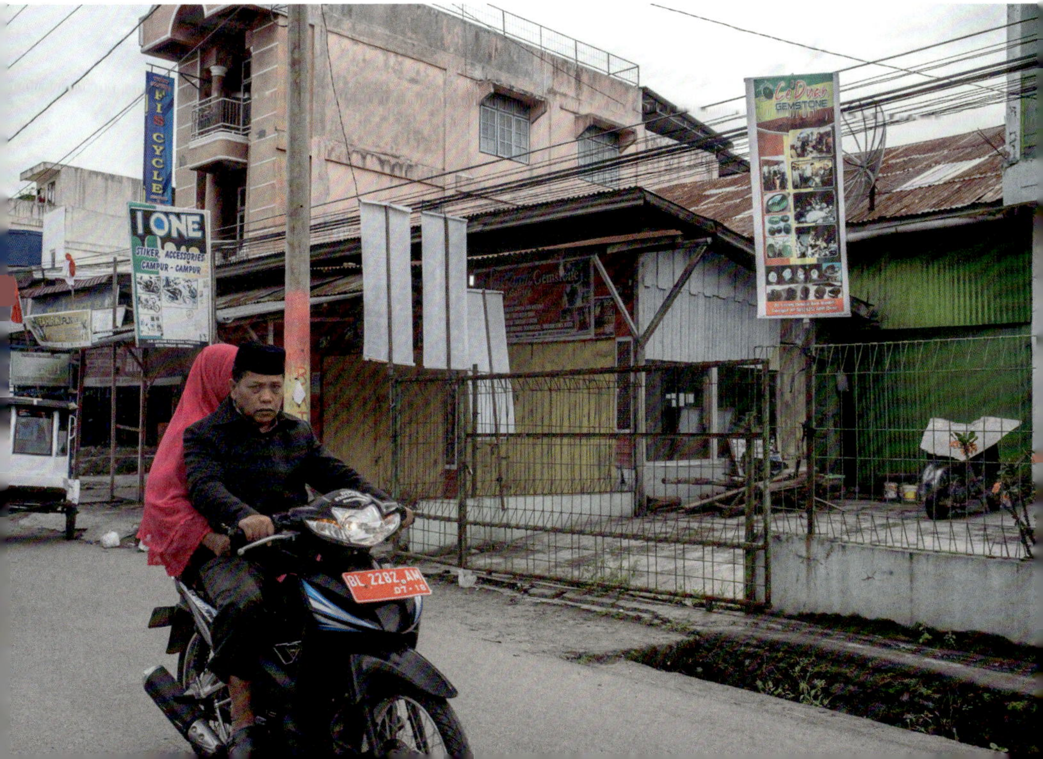
FIS CYCLE
I ONE
STIKER ACCESSORIES
CAMPUR - CAMPUR
GEMSTONE
BL 2282 AM

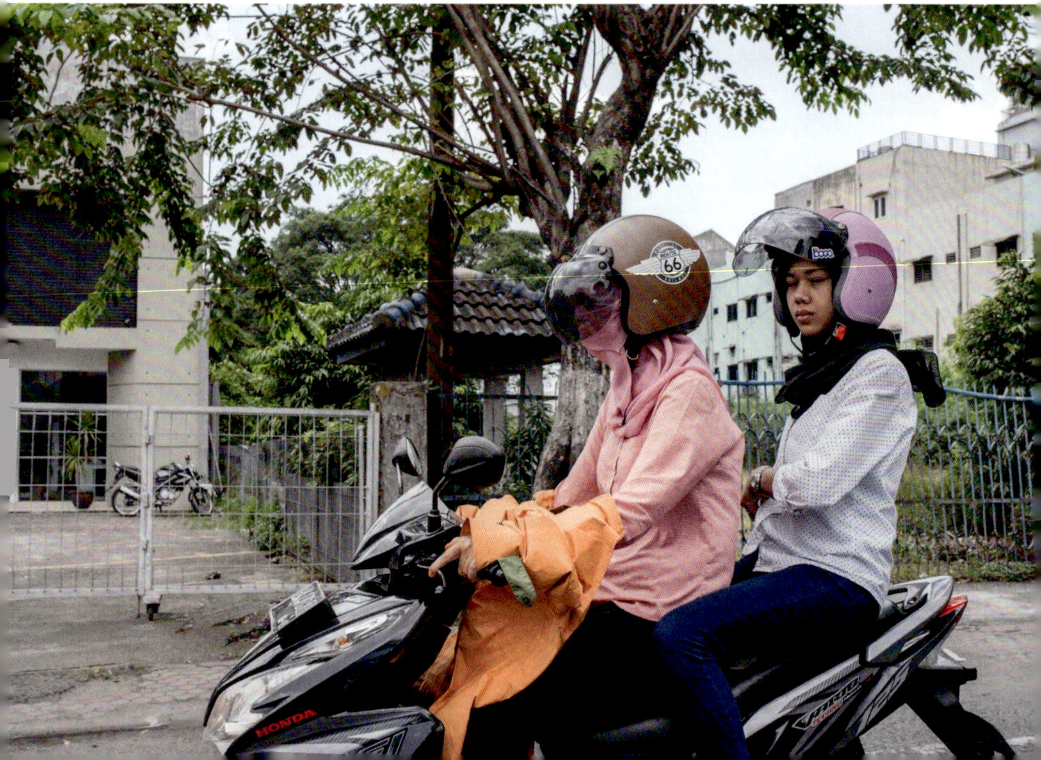
HONDA

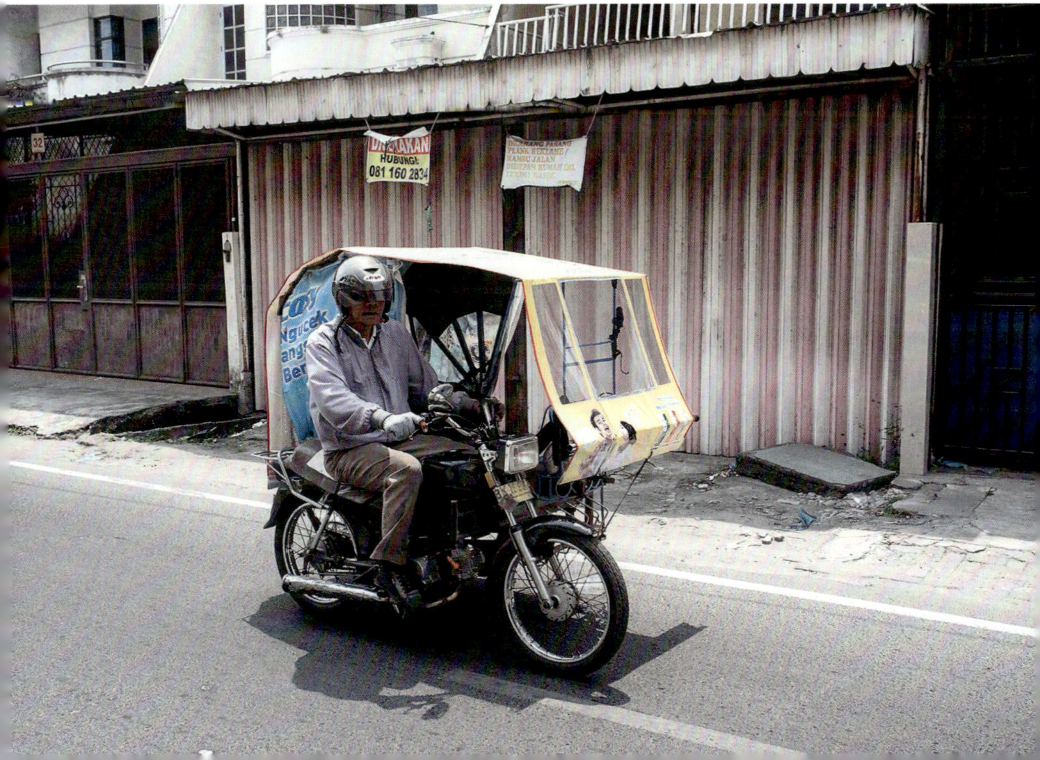
HUBUNGI:
081 160 2834

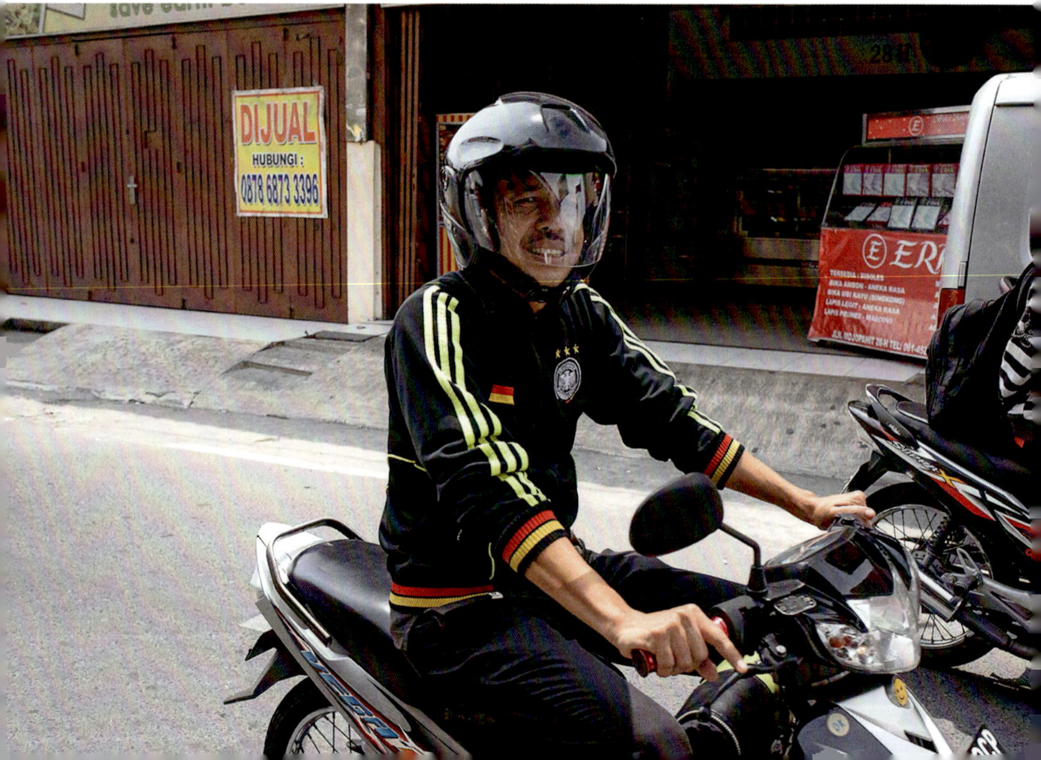
DIJUAL
HUBUNGI :
0878 6873 3396

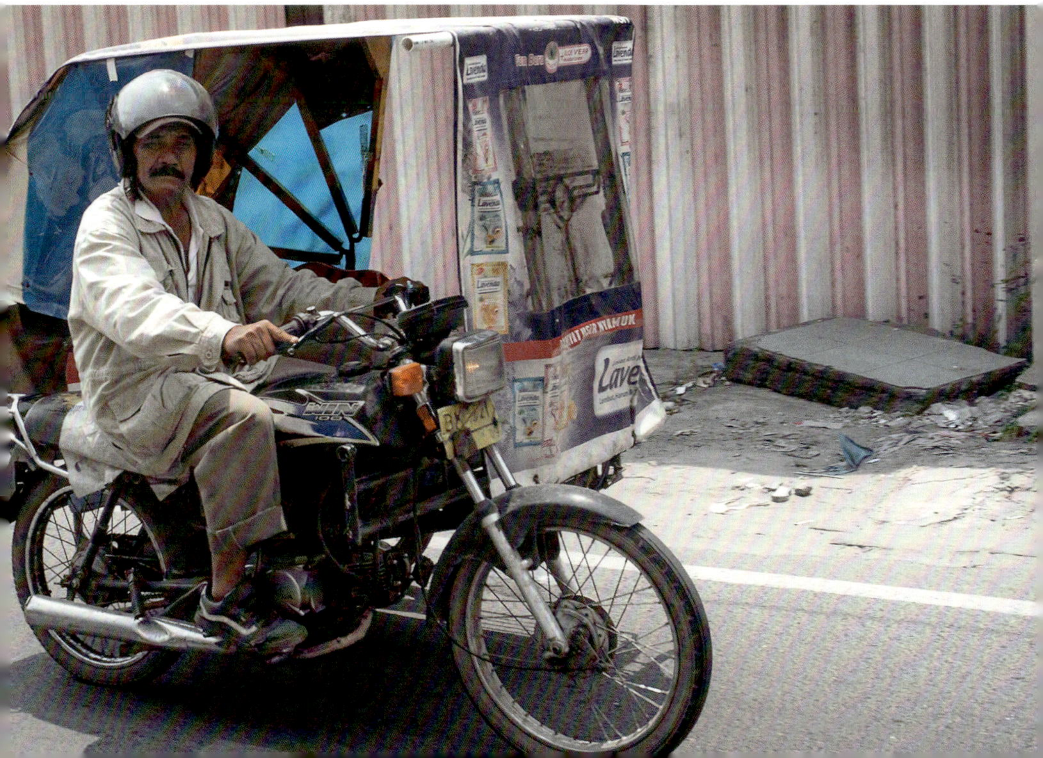

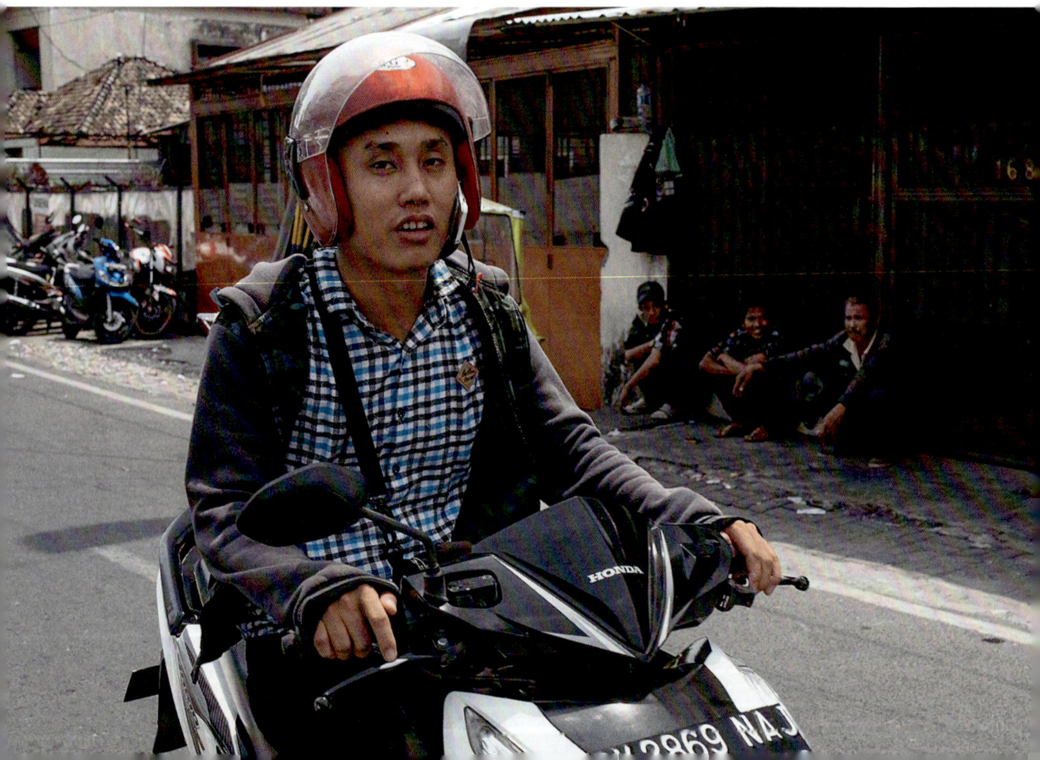
HONDA
2869 NAJ

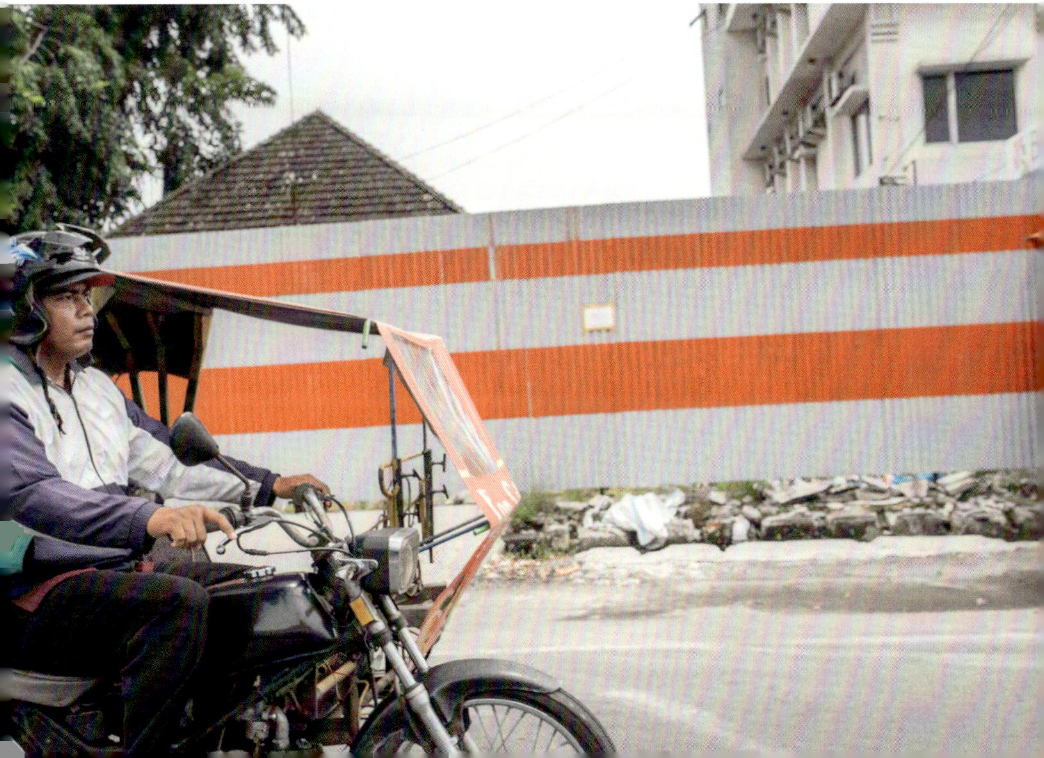

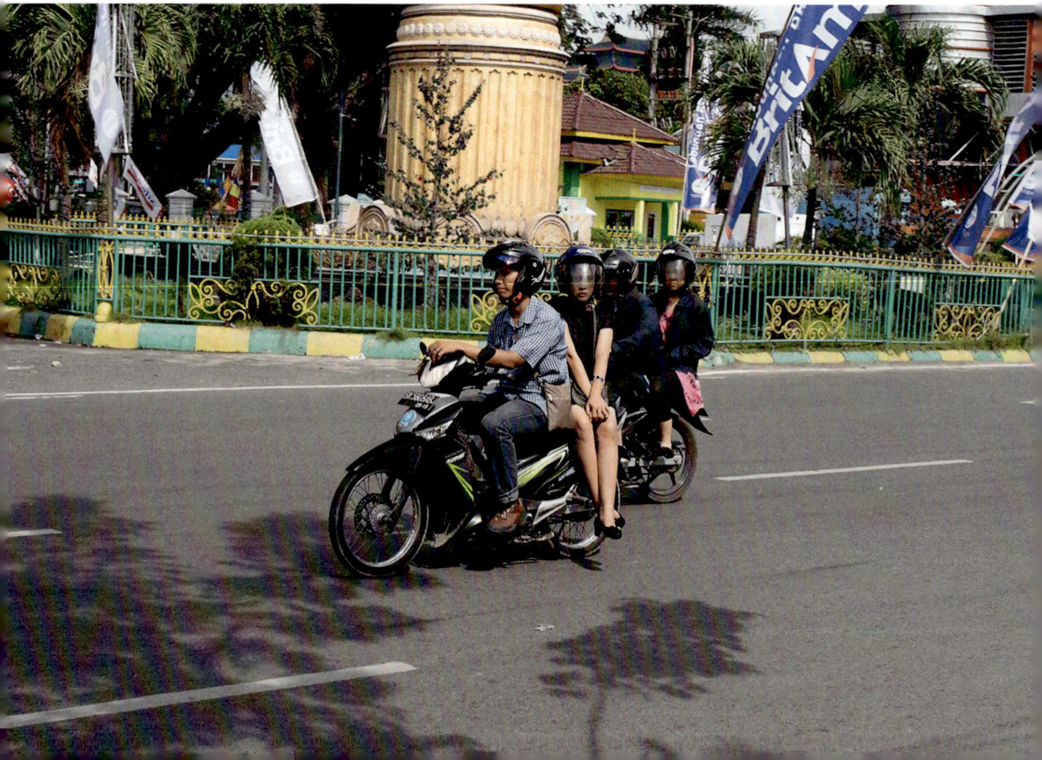

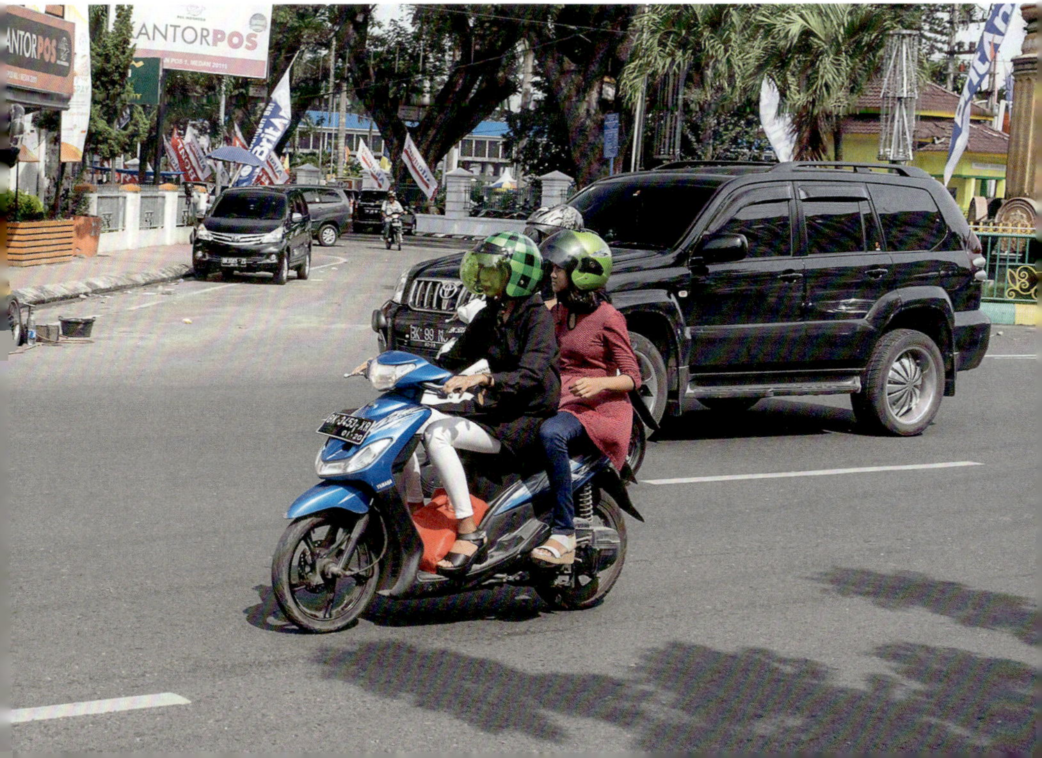
ANTORPOS
ANTORPOS

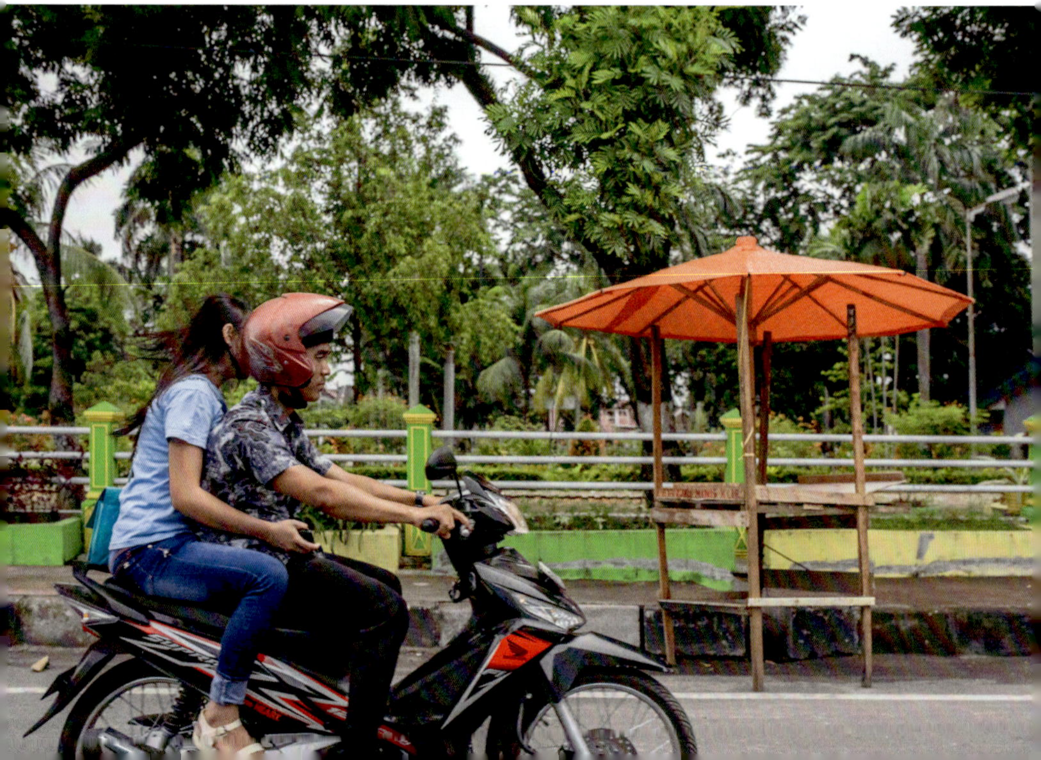

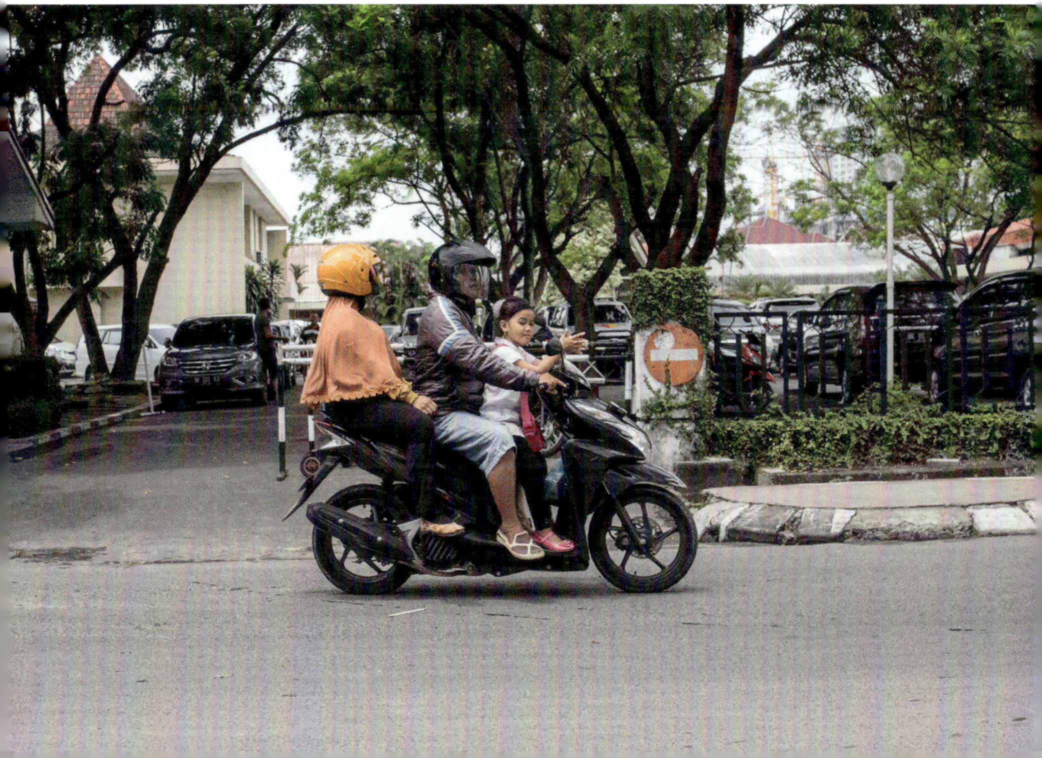

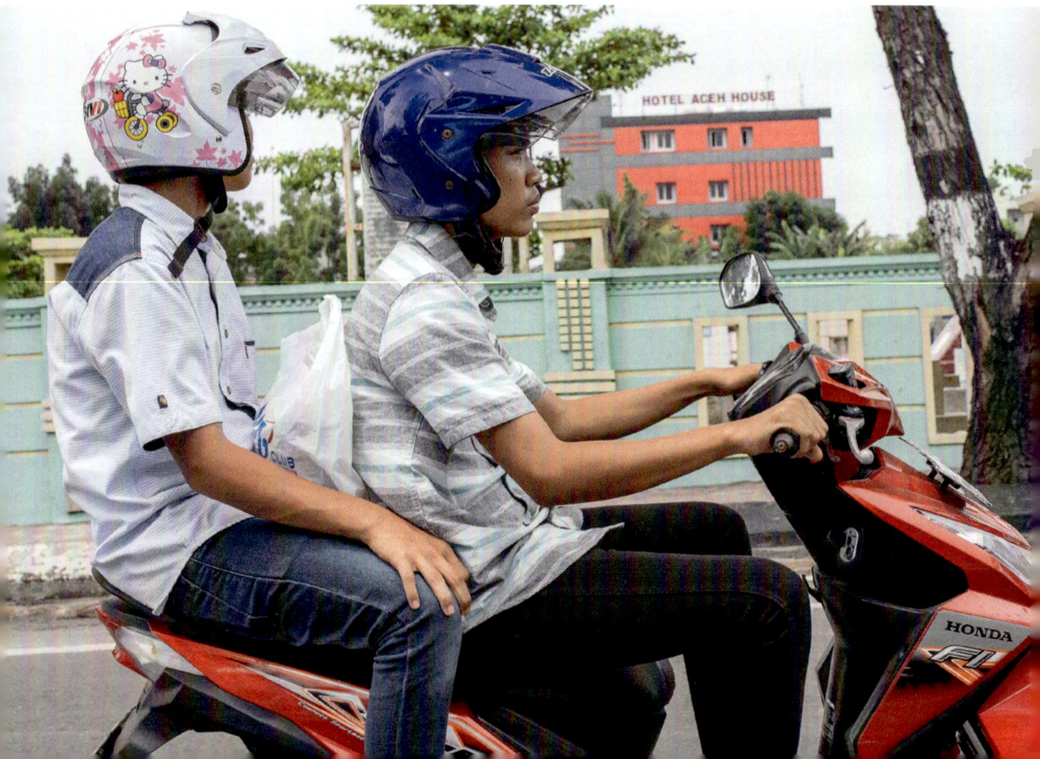
HOTEL ACEH HOUSE
HONDA

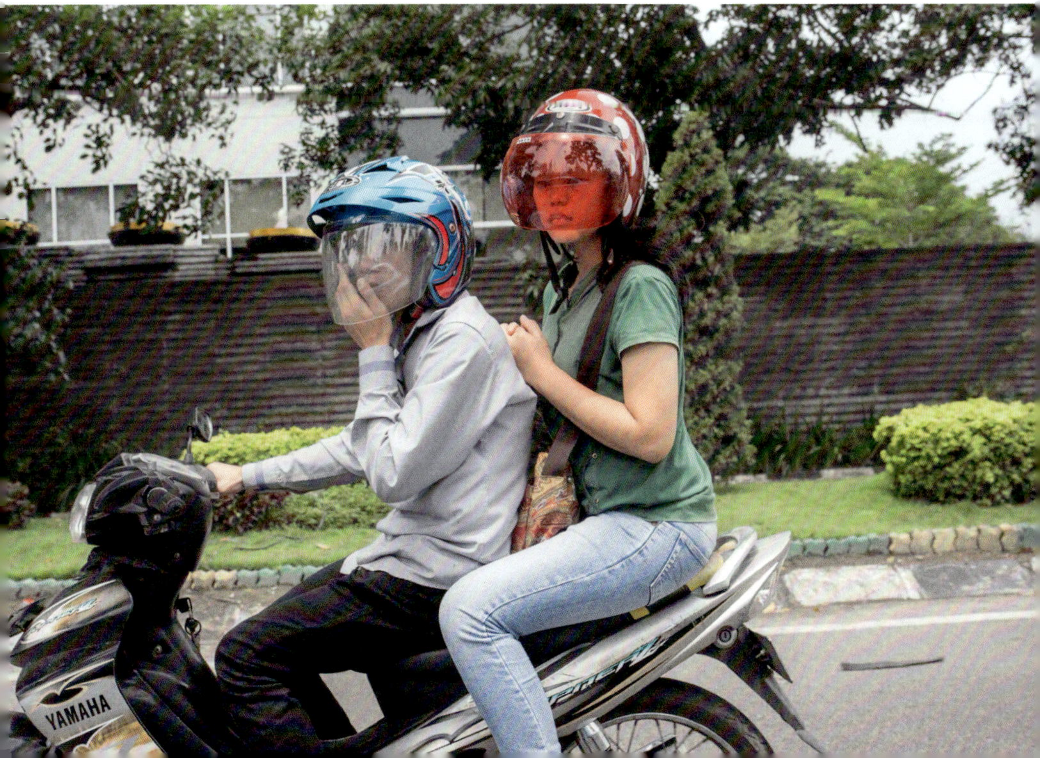
YAMAHA

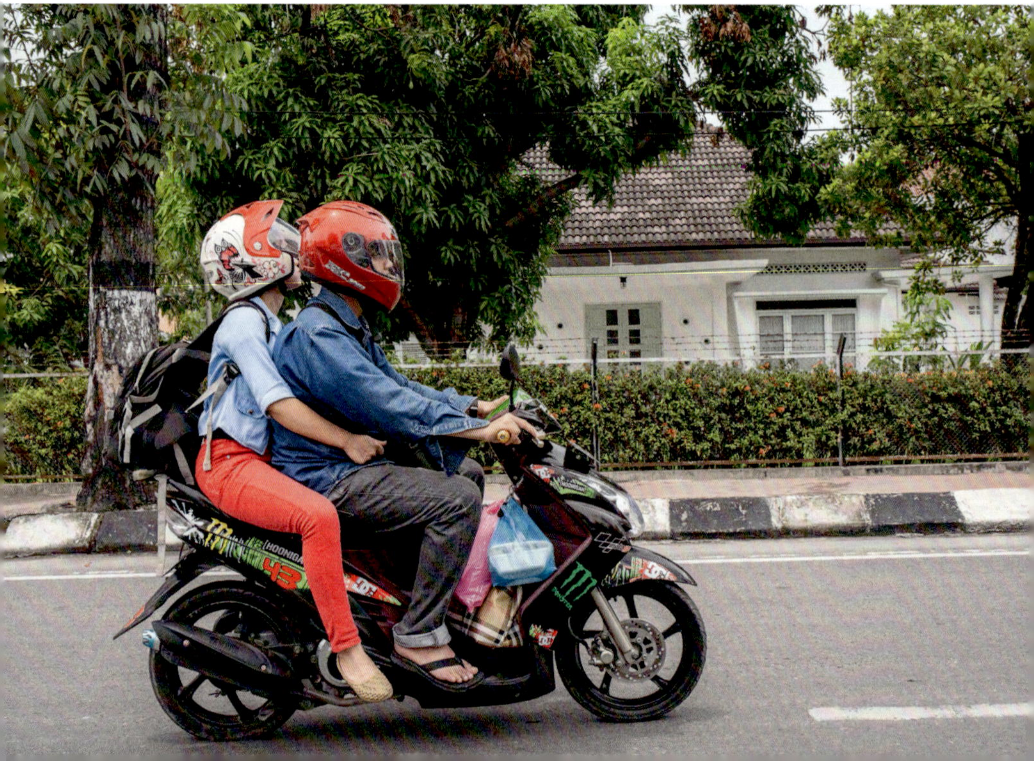

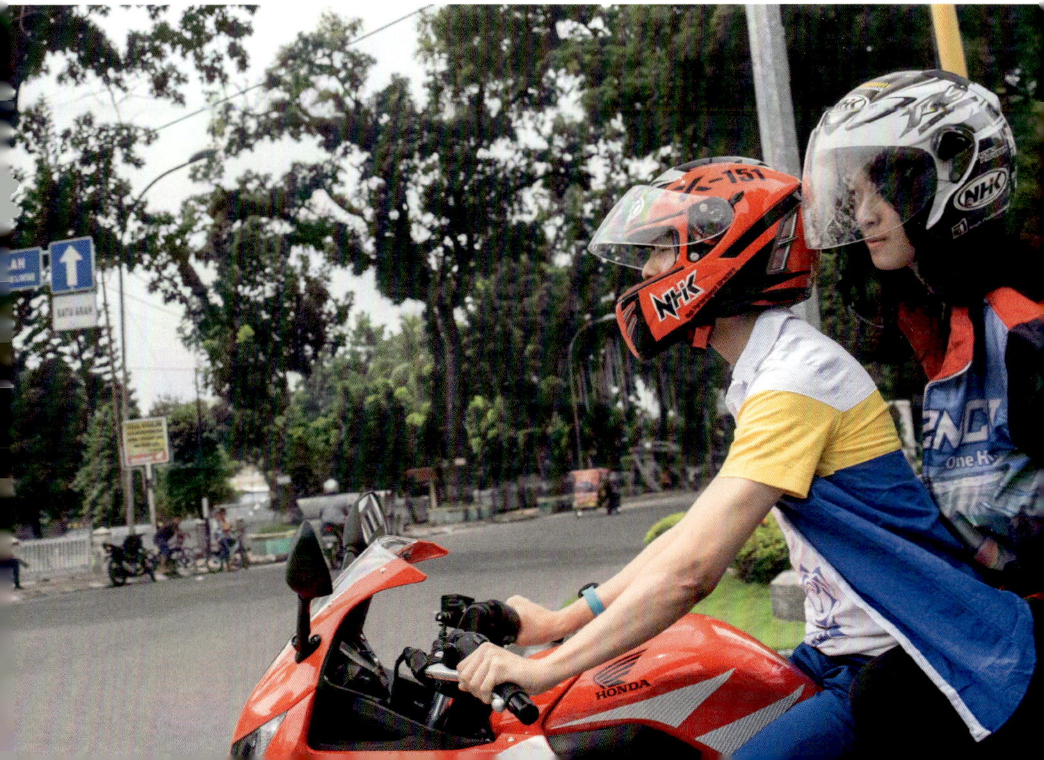
NHK
HONDA

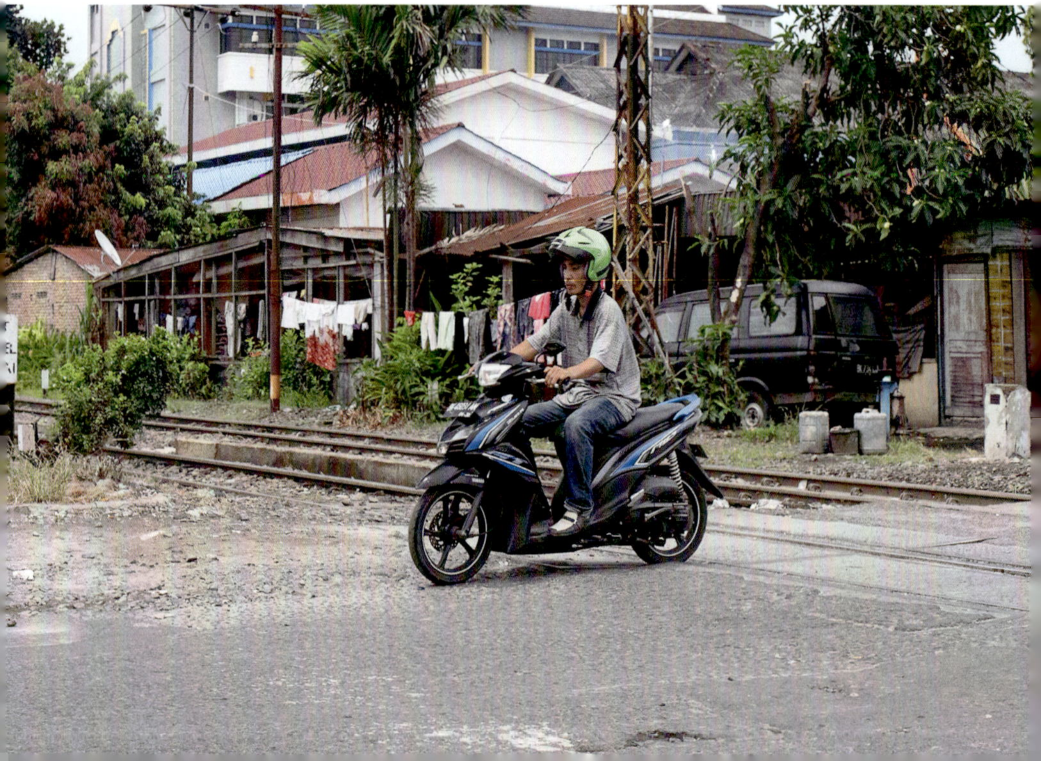

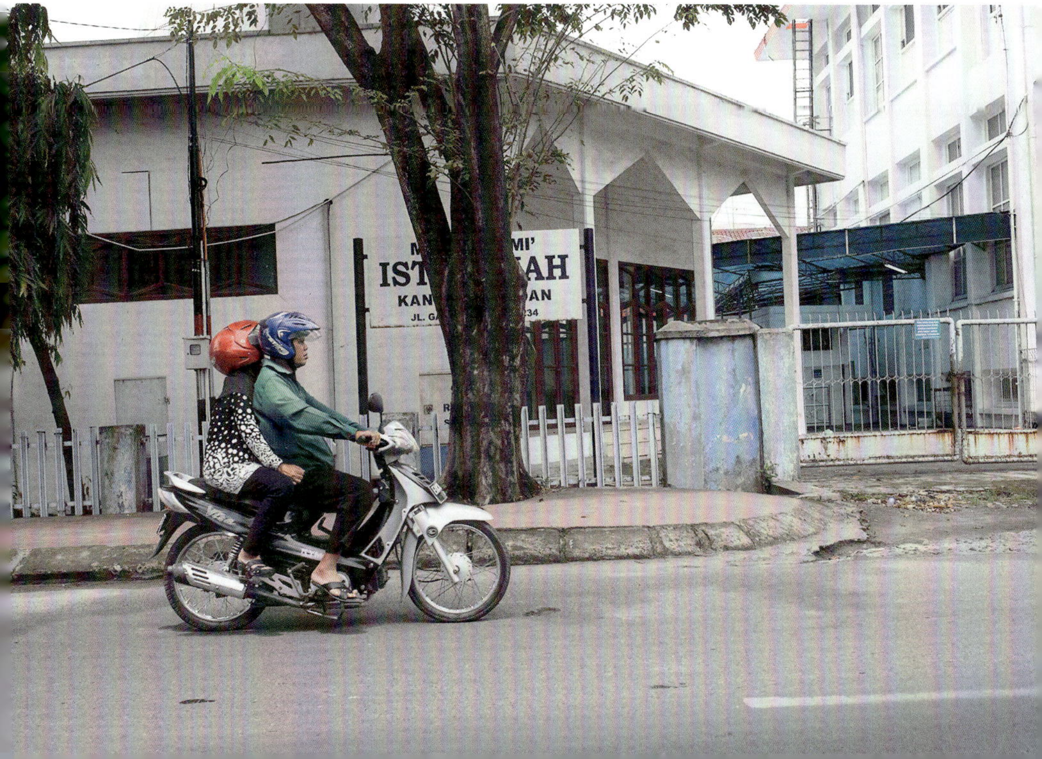

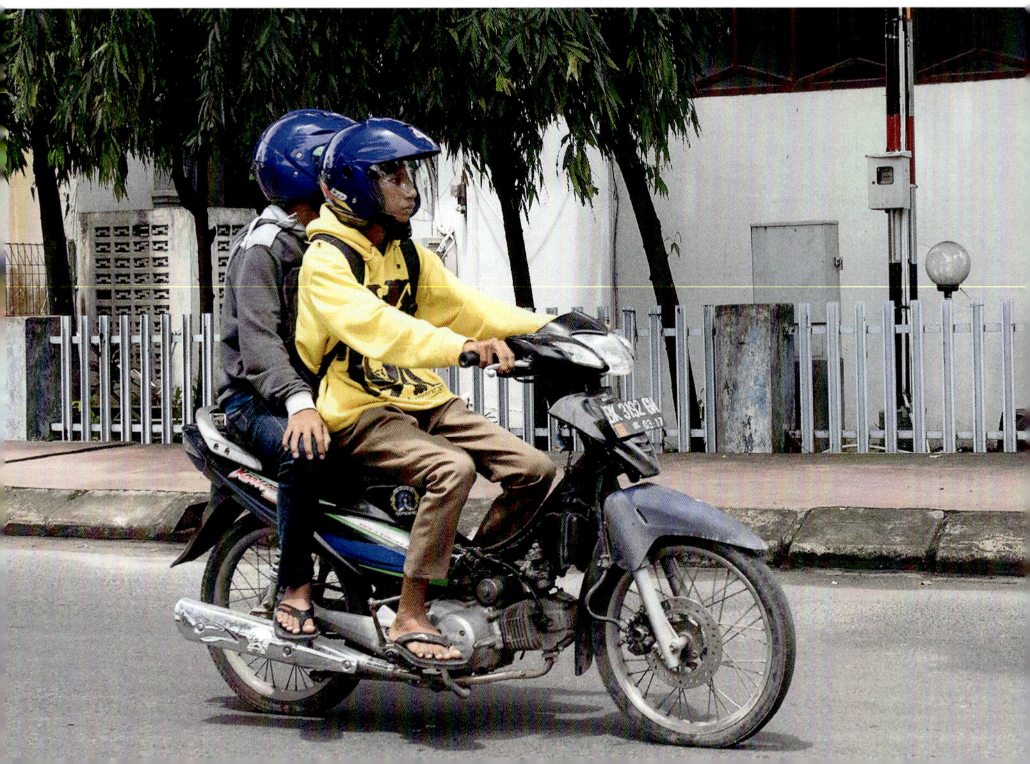
BK 3192 GM

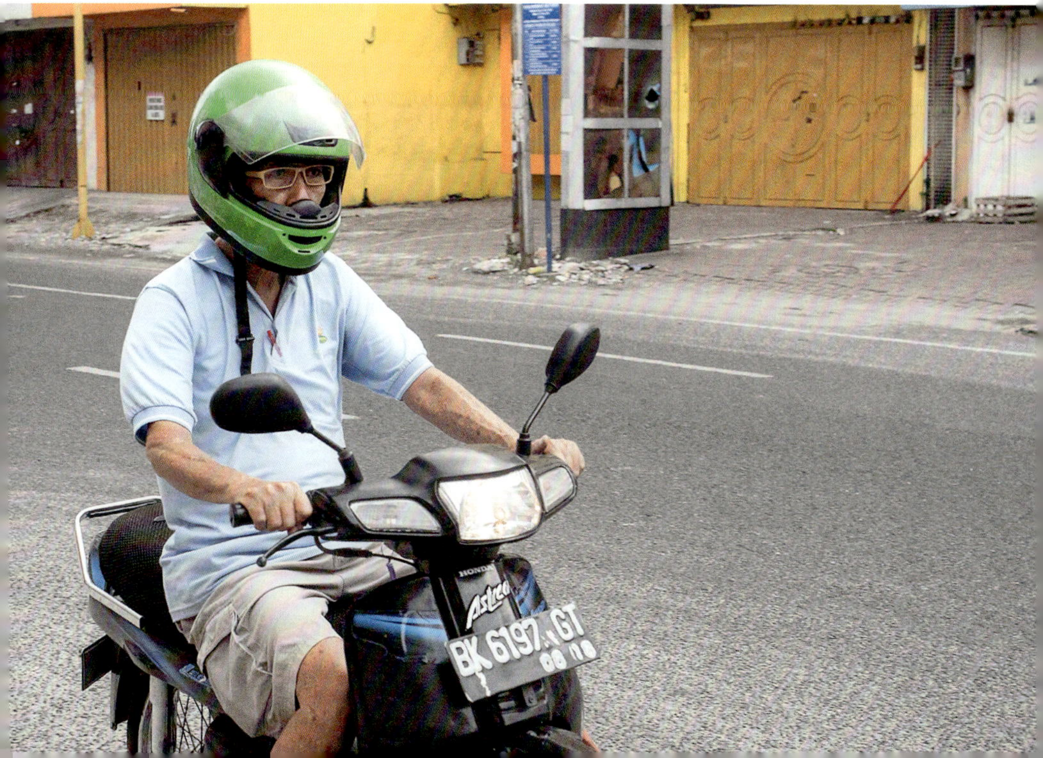
HONDA
BK 6197 GT

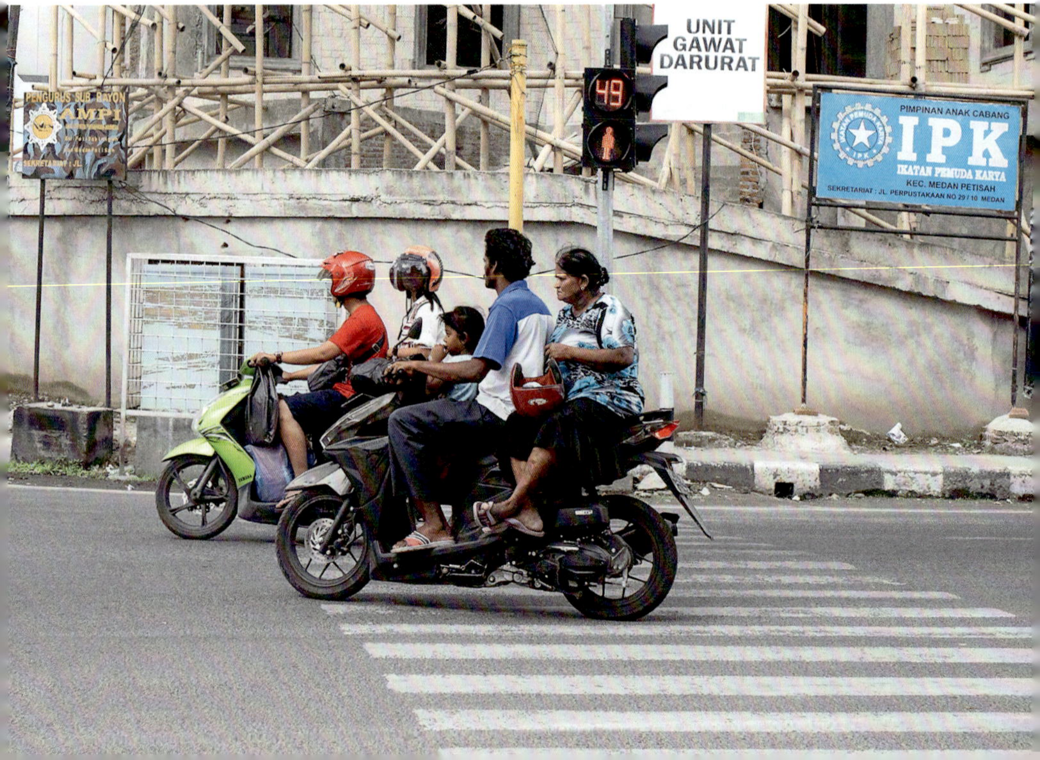
PENGURUS SUB RAYON
AMPI
SEKRETARIAT : JL.
49
UNIT
GAWAT
DARURAT
PIMPINAN ANAK CABANG
IPK
IKATAN PEMUDA KARYA
KEC. MEDAN PETISAH
SEKRETARIAT : JL. PERPUSTAKAAN NO 29 / 10 MEDAN

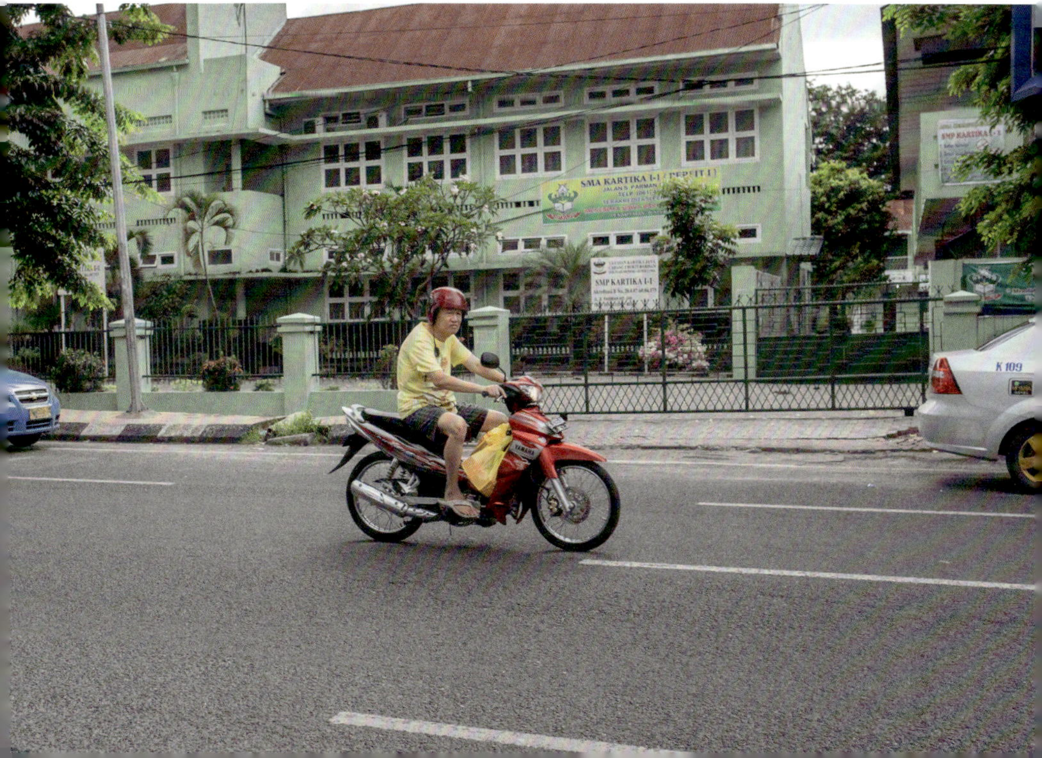
SMA KARTIKA I-1
SMP KARTIKA I-1
K 109

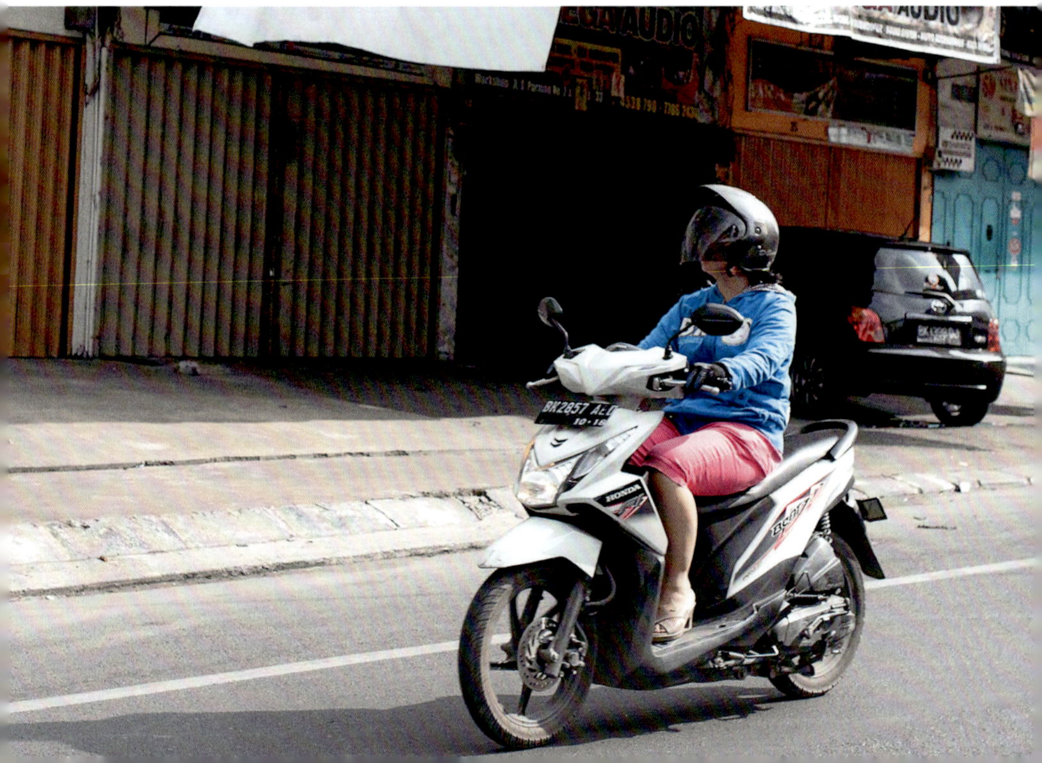
HONDA

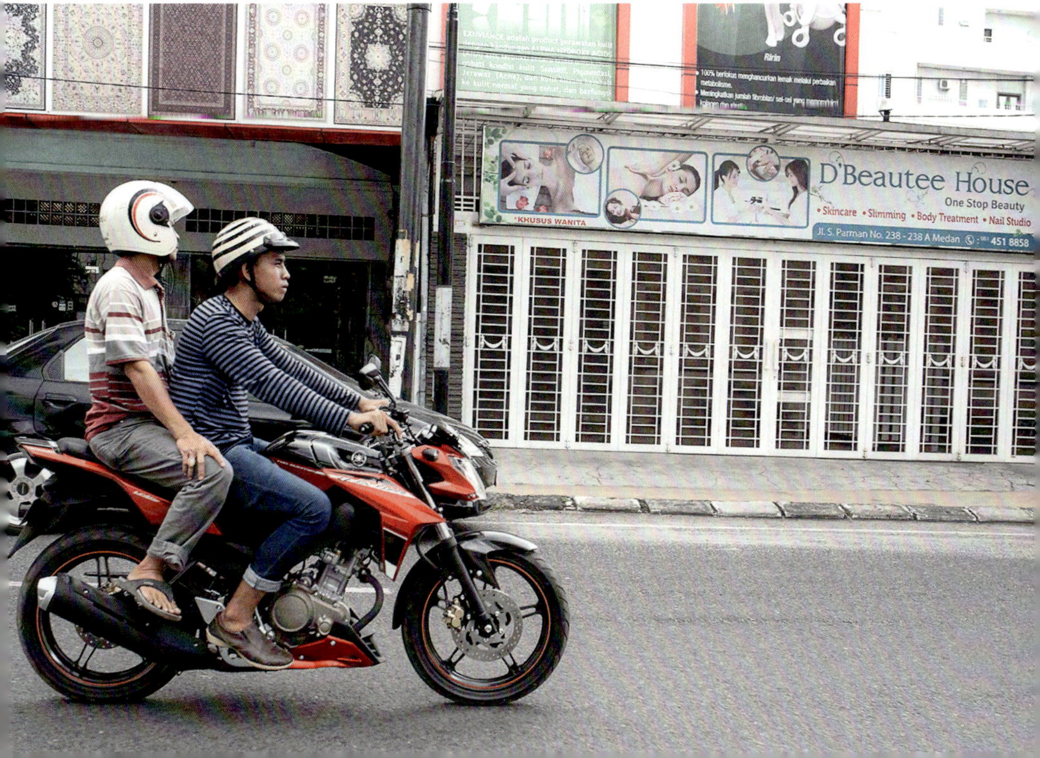
*KHUSUS WANITA
D'Beautee House
One Stop Beauty
• Skincare • Slimming • Body Treatment • Nail Studio
Jl. S. Parman No. 238 - 238 A Medan
451 8858

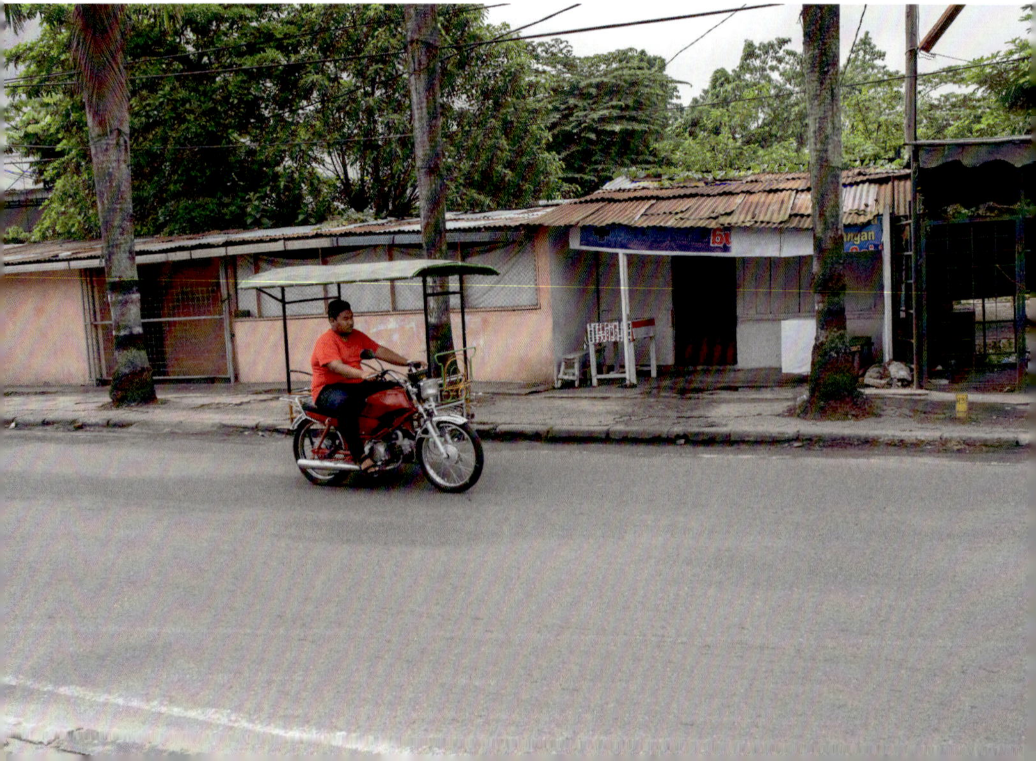

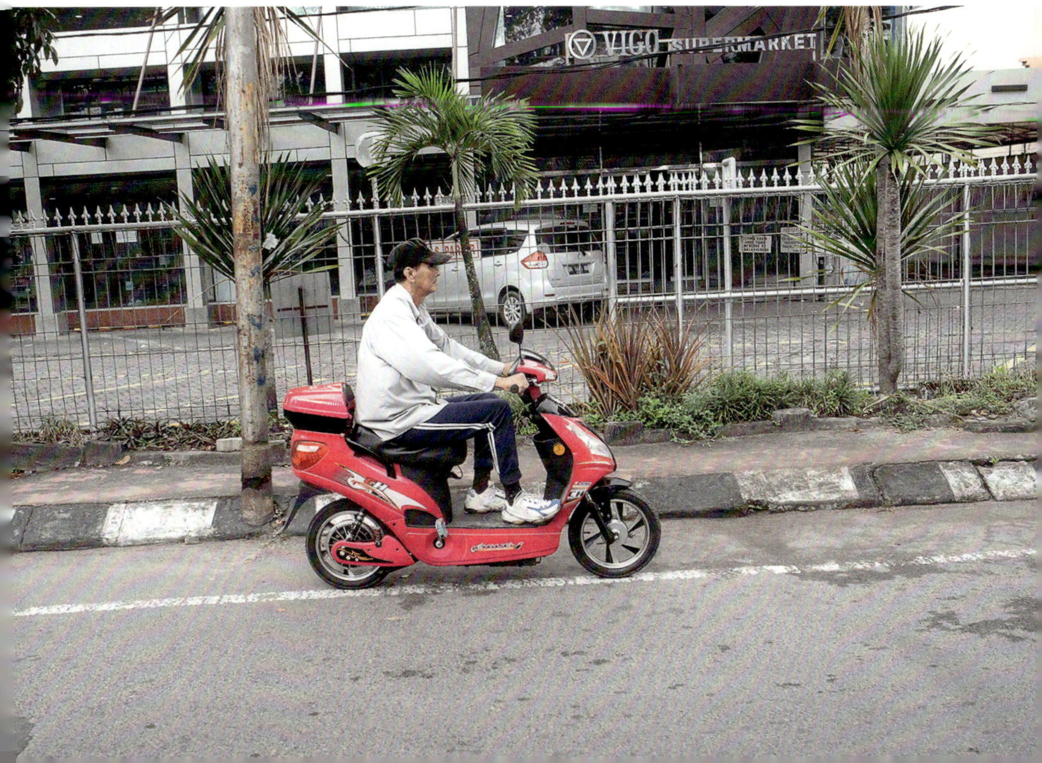
VIGO SUPERMARKET

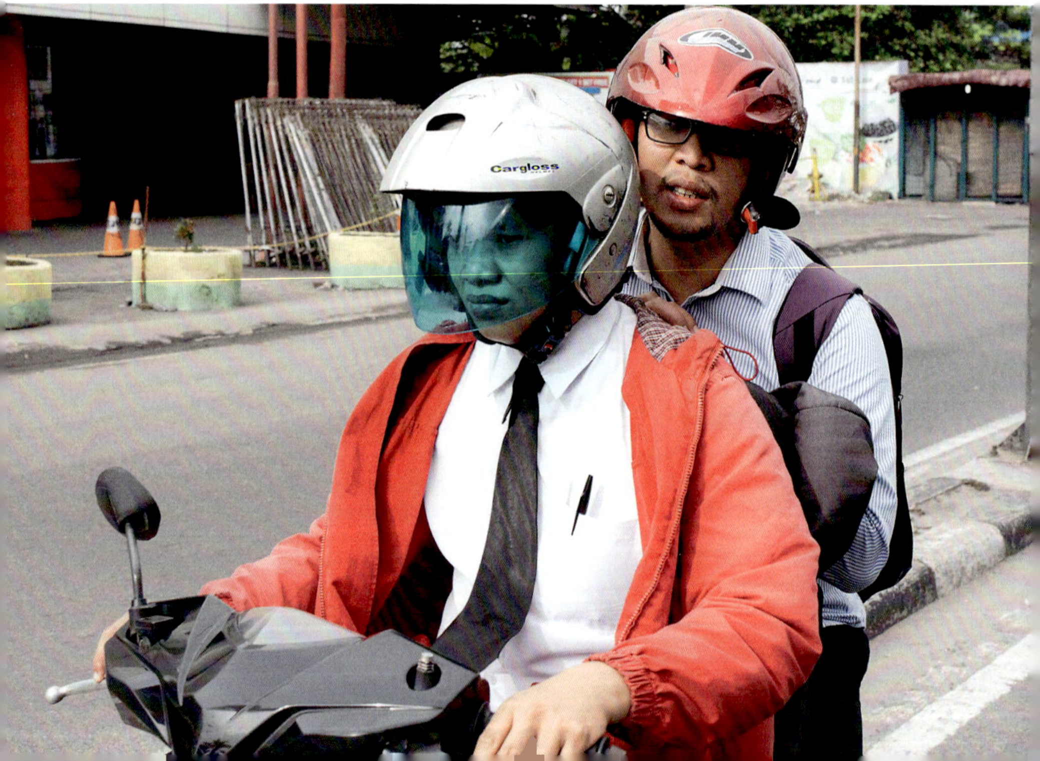
Cargloss

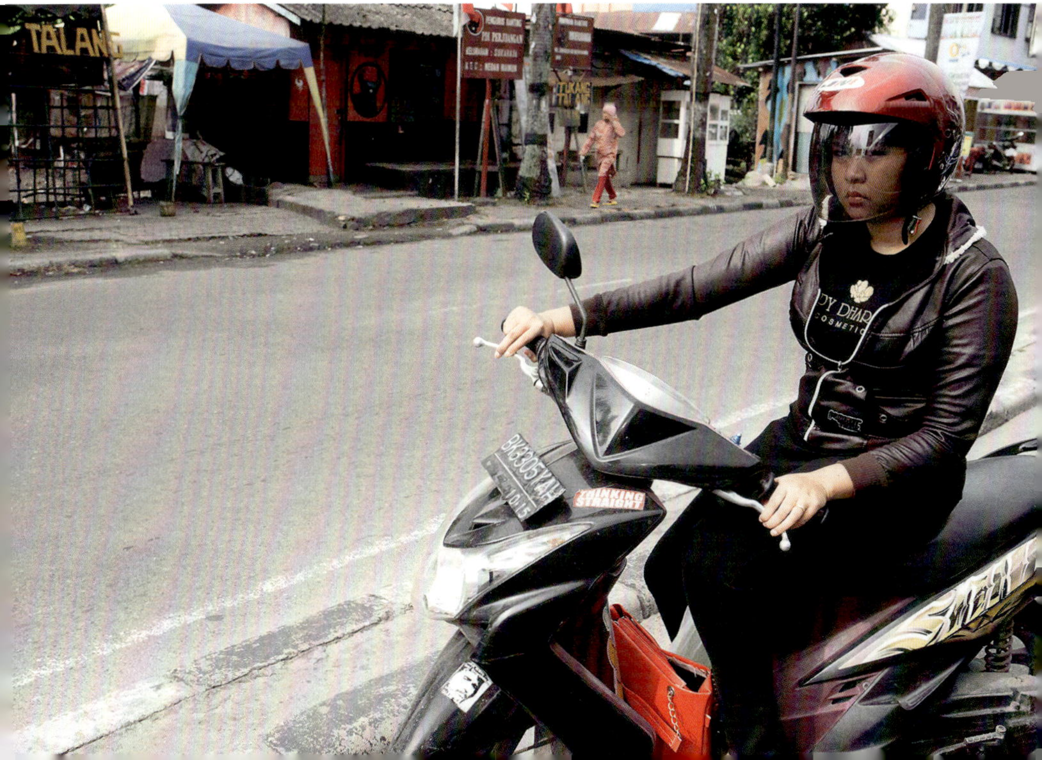
TALANG

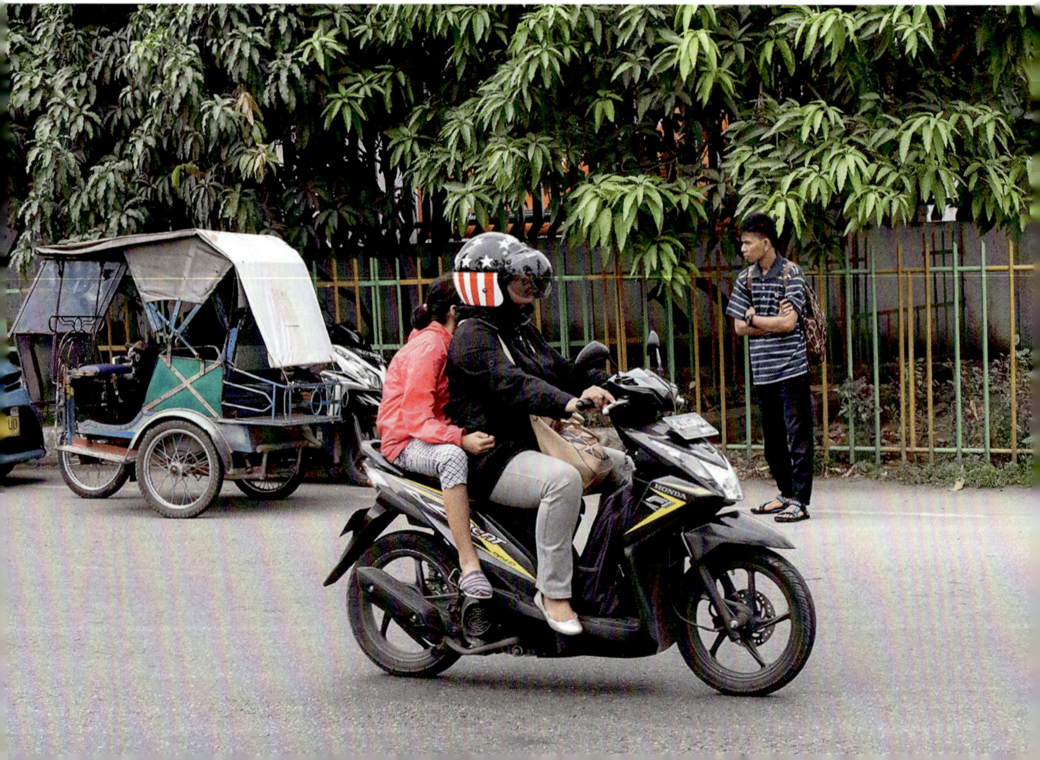
HONDA

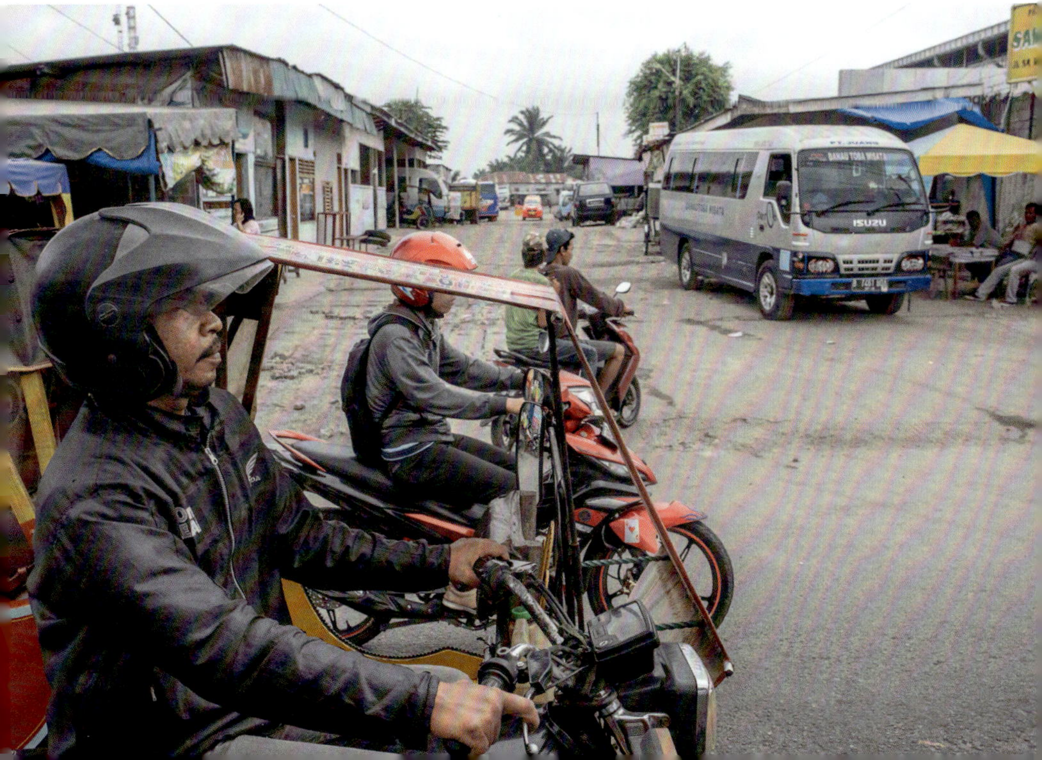
ISUZU

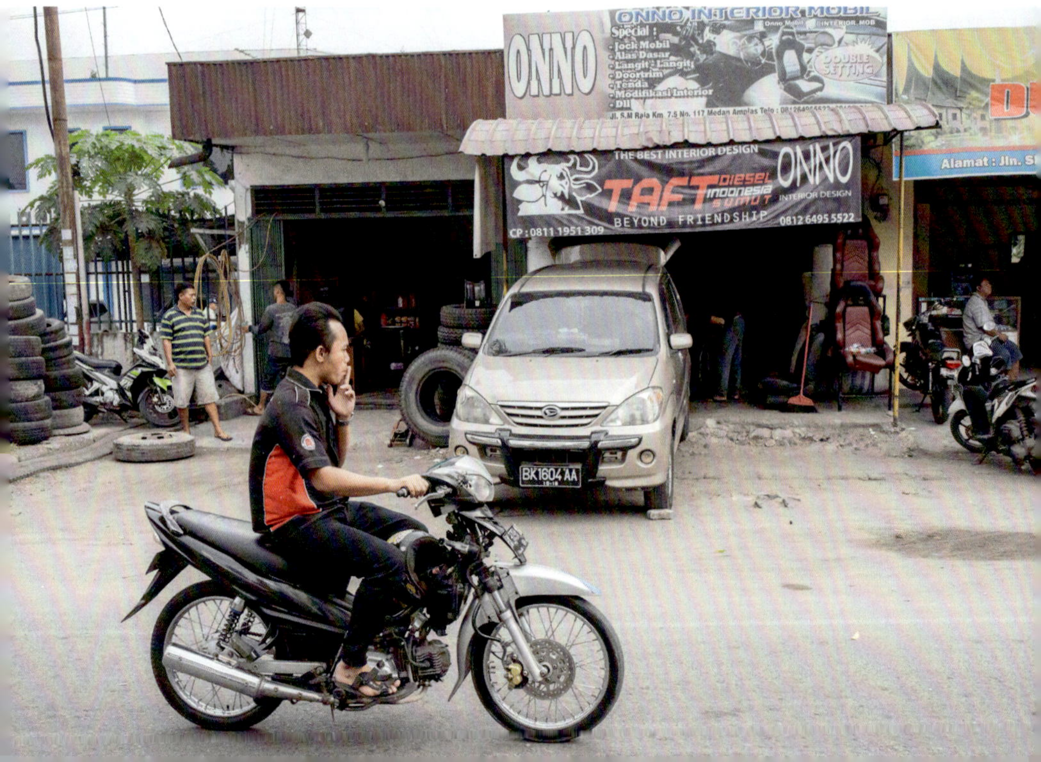
ONNO INTERIOR MOBIL
ONNO
Special :
- Jock Mobil
- Alas Dasar
- Langit - Langit
- Doortrim
- Tenda
- Modifikasi Interior
DOUBLE SETTING
THE BEST INTERIOR DESIGN
TAFT diesel indonesia sumut
ONNO
INTERIOR DESIGN
BEYOND FRIENDSHIP
CP : 0811 1951 309
0812 6495 5522
BK 1604 AA

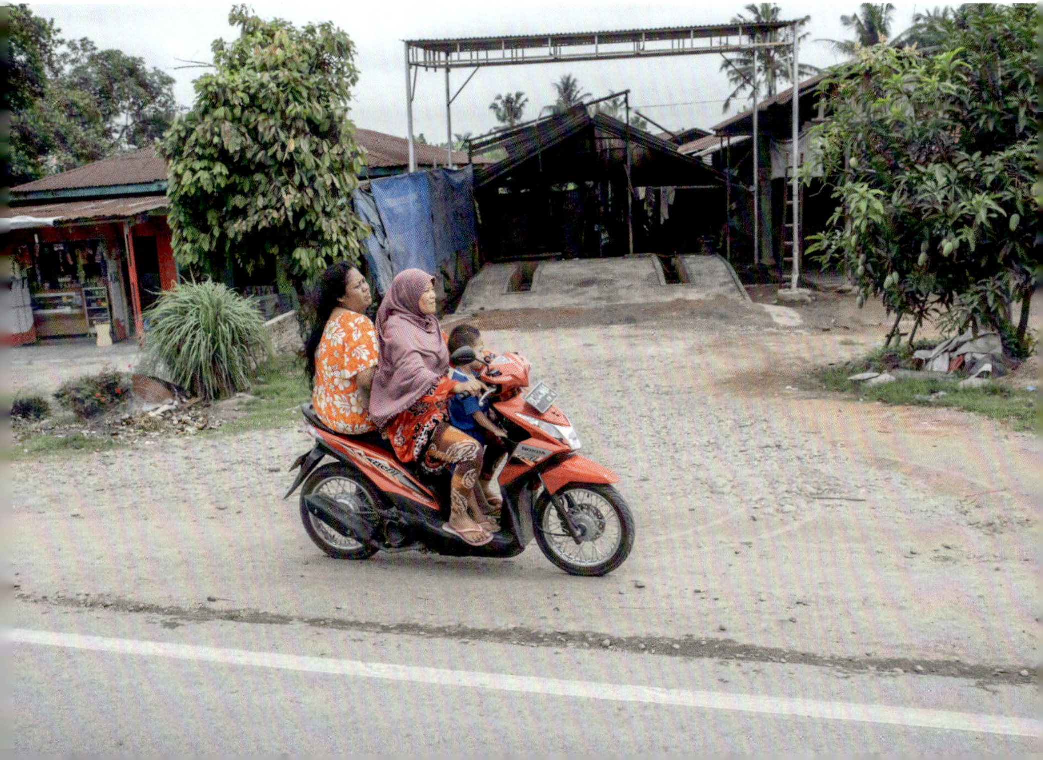

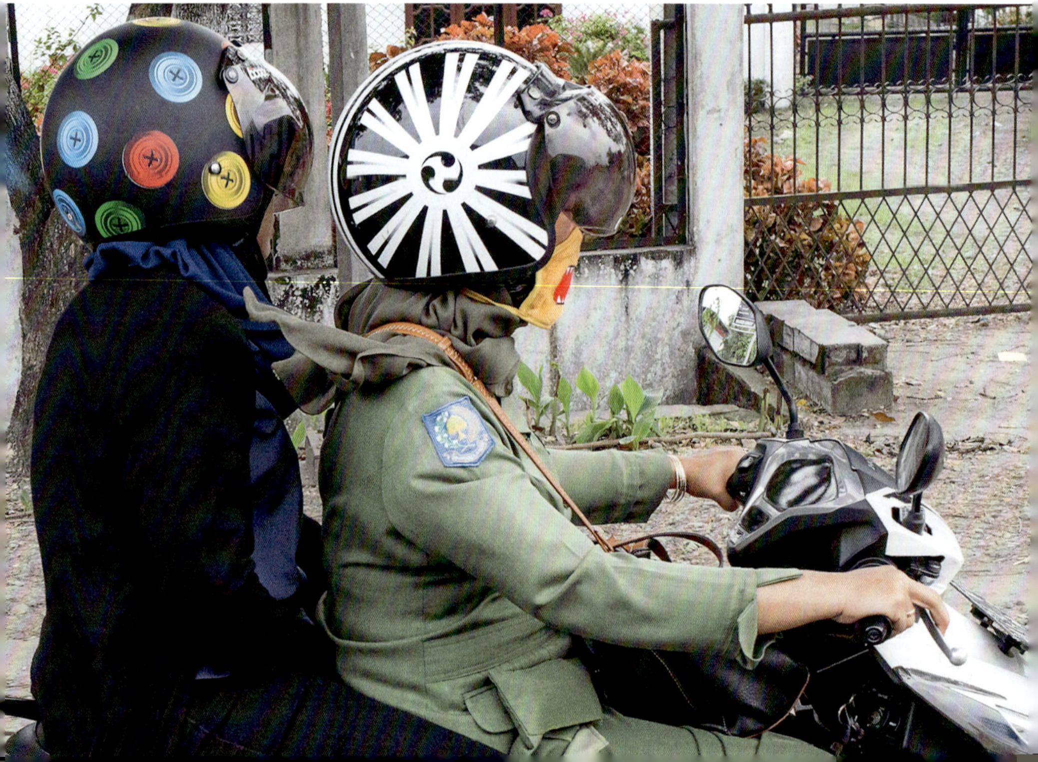

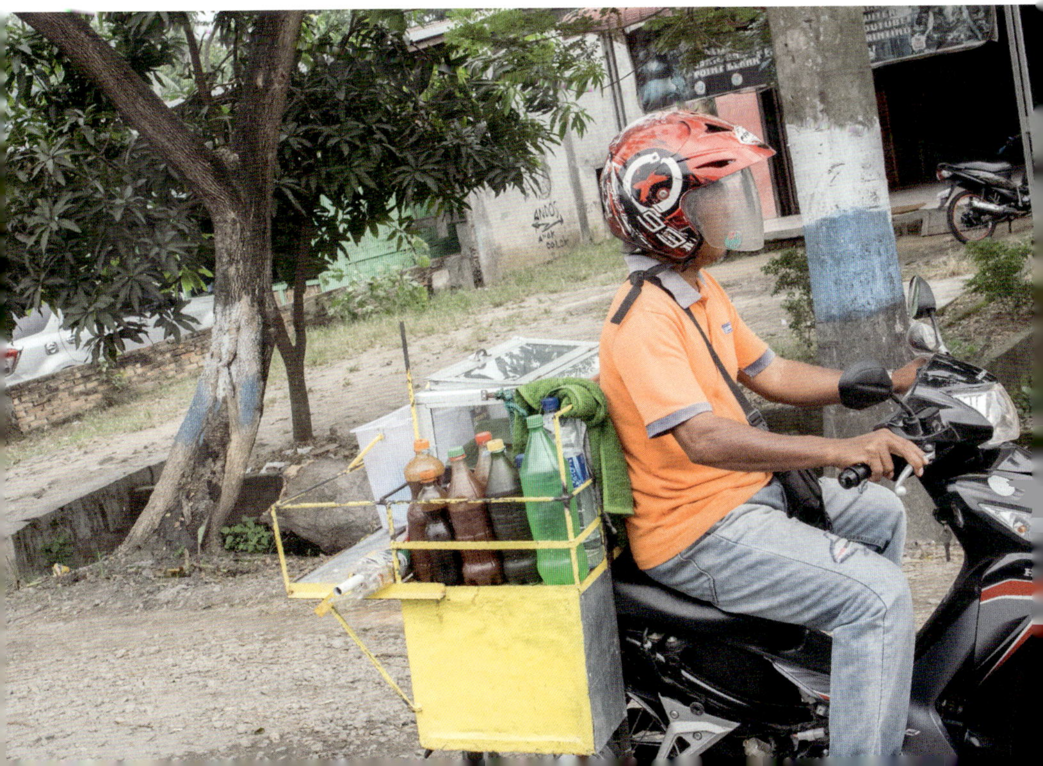

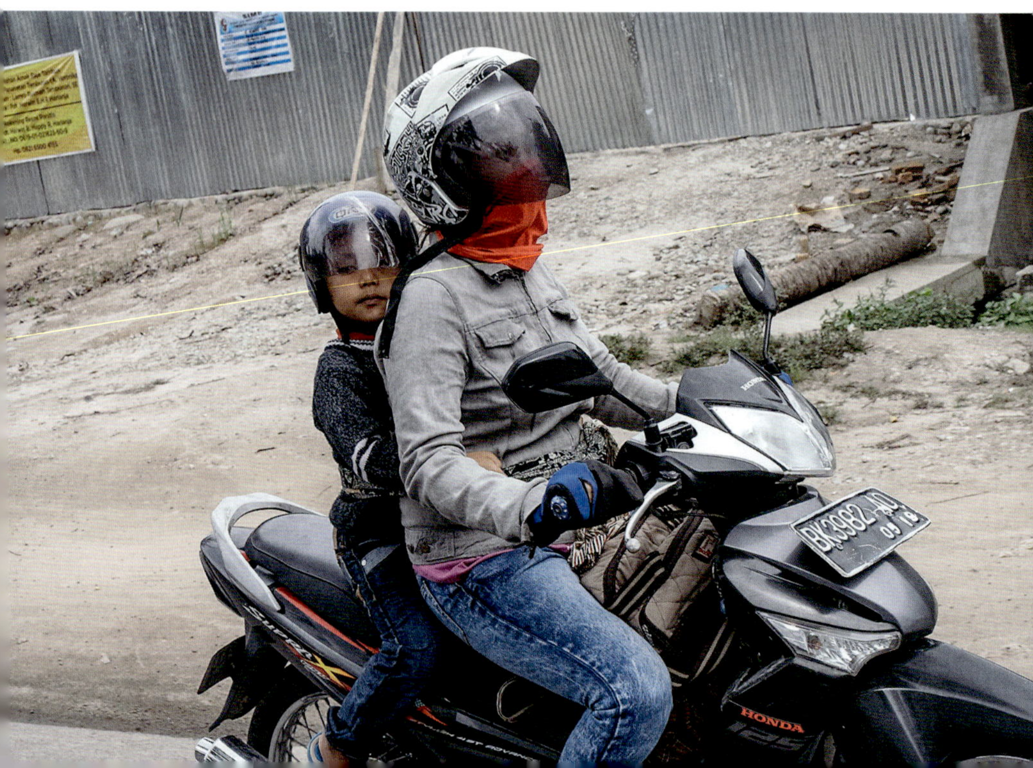
HONDA

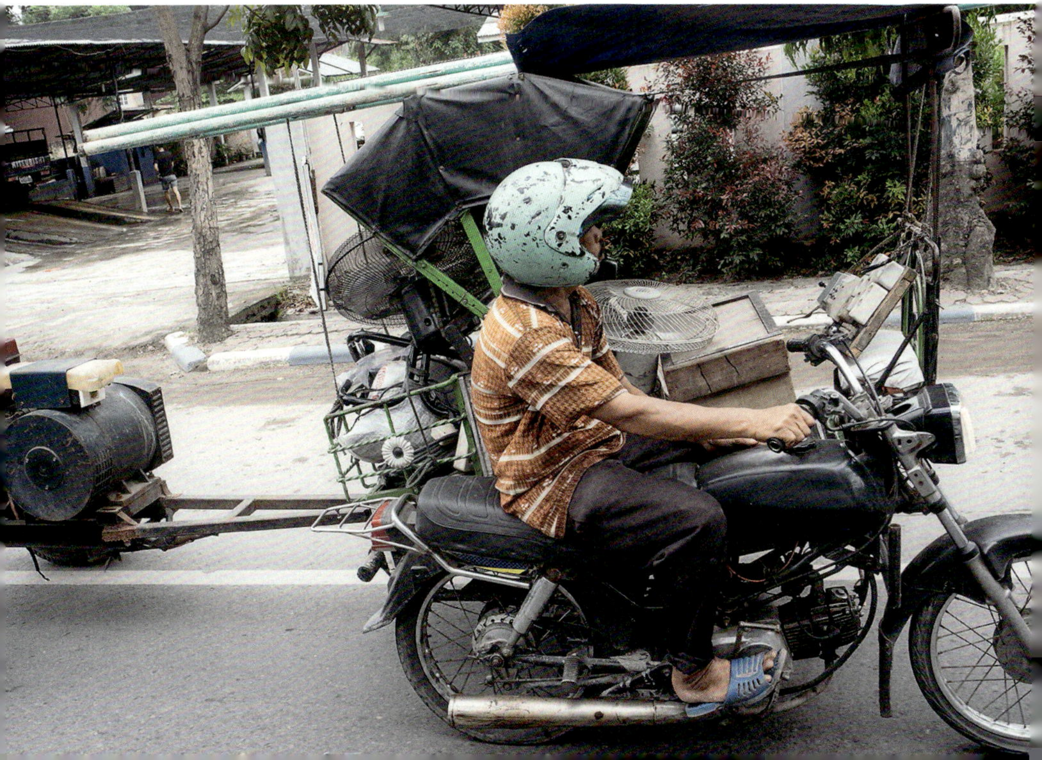

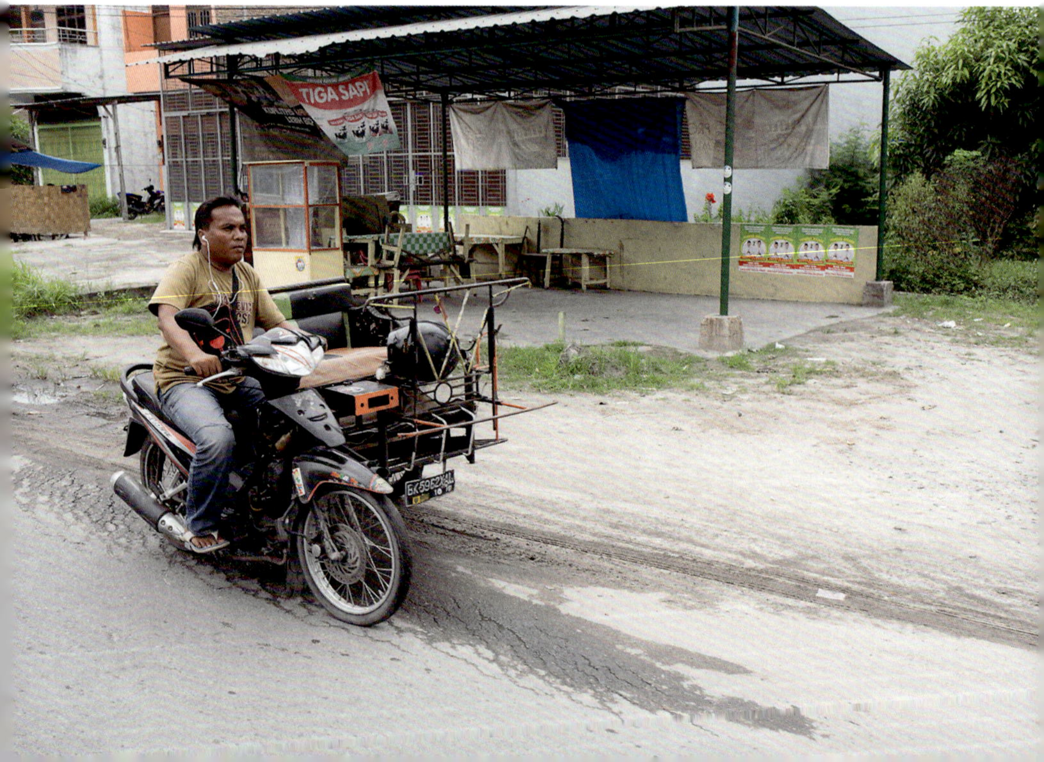
TIGA SAPI

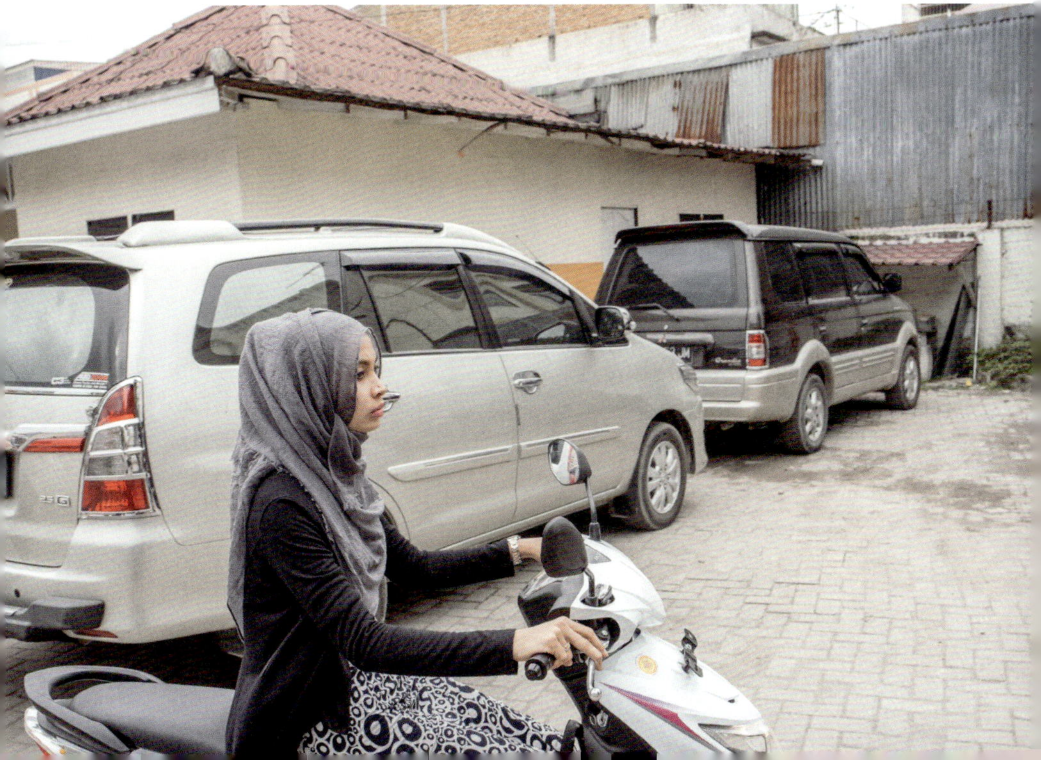

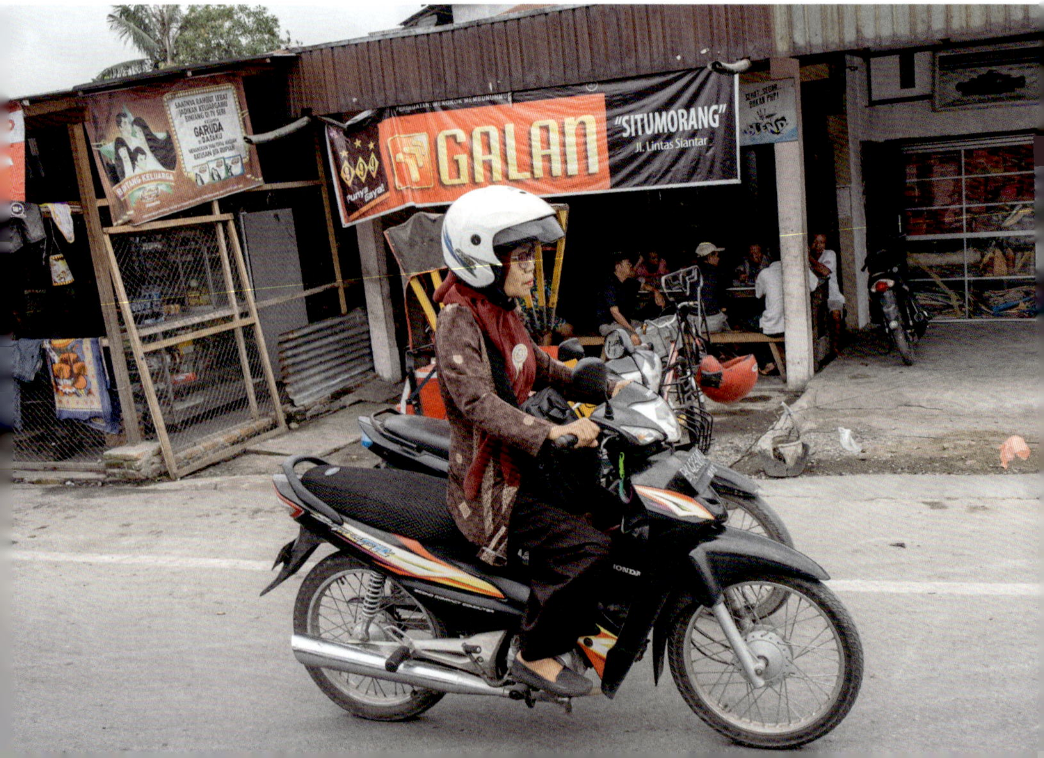
GALAN
"SITUMORANG"
Jl. Lintas Siantar

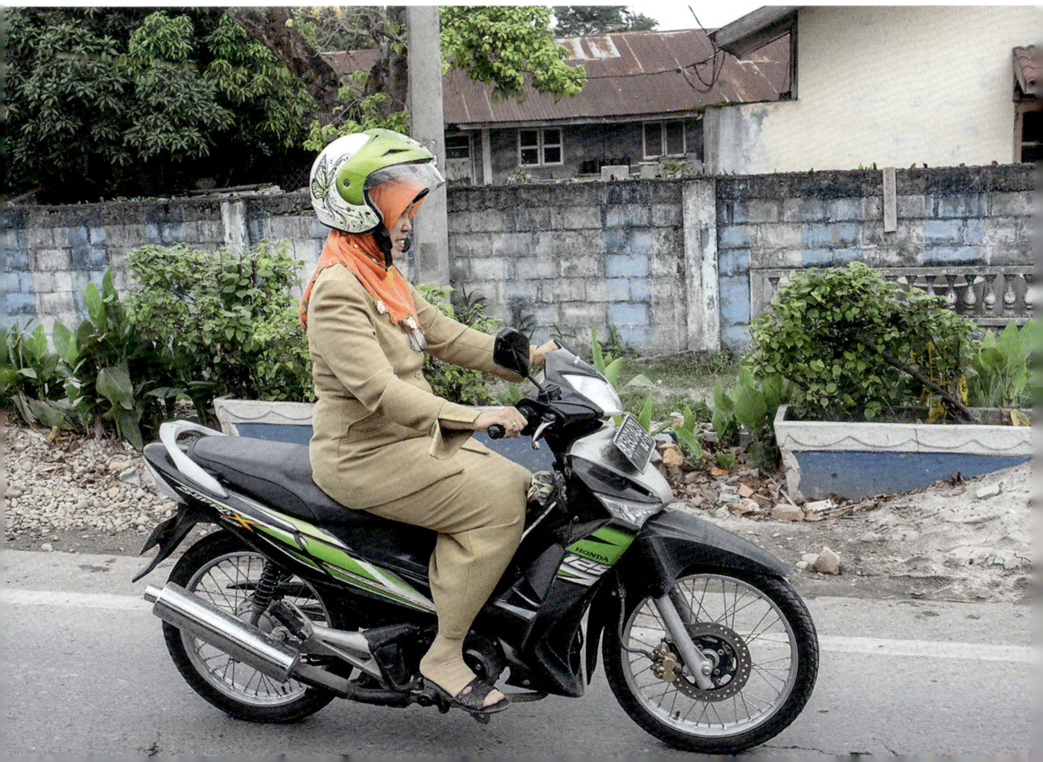
HONDA

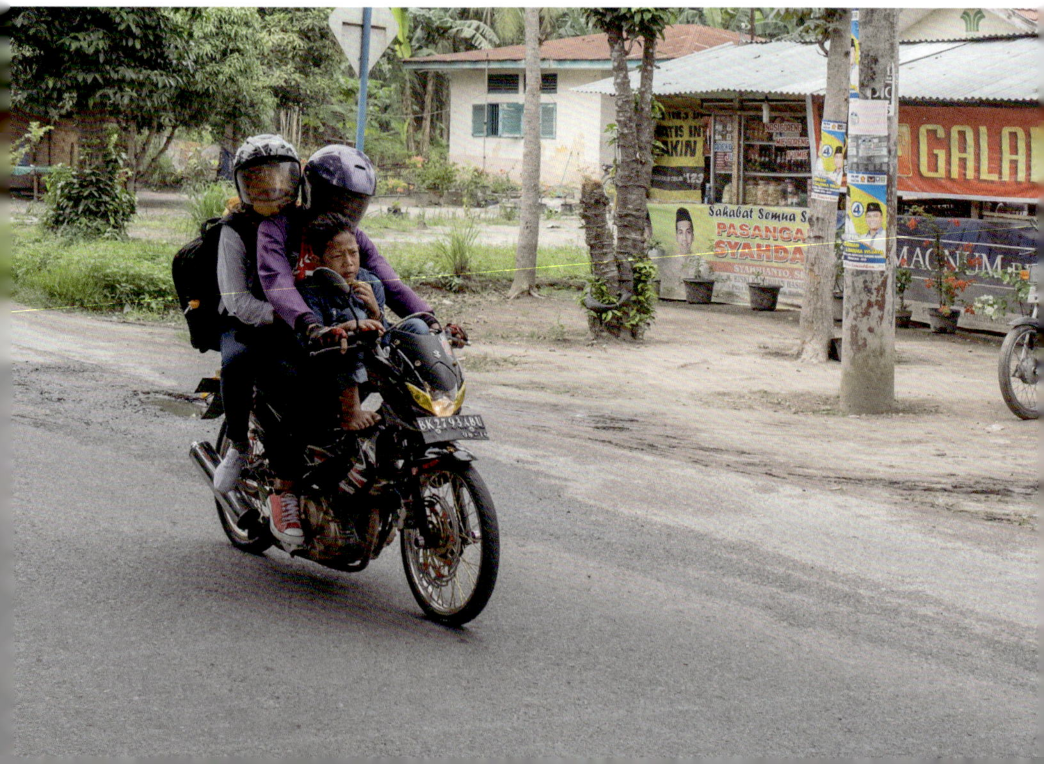
Sahabat Semua
PASANGA
SYAHDA
GALA
MAGNUM

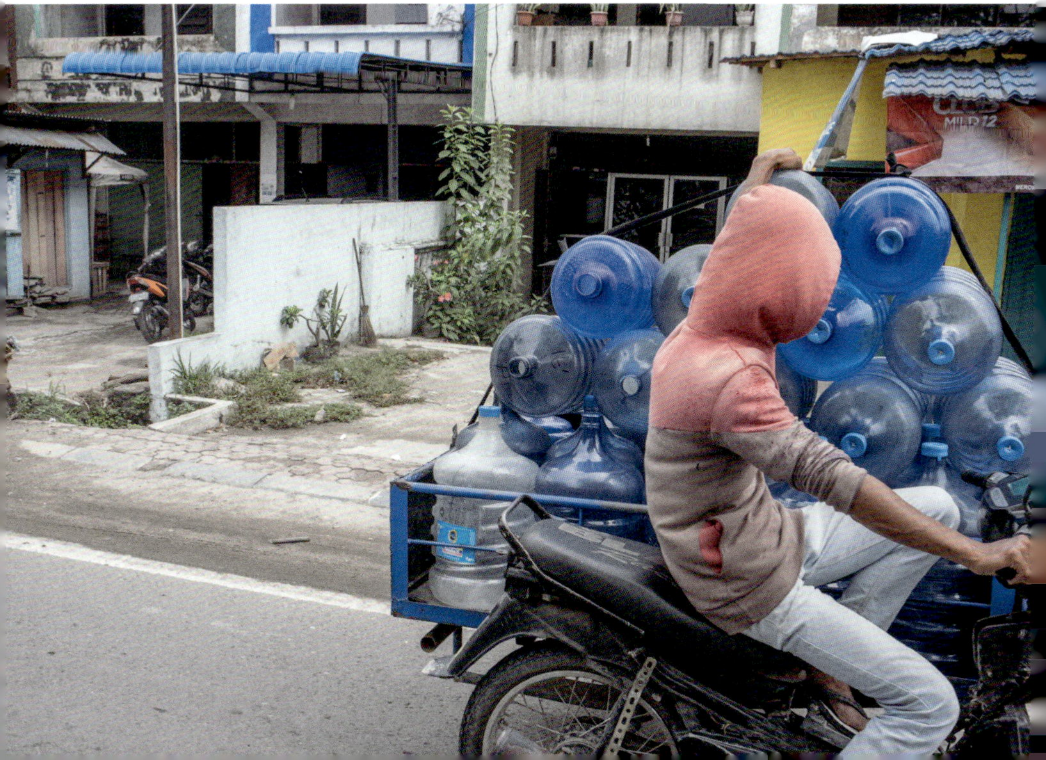
MILD 12

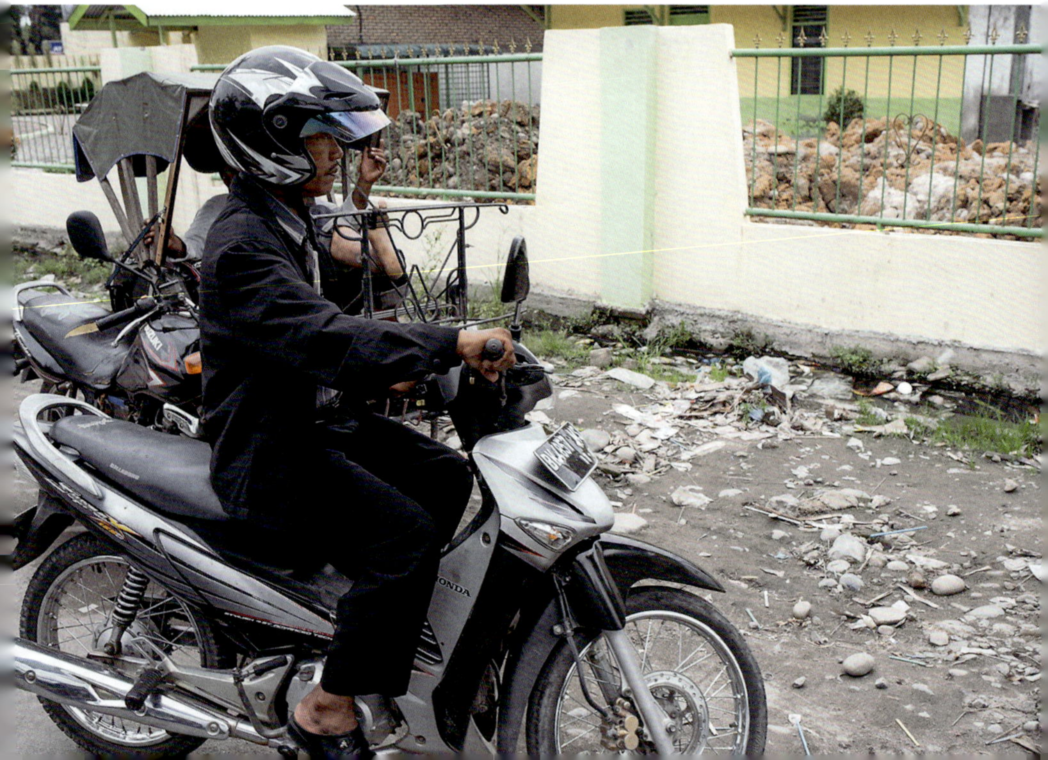
HONDA

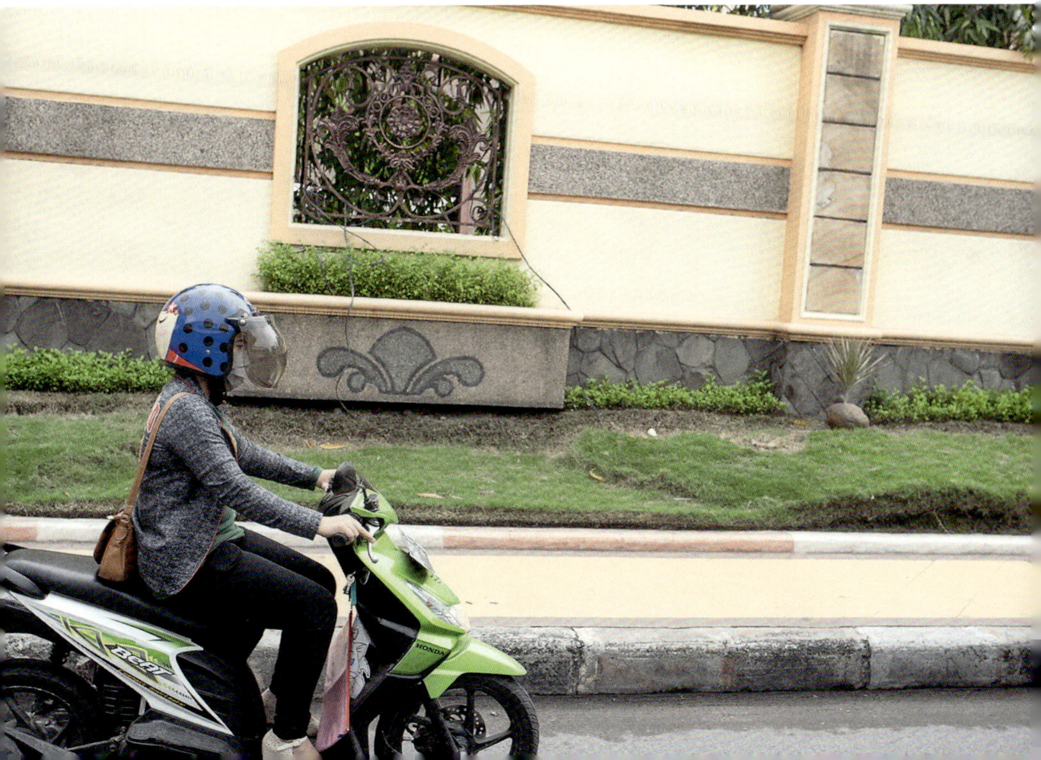

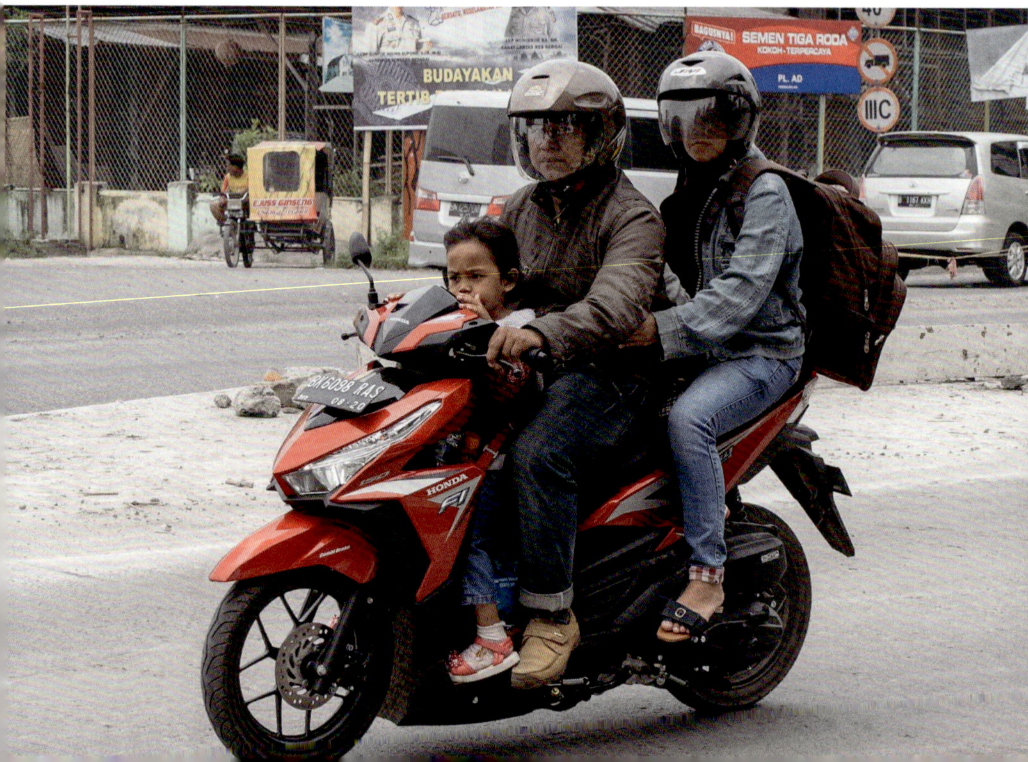
BUDAYAKAN
TERTIB
BAGUSNYA!
SEMEN TIGA RODA
KOKOH • TERPERCAYA
PL. AD
BK6098 RAS
08·20
HONDA

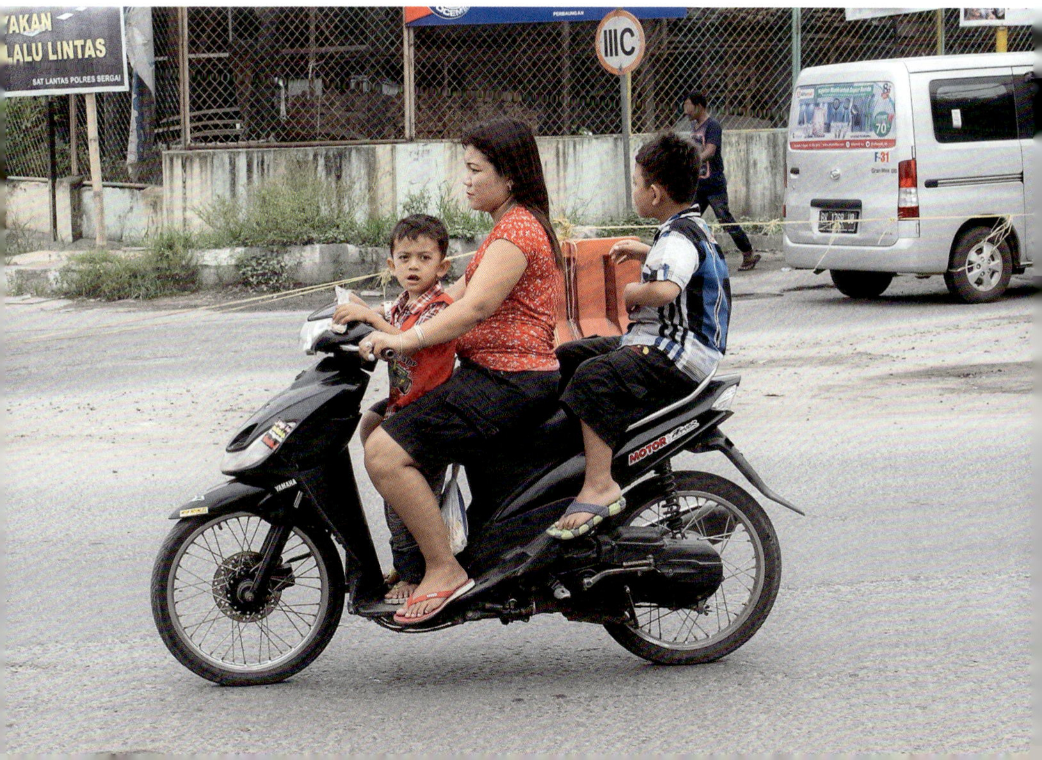
LALU LINTAS
SAT LANTAS POLRES SERGAI
F-31
MOTOR
YAMAHA

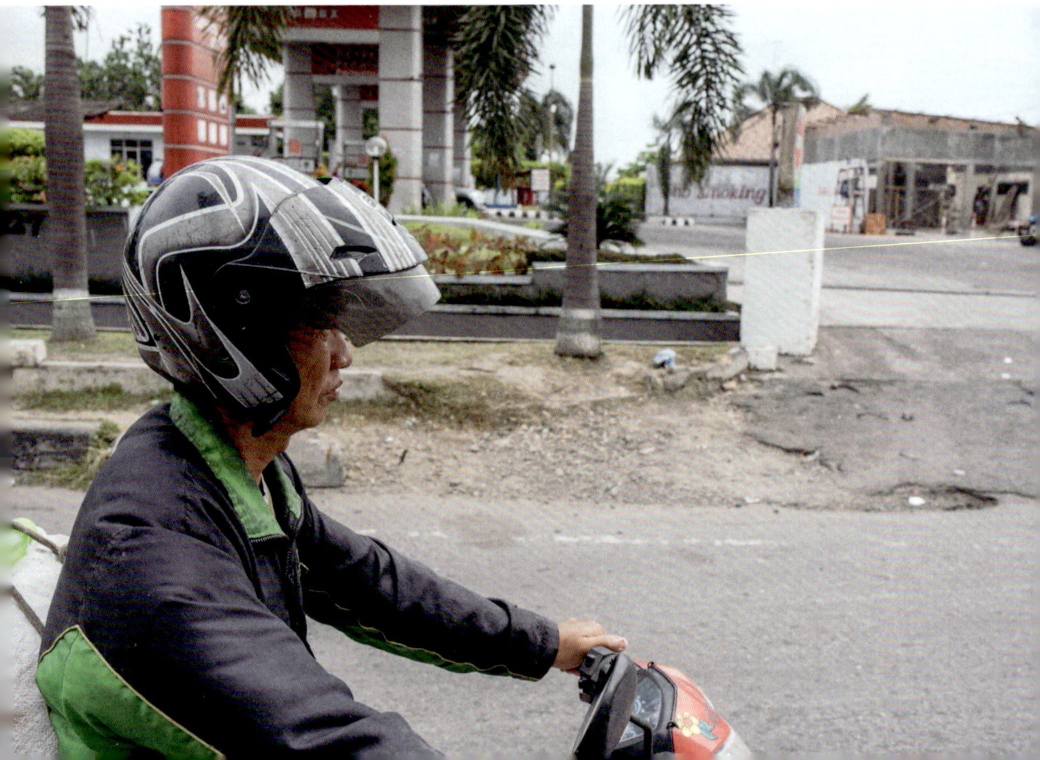

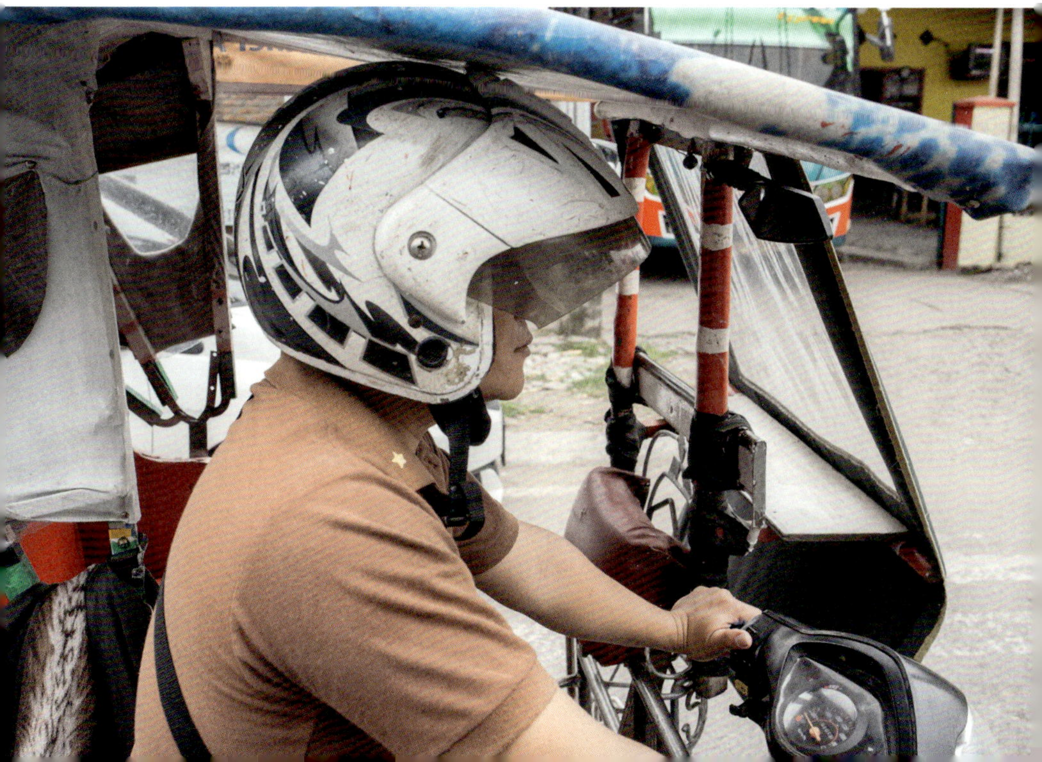

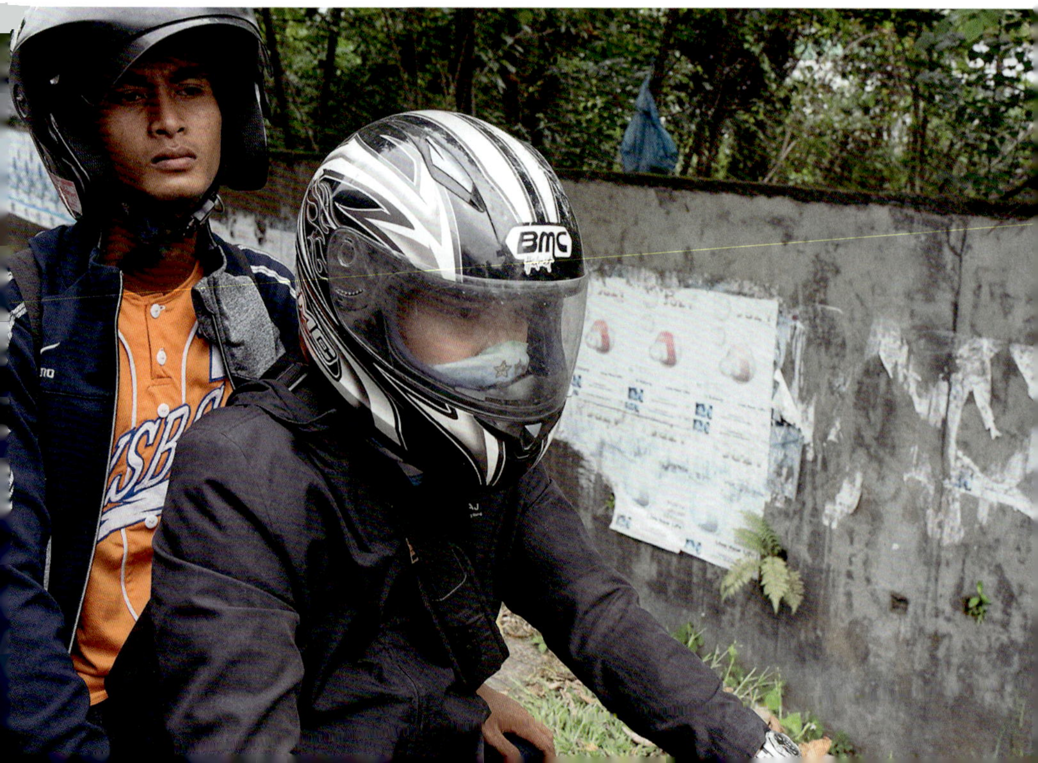
BMC

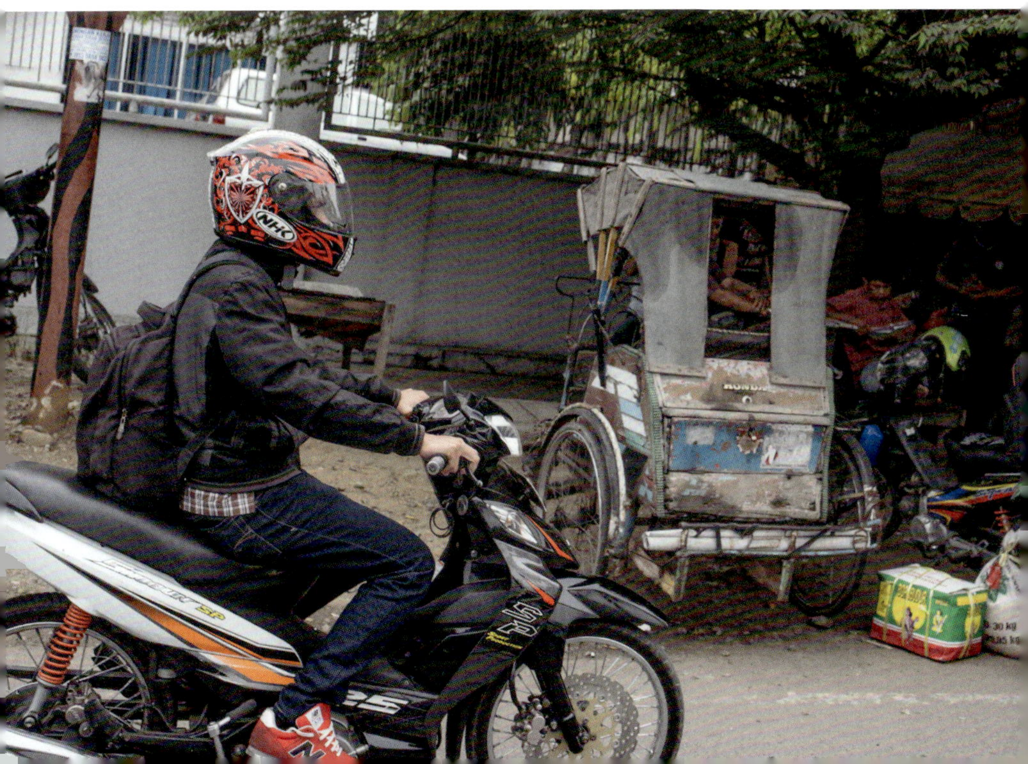
NHK

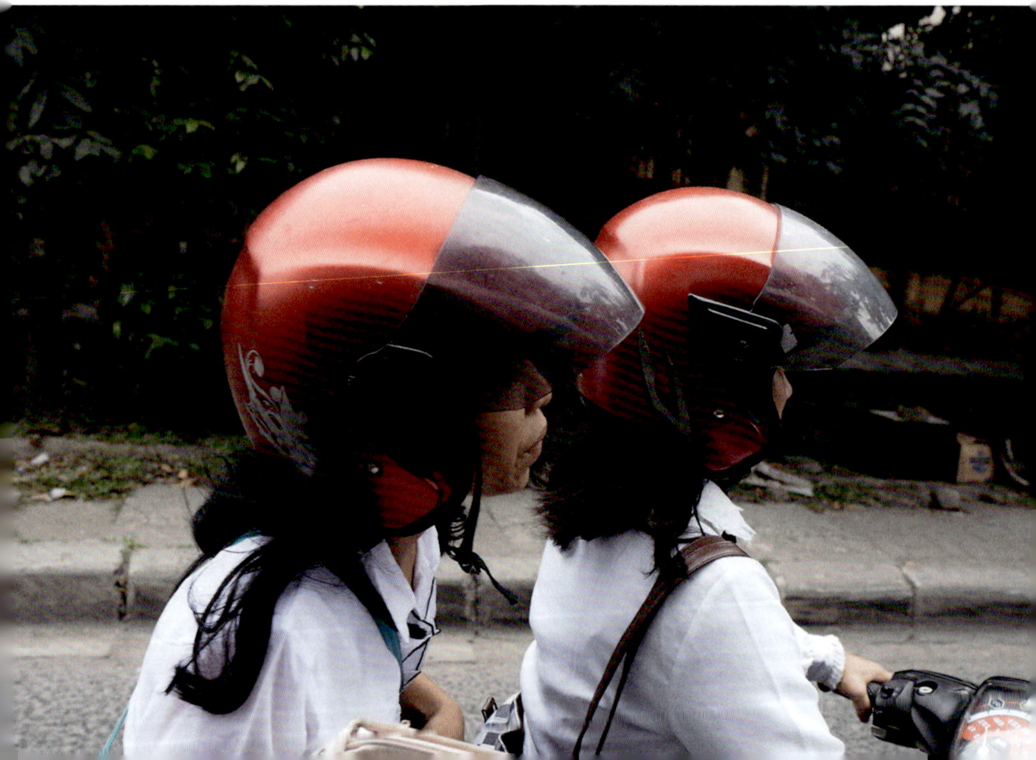

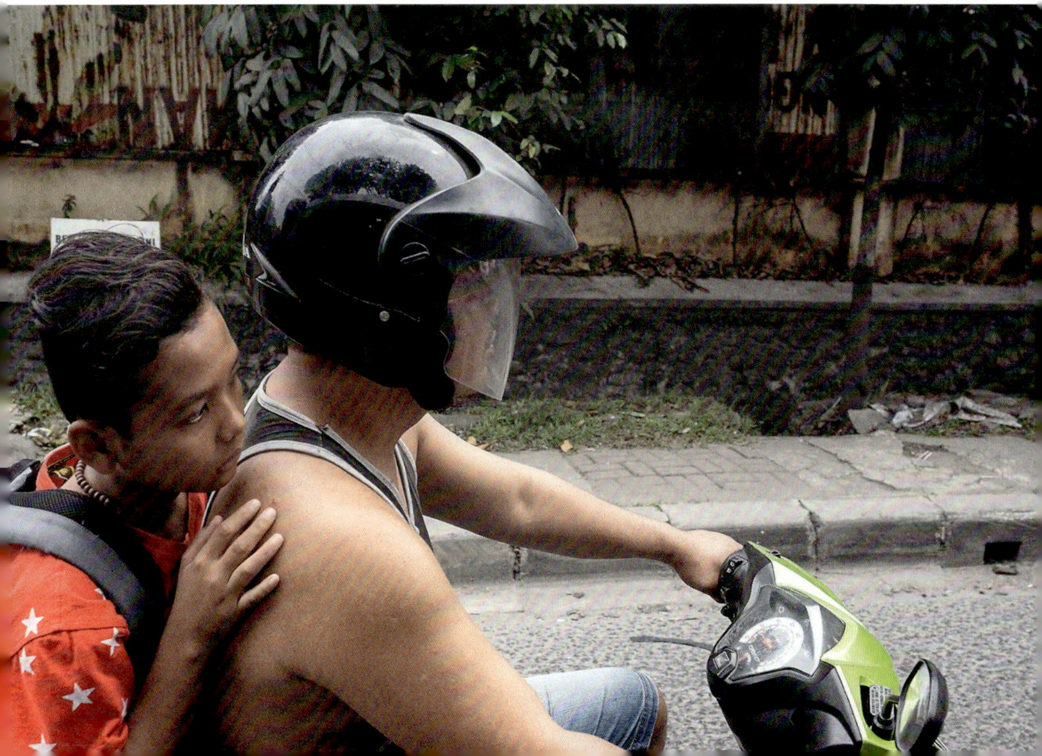

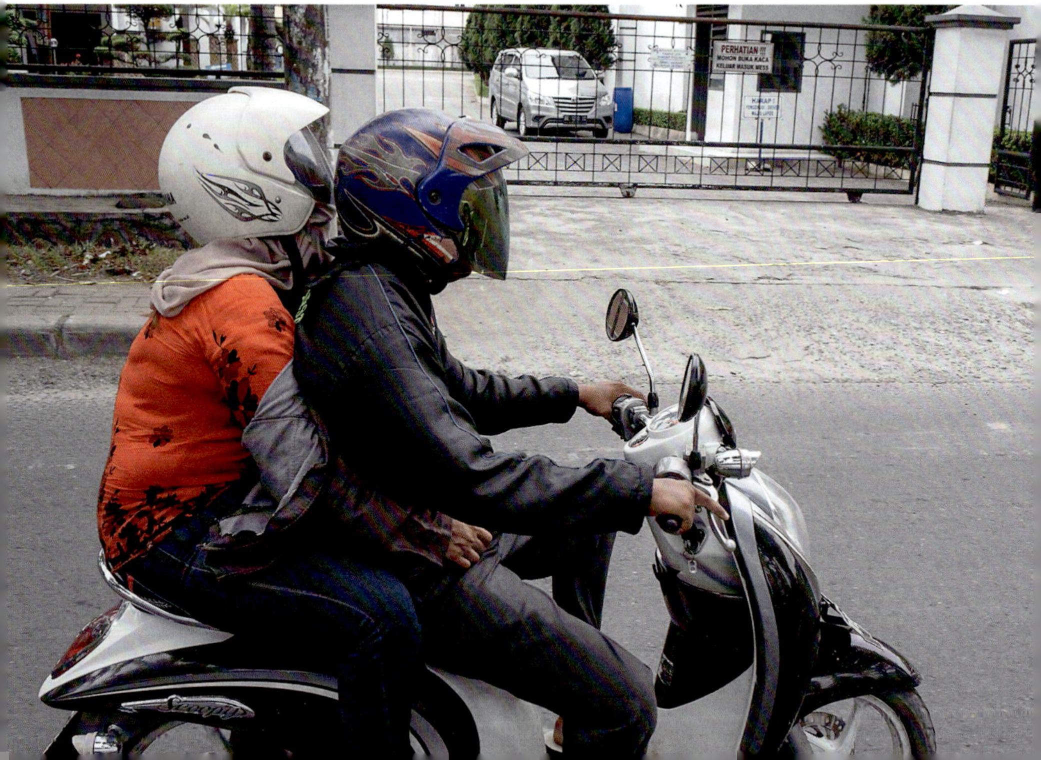
PERHATIAN !!!
MOHON BUKA KACA
KELUAR MASUK MESS

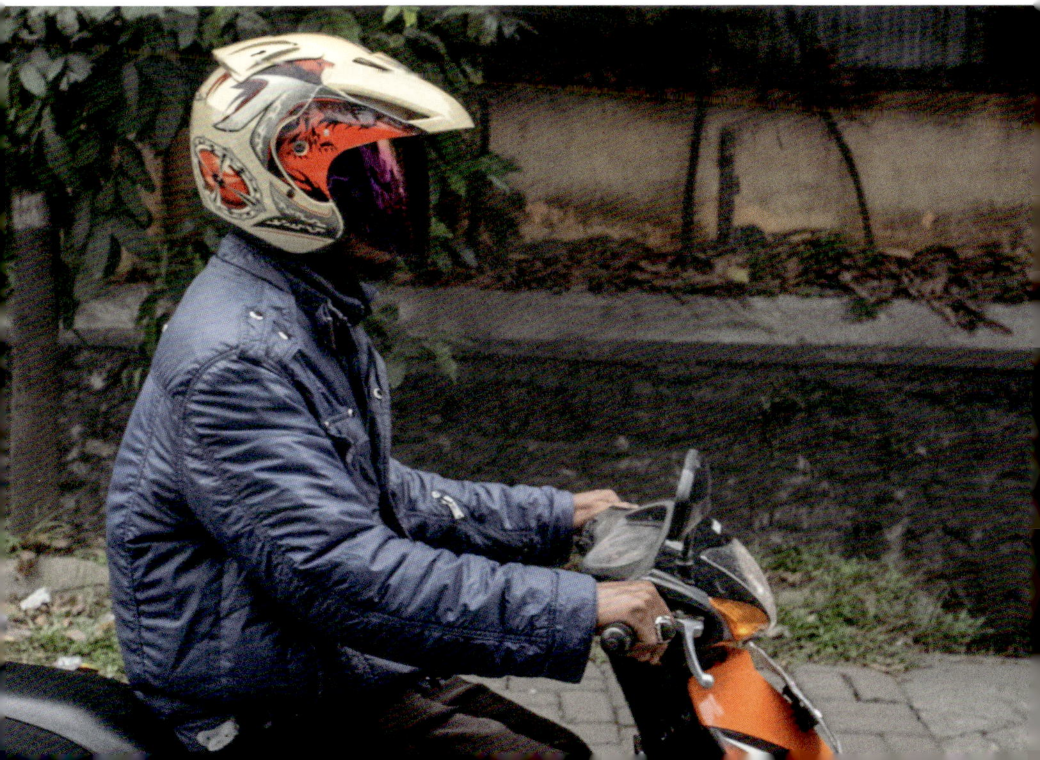

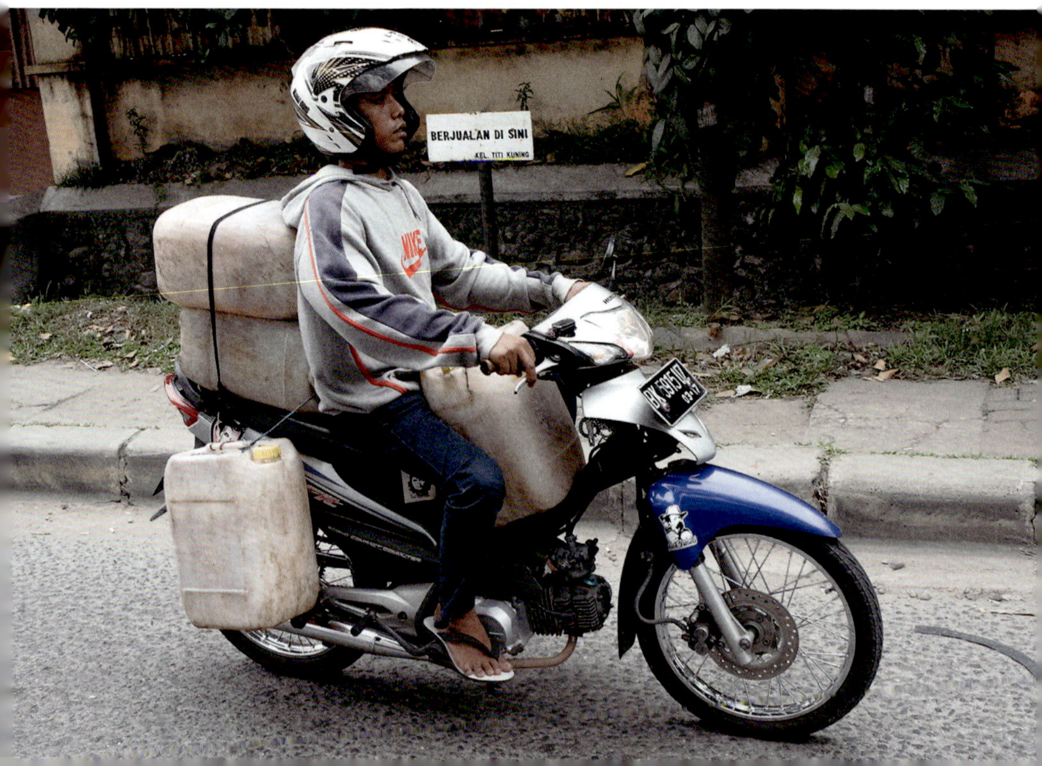
BERJUALAN DI SINI
KEL. TITI KUNING

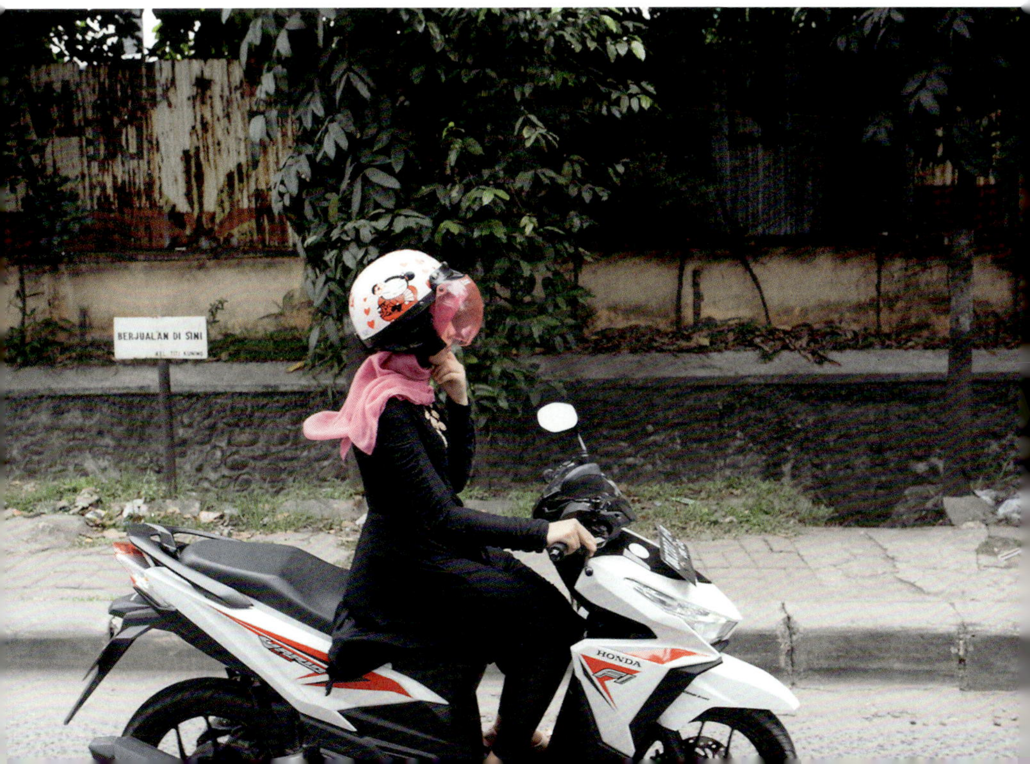
BERJUALAN DI SINI

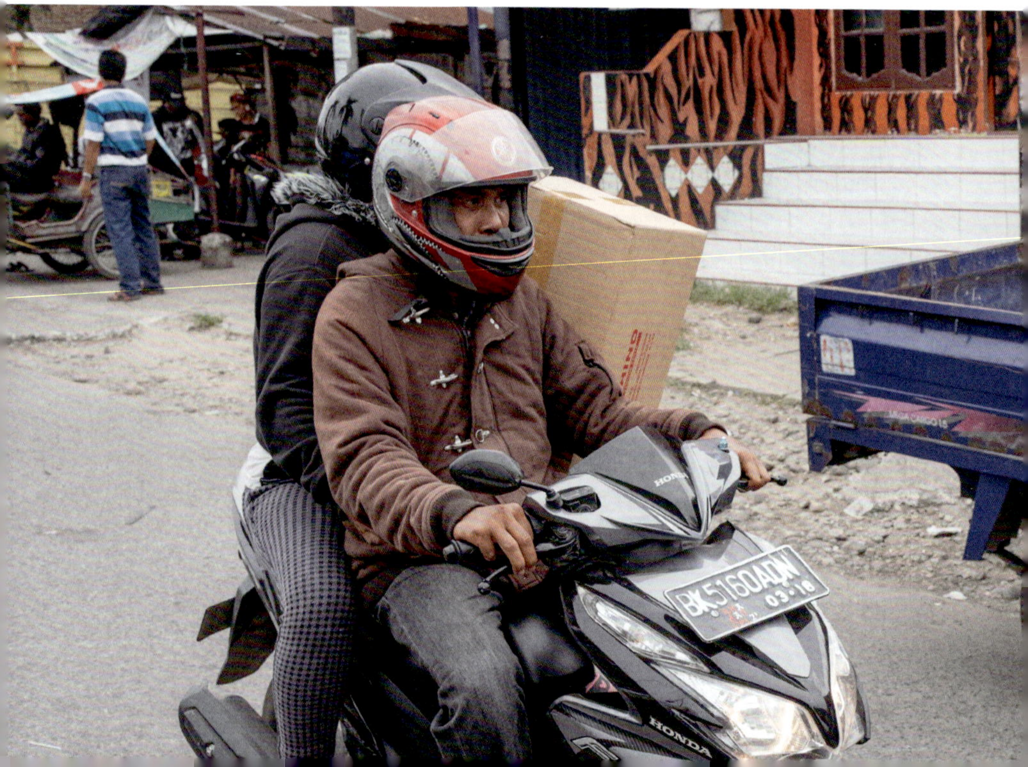
HONDA
BK5160ADN
03·18
HONDA

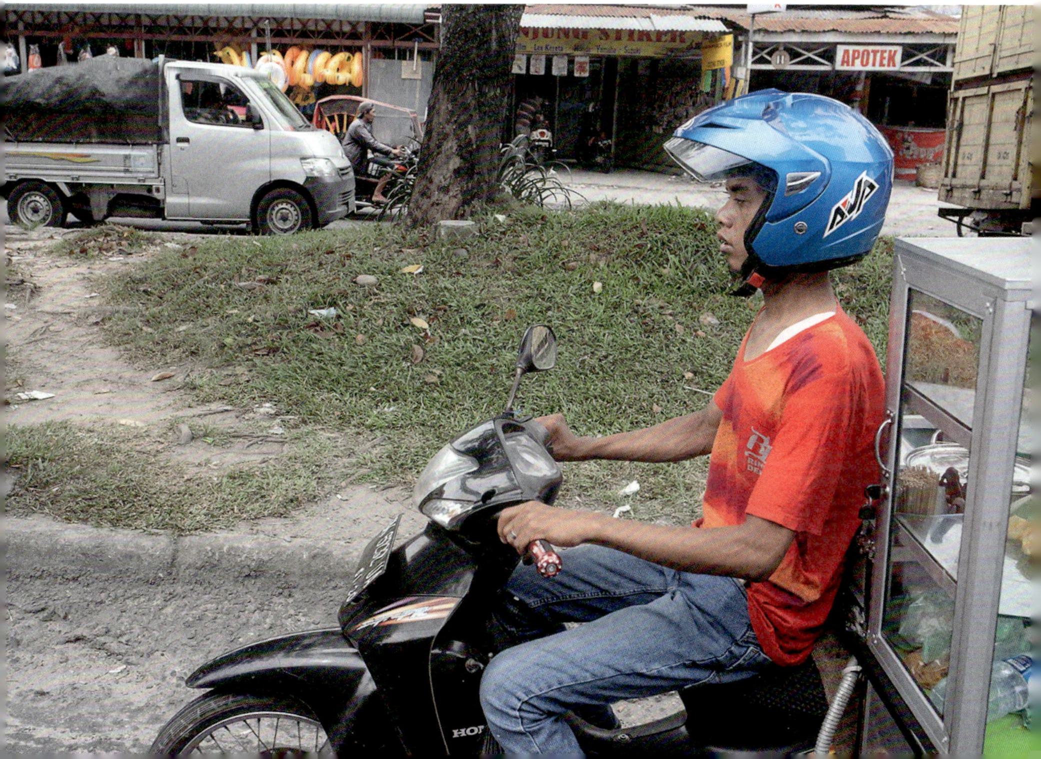
APOTEK

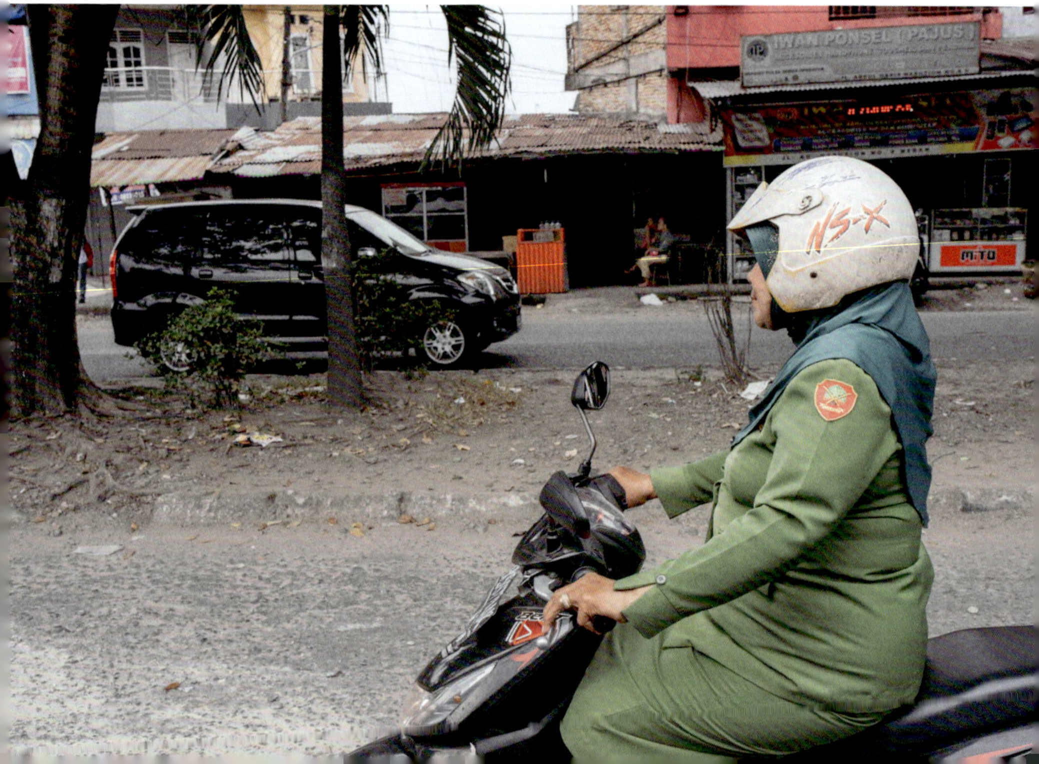
IWAN PONSEL (PAJUS)
NS-X
MITO

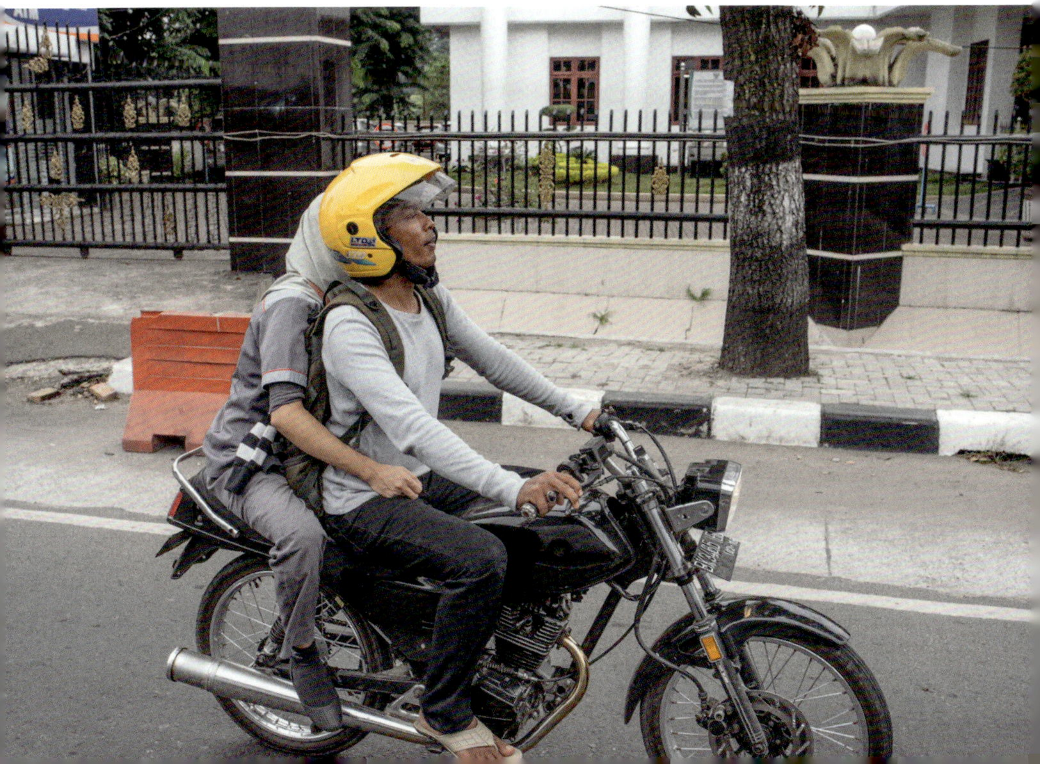

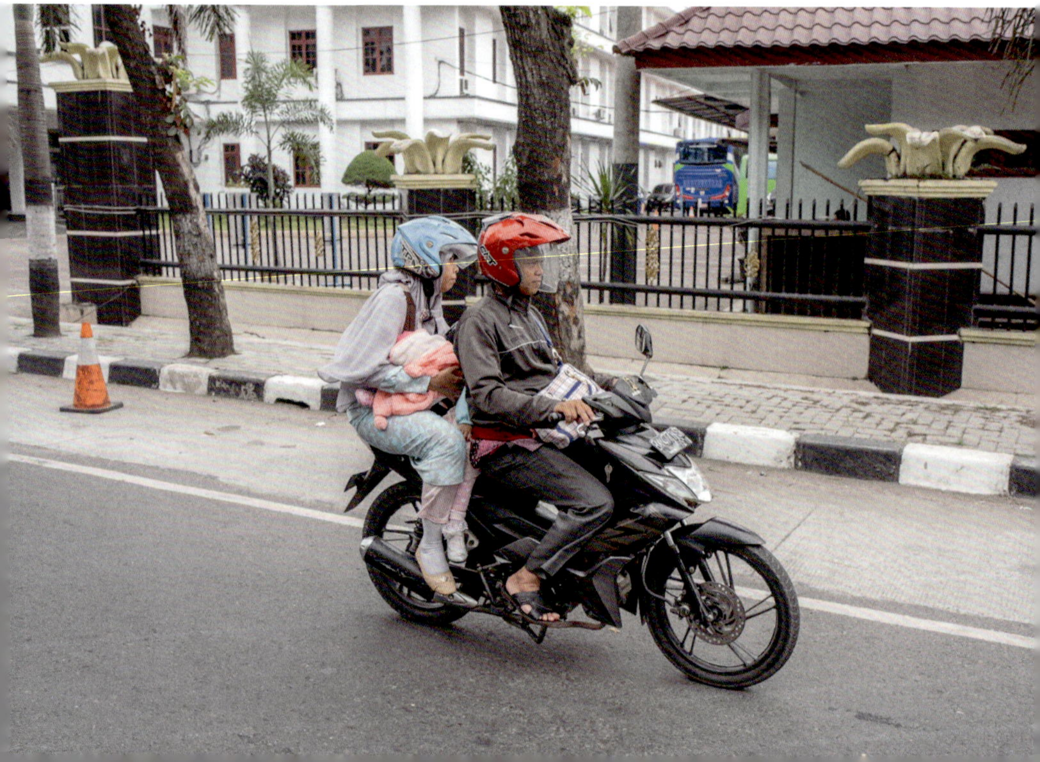

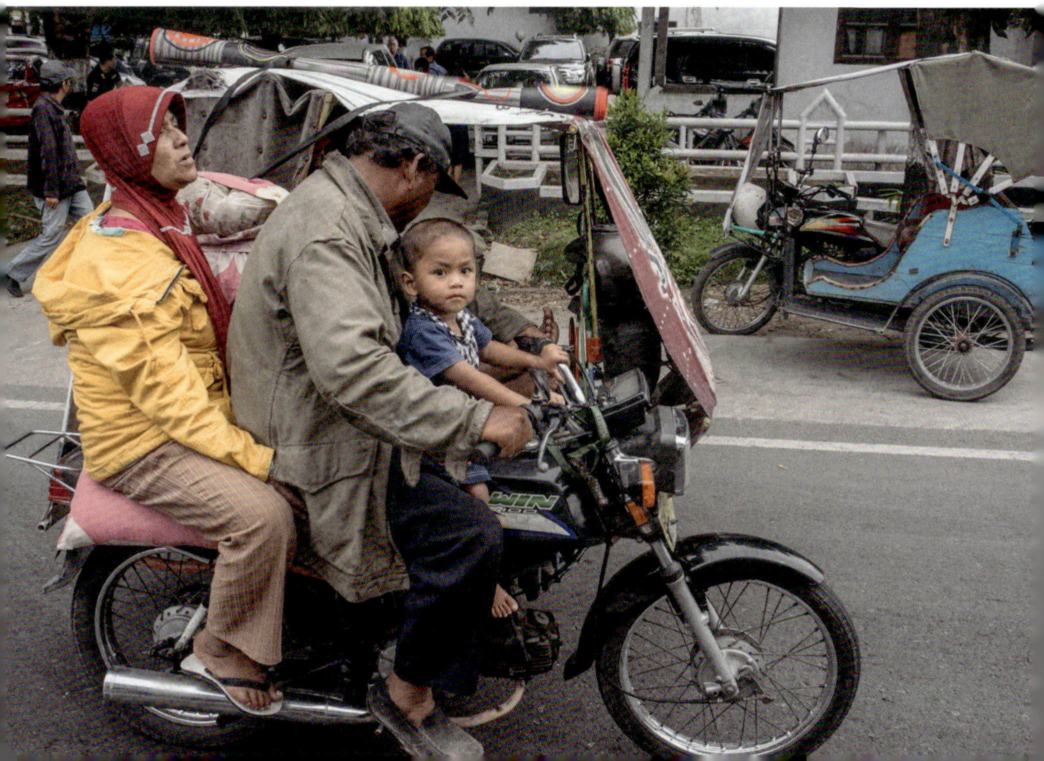
WIN

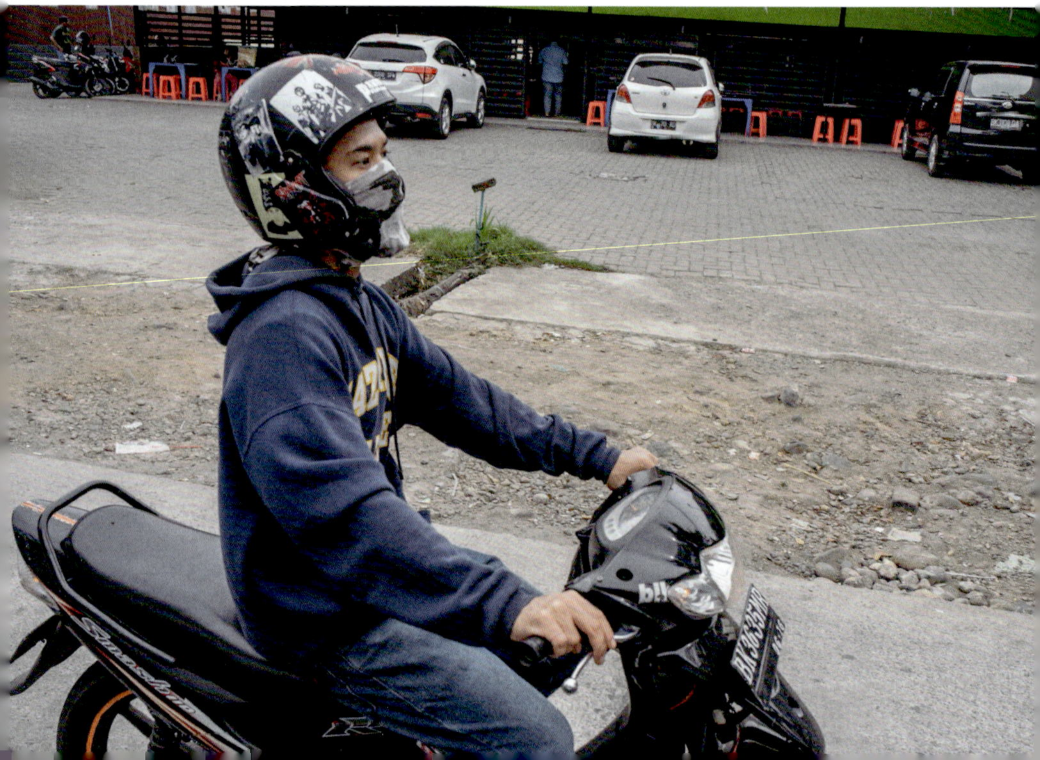

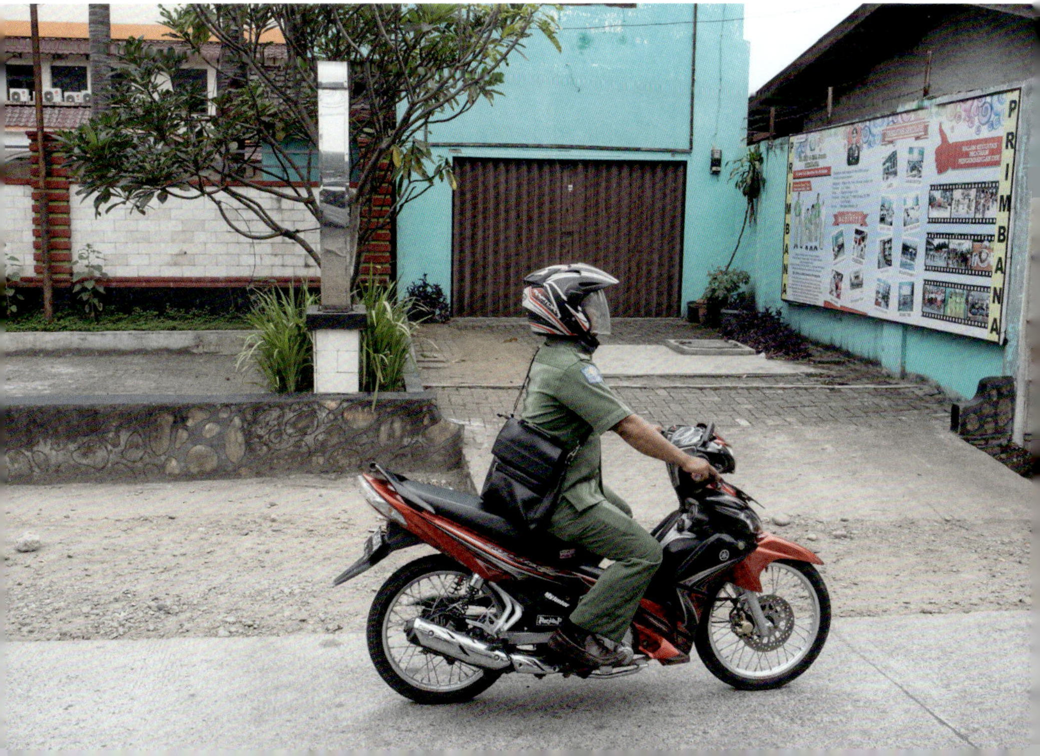
PRIMBANA
PRIMBANA

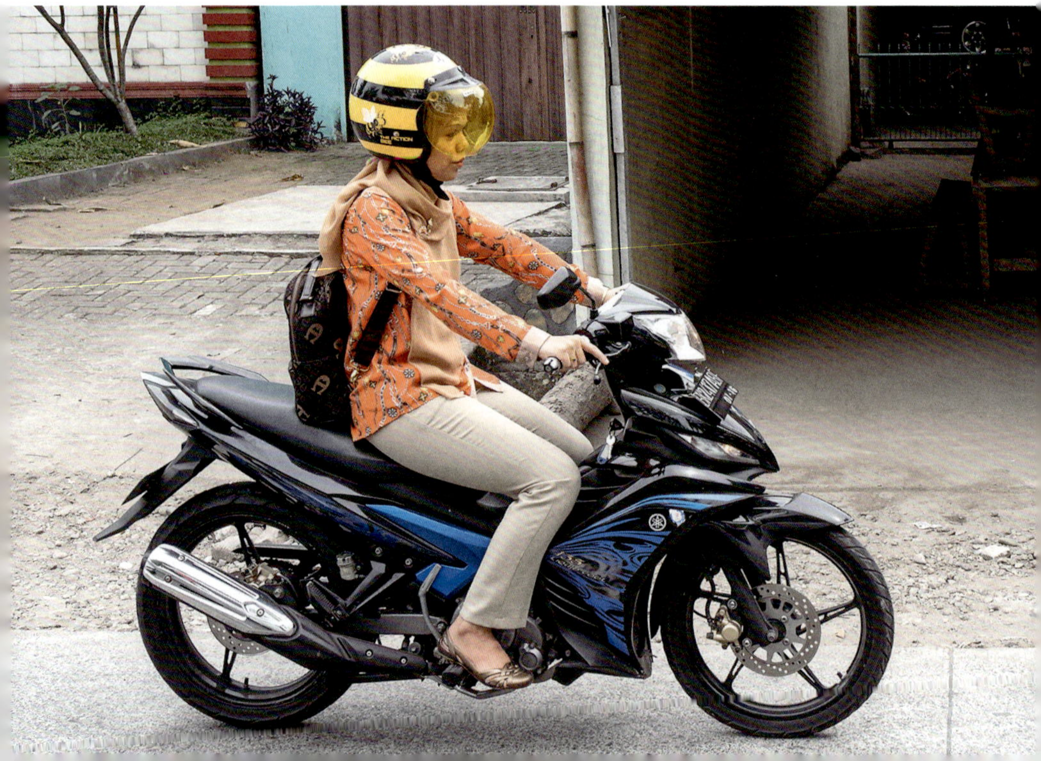

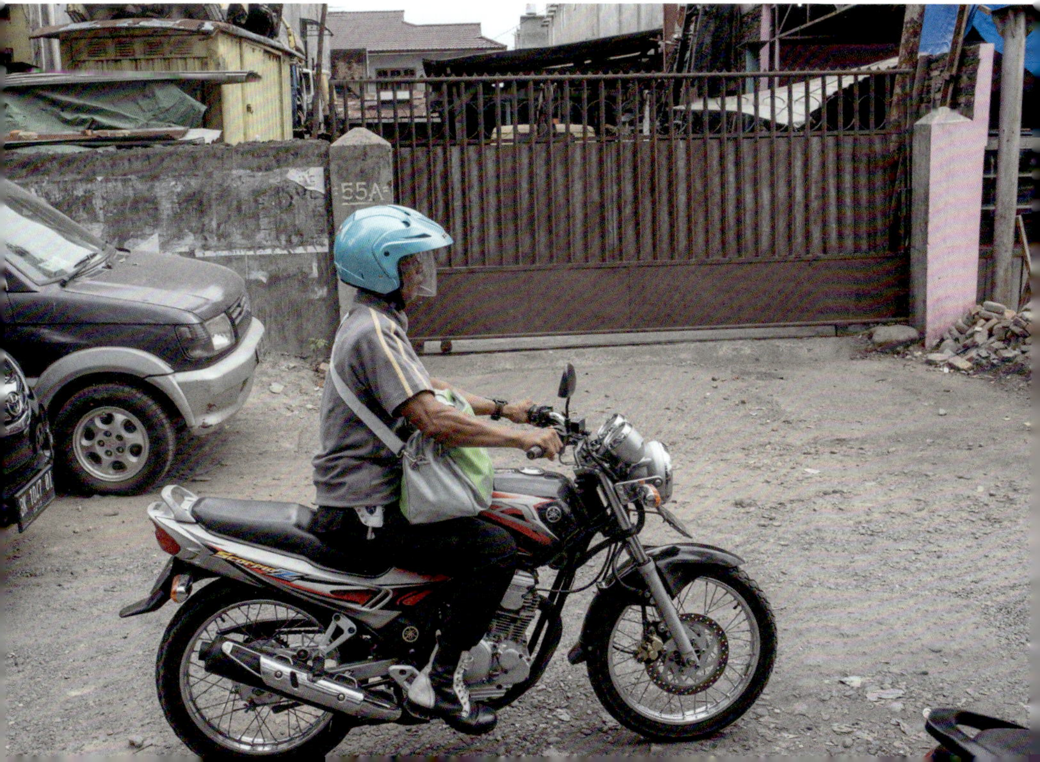
55A

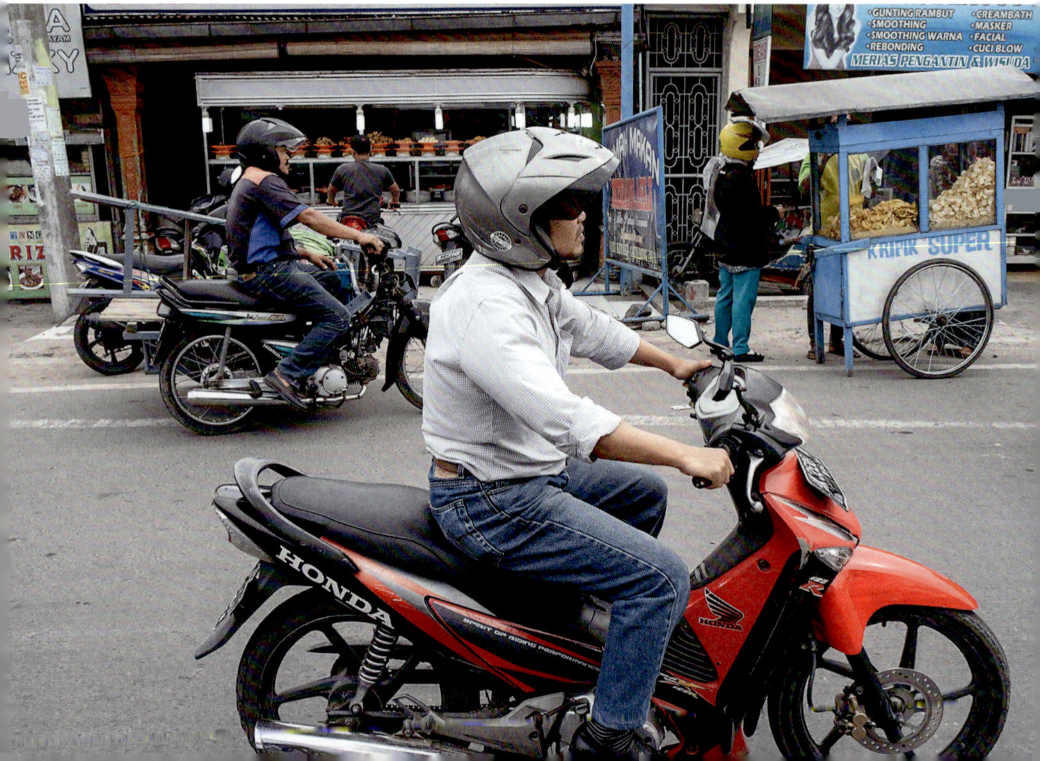

GUNTING RAMBUT
SMOOTHING
SMOOTHING WARNA
REBONDING
CREAMBATH
MASKER
FACIAL
CUCI BLOW
MERIAS PENGANTIN & WISUDA
KRIPIK SUPER
HONDA

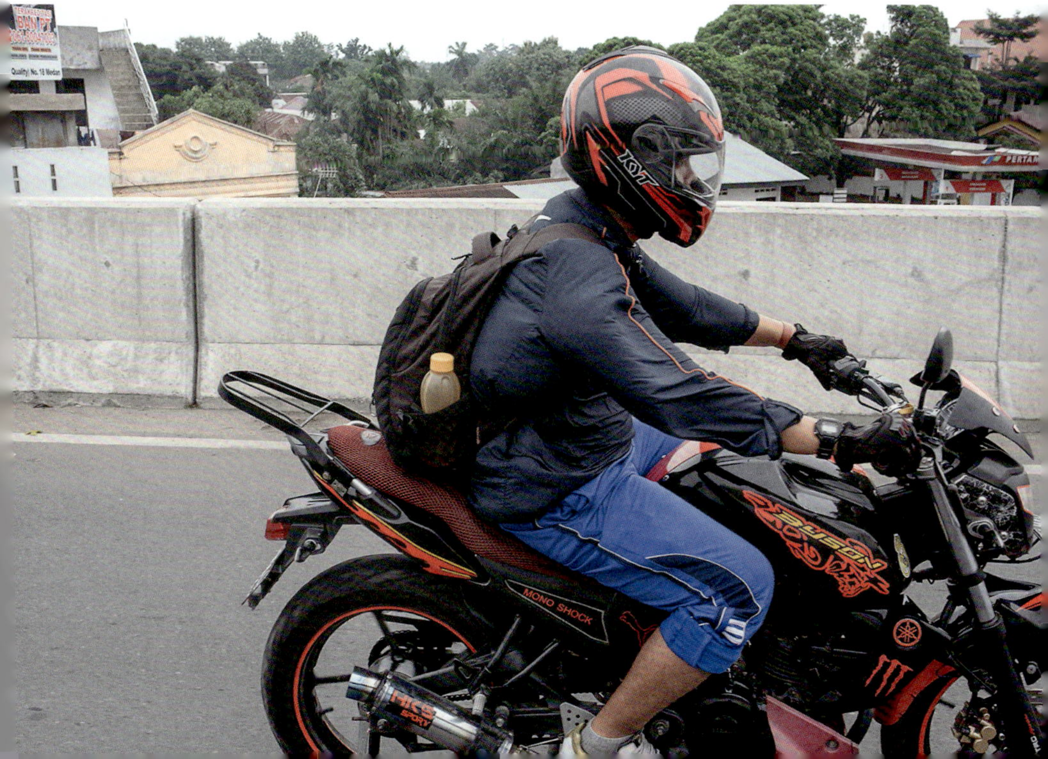
KYT
MONO SHOCK
BYSON

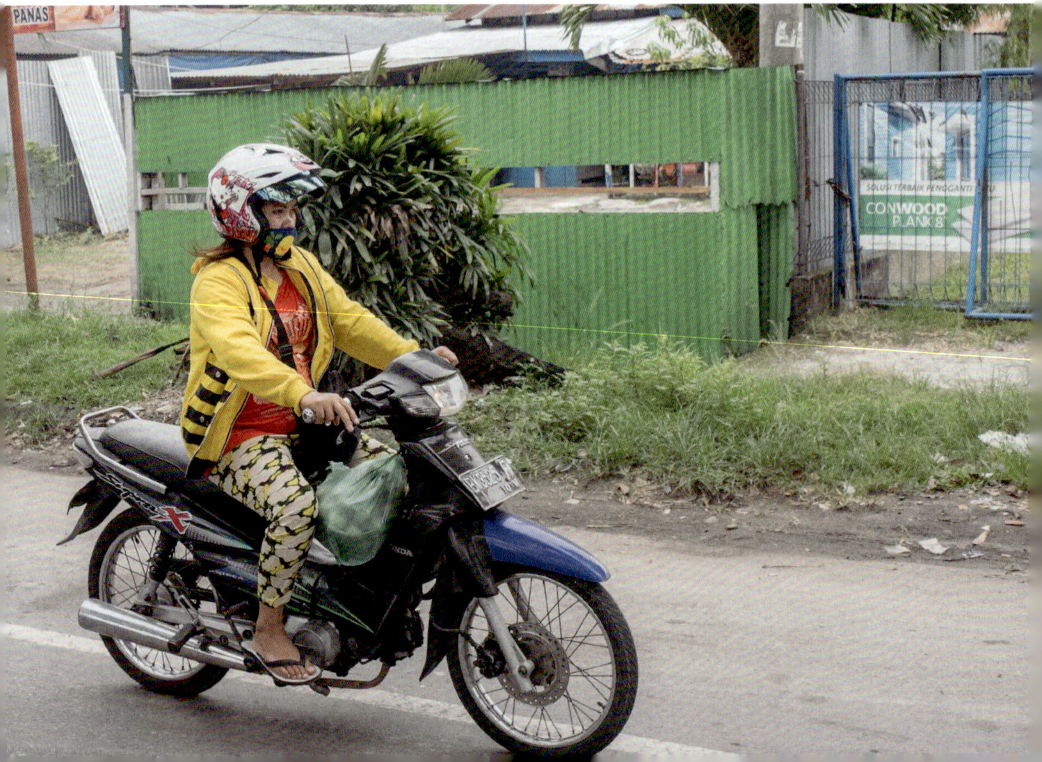
PANAS
SOLUSI TERBAIK PENGGANTI
CONWOOD
PLANK 8

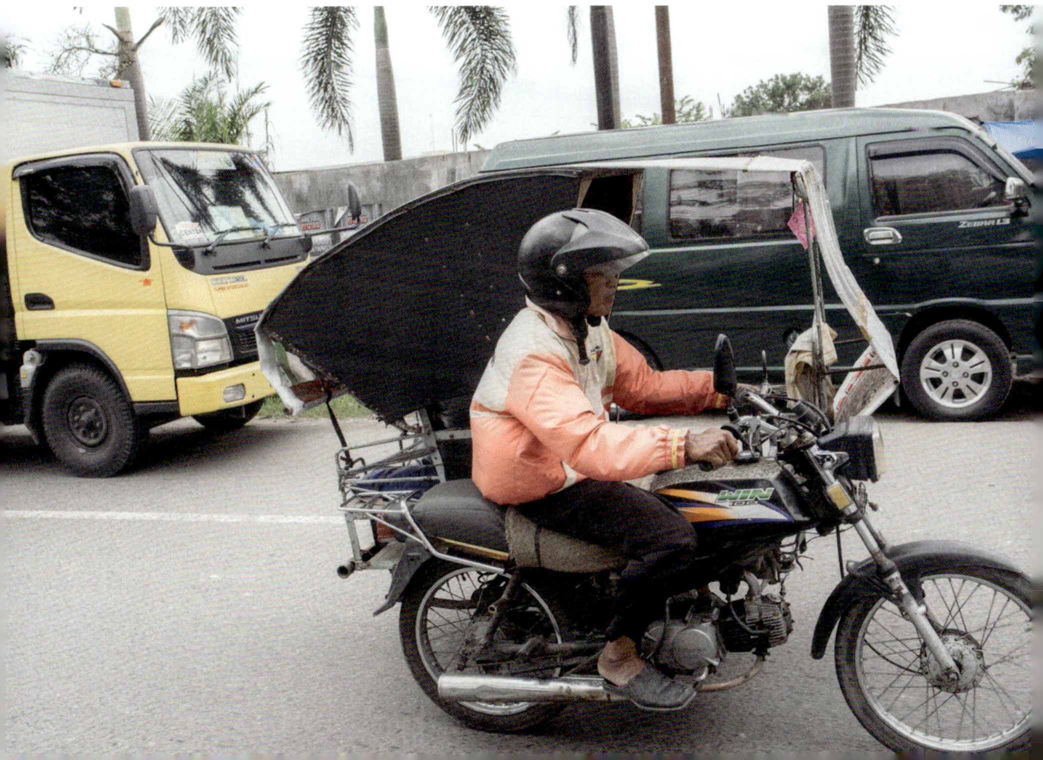
WIN

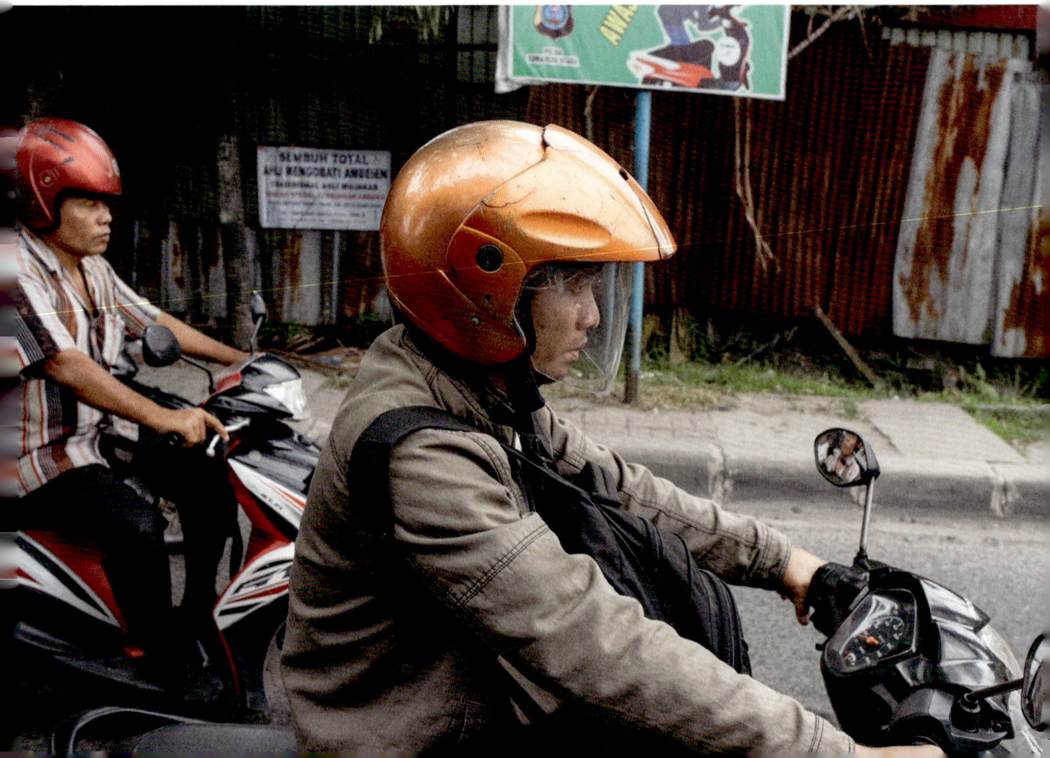

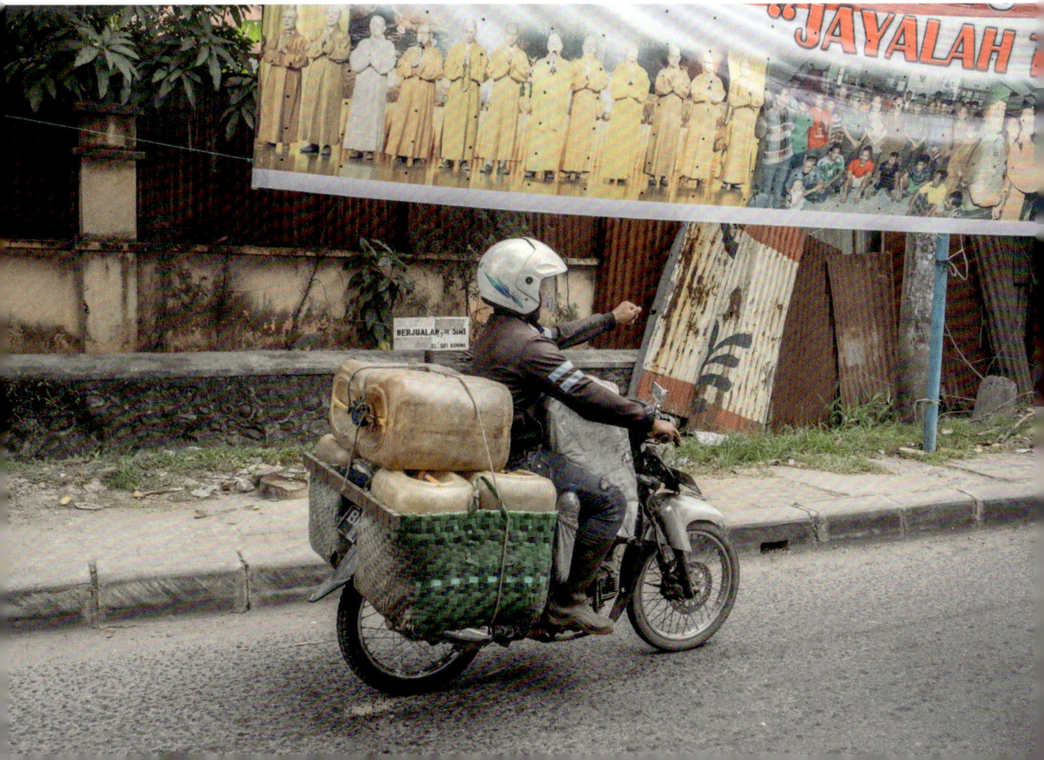
JAYALAH

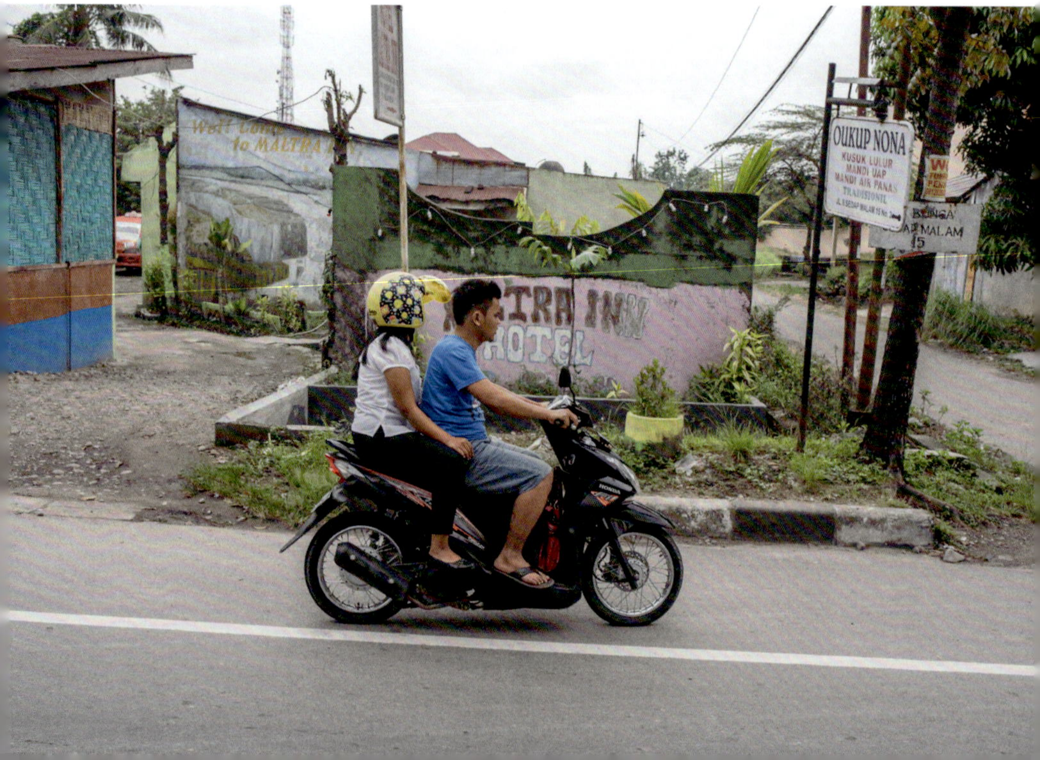
OUKUP NONA
KUSUK LULUR
MANDI UAP
MANDI AIR PANAS
TRADISIONIL
HOTEL

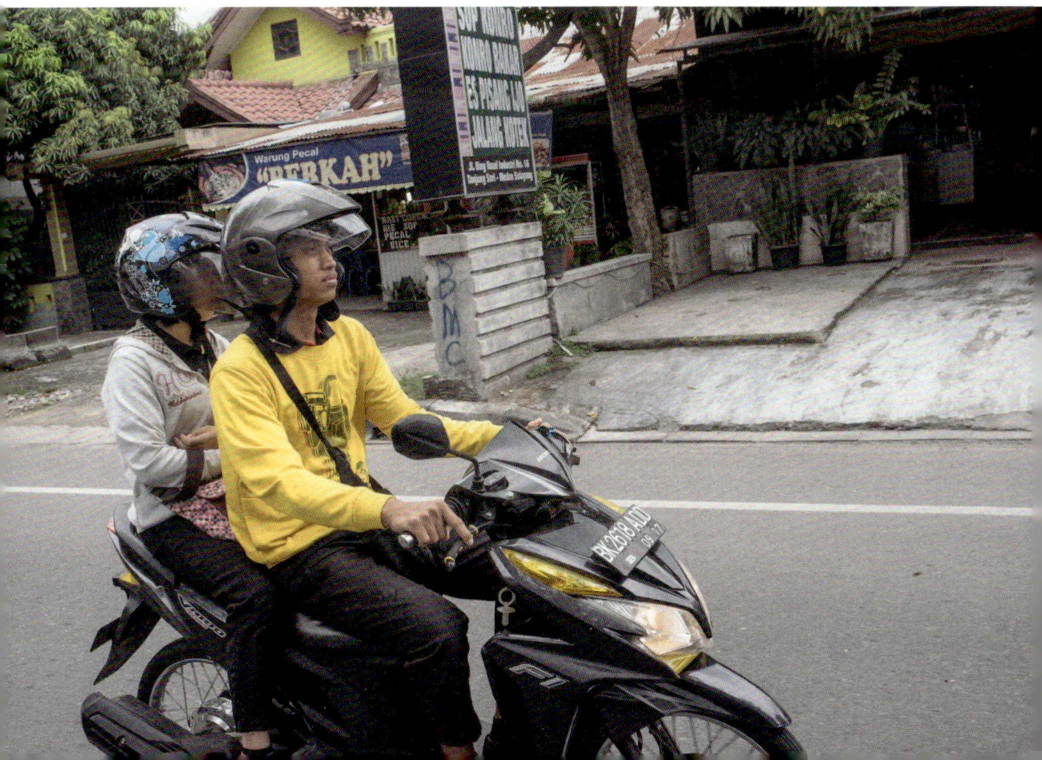
Warung Pecal
"BERKAH"
KONRO BAKAR
BK 2618 ADD

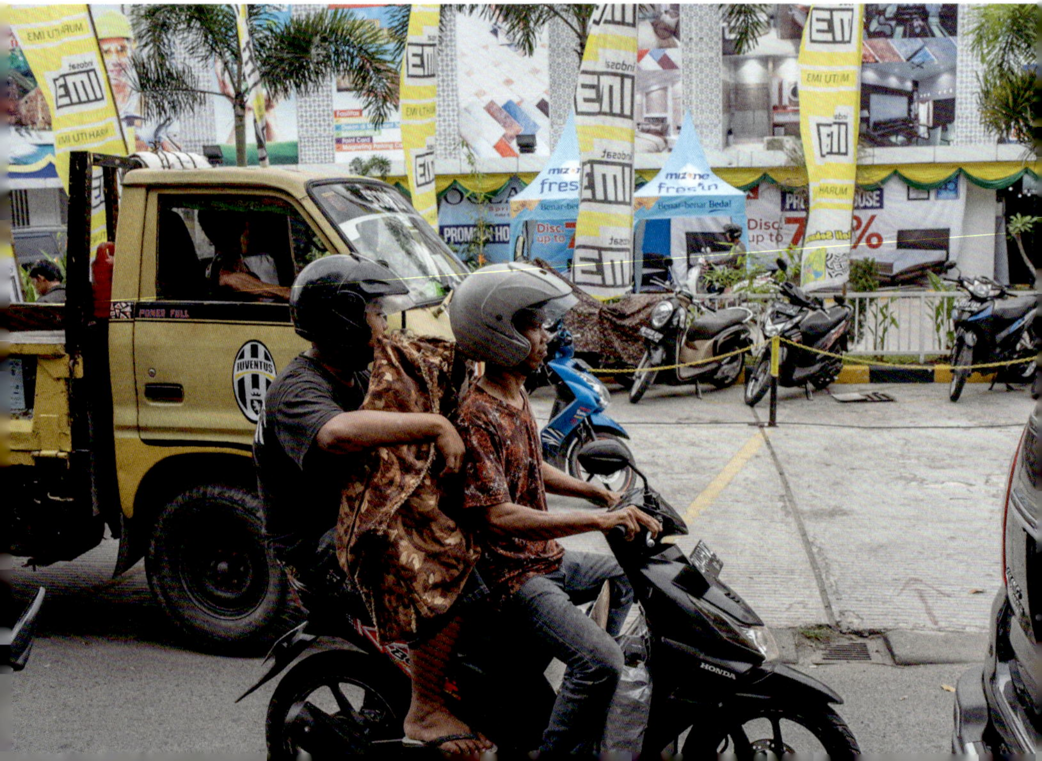
EMI
fres'in
Benar-benar Beda!
Disc.
up to
JUVENTUS
POWER FULL
HONDA

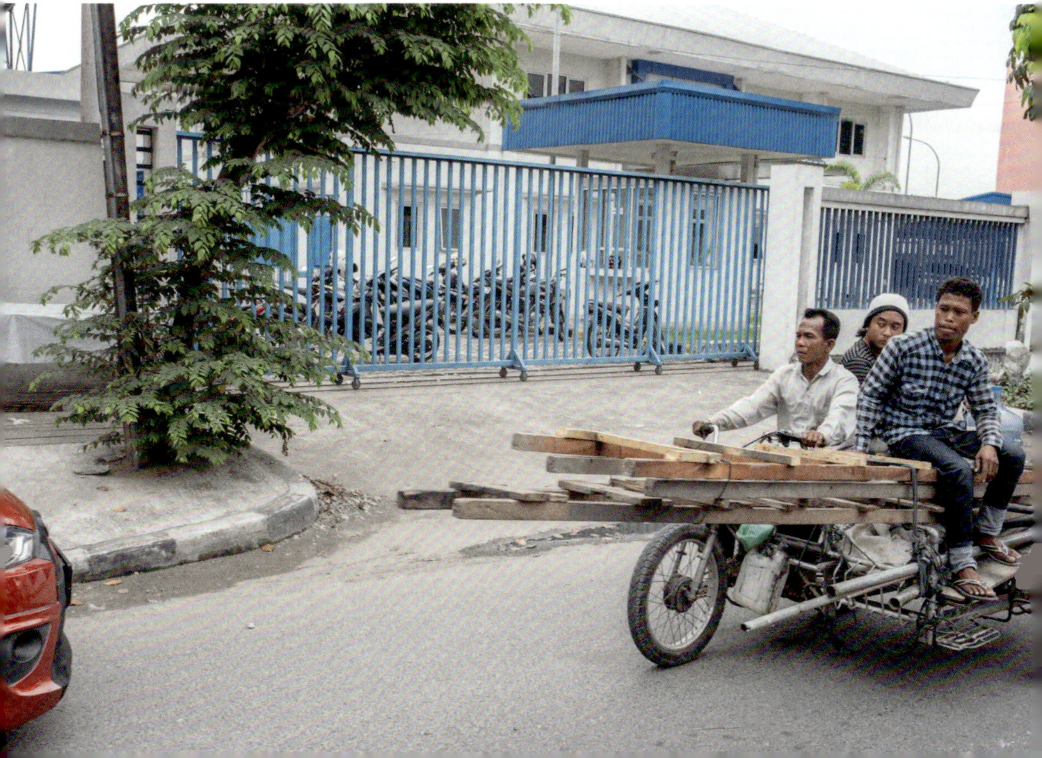

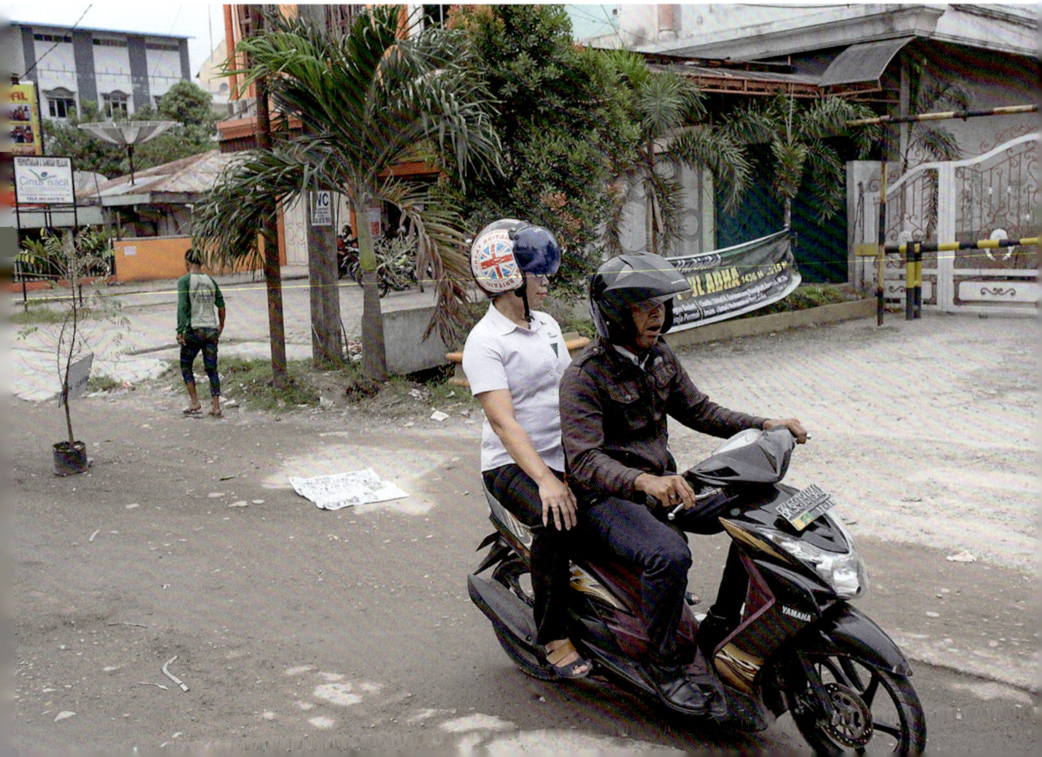
YAMAHA

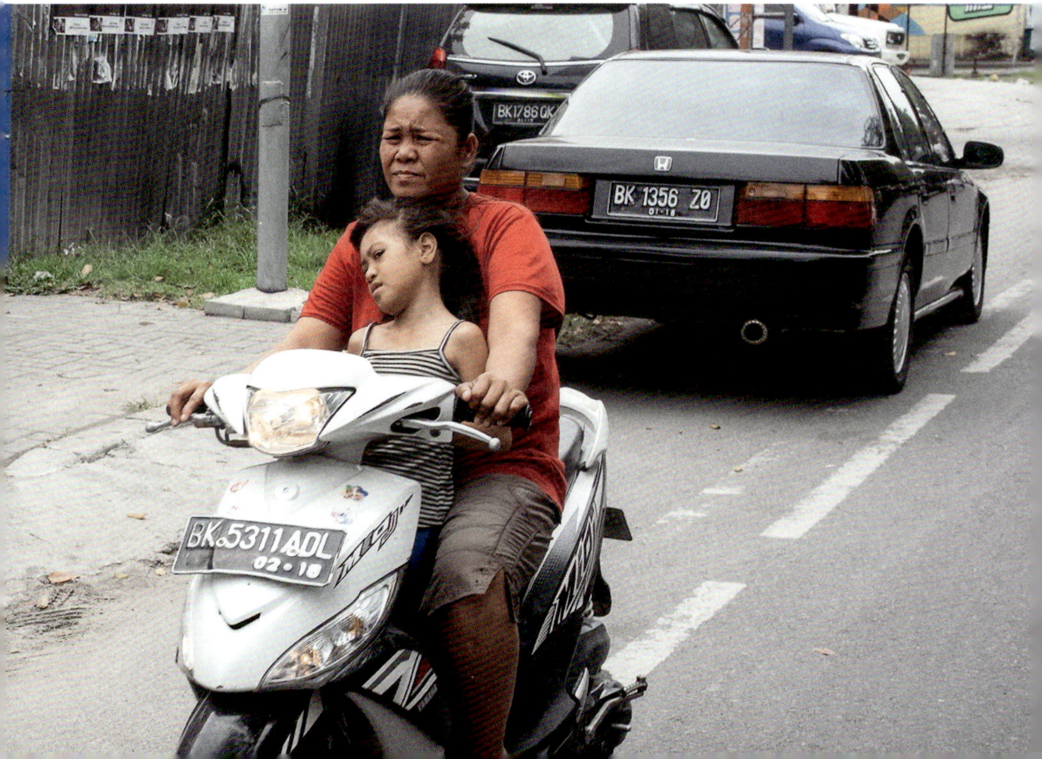
BK1786 GK
BK 1356 Z0
BK 5311 ADL
02·18

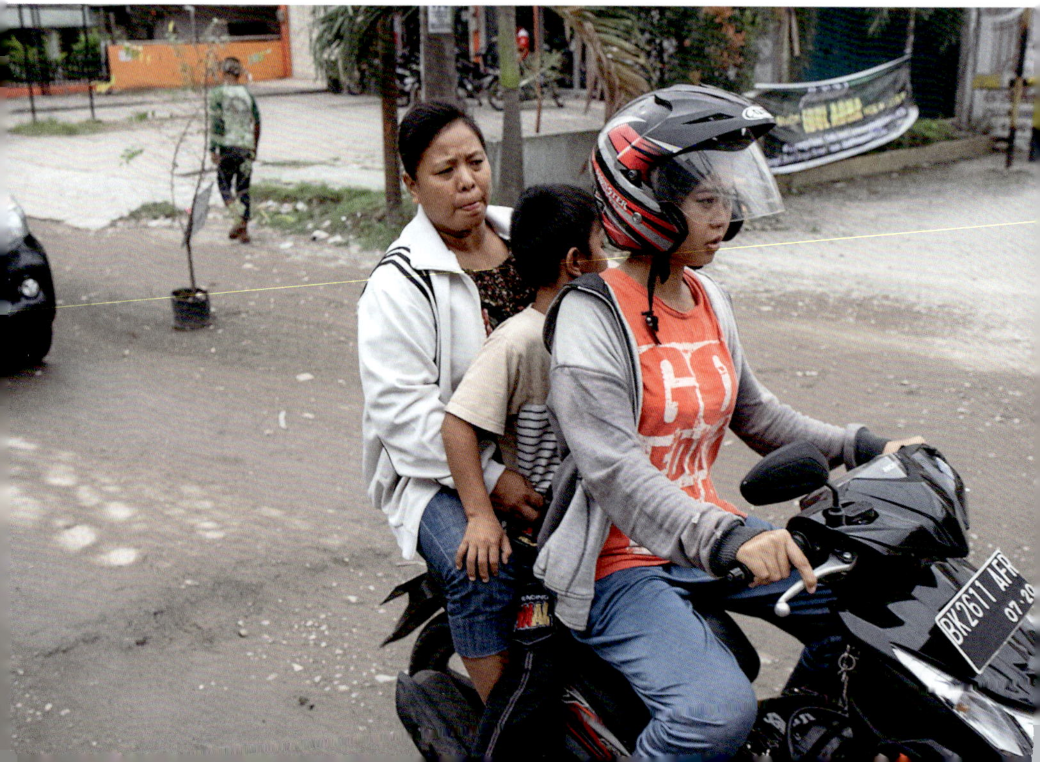

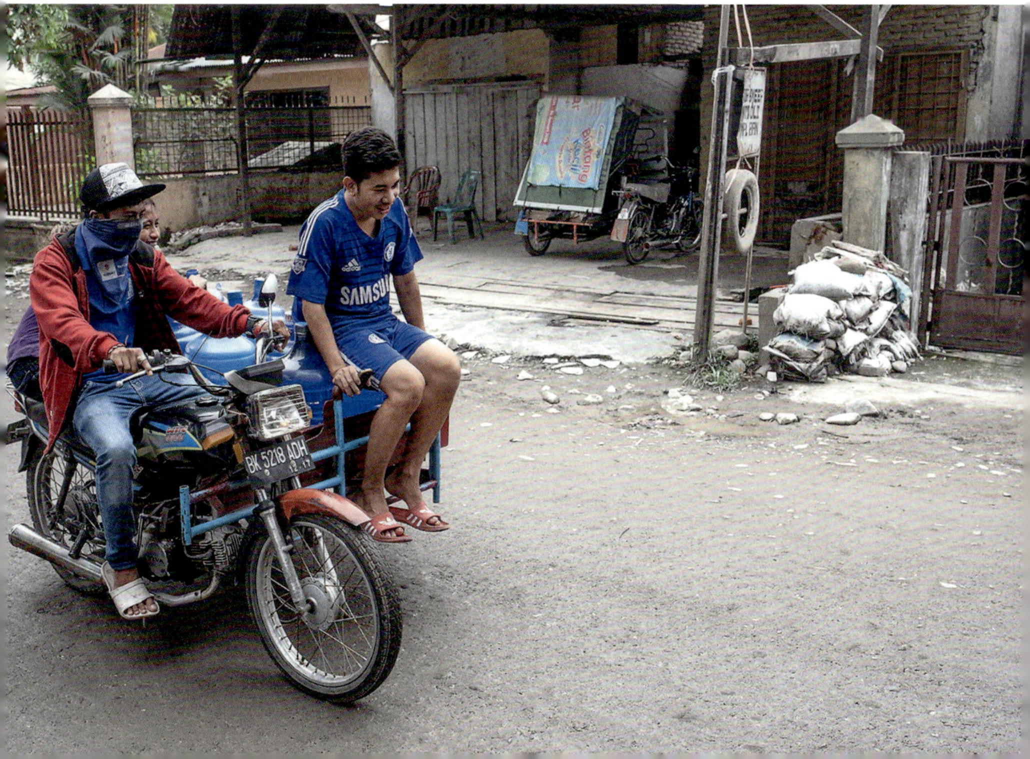
BK 5218 ADH

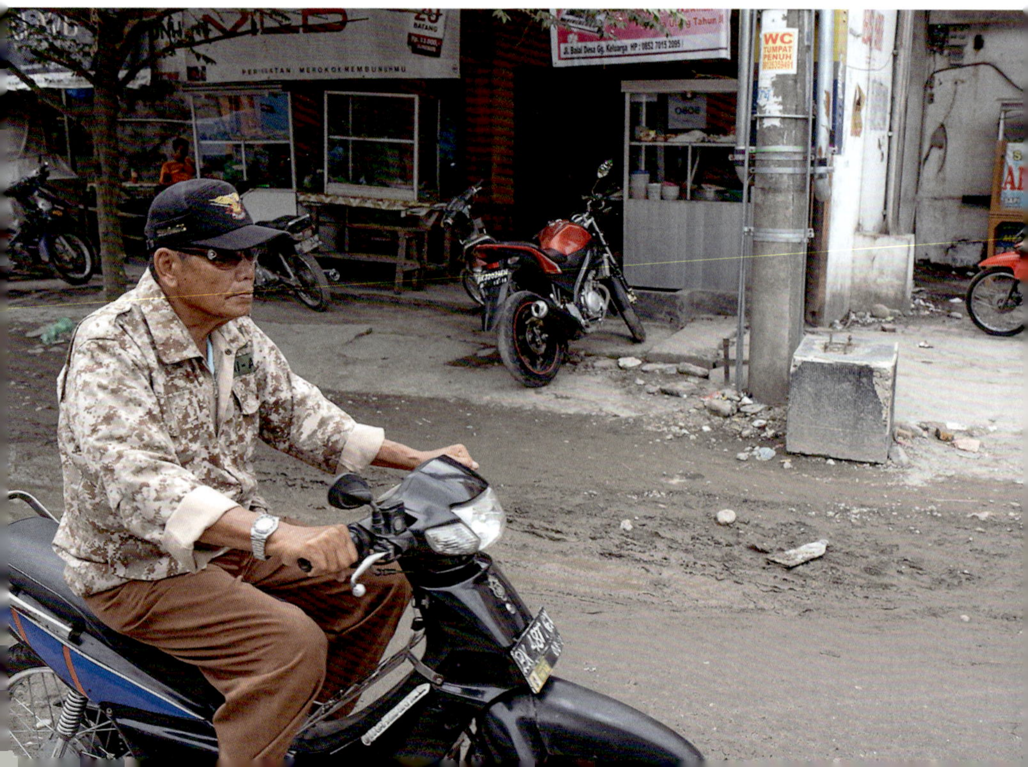
WC
TUMPAT
PENUH

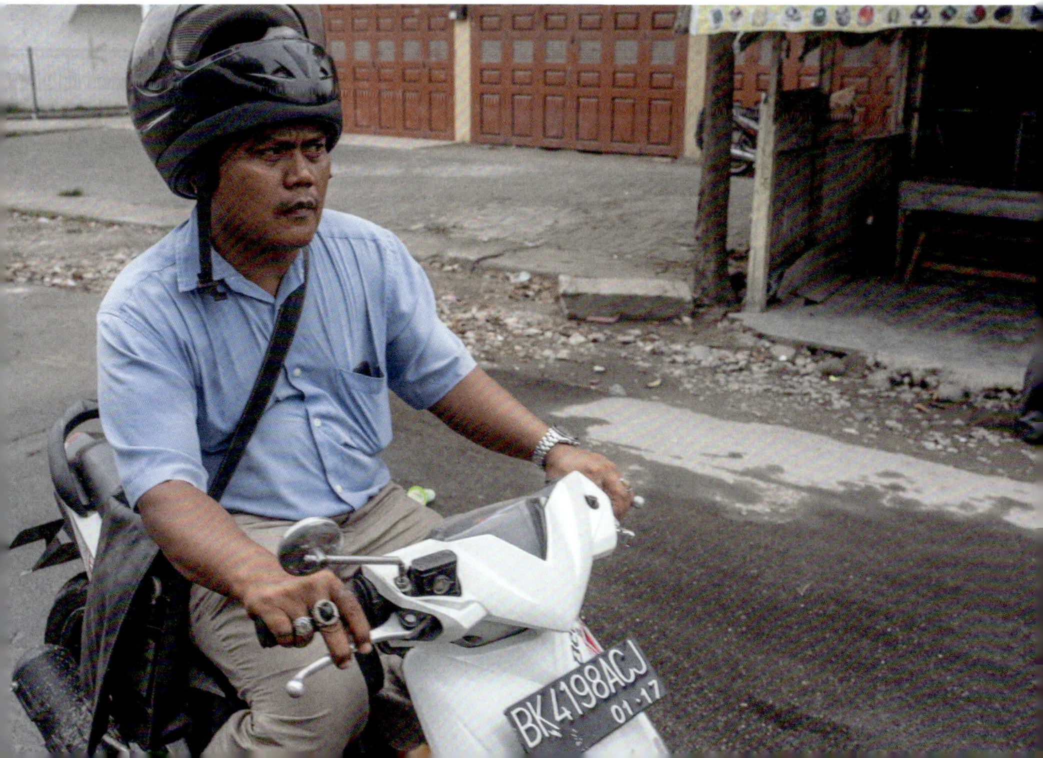
BK 4198ACJ
01·17

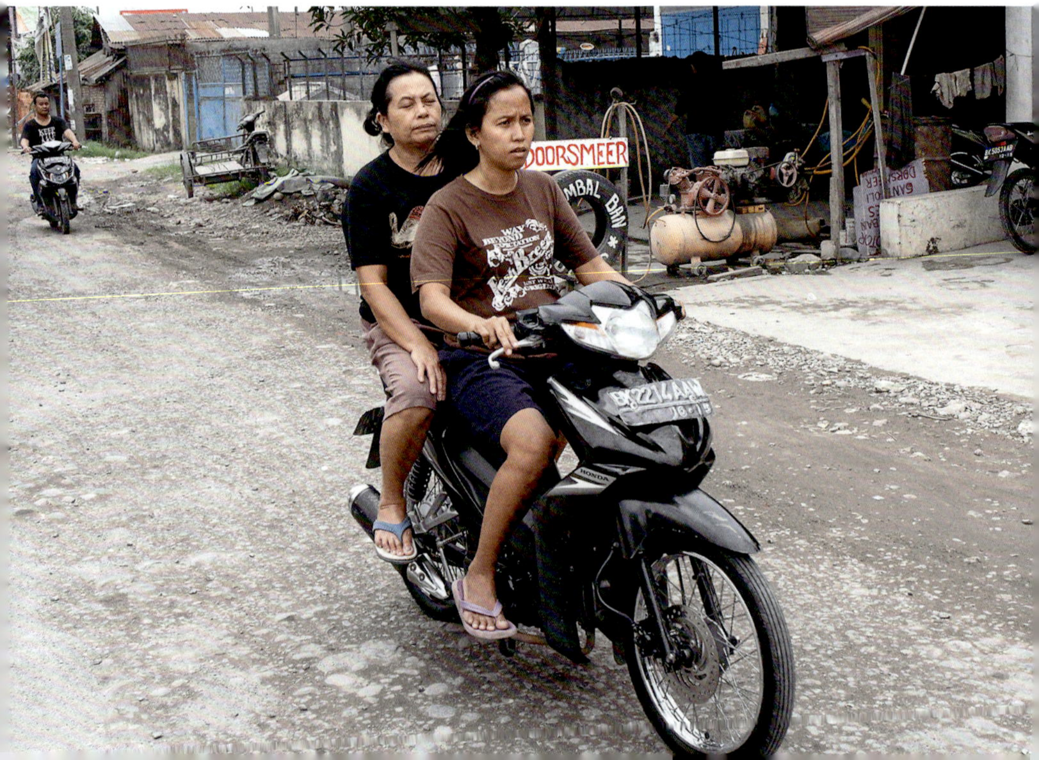
DOORSMEER

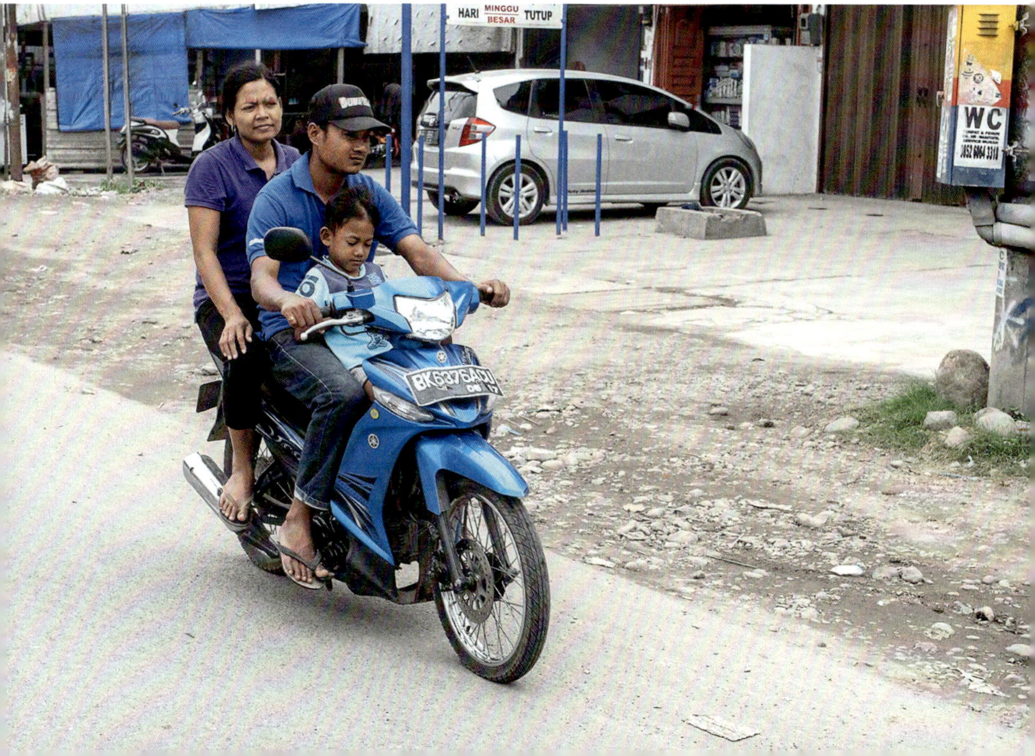
HARI MINGGU BESAR TUTUP
WC

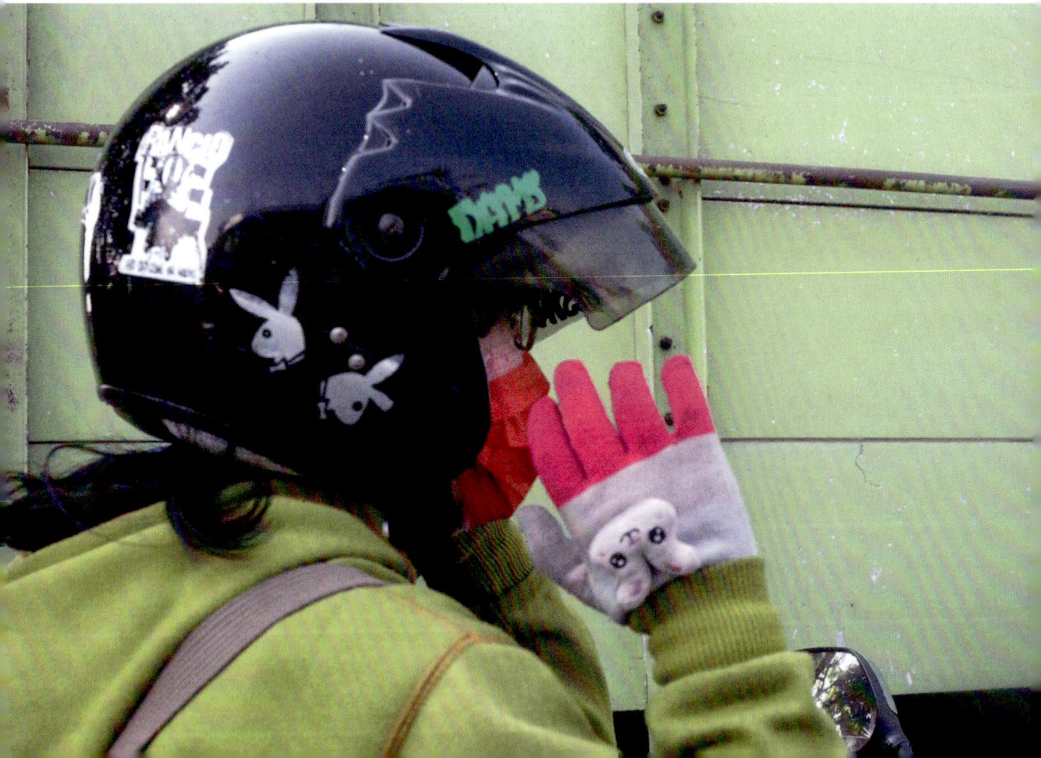

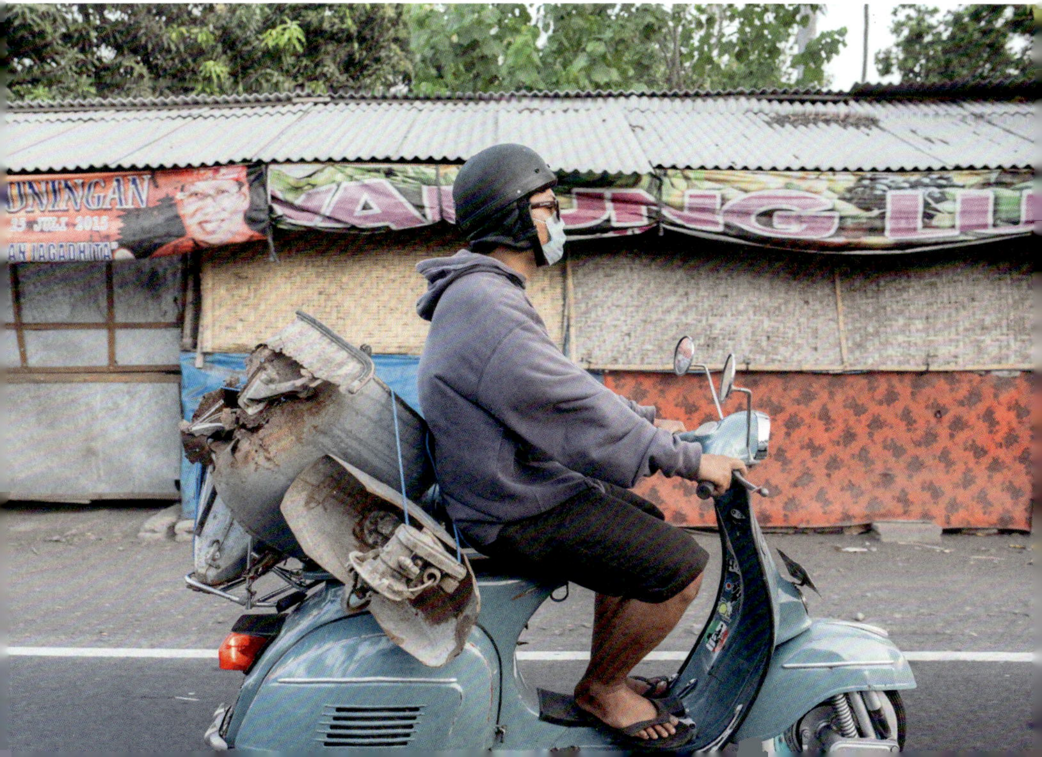
UNINGAN
AN JAGADHITA

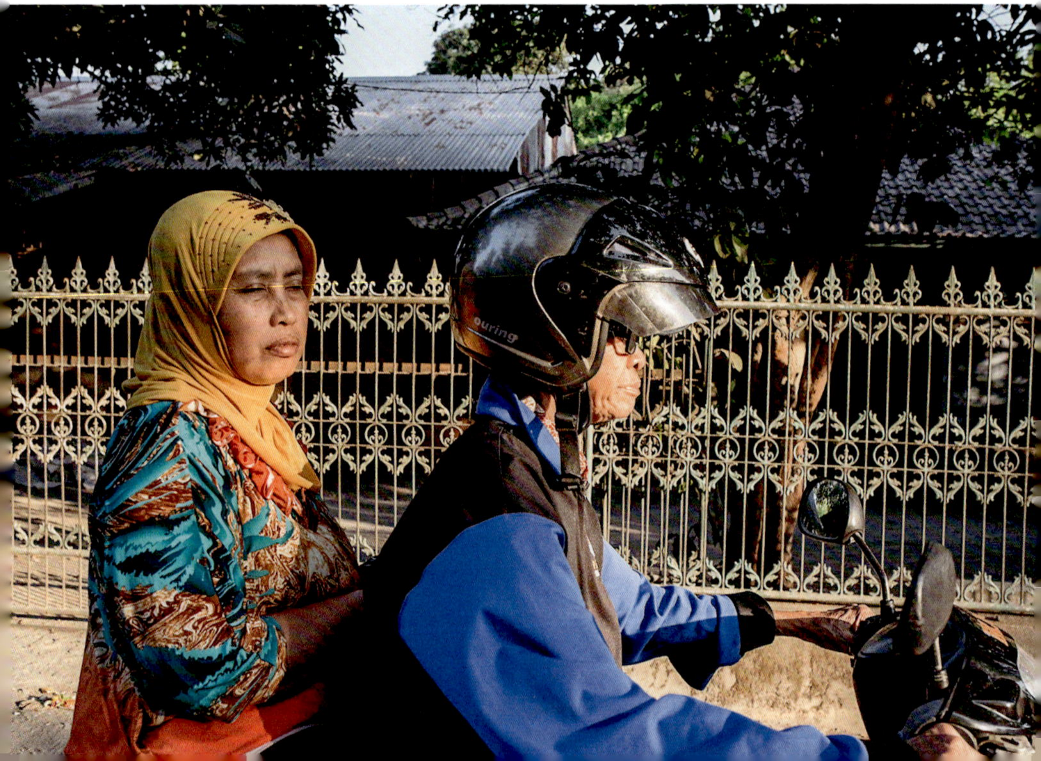

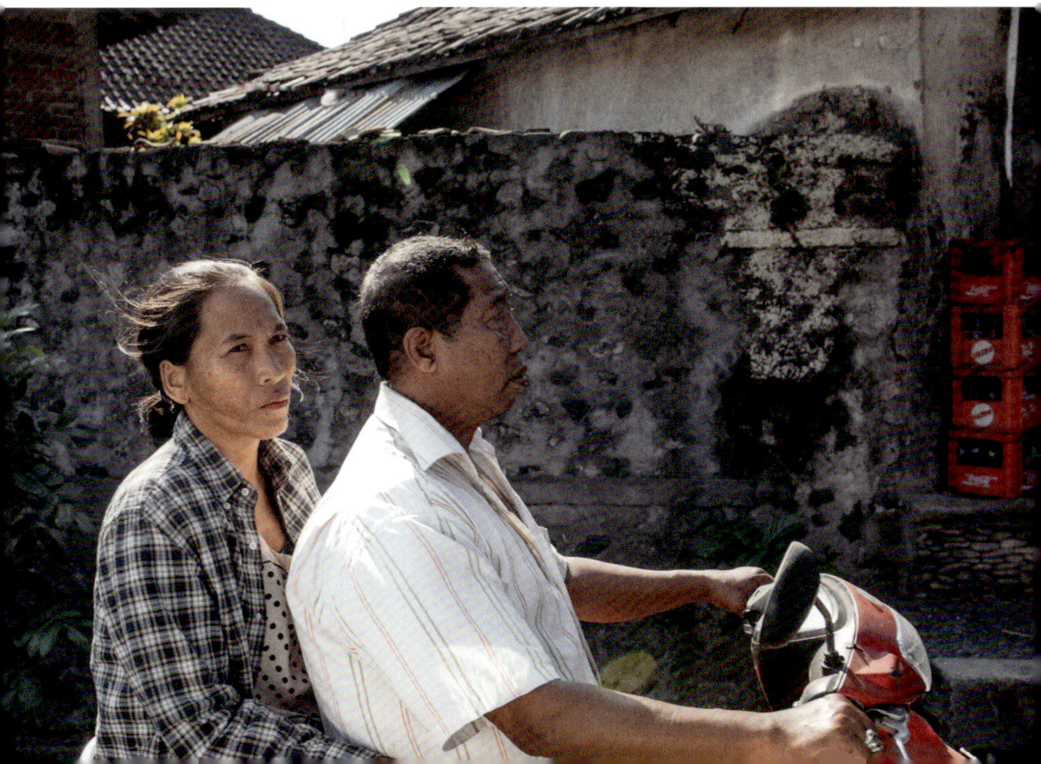

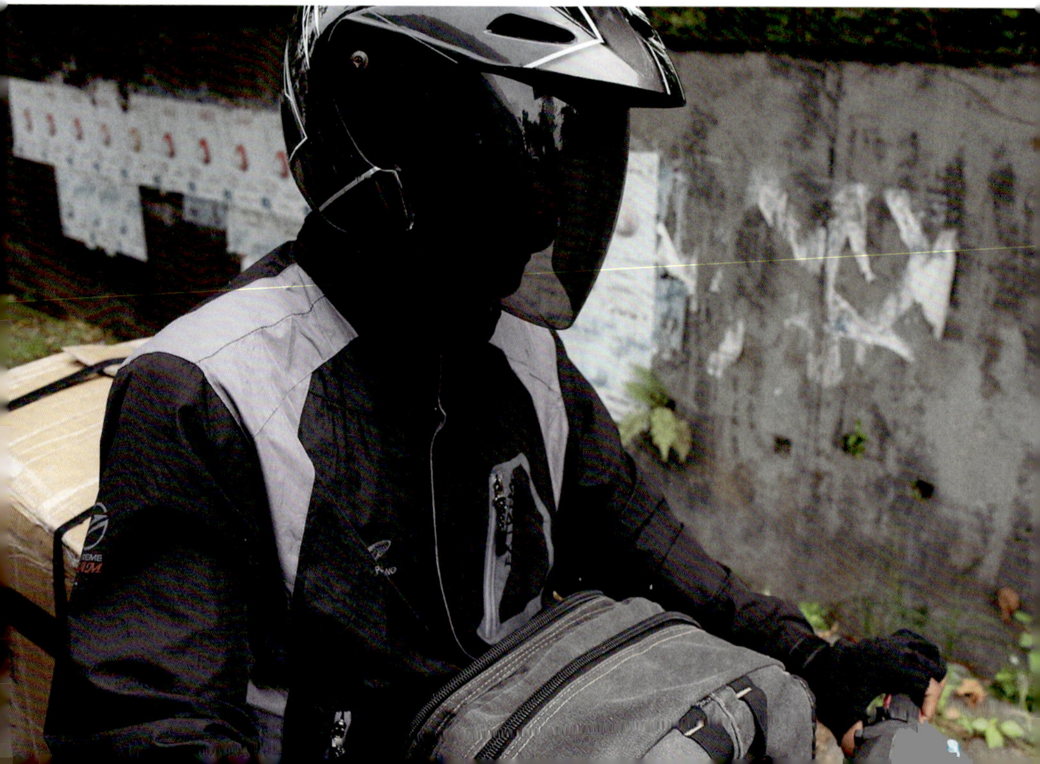

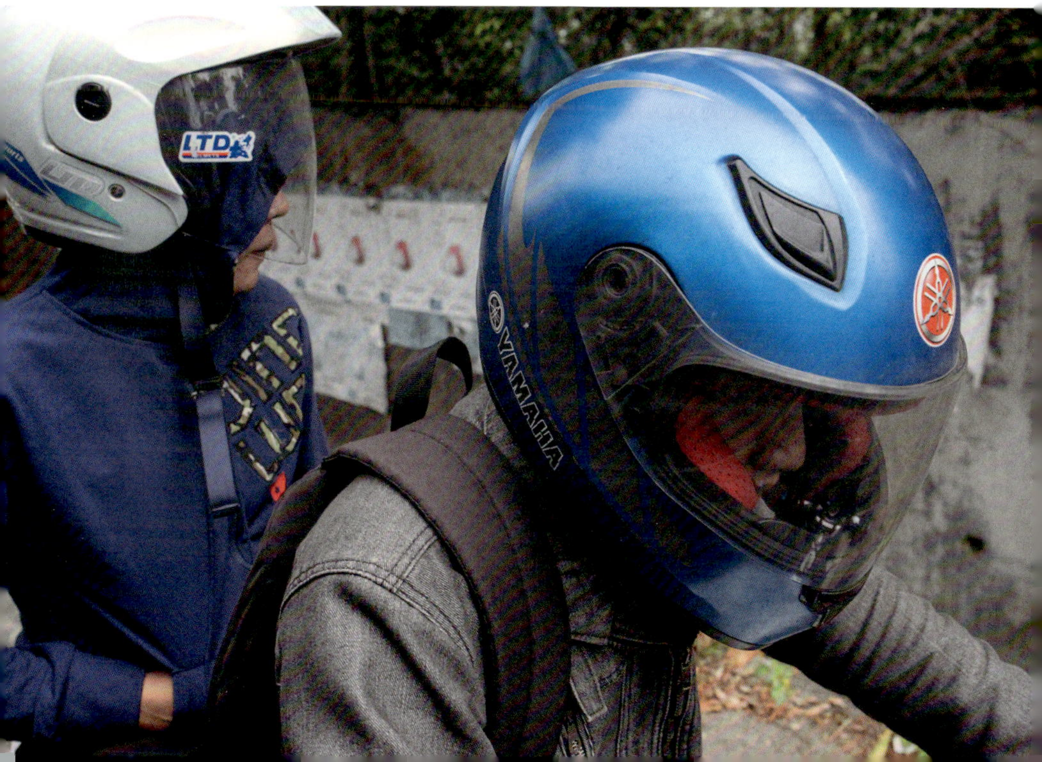
LTD
YAMAHA

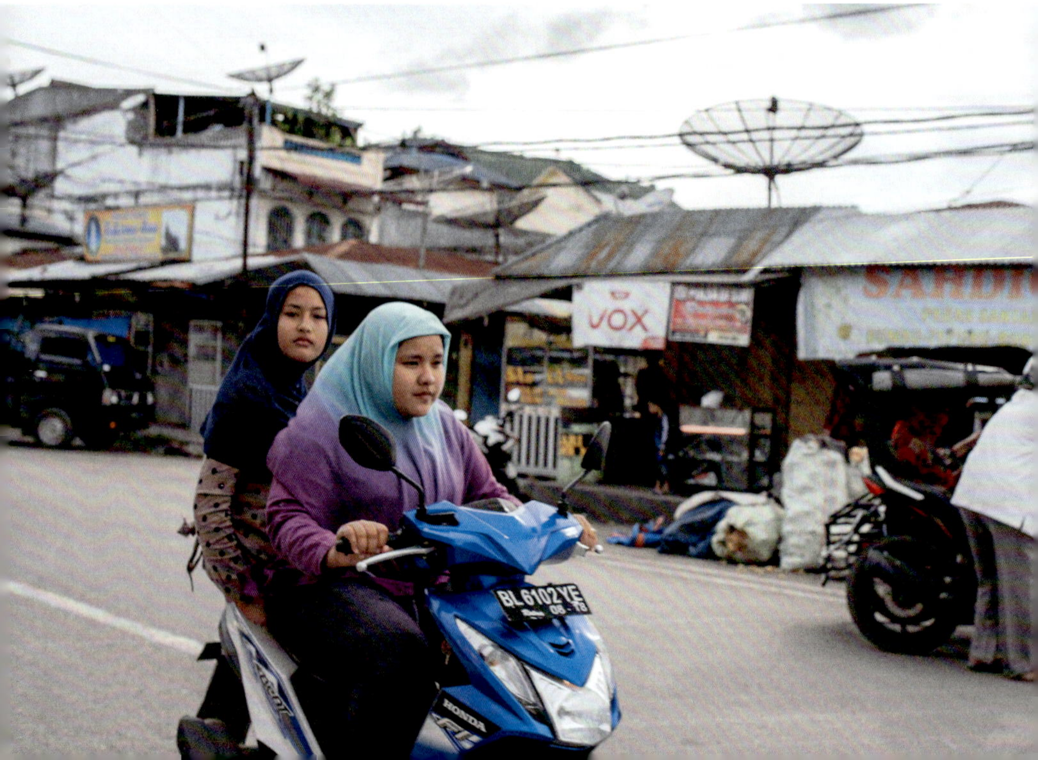
VOX
BL 6102 YE
HONDA

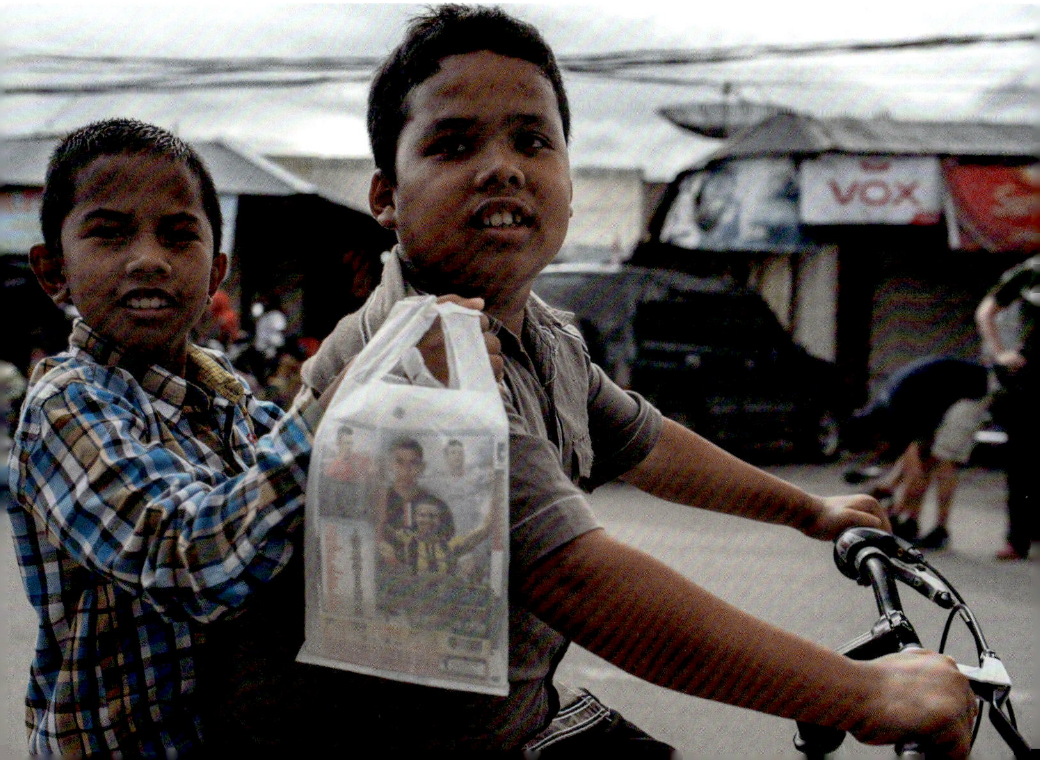
VOX

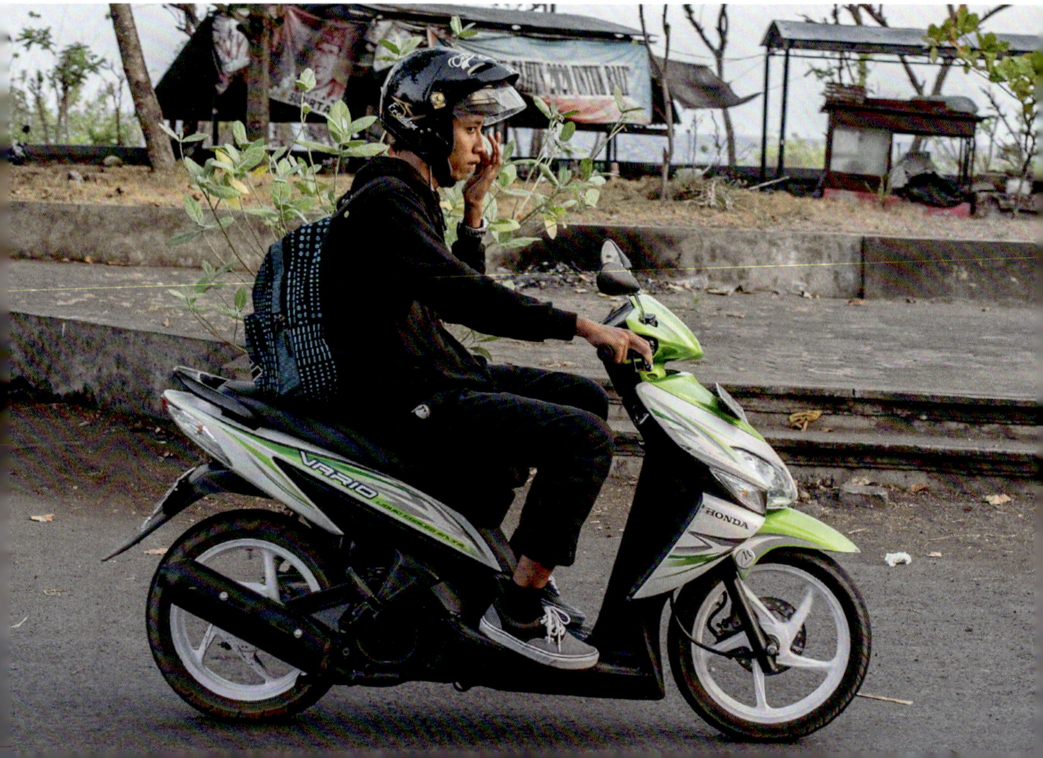
VARIO
HONDA

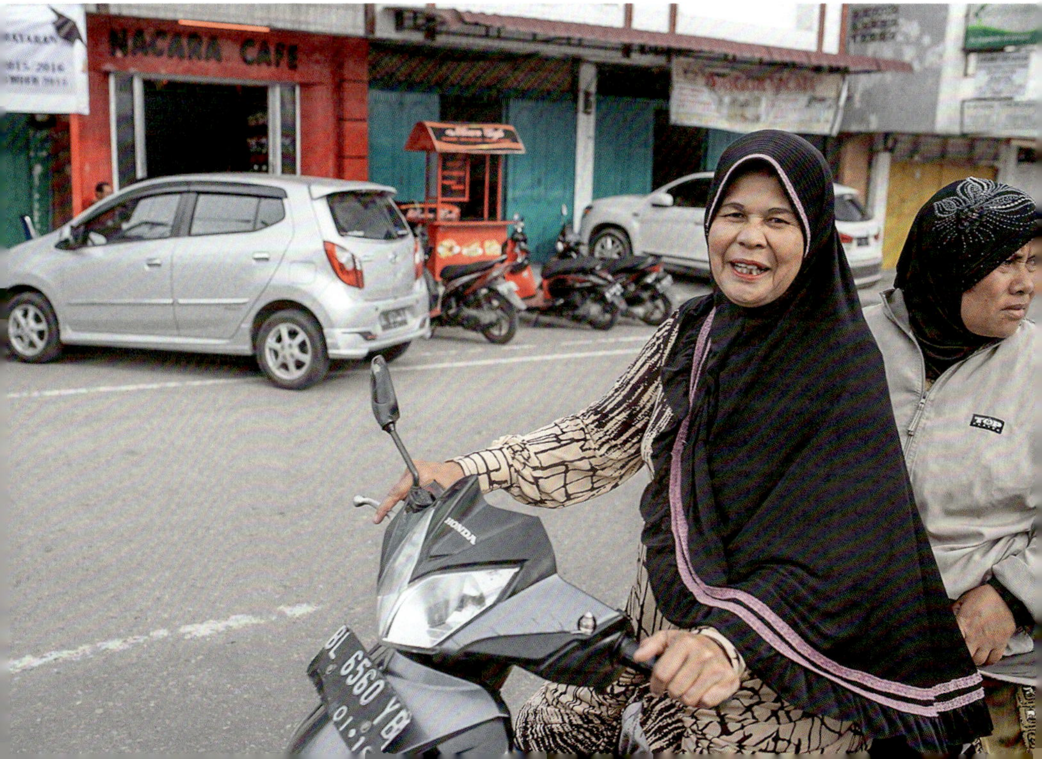
NAGARA CAFE
HONDA
BL 6560 YB

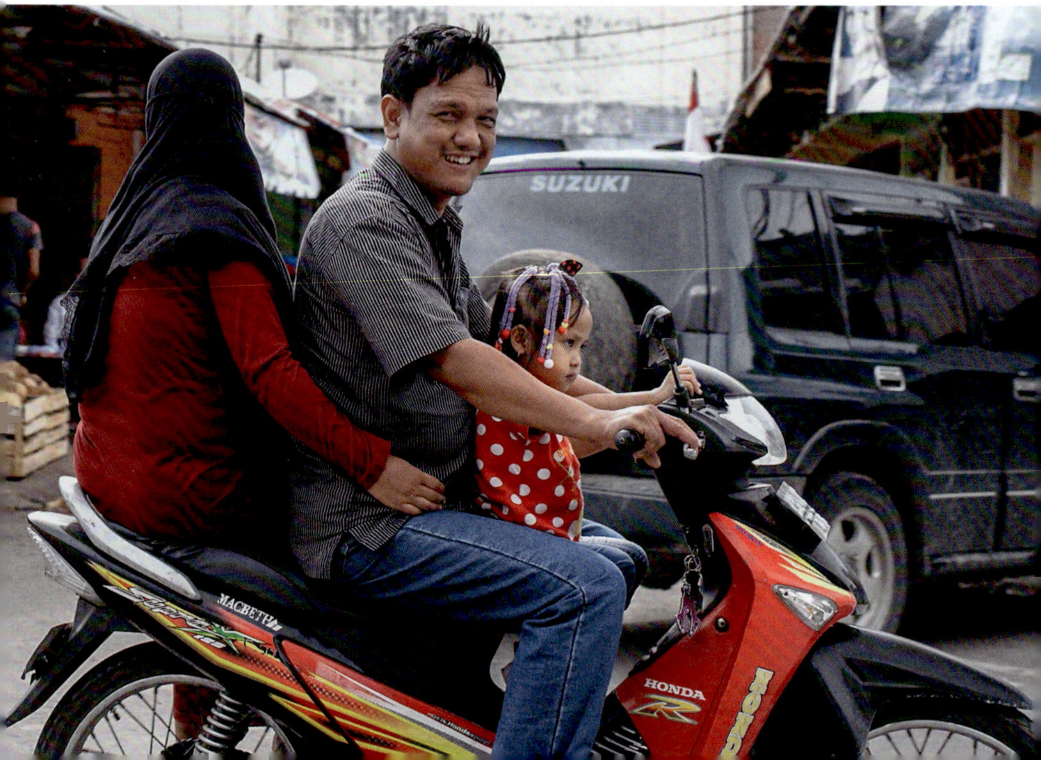
SUZUKI
MACBETH
HONDA

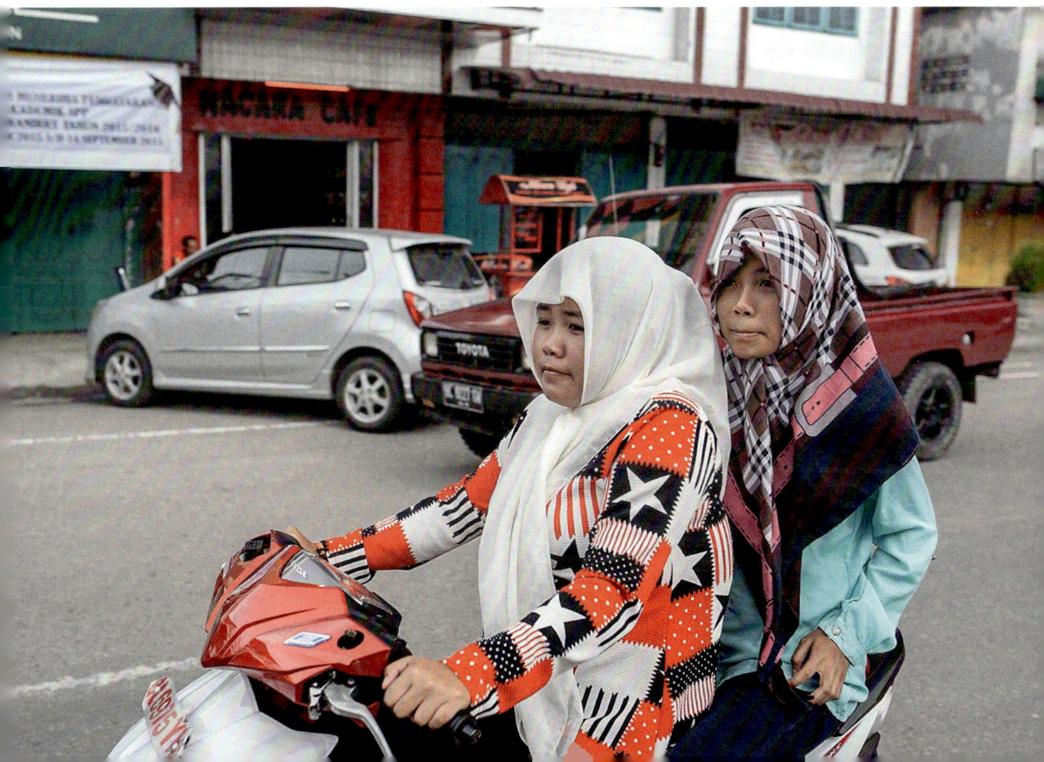
TOYOTA

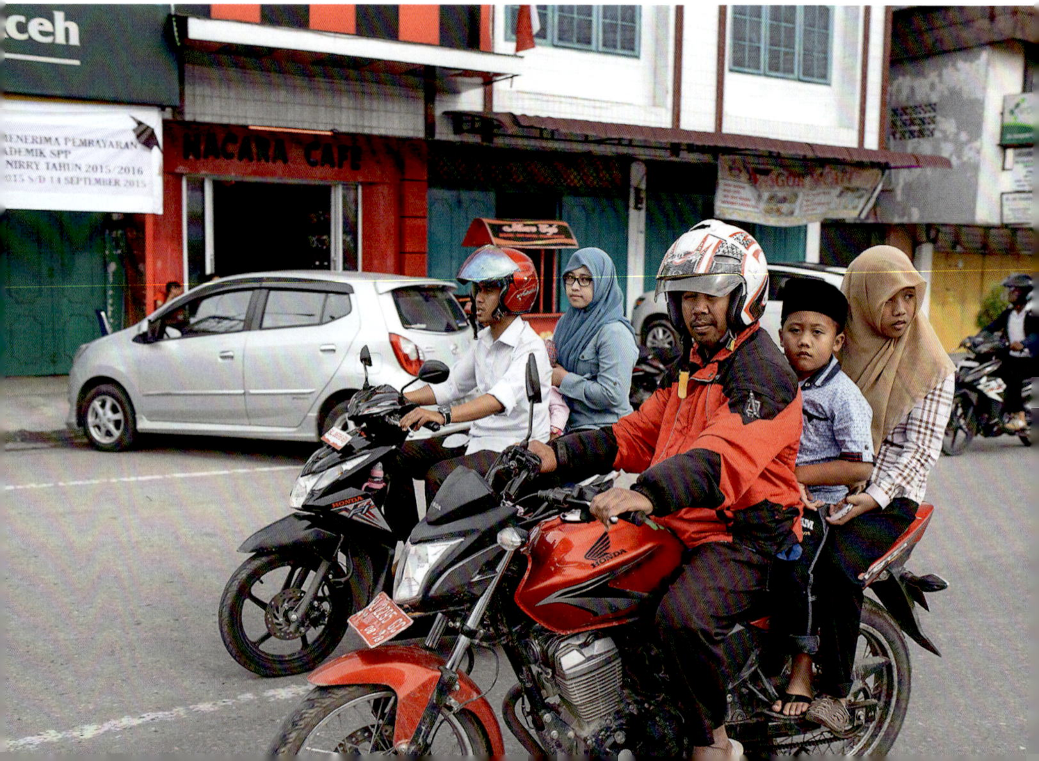
ceh
ENERIMA PEMBAYARAN
ADEMIK SPP
NIRRY TAHUN 2015/2016
015 S/D 14 SEPTEMBER 2015
NACARA CAFE
HONDA

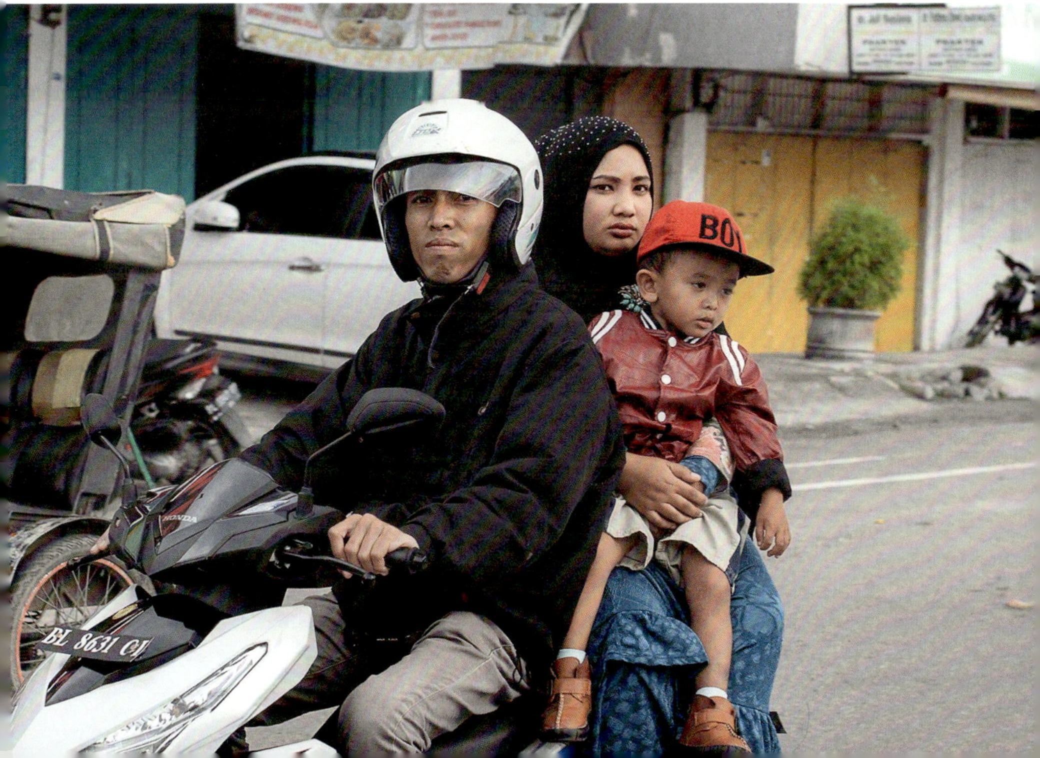

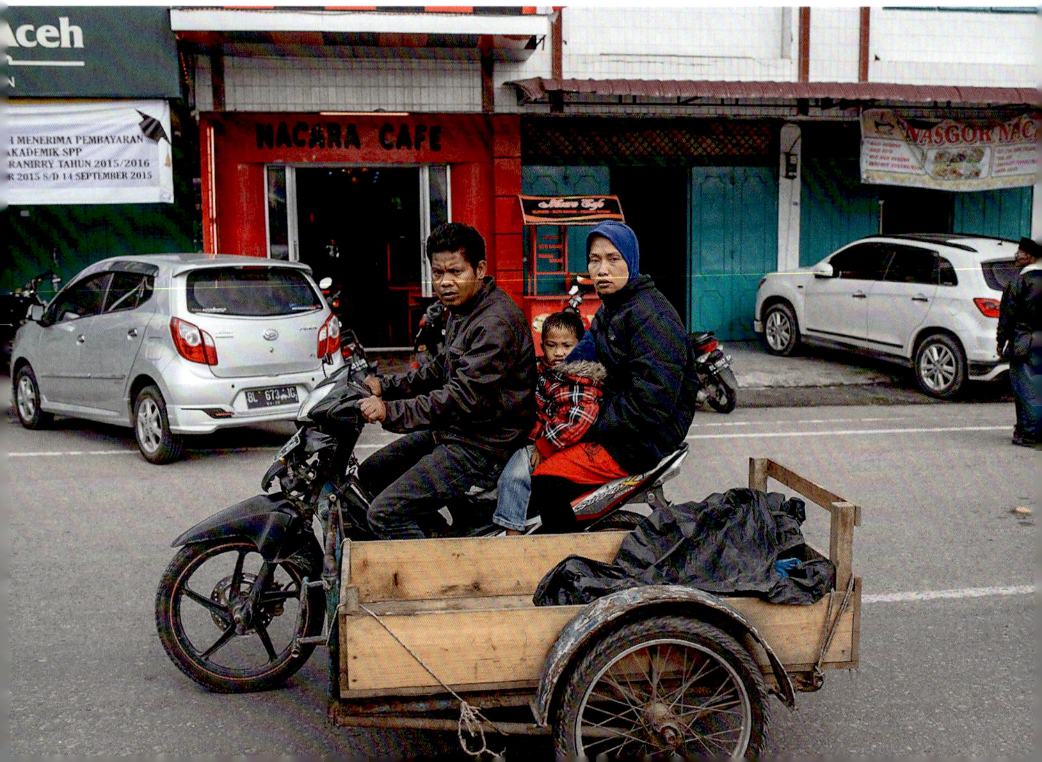
Aceh
MENERIMA PEMBAYARAN
AKADEMIK SPP
RANIRRY TAHUN 2015/2016
R 2015 S/D 14 SEPTEMBER 2015
NACARA CAFE
NASGOR NAC
BL 673 JG

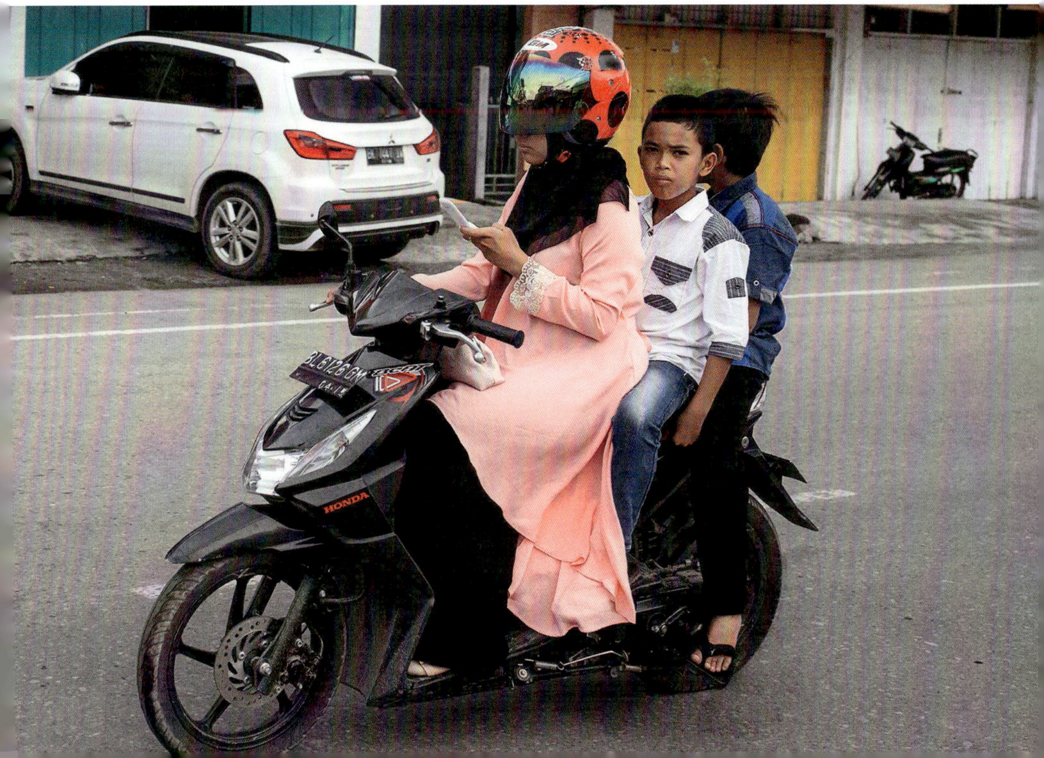
BL 6126 GM
HONDA

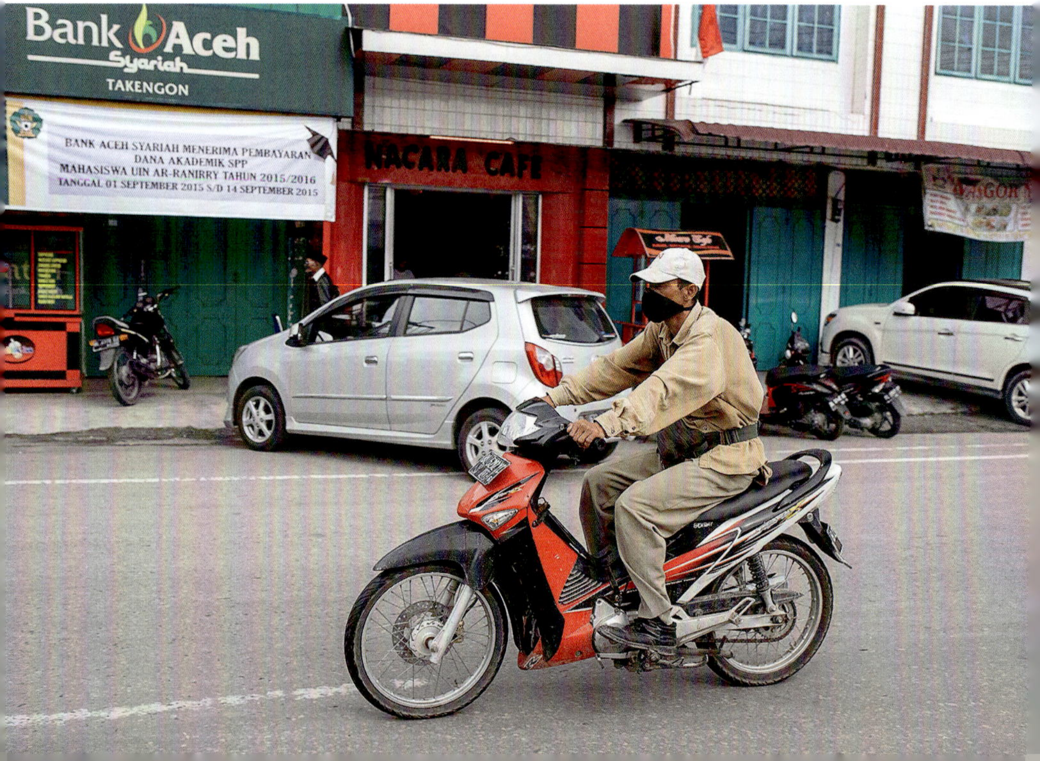
Bank Aceh
Syariah
TAKENGON
BANK ACEH SYARIAH MENERIMA PEMBAYARAN
DANA AKADEMIK SPP
MAHASISWA UIN AR-RANIRRY TAHUN 2015/2016
TANGGAL 01 SEPTEMBER 2015 S/D 14 SEPTEMBER 2015
NACARA CAFE

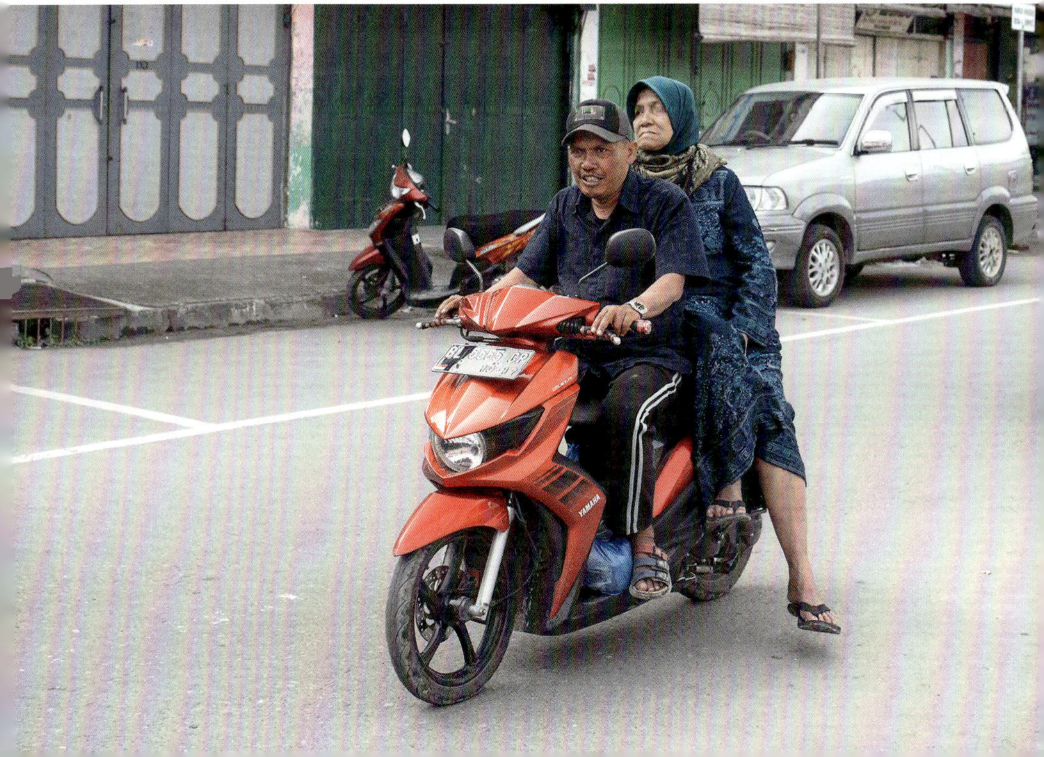

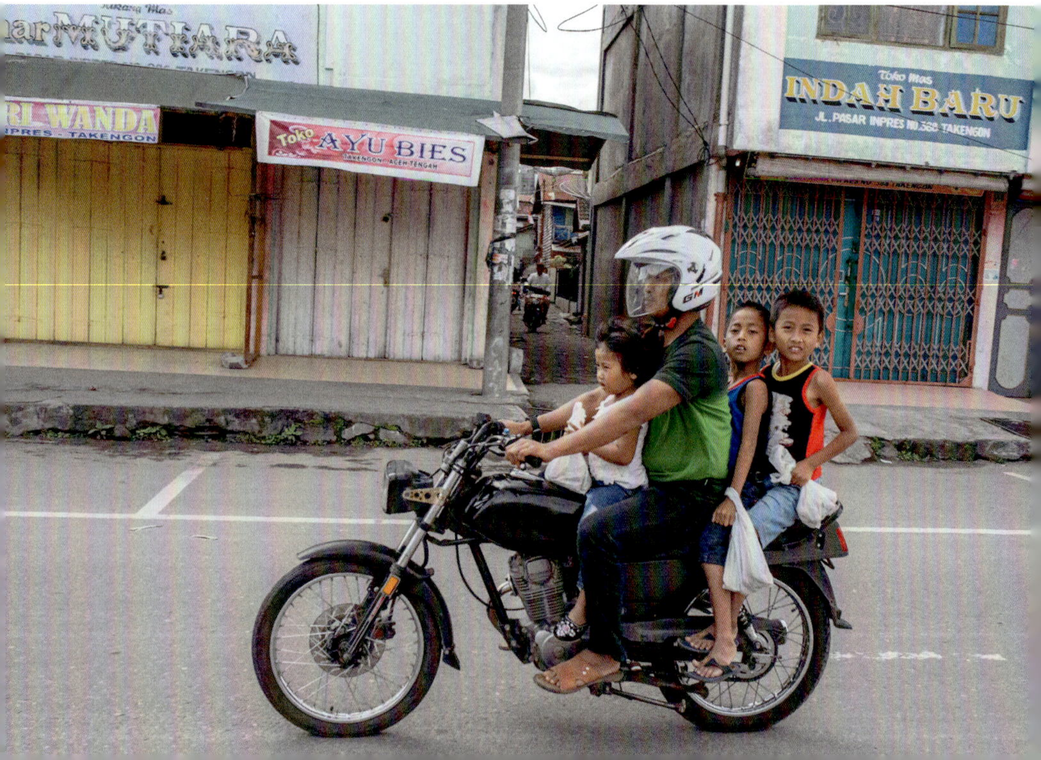
Toko
AYU BIES
Toko Mas
INDAH BARU

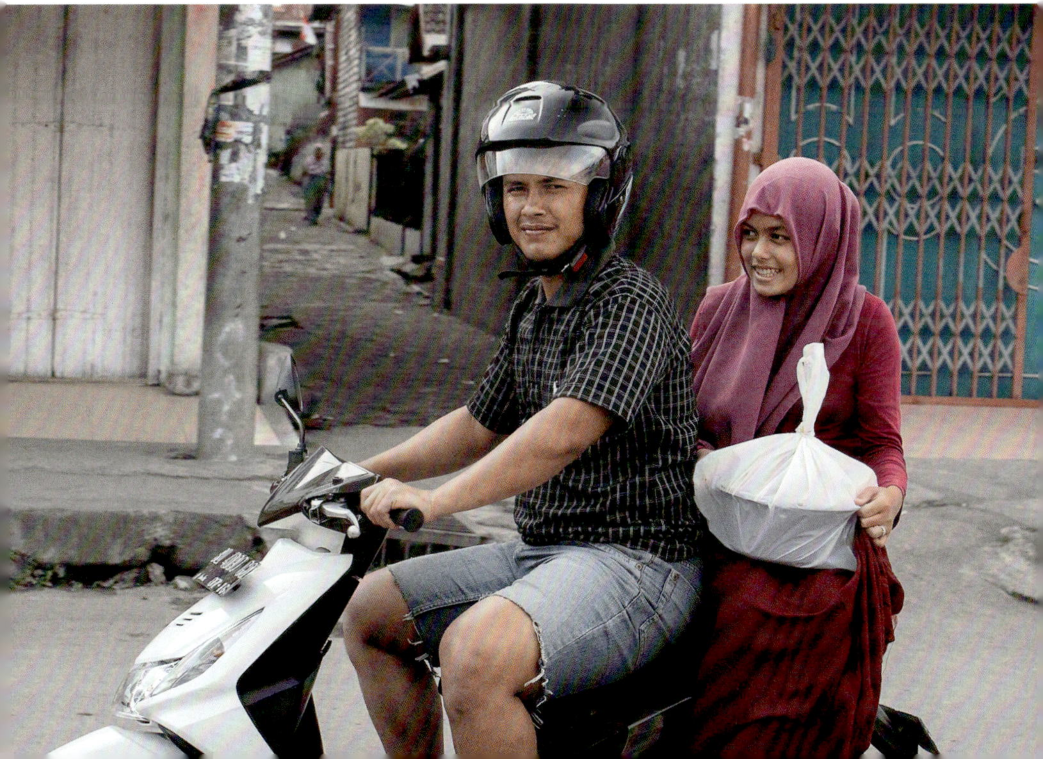

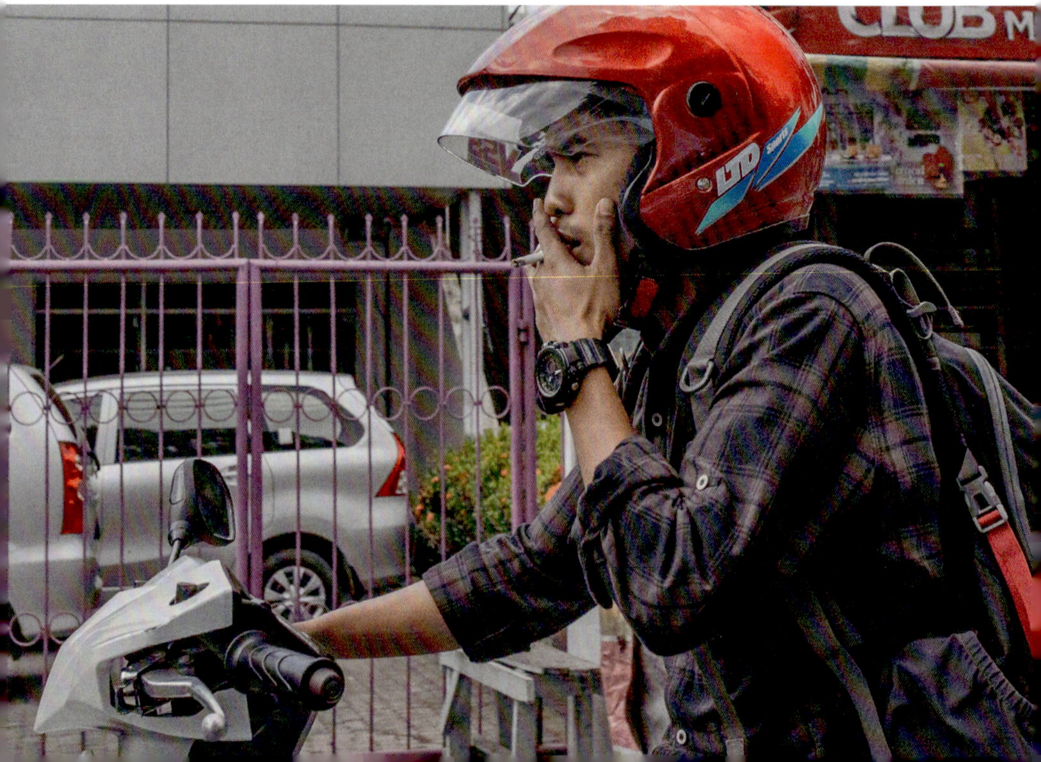
CLUB
LTD

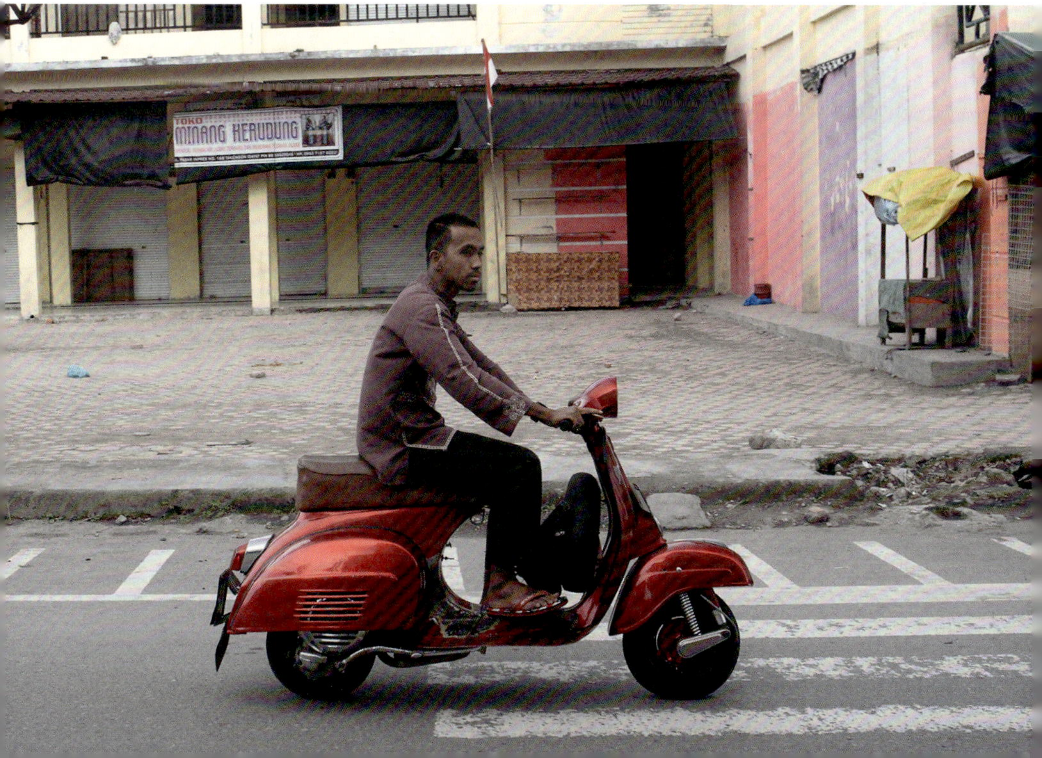
TOKO
MINANG KERUDUNG

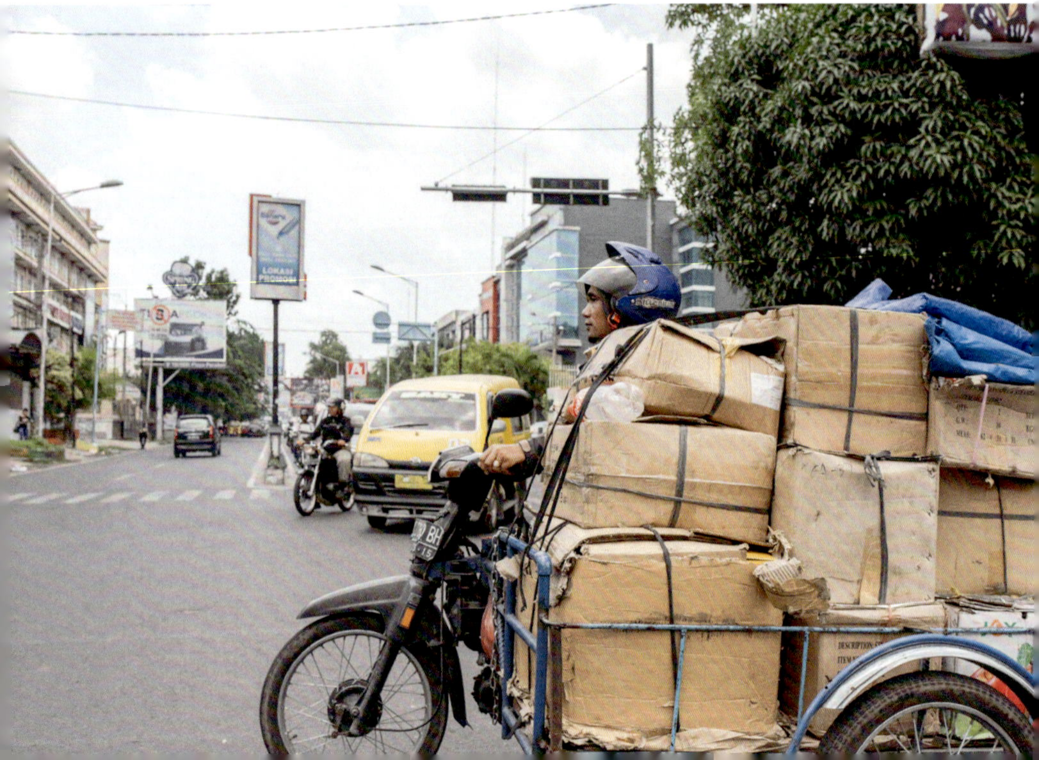
LOKASI
PROMOSI

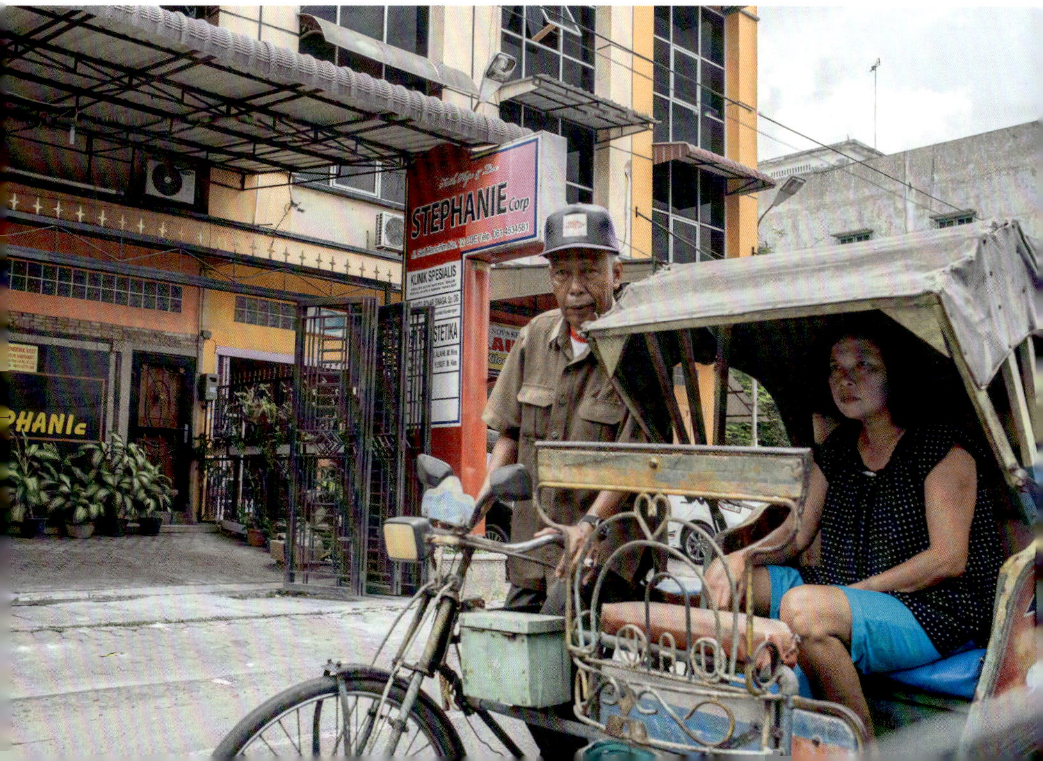
STEPHANIE Corp
KLINIK SPESIALIS
STETIKA
PHANIc

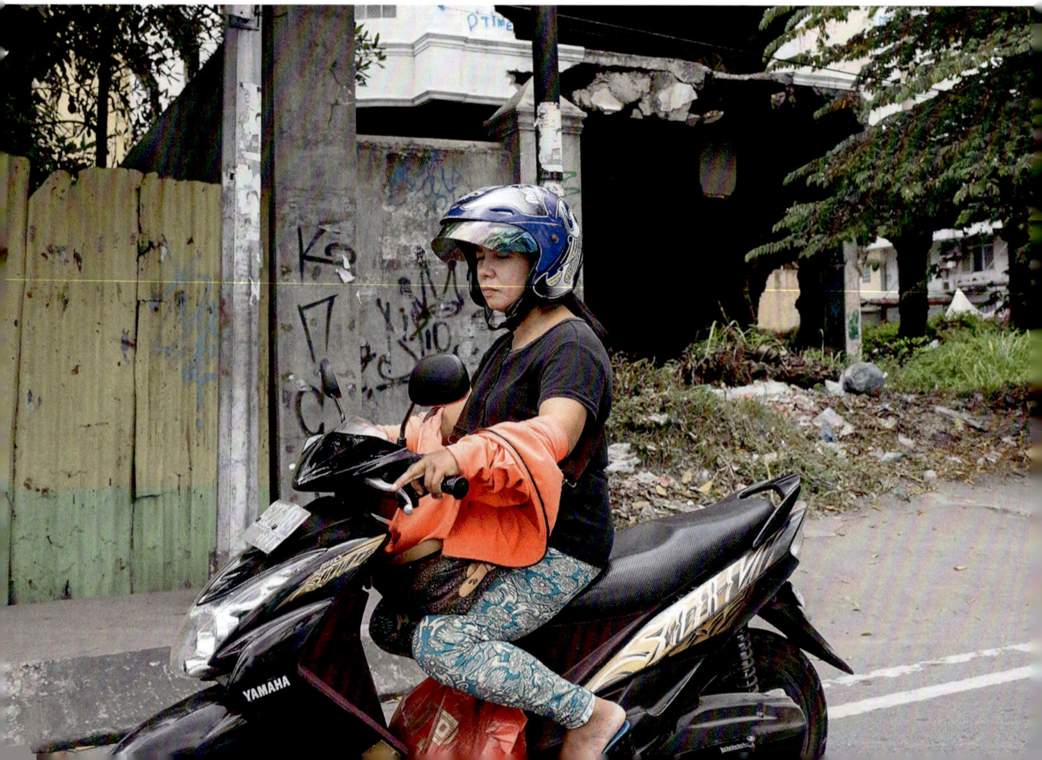
YAMAHA

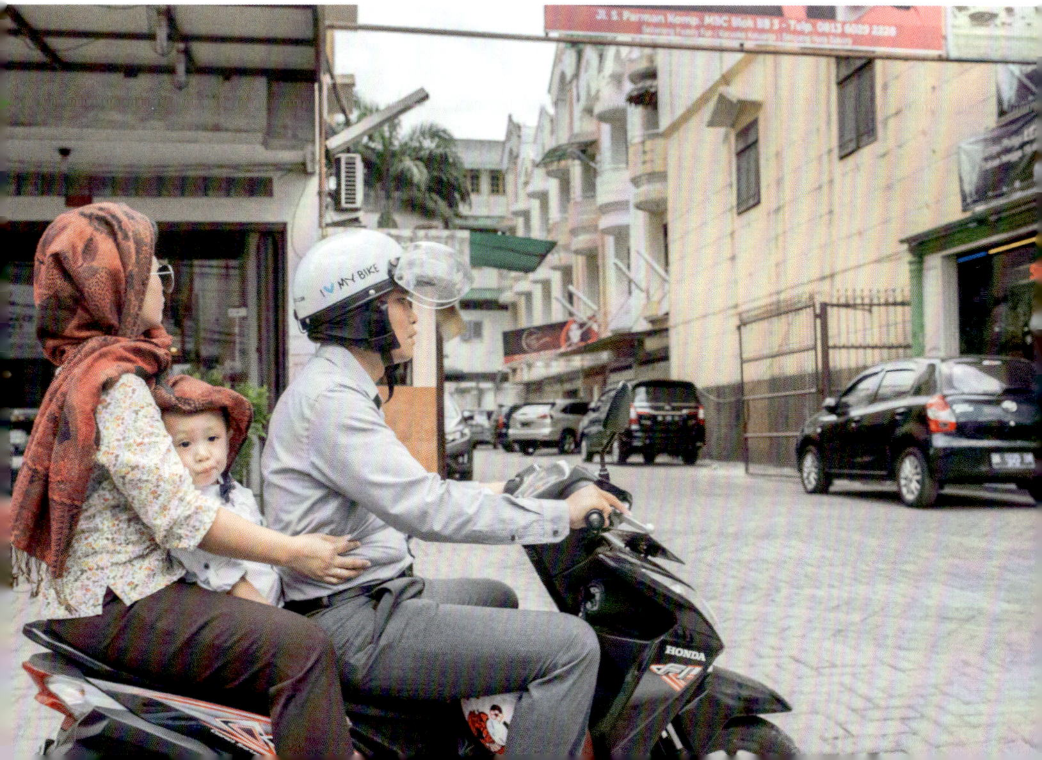
I ♥ MY BIKE
HONDA

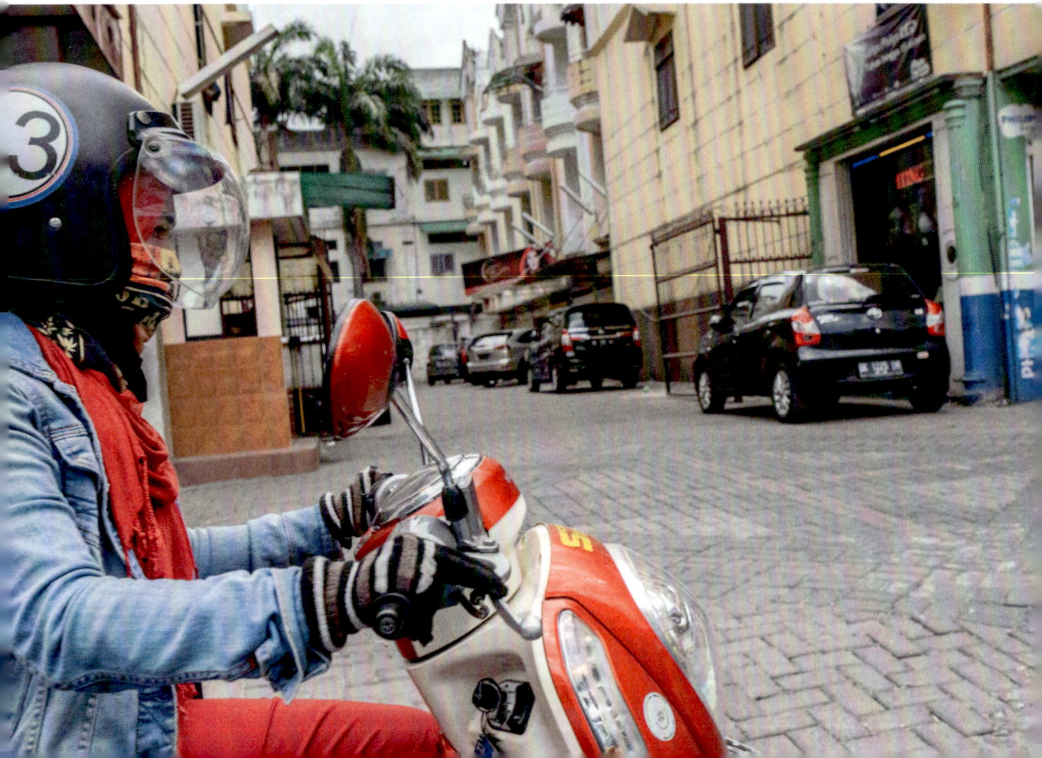

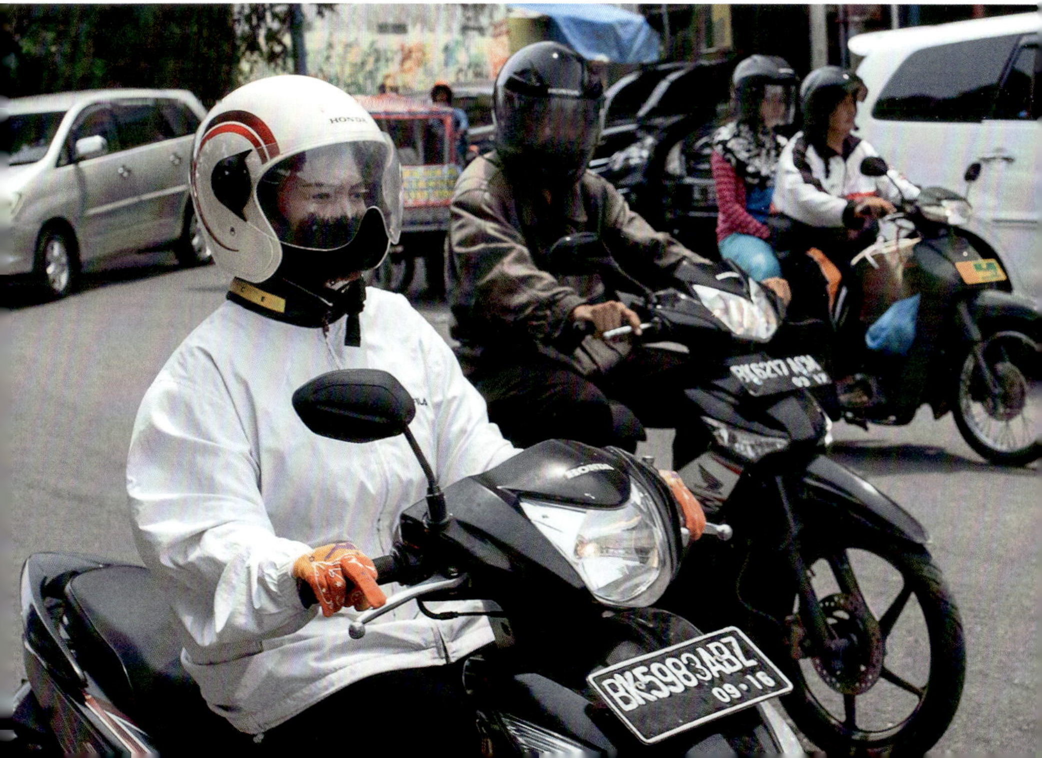
HONDA
BK5983ABZ
09·16

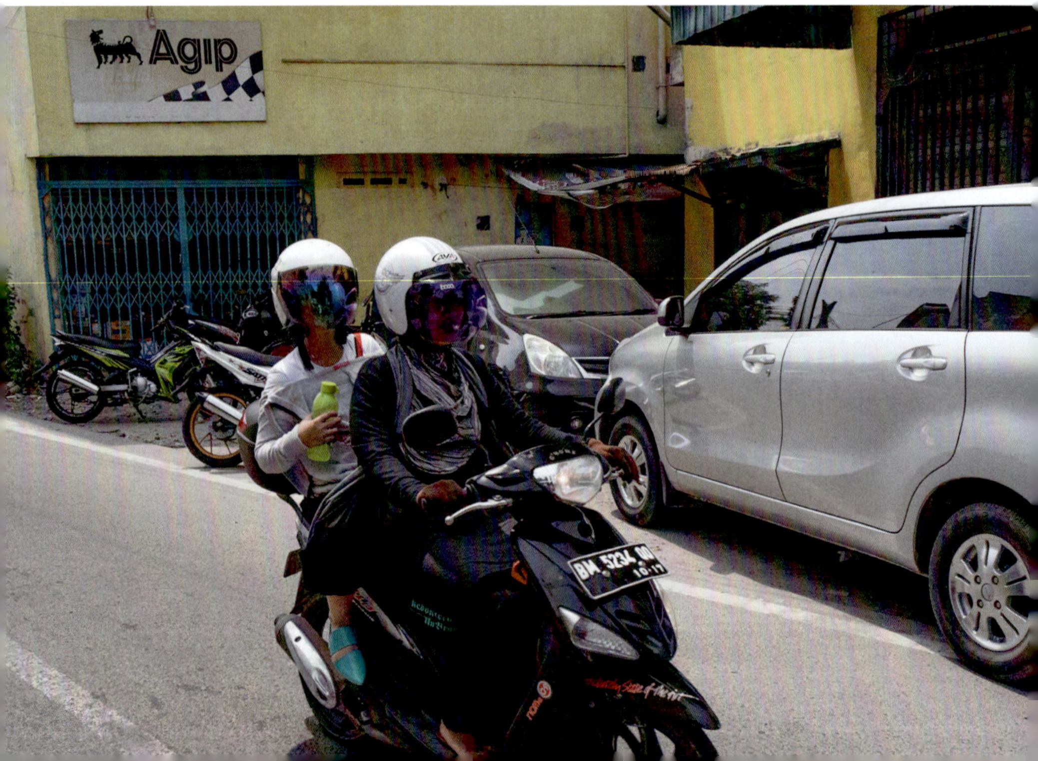
Agip

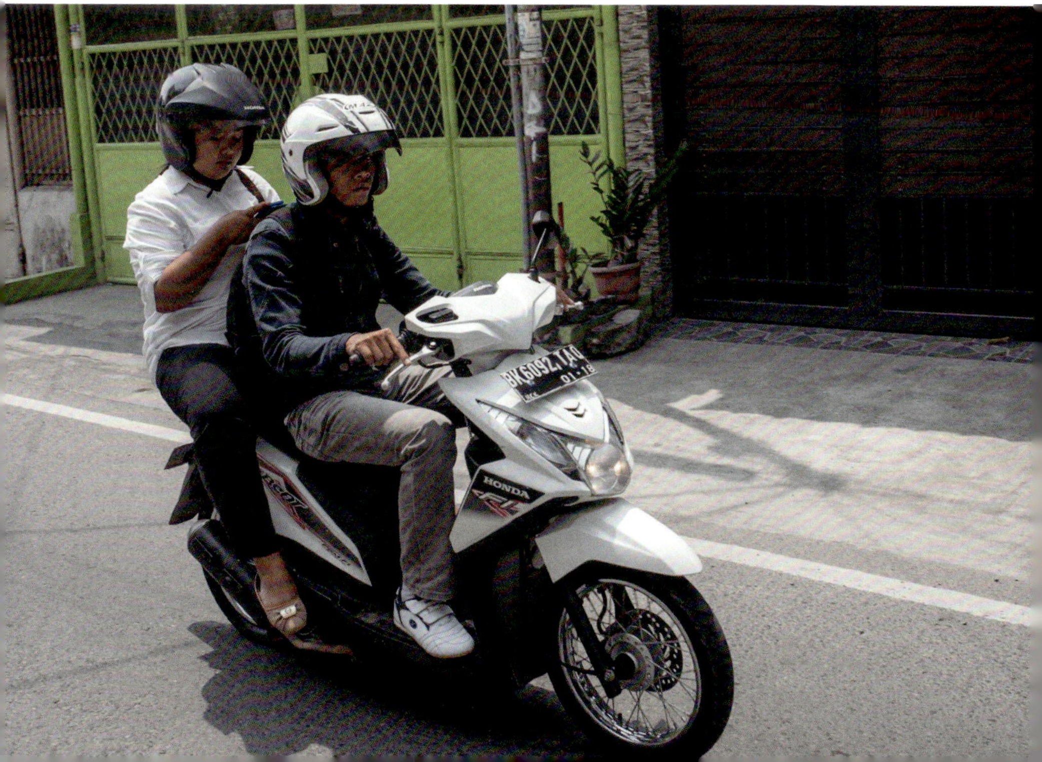
HONDA

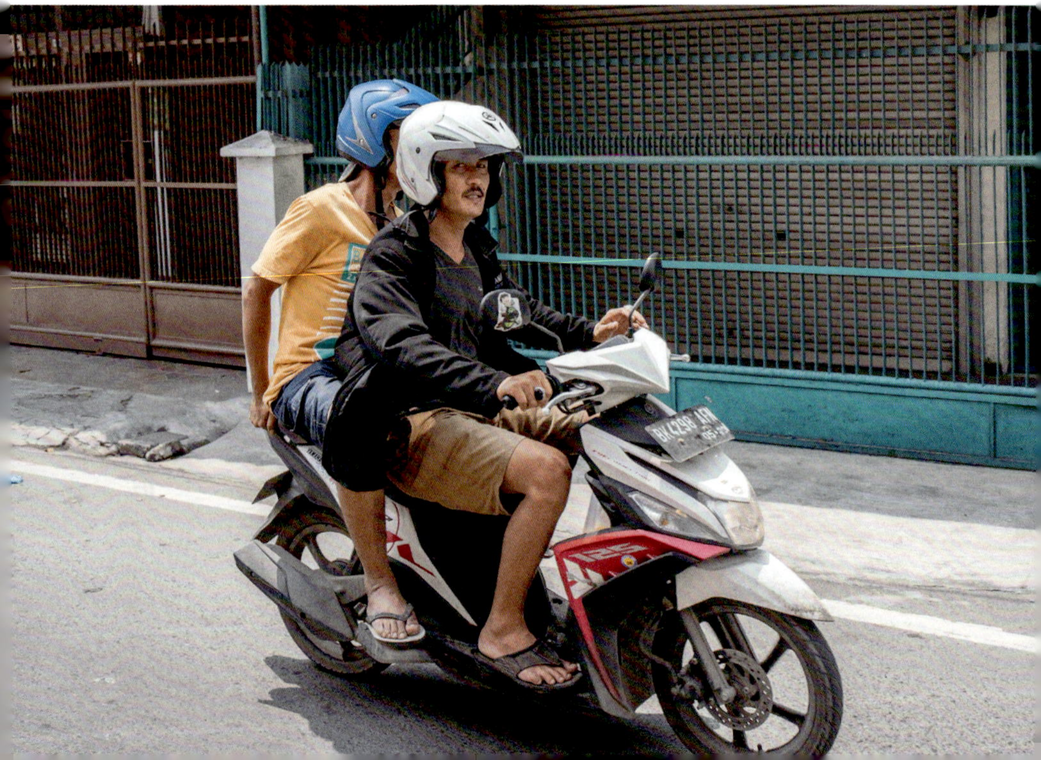

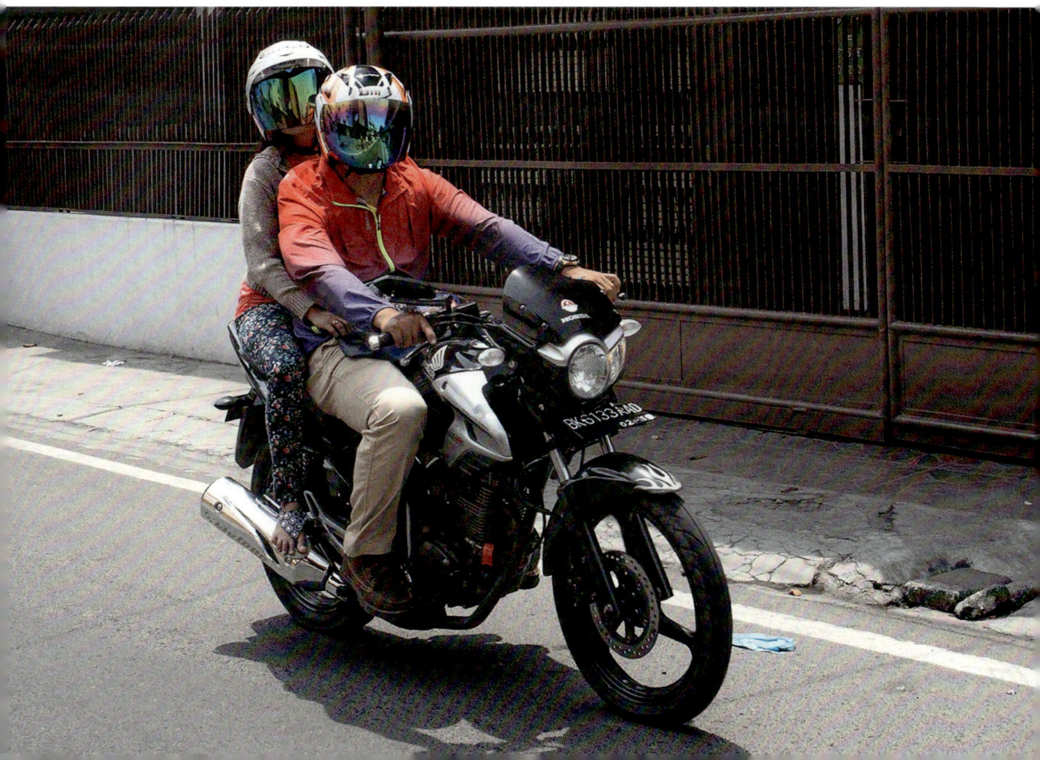

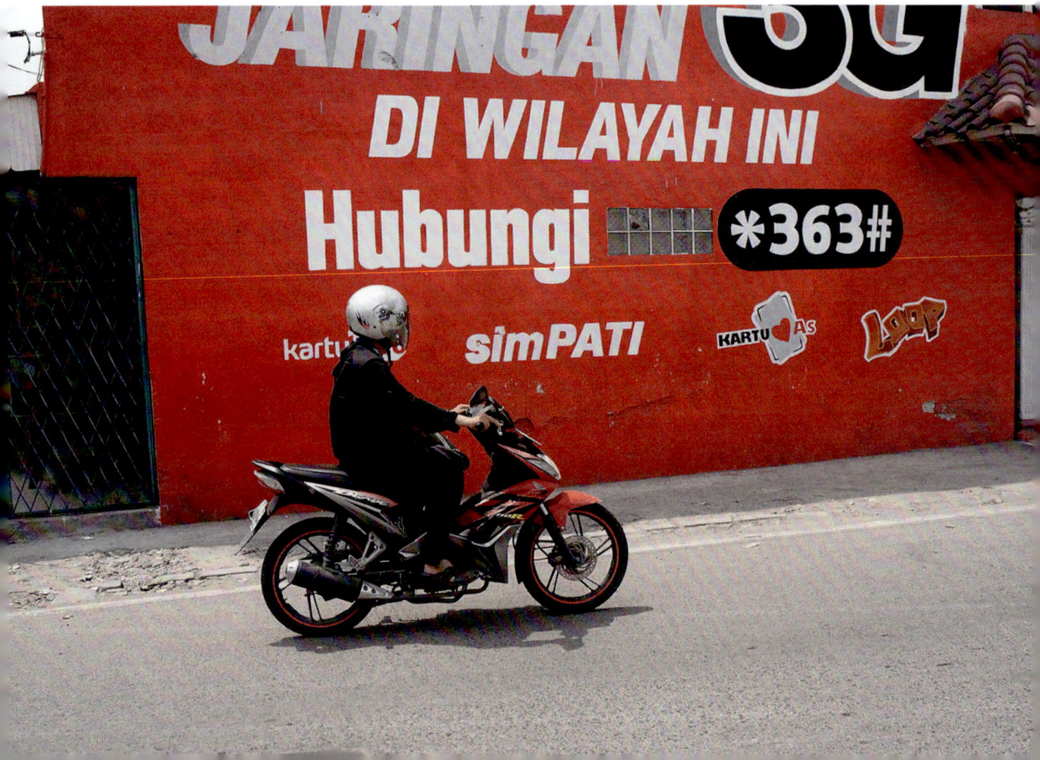
DI WILAYAH INI
Hubungi *363#
simPATI
KARTU As

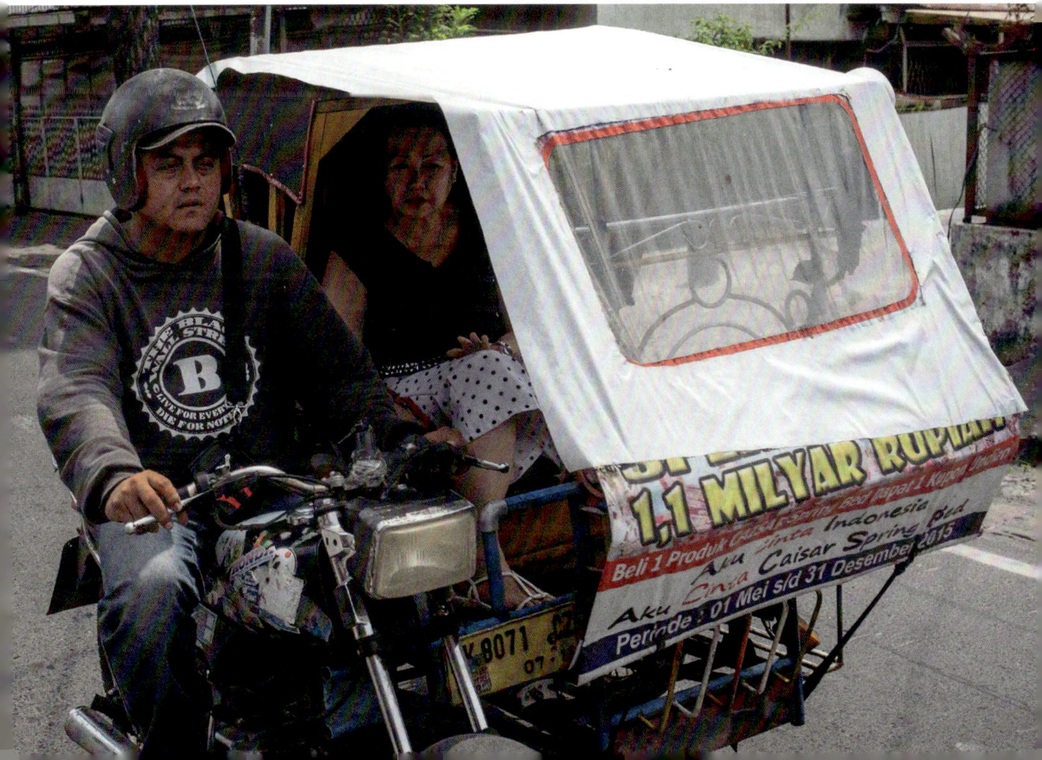
1,1 MILYAR
Aku Cinta Indonesia
Aku Cinta Caisar Spring Bed
01 Mei s/d 31 Desember 2015

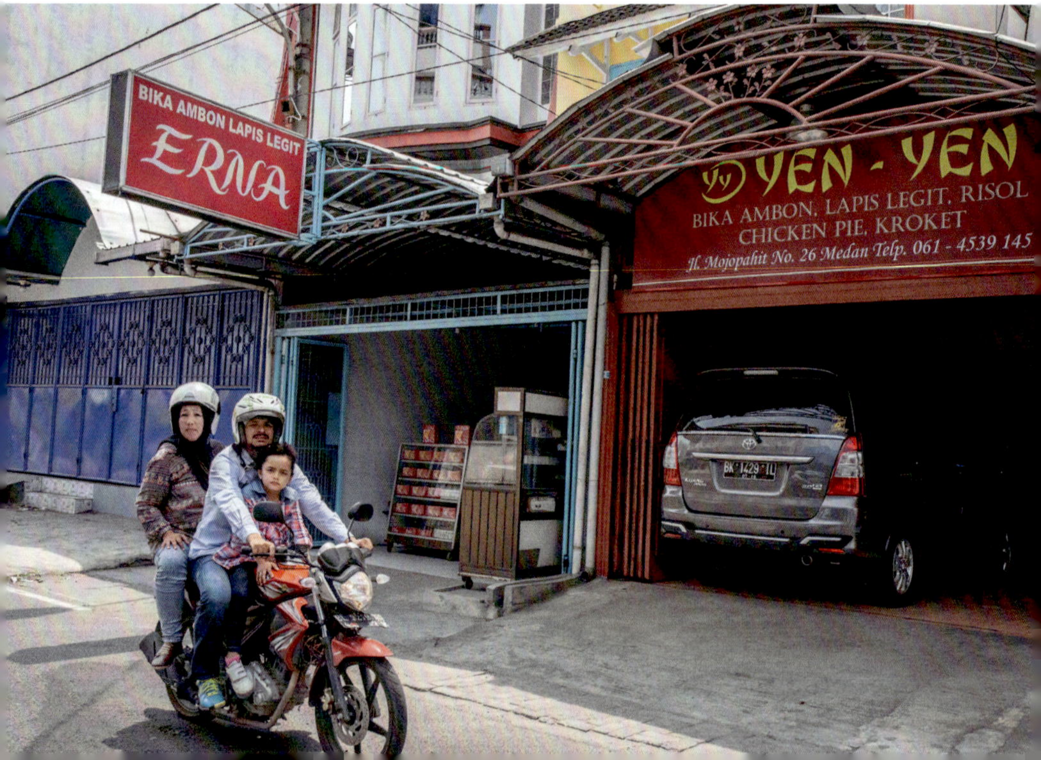
BIKA AMBON LAPIS LEGIT
ERNA
YEN - YEN
BIKA AMBON, LAPIS LEGIT, RISOL
CHICKEN PIE, KROKET
Jl. Mojopahit No. 26 Medan Telp. 061 - 4539 145

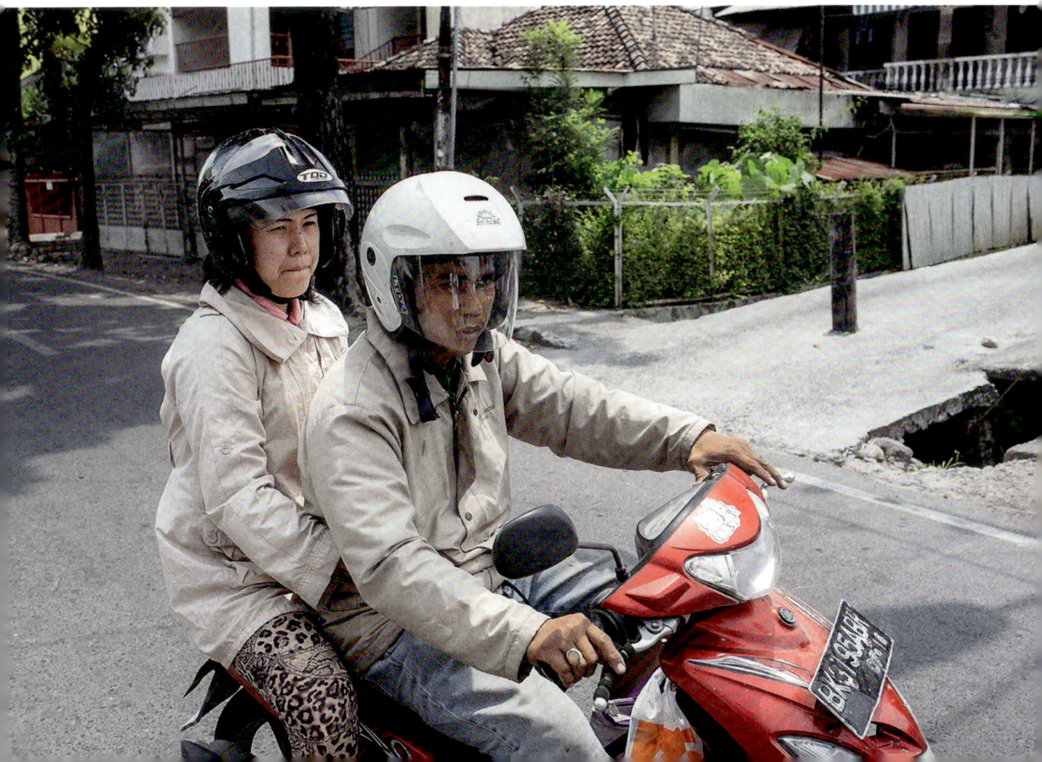

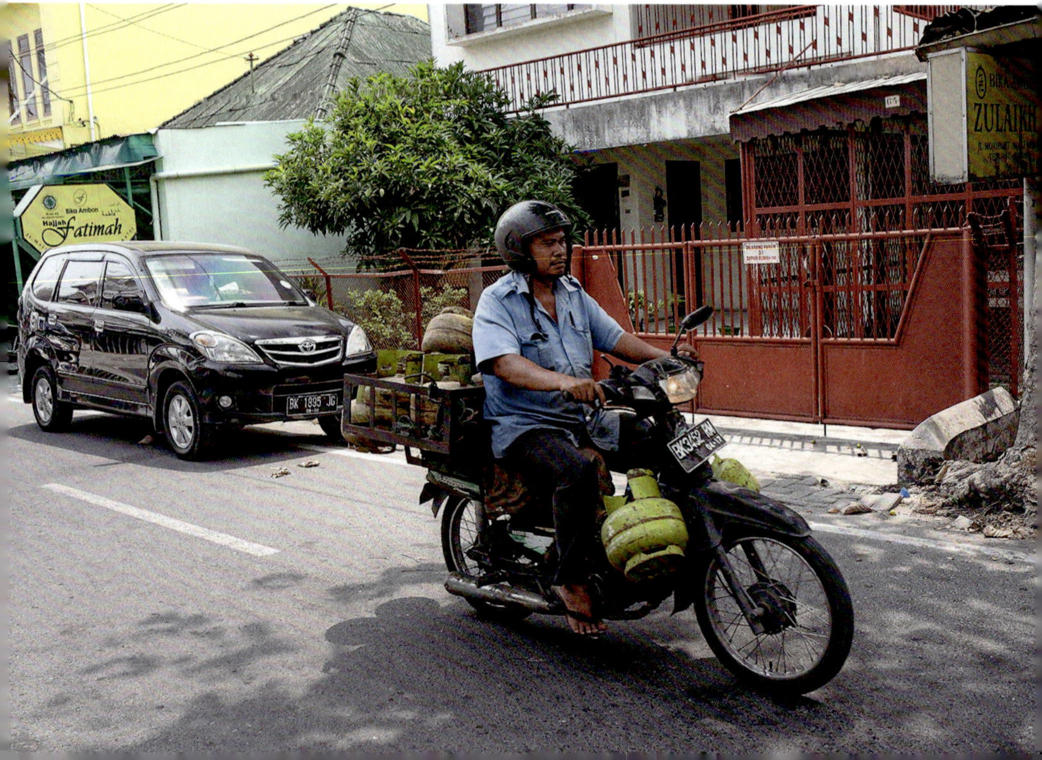
Bika Ambon
Hajjah
Fatimah
BK 1895 JG

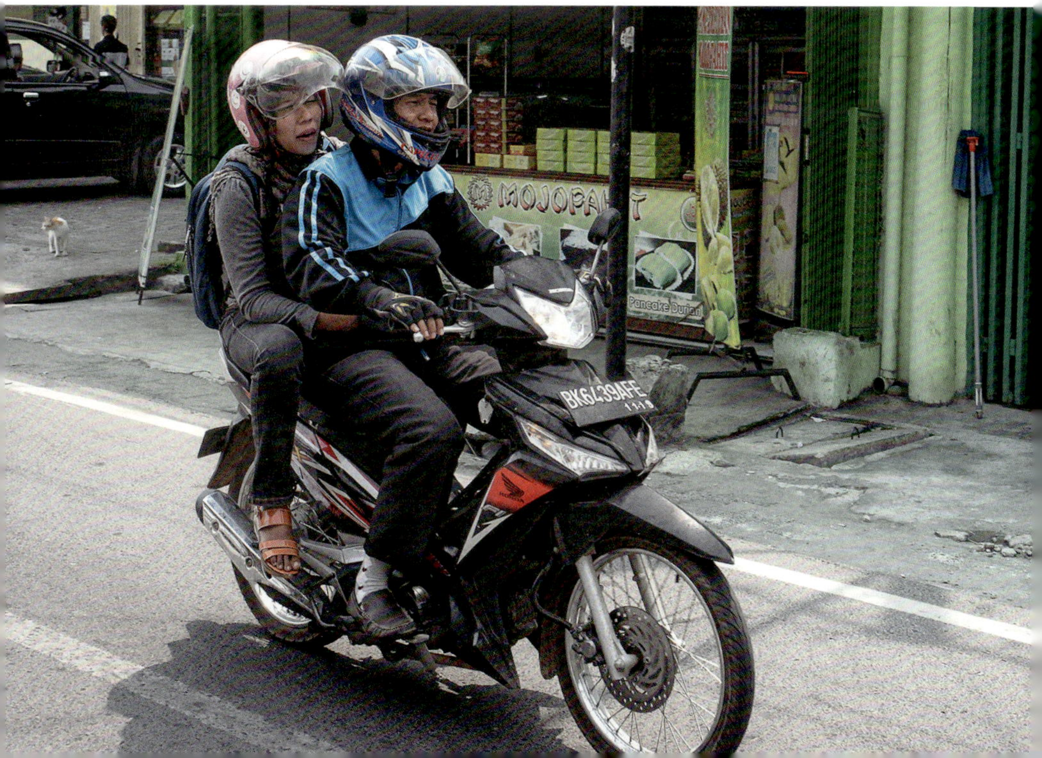
BK6439AFE
Pancake Durian

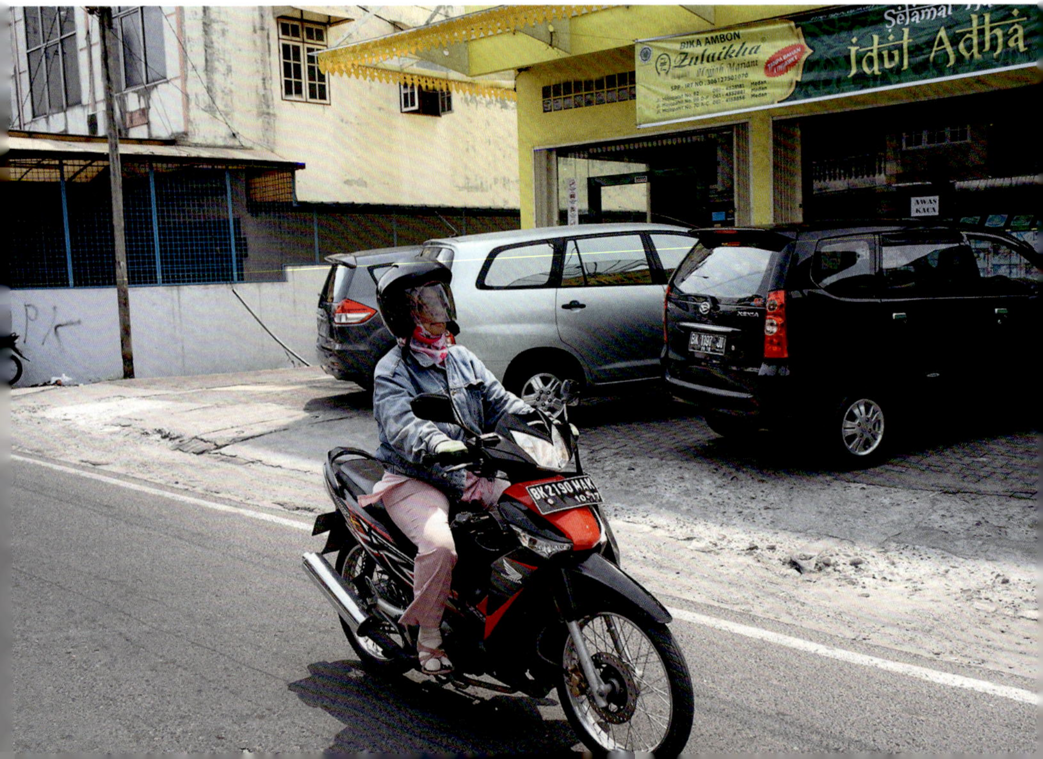
BIKA AMBON
Zulaikha
Selamat
idul Adha

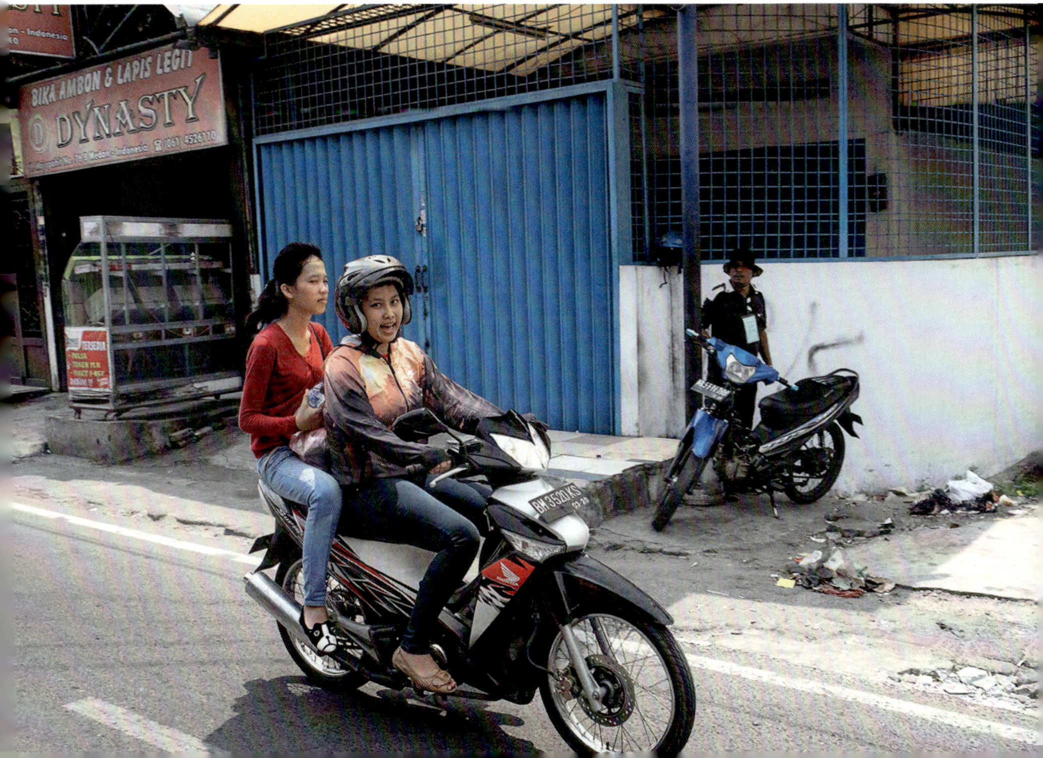
BIKA AMBON & LAPIS LEGIT
DYNASTY
(061) 4526110

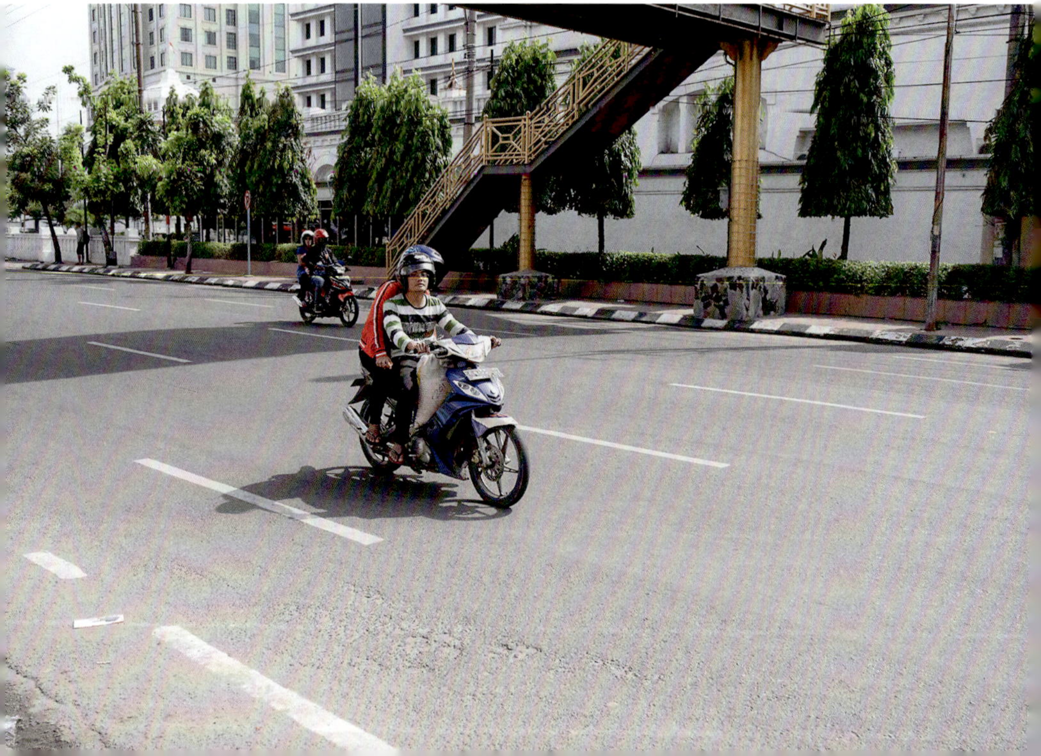

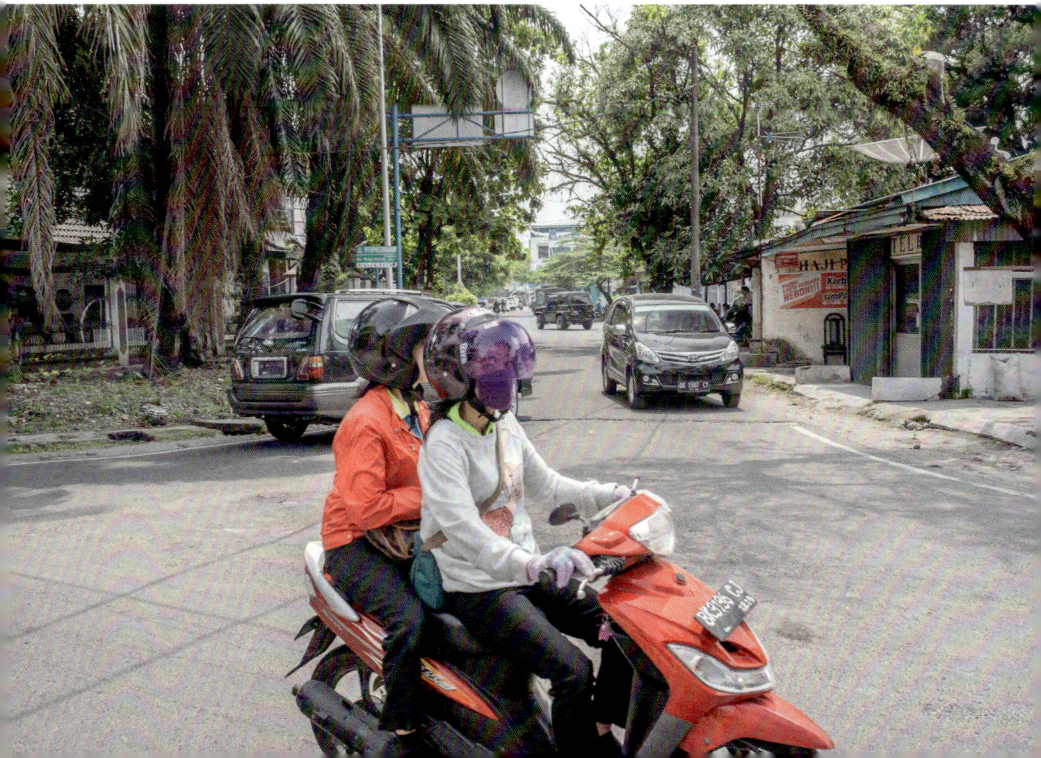

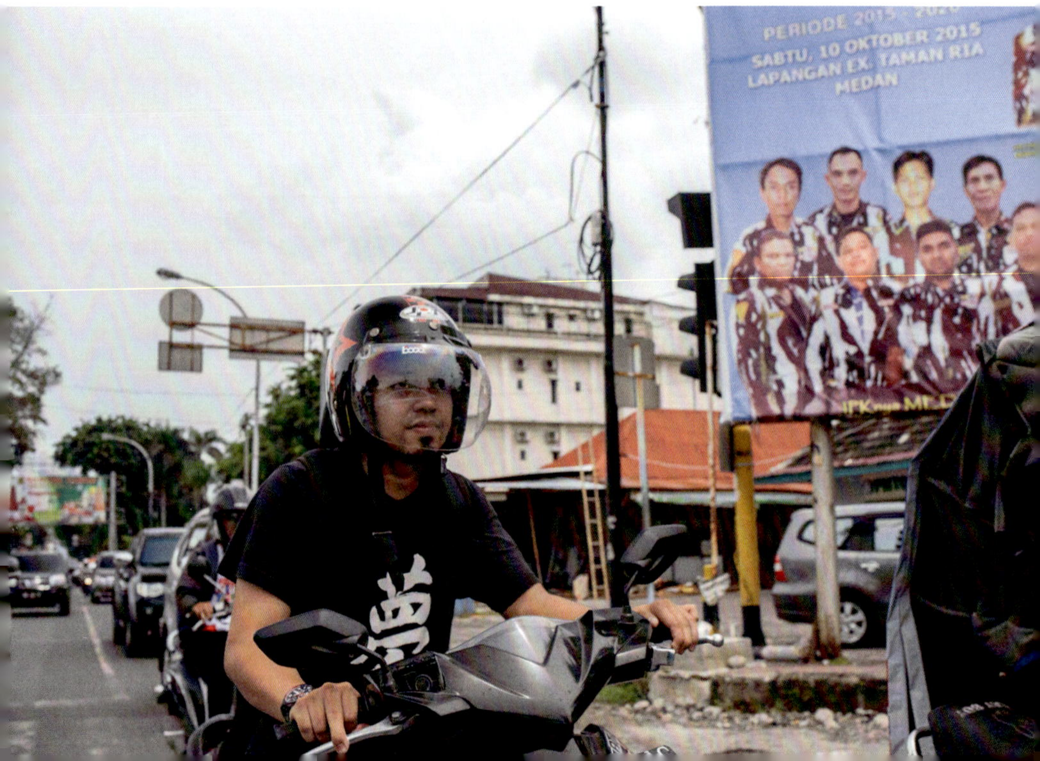
SABTU, 10 OKTOBER 2015
LAPANGAN EX. TAMAN RIA
MEDAN

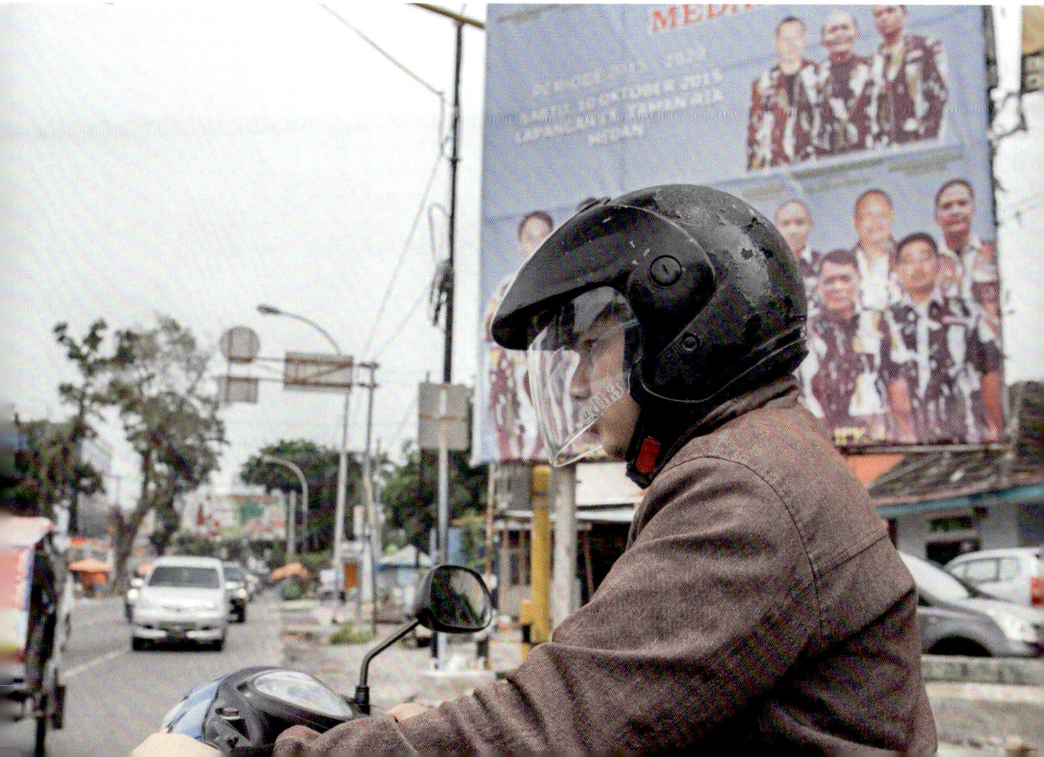

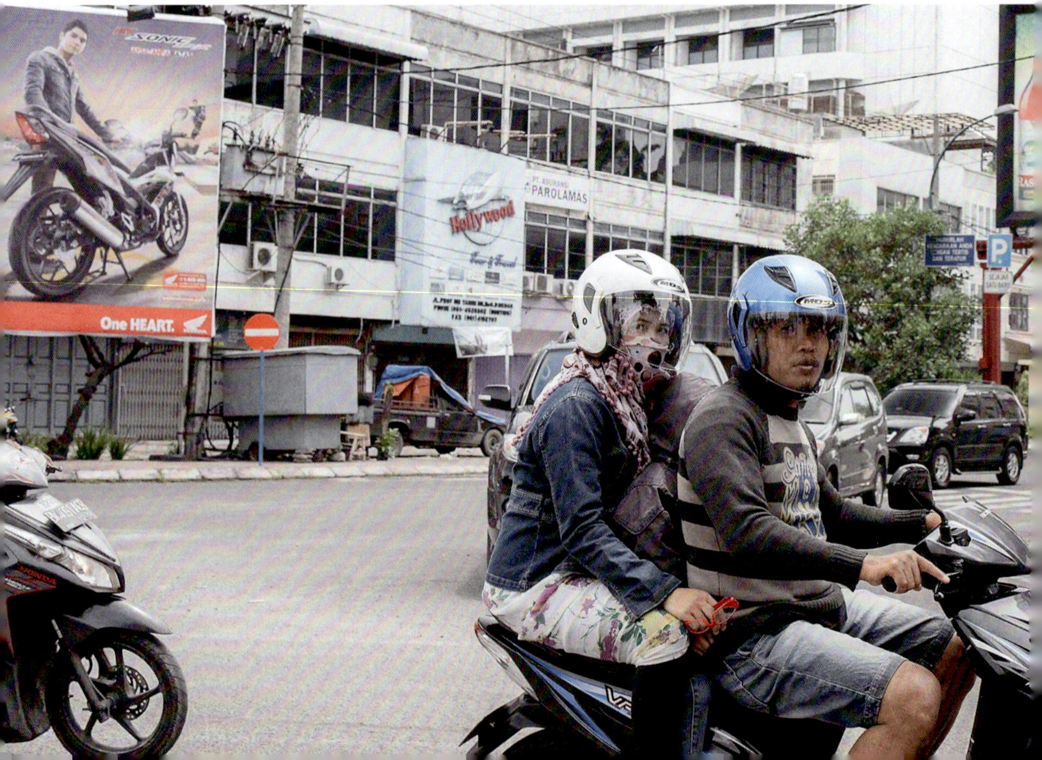
One HEART.
Hollywood
PT. ASURANSI
PAROLAMAS
P

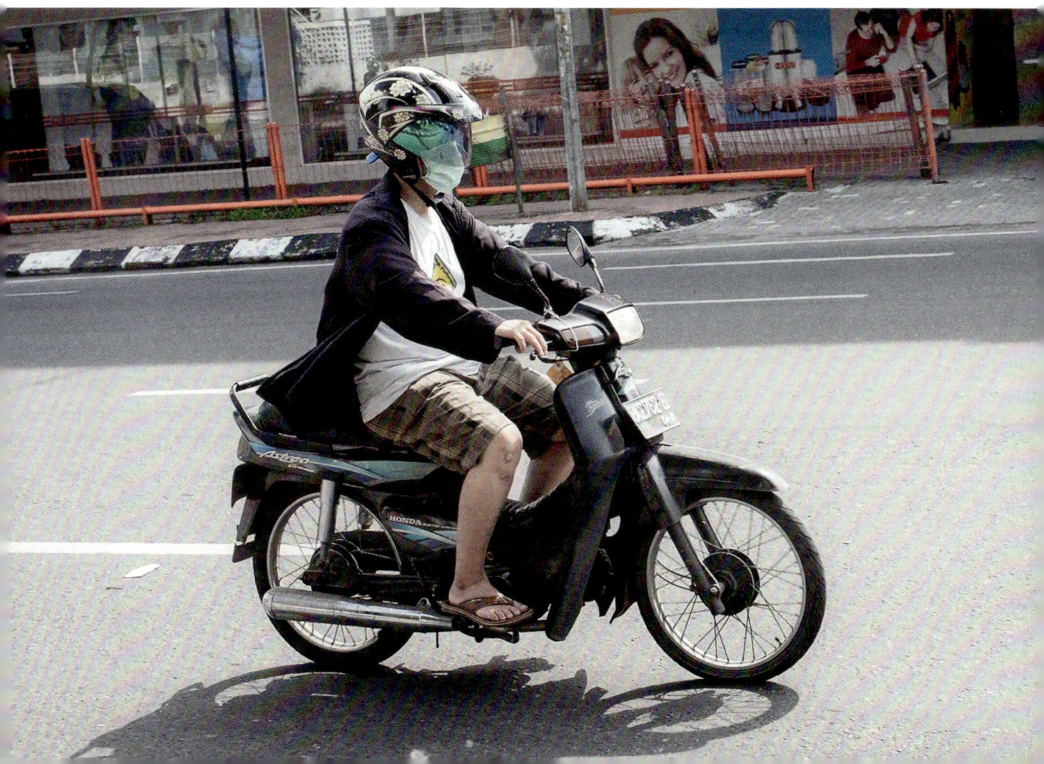

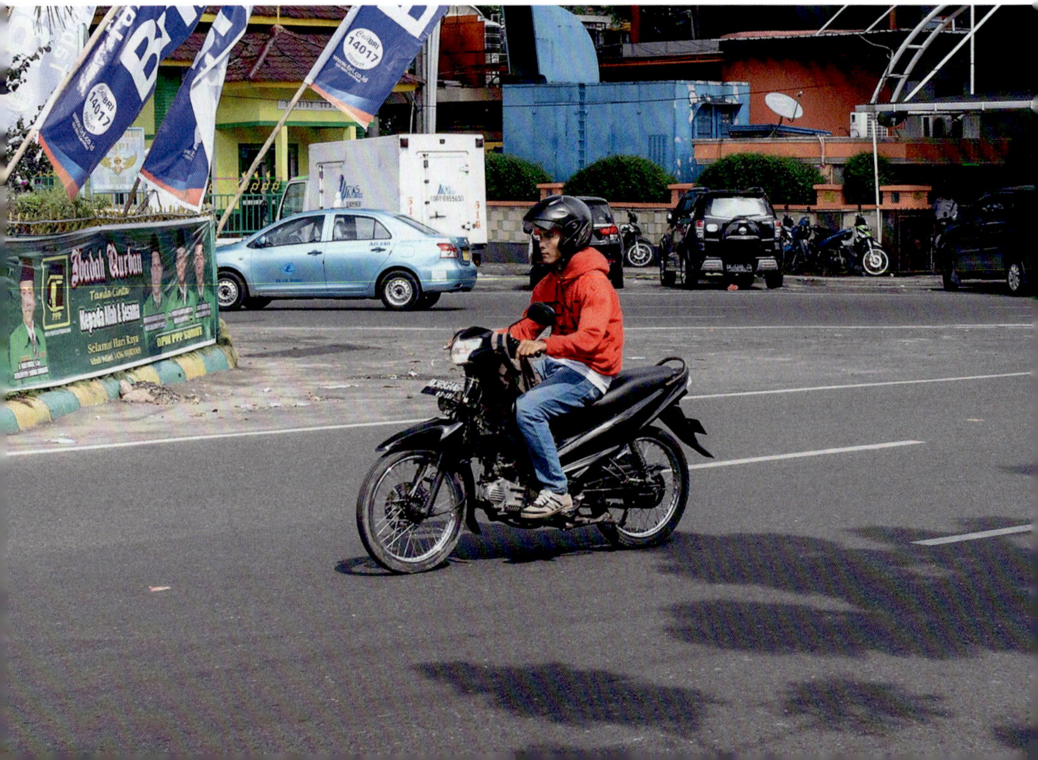
Ibadah Qurban
Tanda Cinta
Kepada Allah & Sesama
Selamat Hari Raya
DPW PPP SUMUT
14017

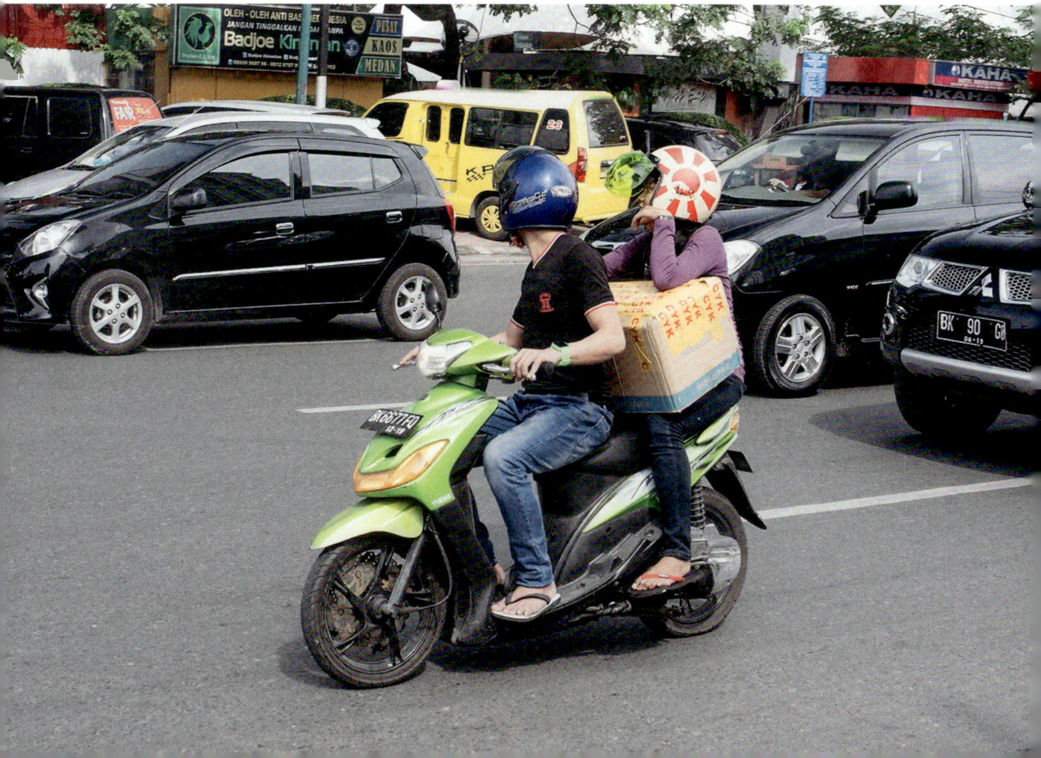
PUSAT
KAOS
MEDAN
KAHA

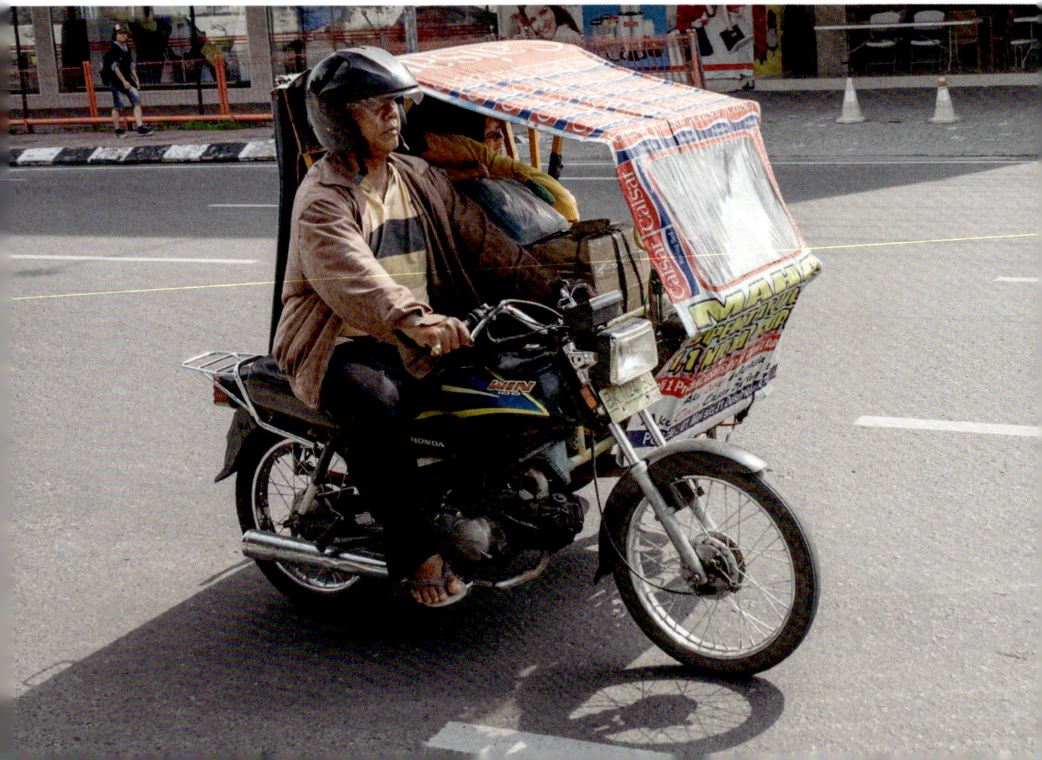
HONDA

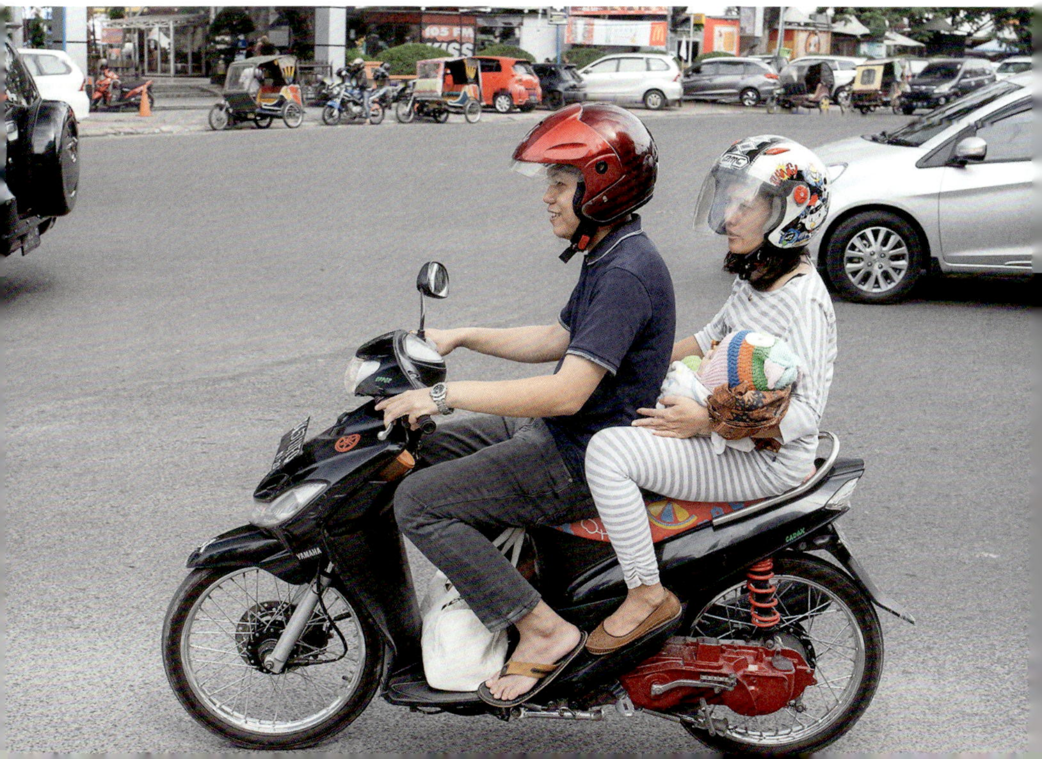

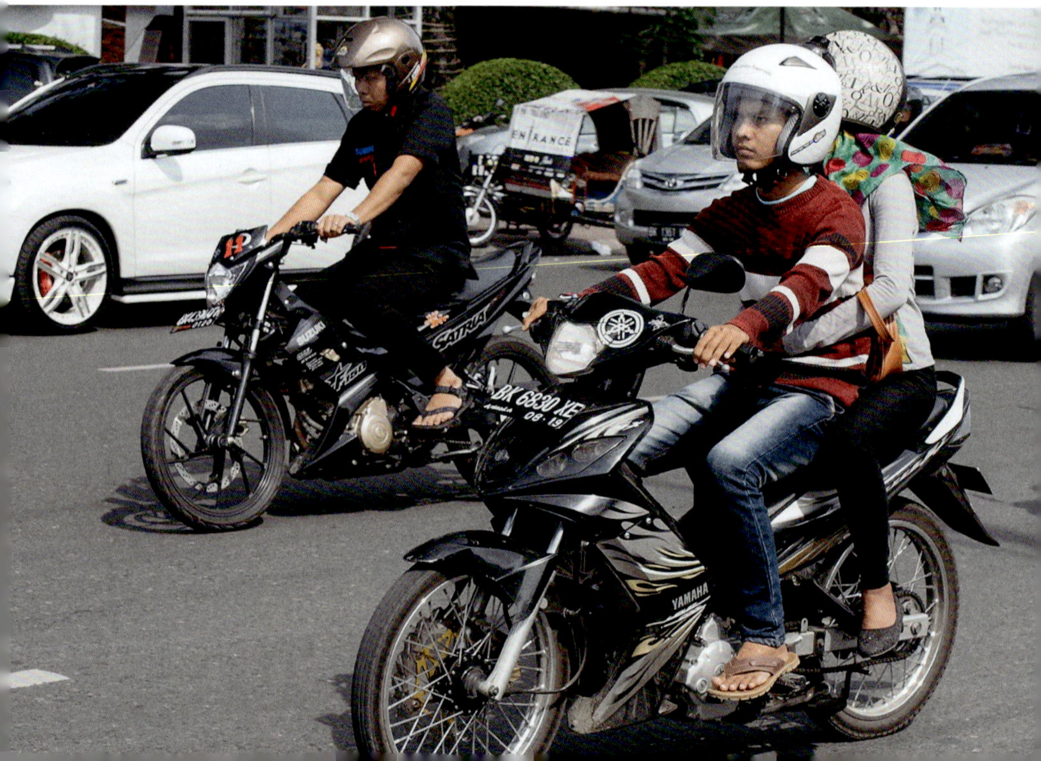
SUZUKI
SATRIA
BK 6830 XE
YAMAHA

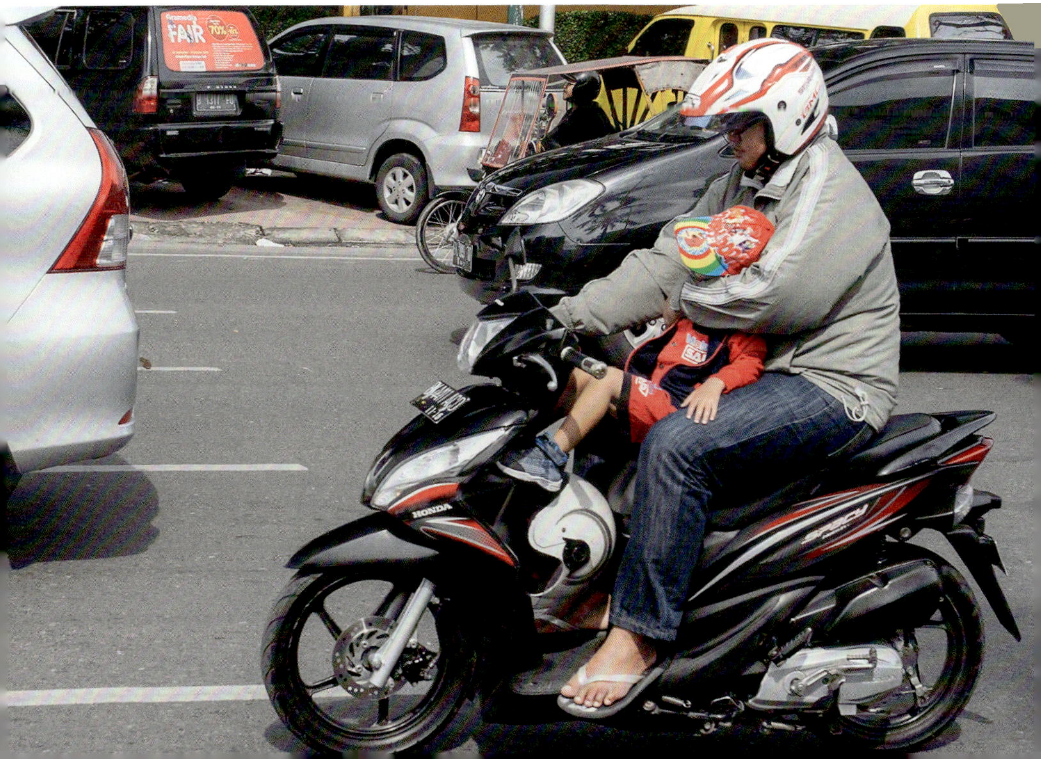
FAIR
70%
HONDA

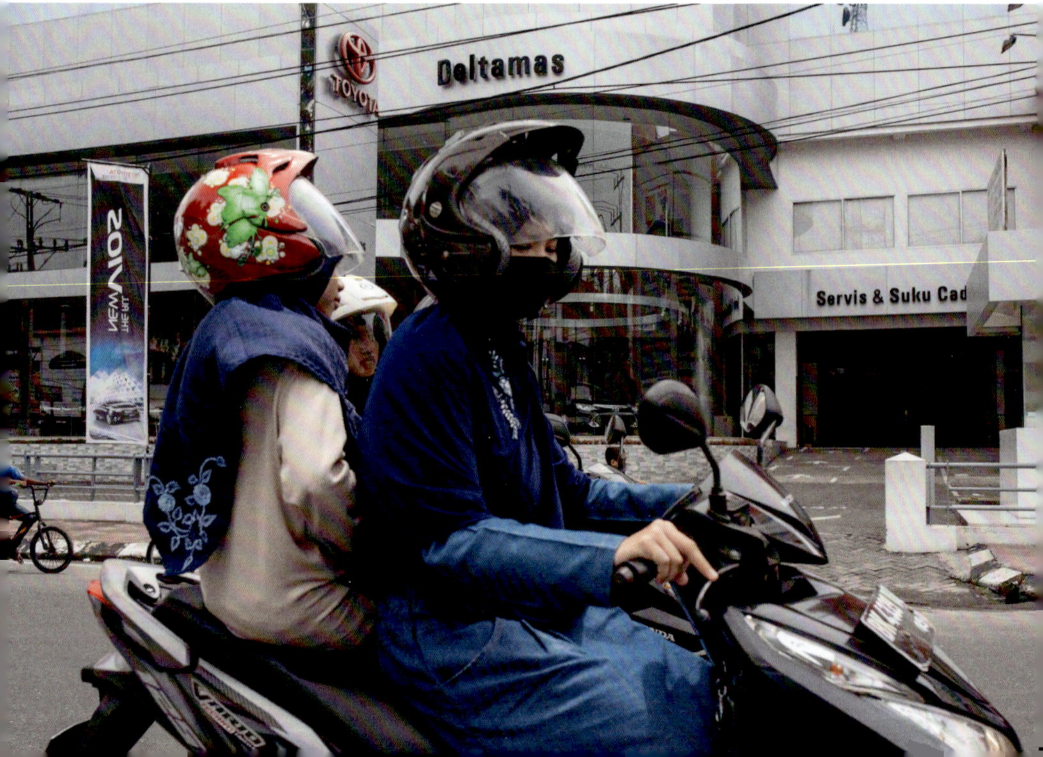
TOYOTA
Deltamas
Servis & Suku Cad

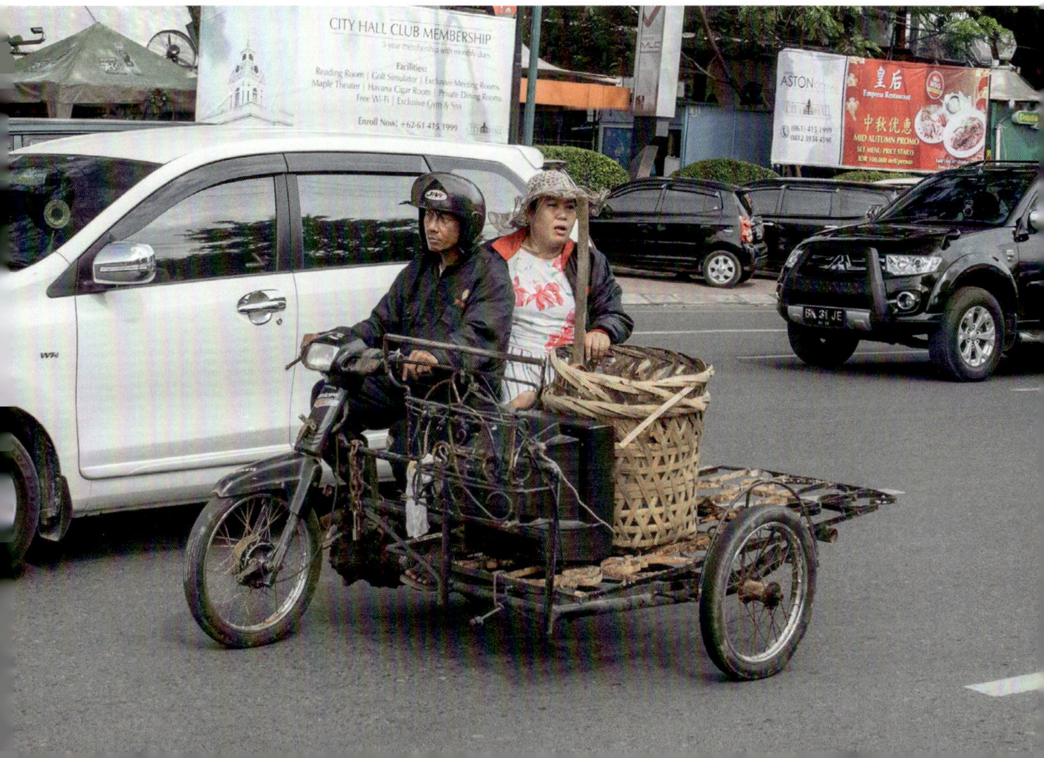
CITY HALL CLUB MEMBERSHIP
Facilities:
Reading Room | Golf Simulator | Exclusive Meeting Rooms
Maple Theater | Havana Cigar Room | Private Dining Rooms
Free Wi-Fi | Exclusive Gym & Spa
Enroll Now! +62-61 415 1999
ASTON
(061) 415 1999
皇后
Empress Restaurant
中秋优惠
MID AUTUMN PROMO
SET MENU PRICE STARTS
BK 31 JE

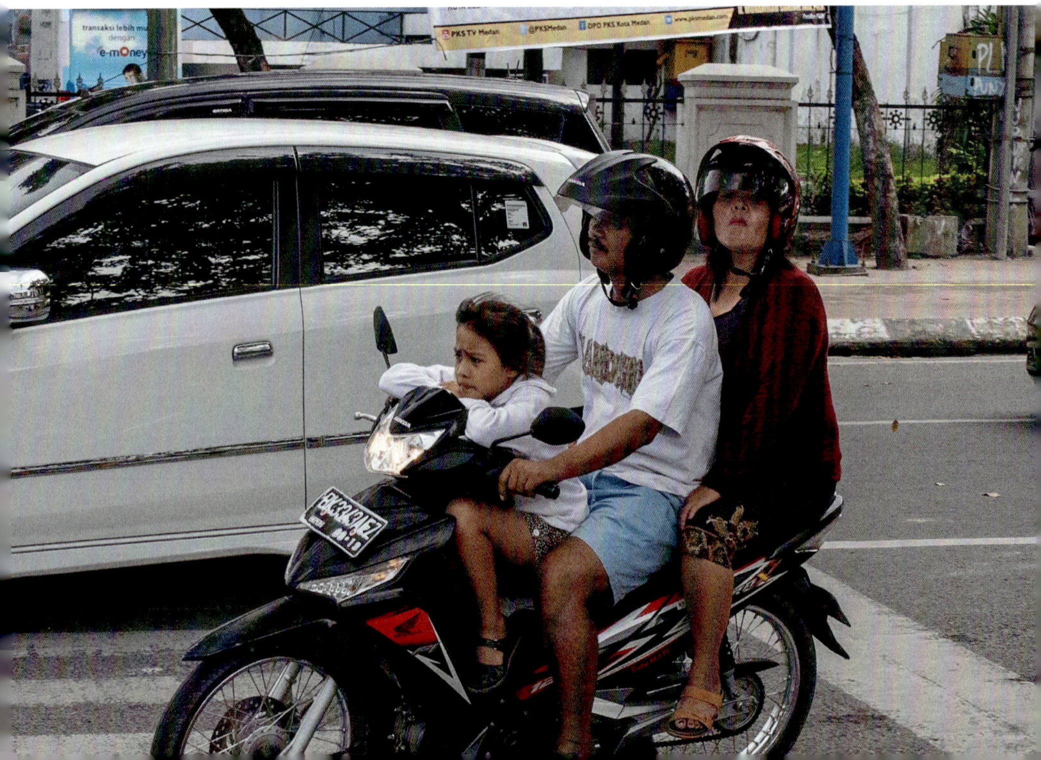
PKS TV Medan
@PKSMedan
www.pksmedan.com

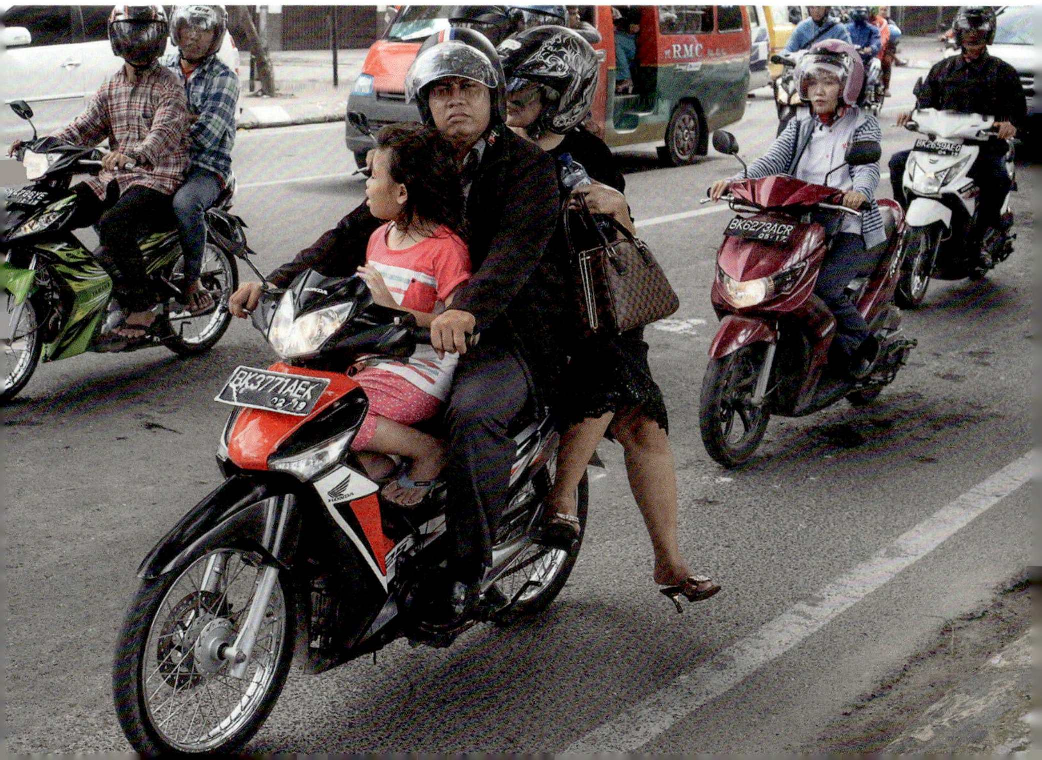
RMC
BK3771AEK
BK6273ACR

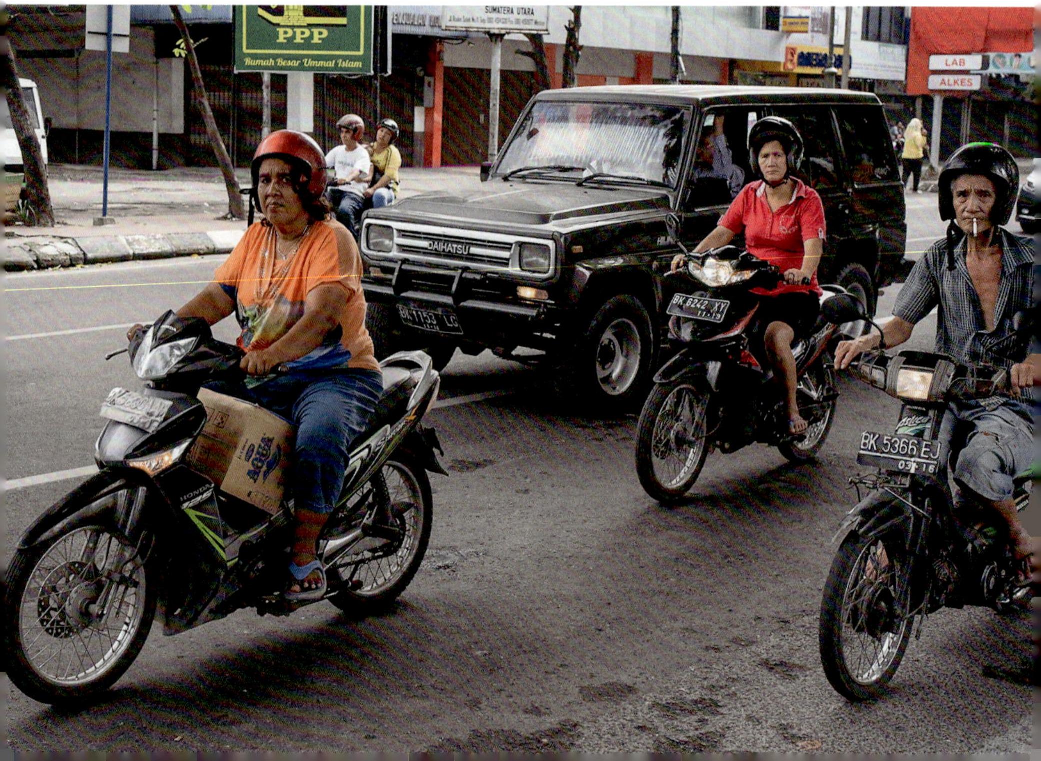
PPP
Rumah Besar Ummat Islam
SUMATERA UTARA
LAB
ALKES
DAIHATSU
BK 1153 LG
BK 6242 XY
BK 5366 EJ

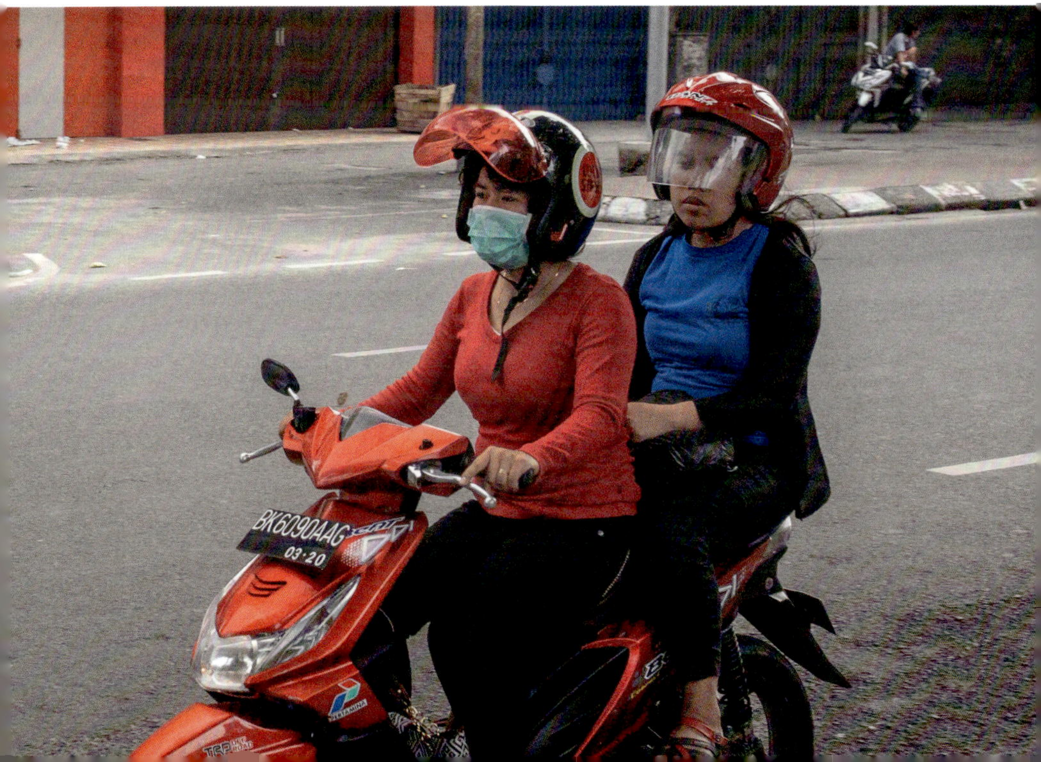
BK6090AAG
03·20

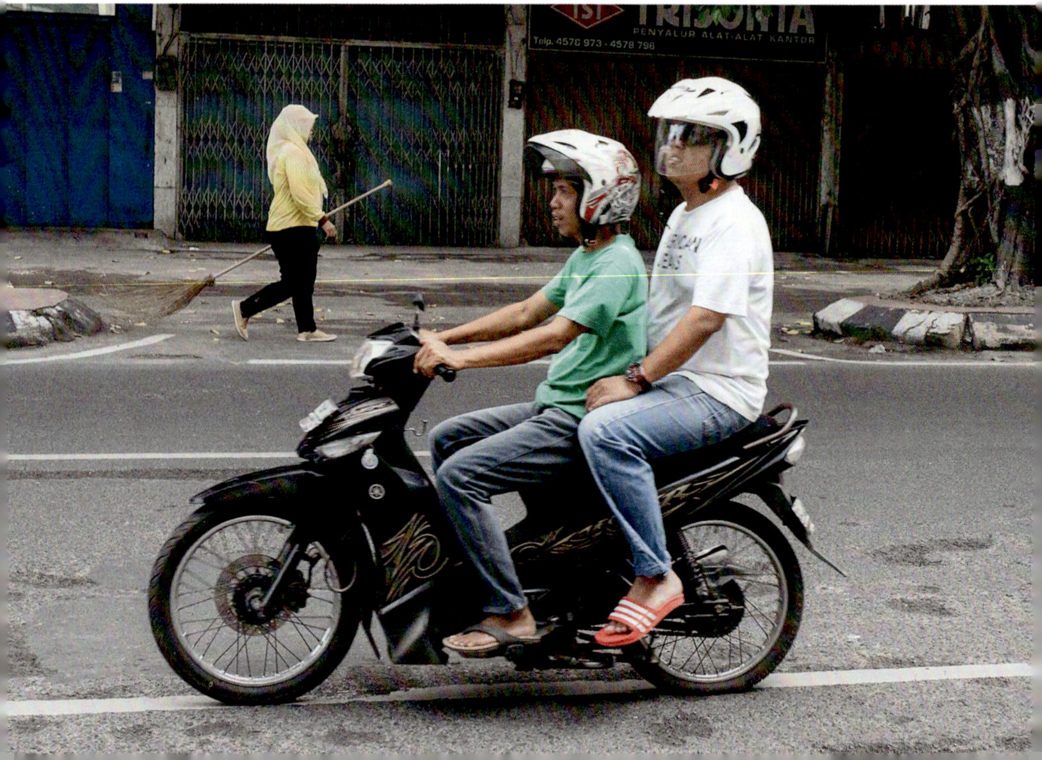
PENYALUR ALAT-ALAT KANTOR
Telp. 4578 973 - 4578 798

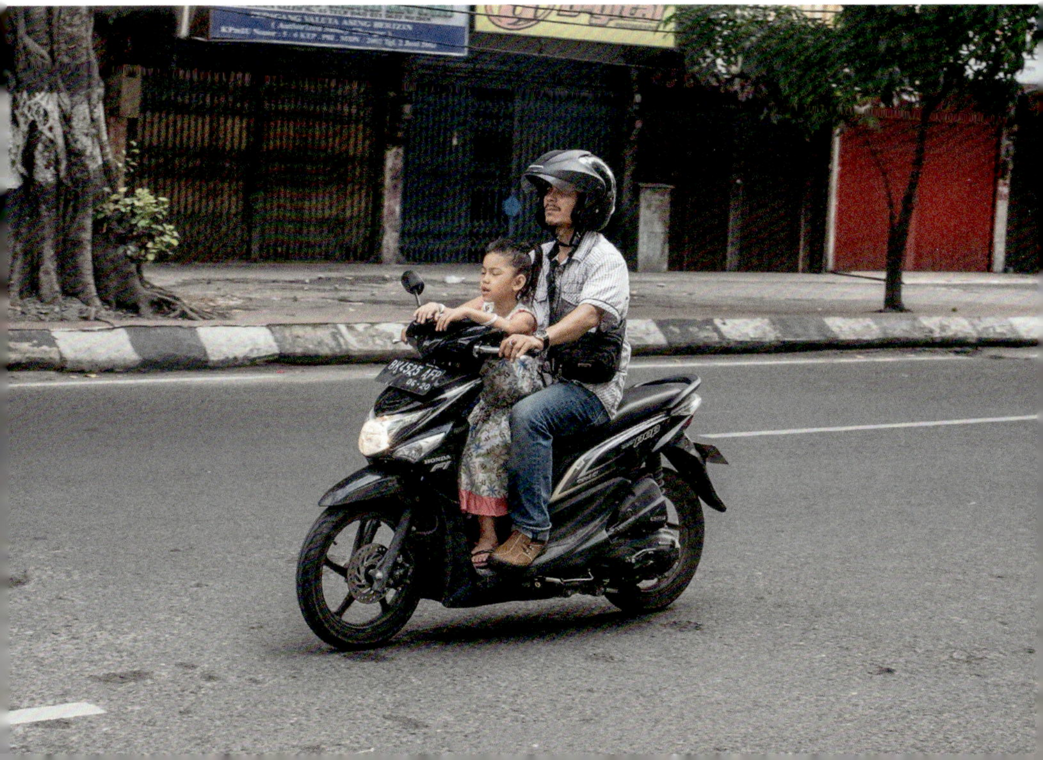

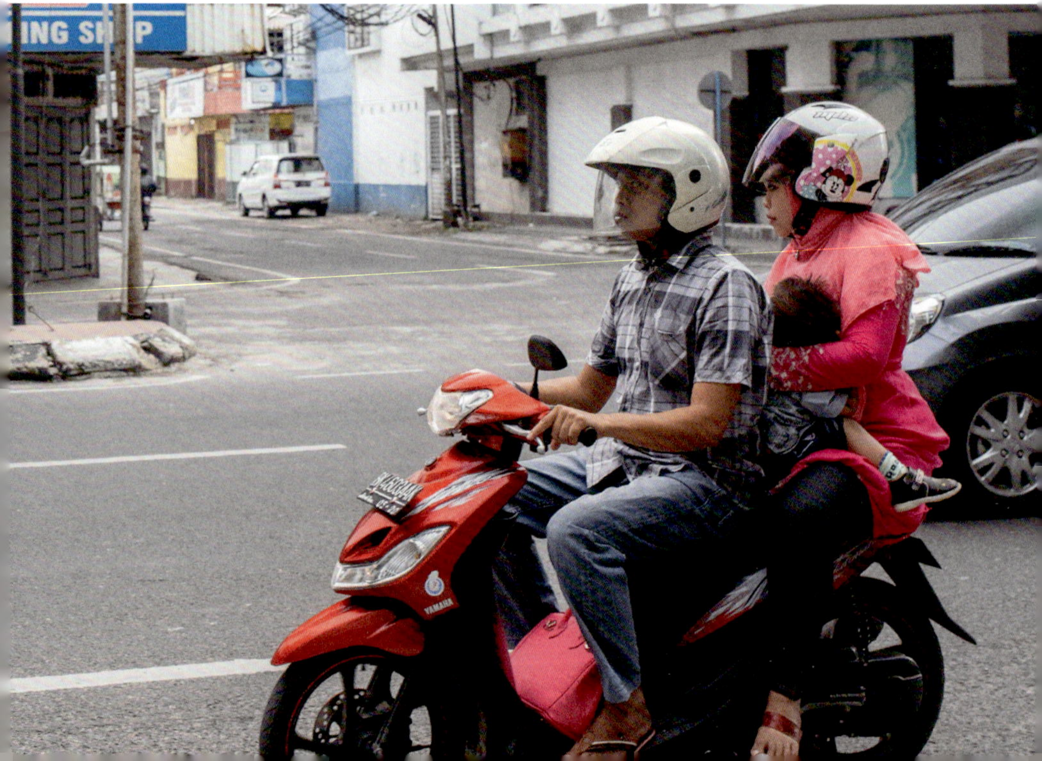

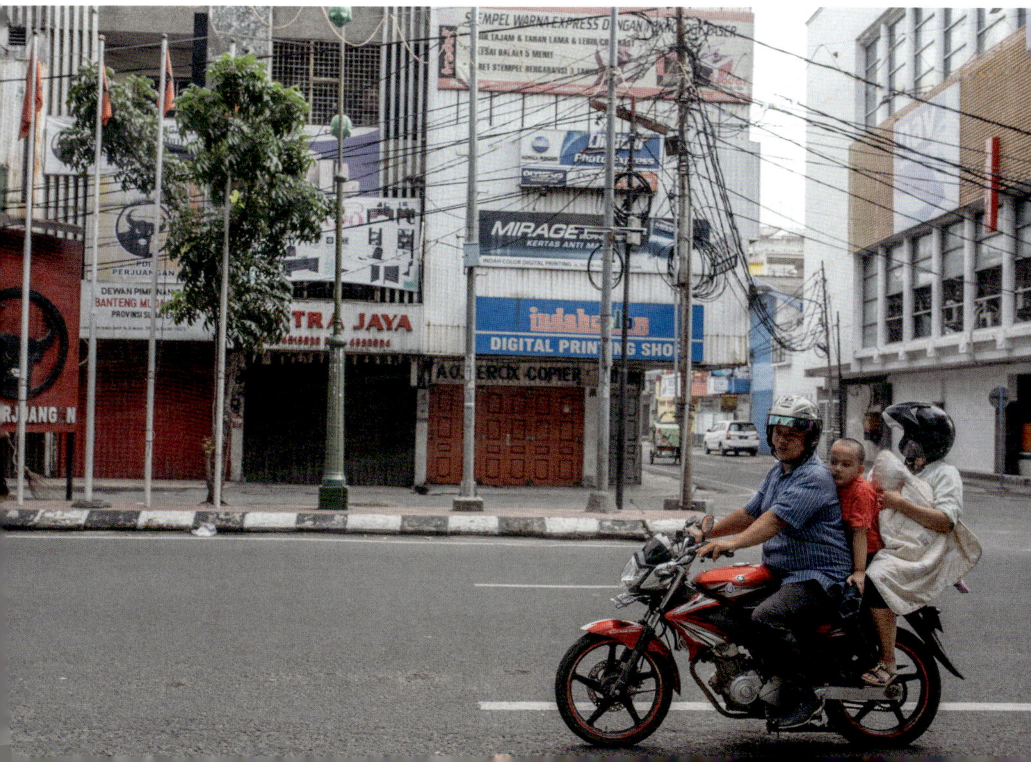
TRA JAYA
MIRAGE
AC XEROX COPIER

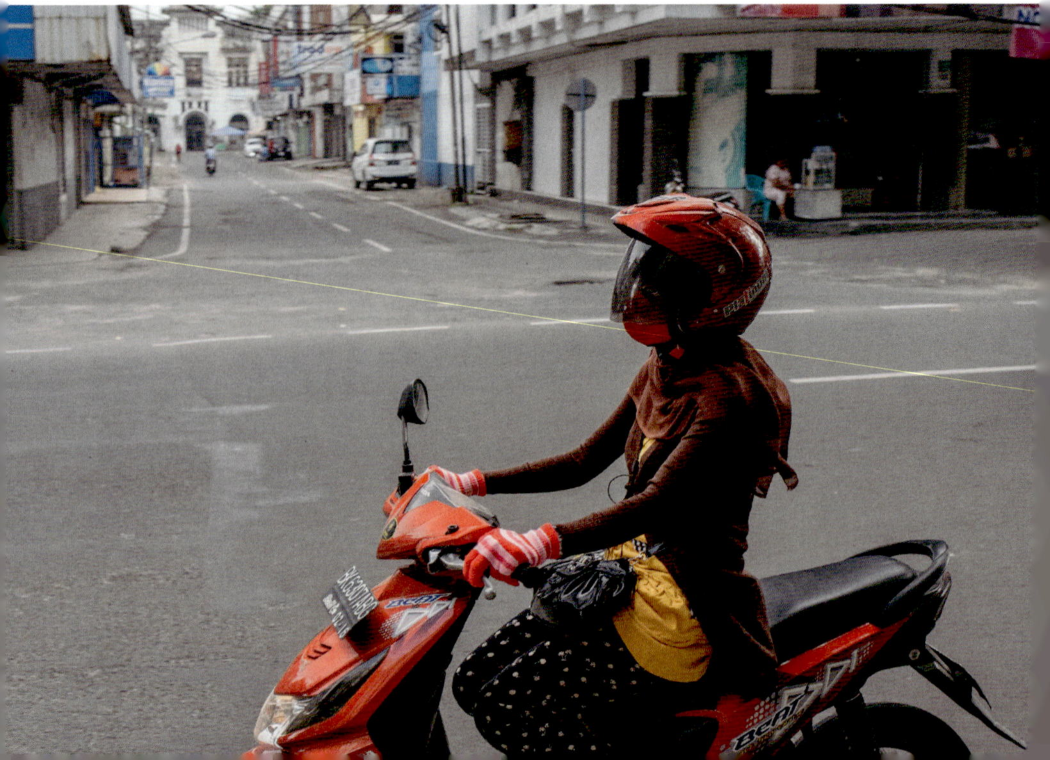

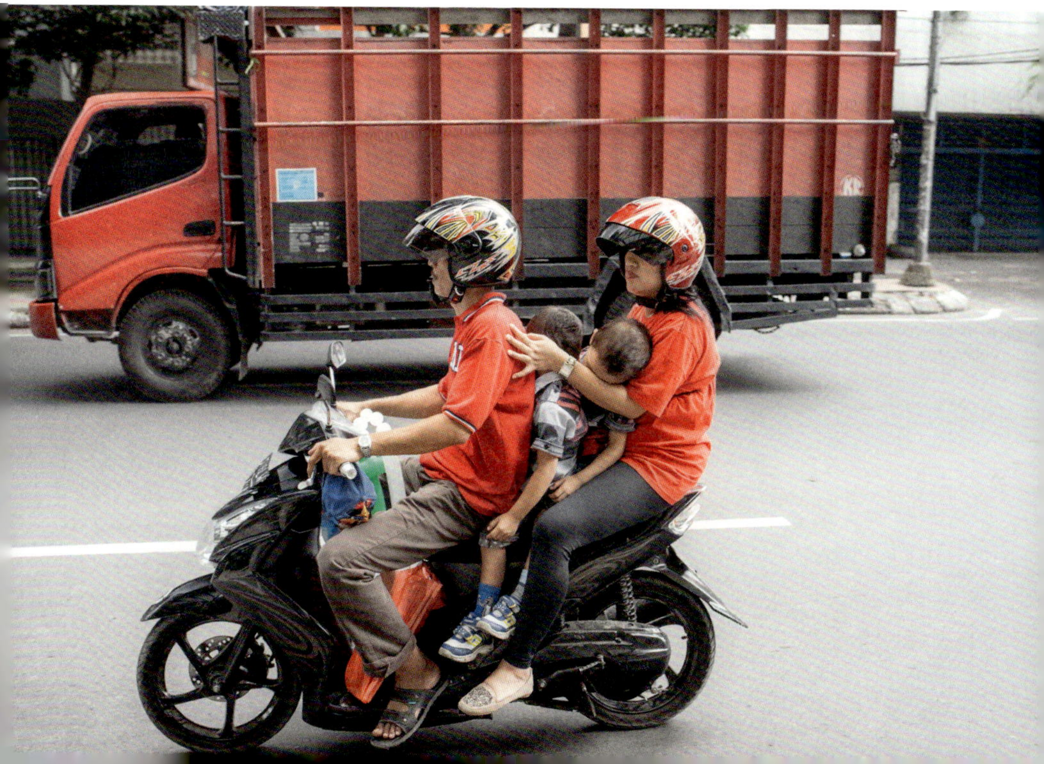

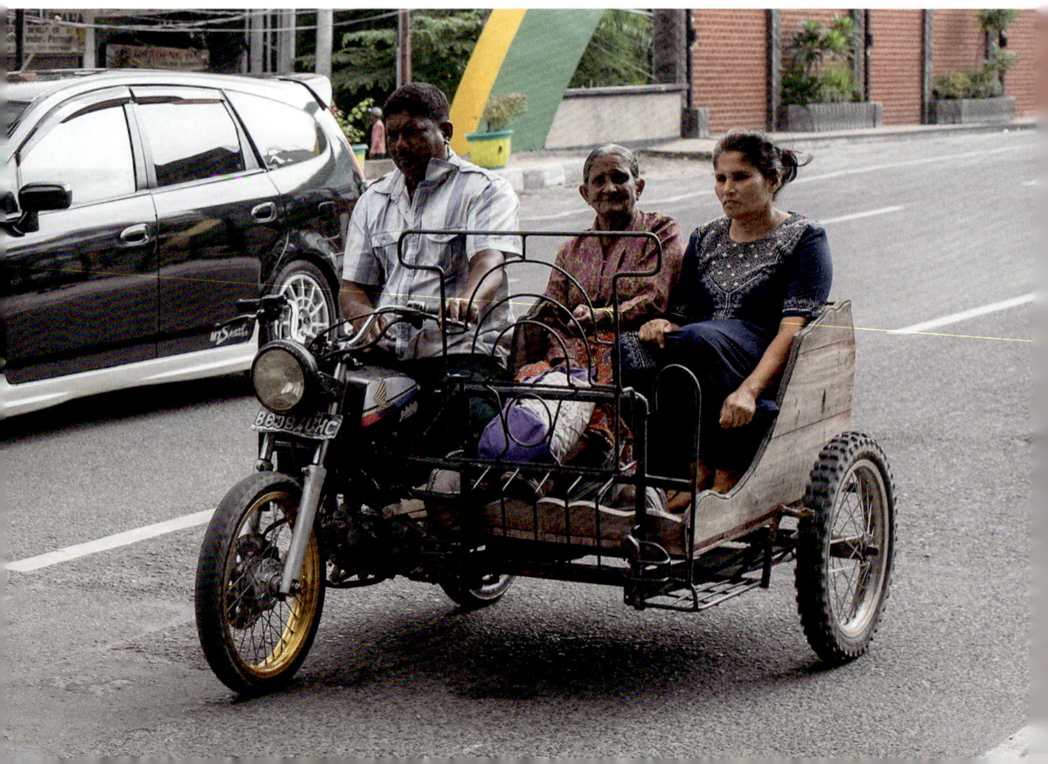

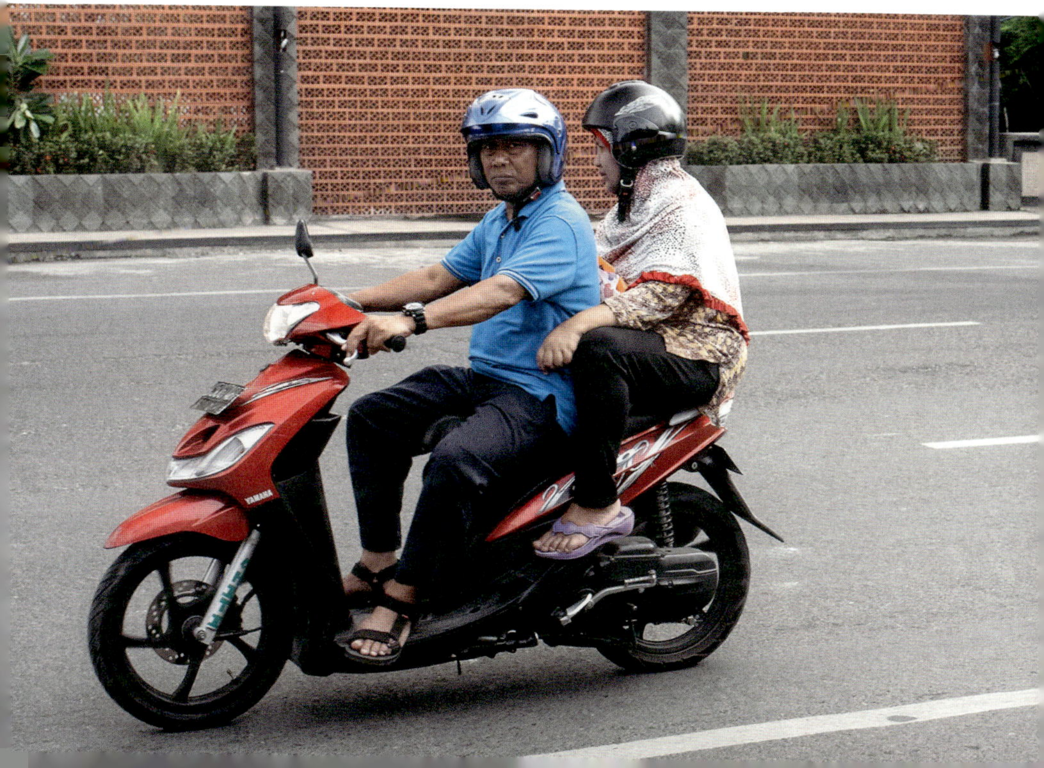

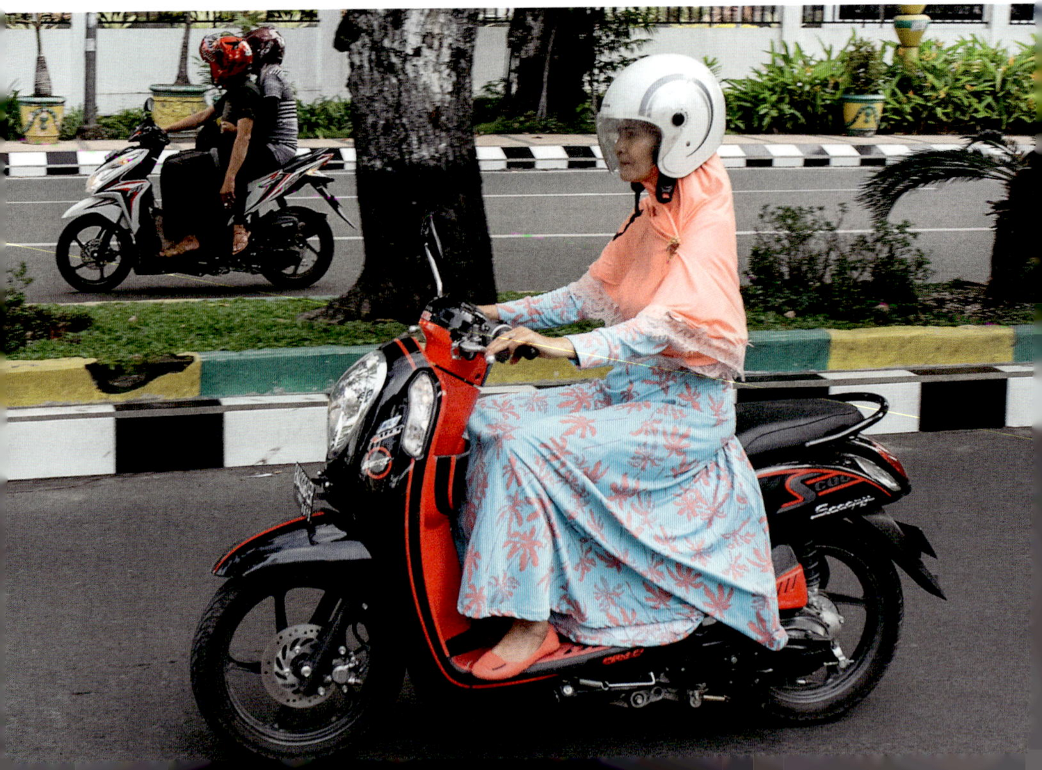

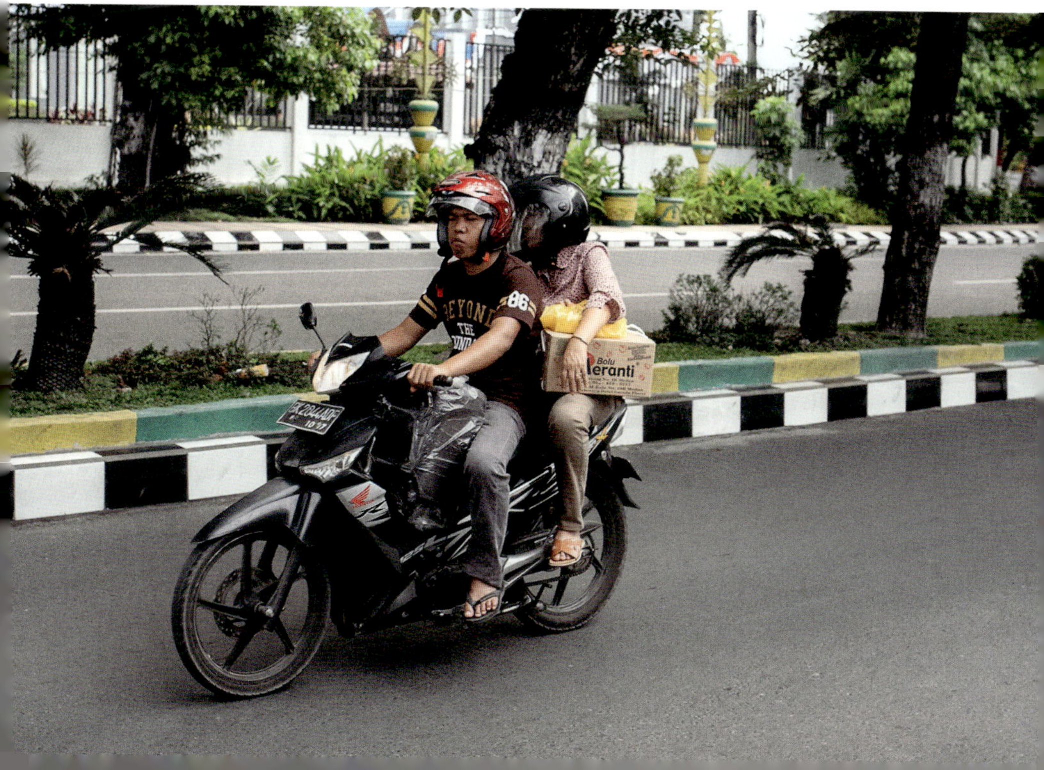
Bolu

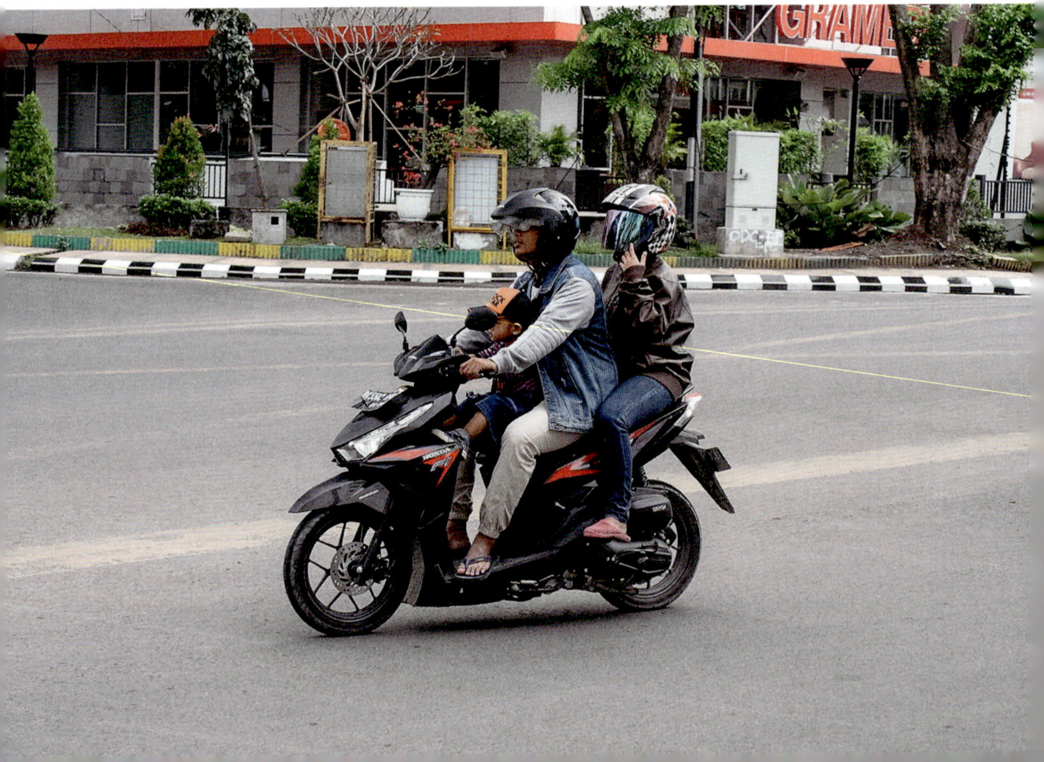

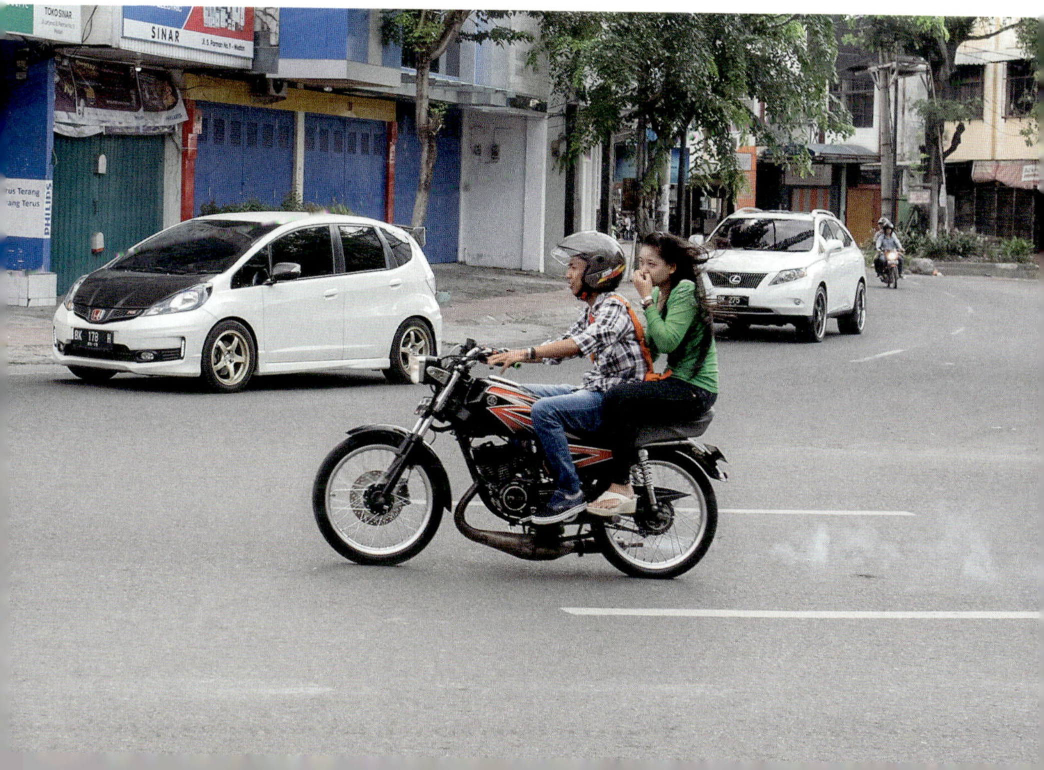
TOKO SINAR
SINAR

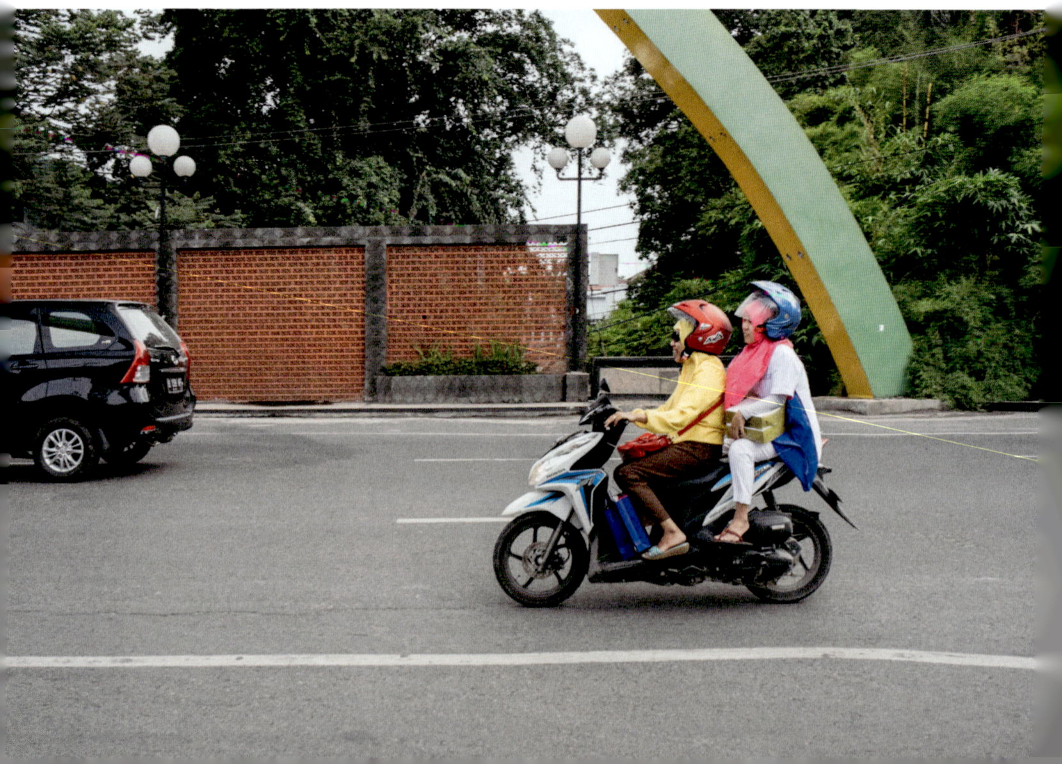

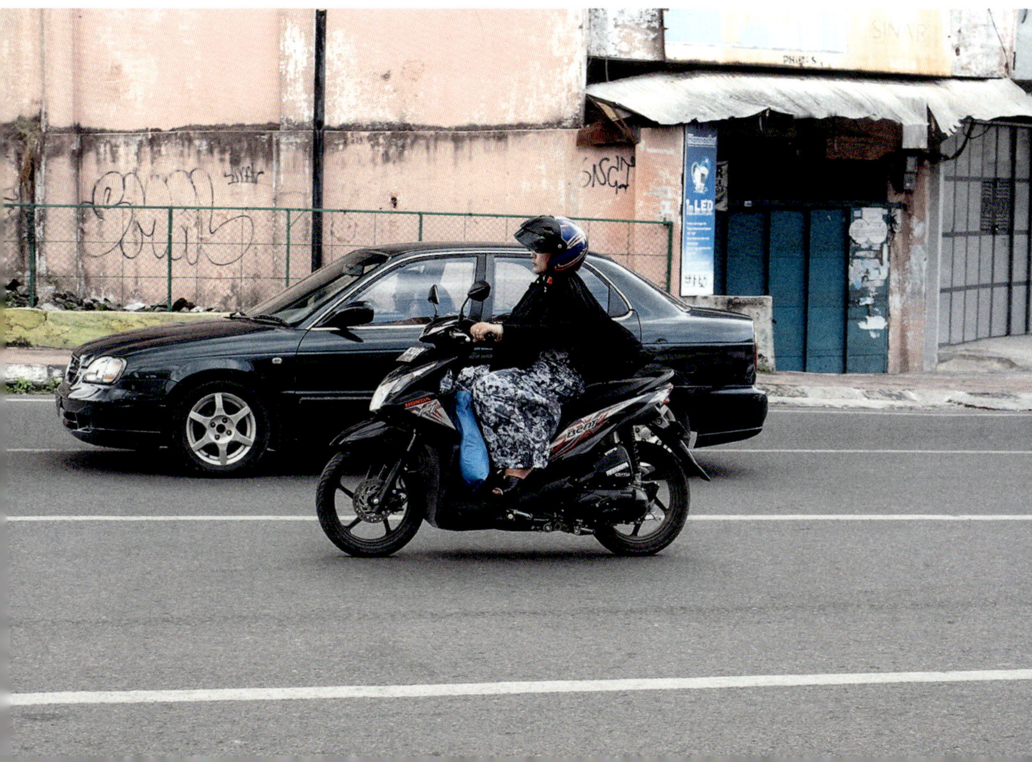

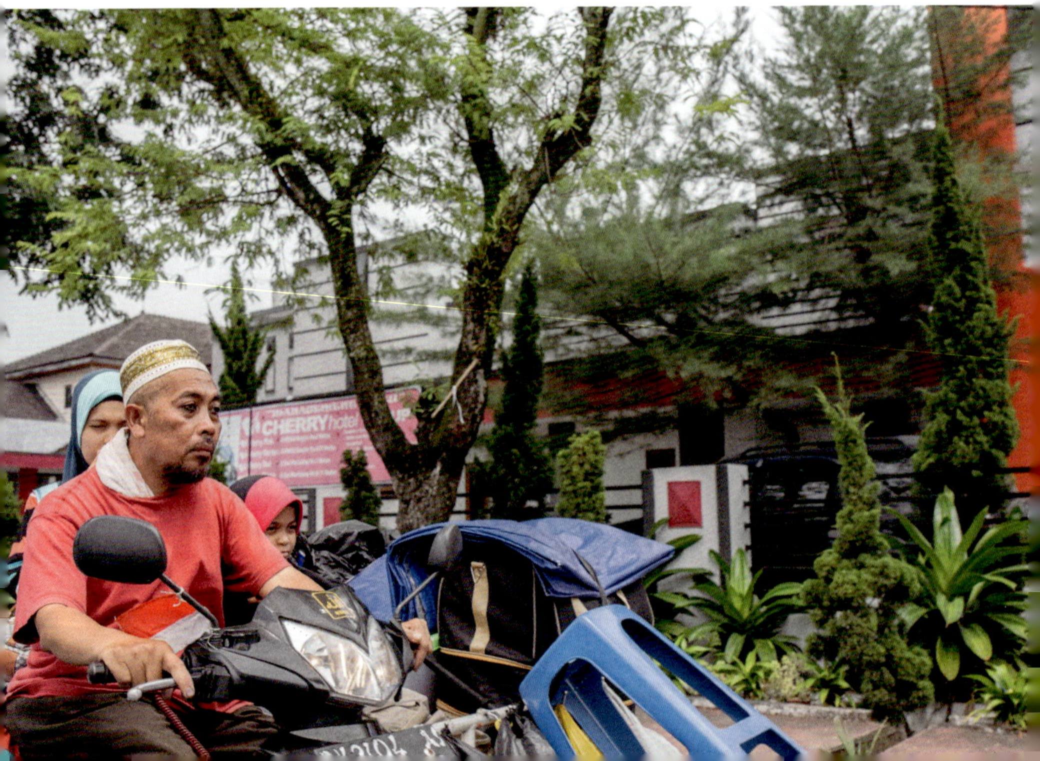
CHERRY

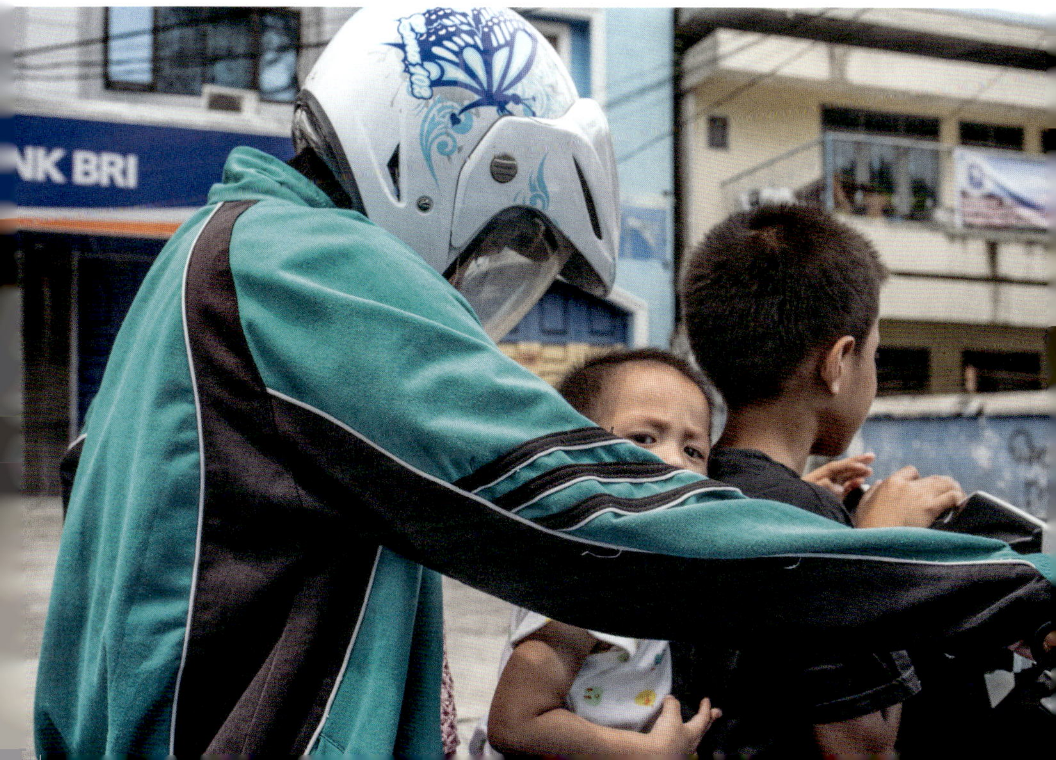
NK BRI

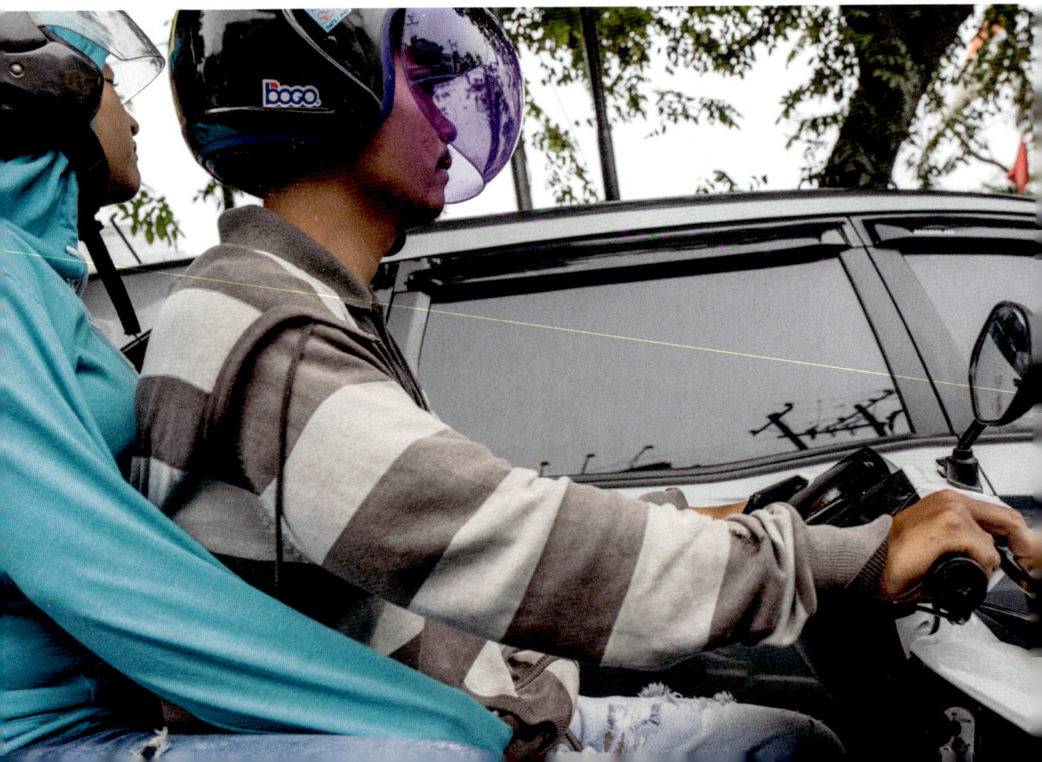
bogo

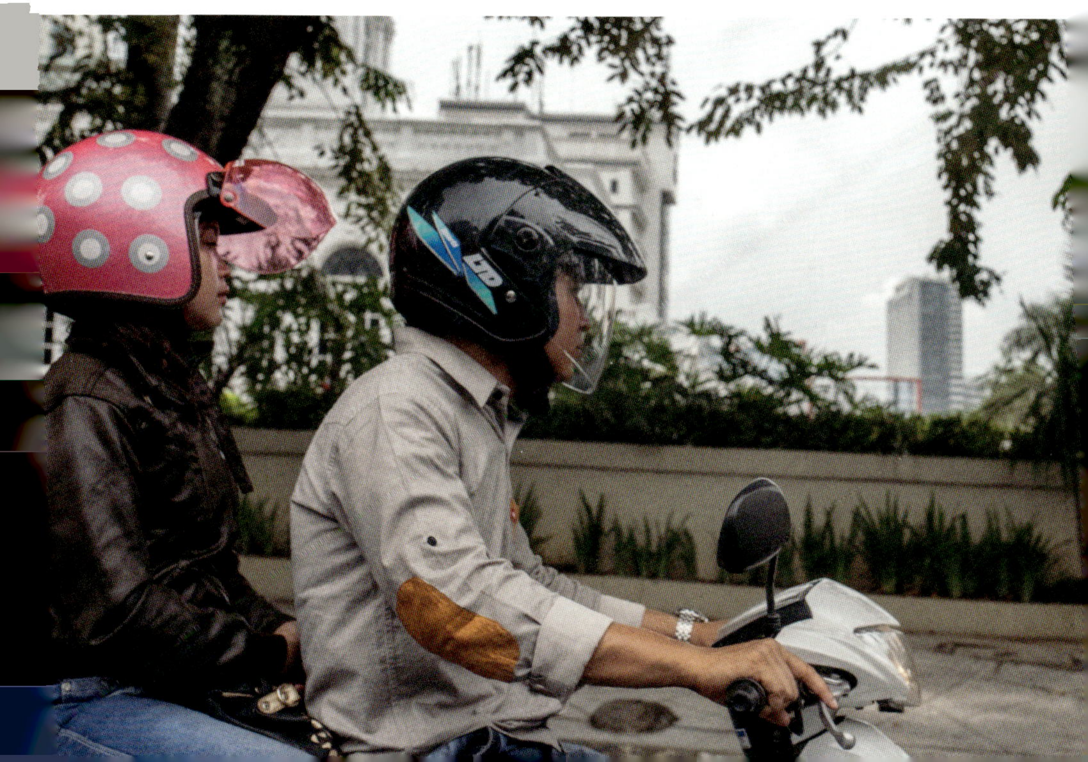

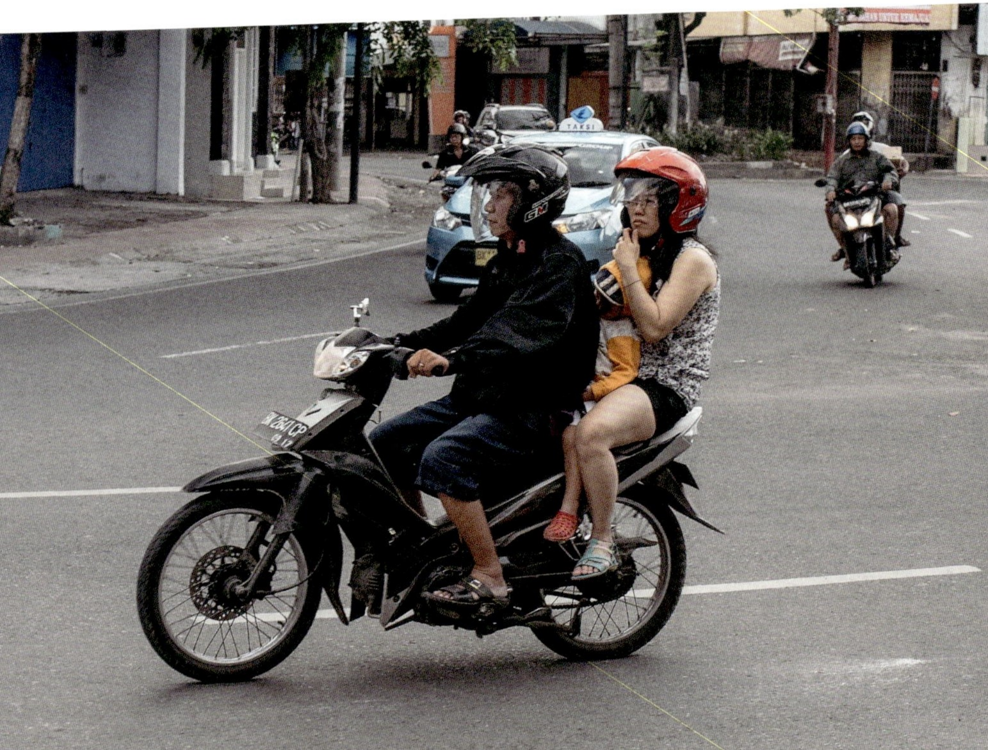

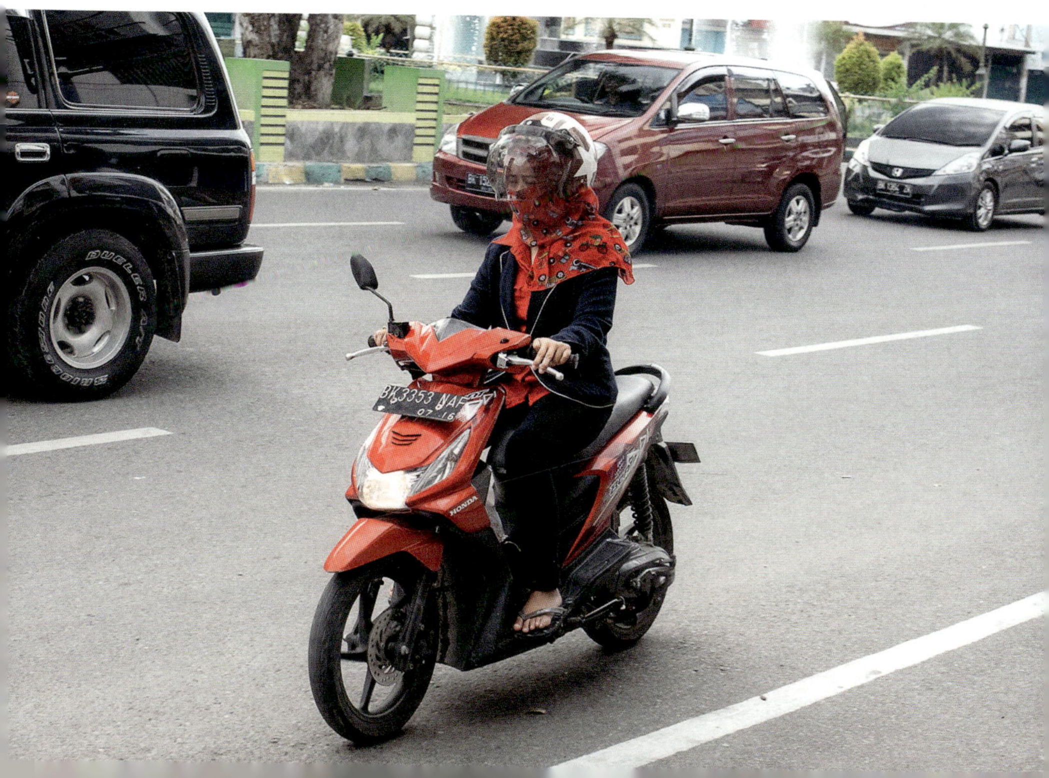

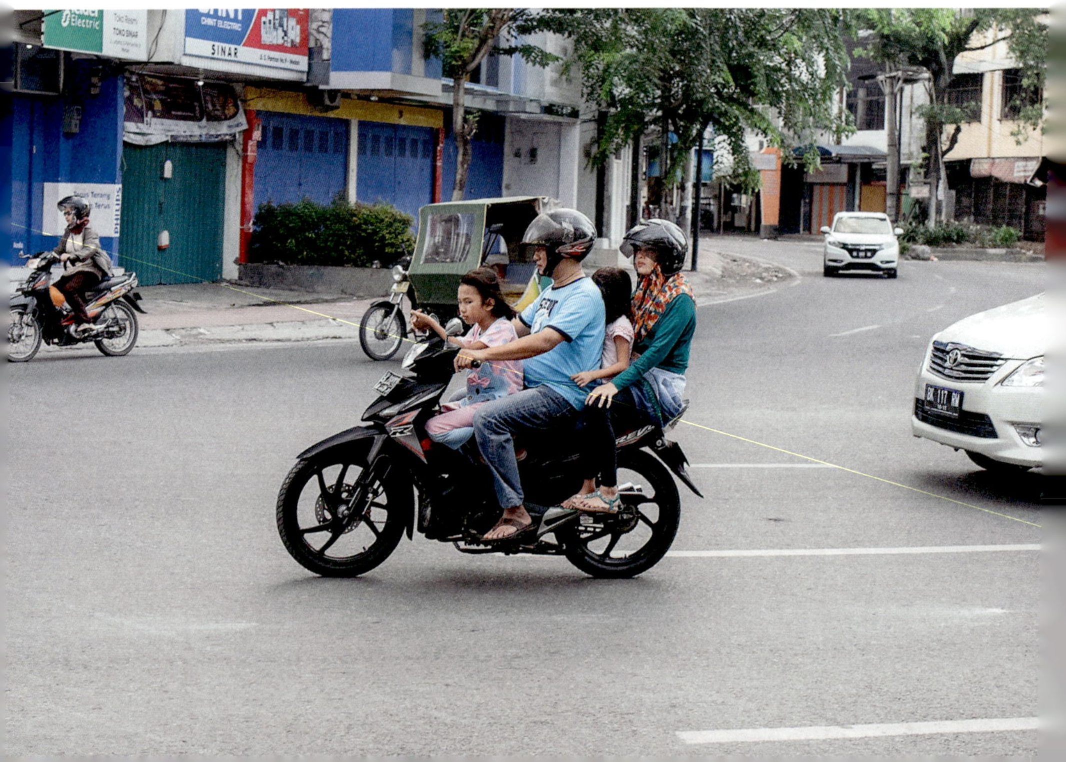
SINAR

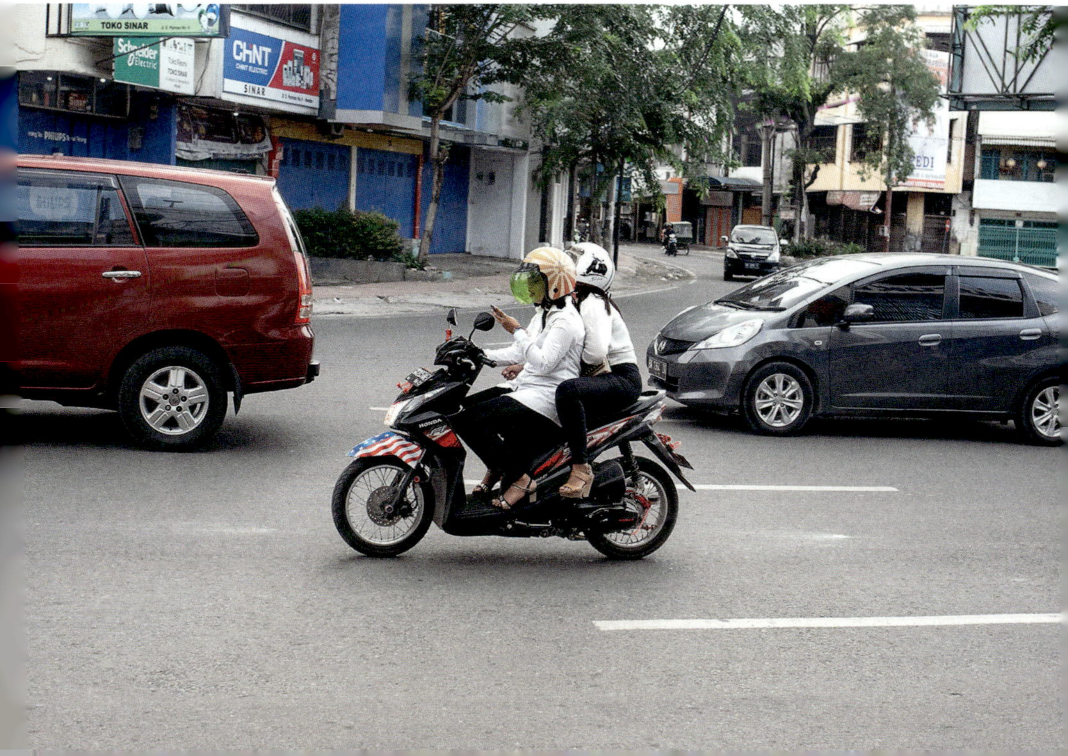
TOKO SINAR
Schneider Electric
CHNT
SINAR
HONDA

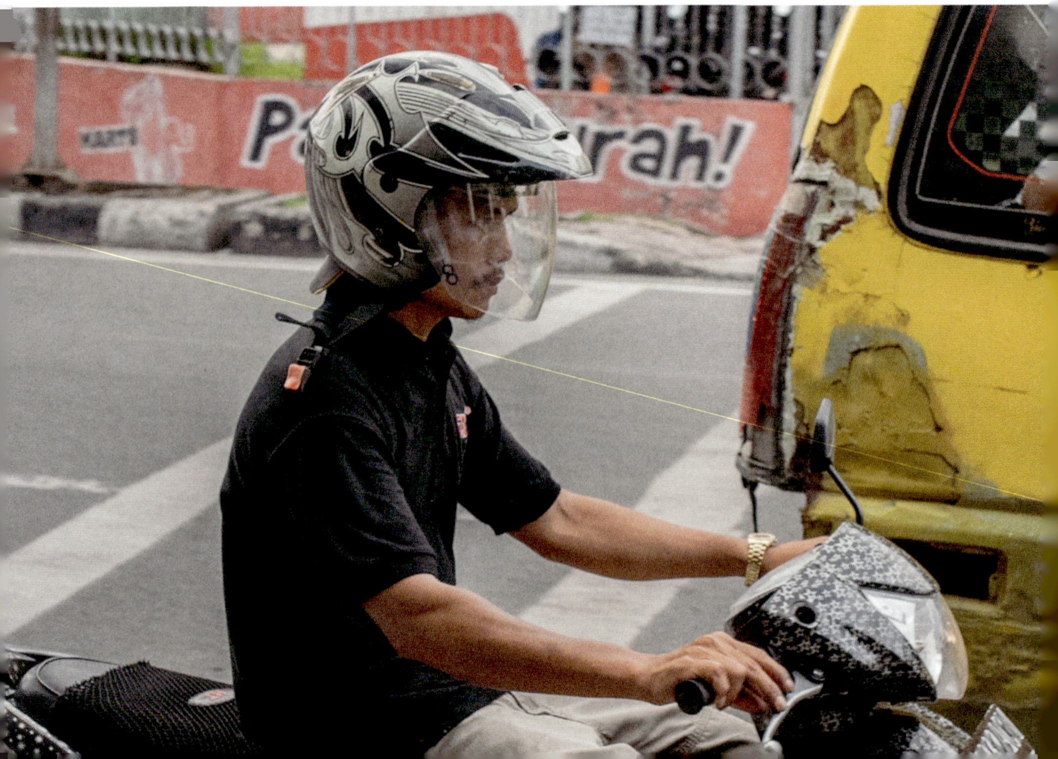

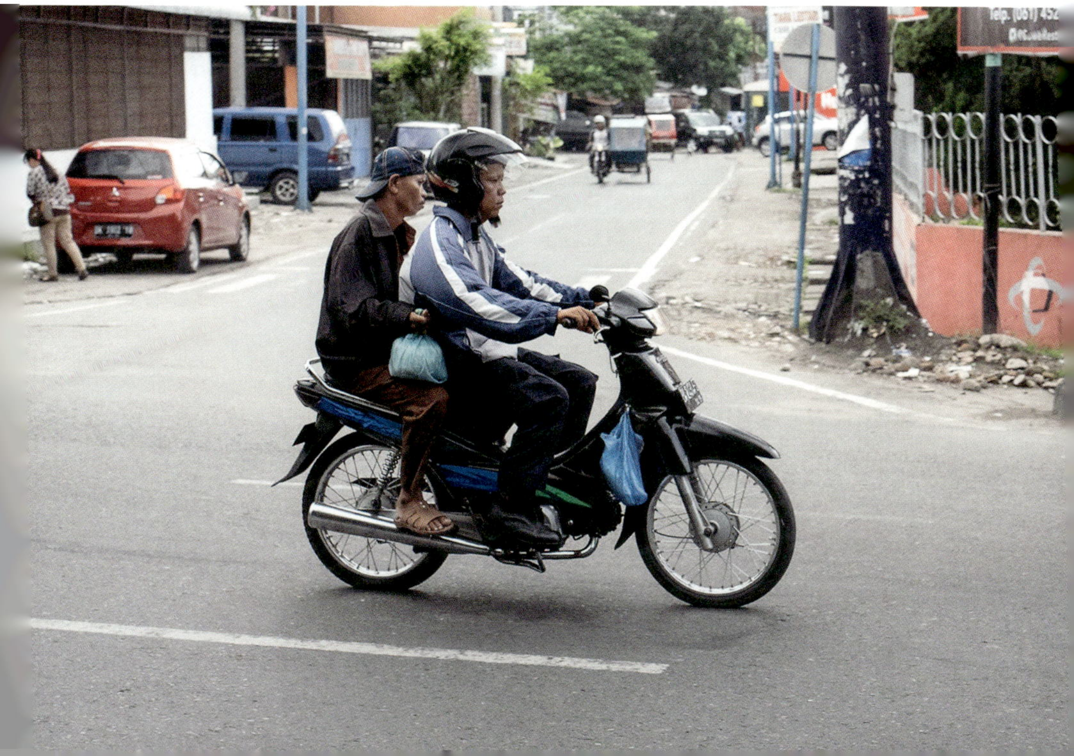

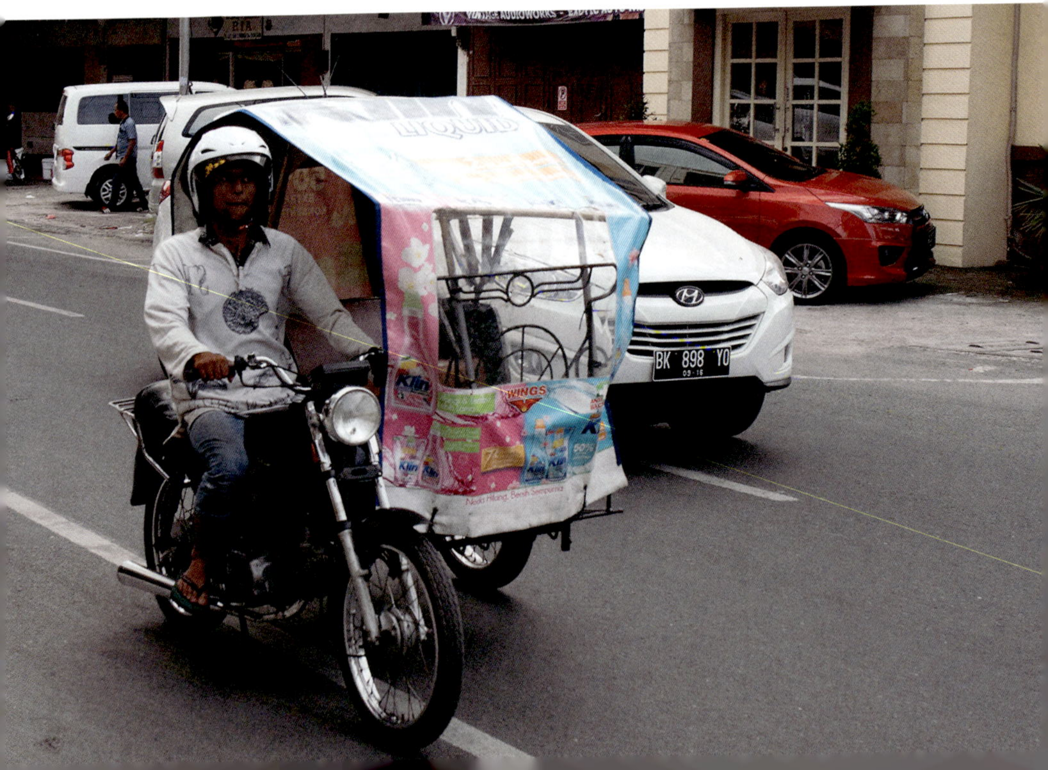
LIQUID
Klin
WINGS
BK 898 YO

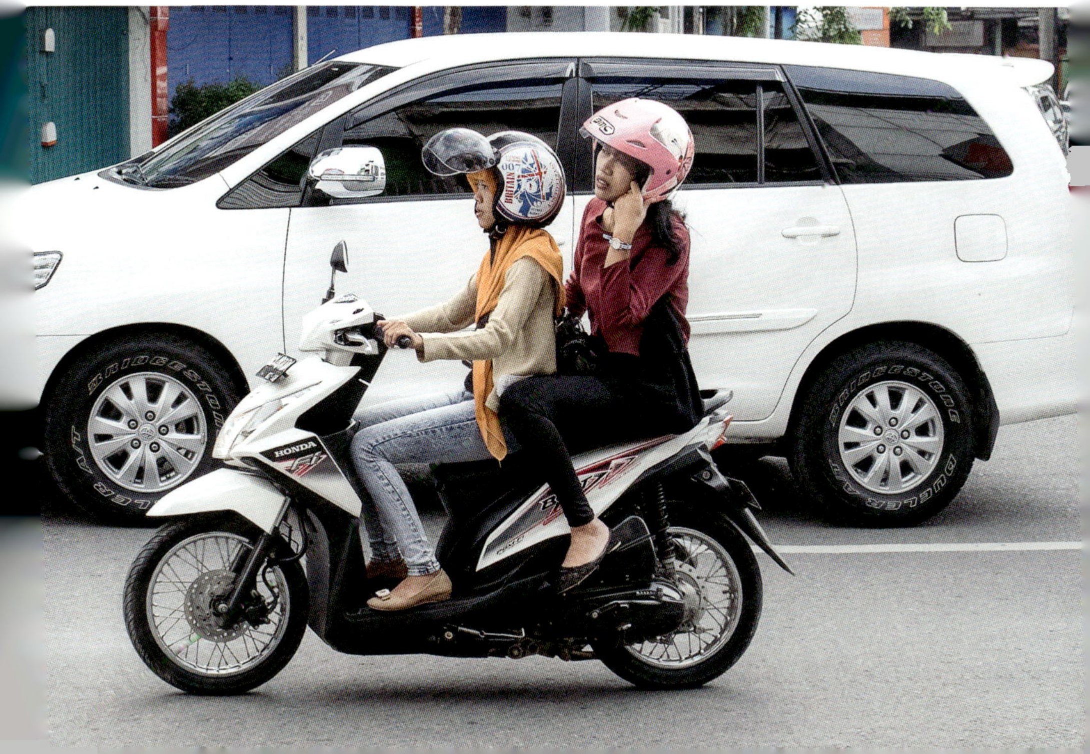

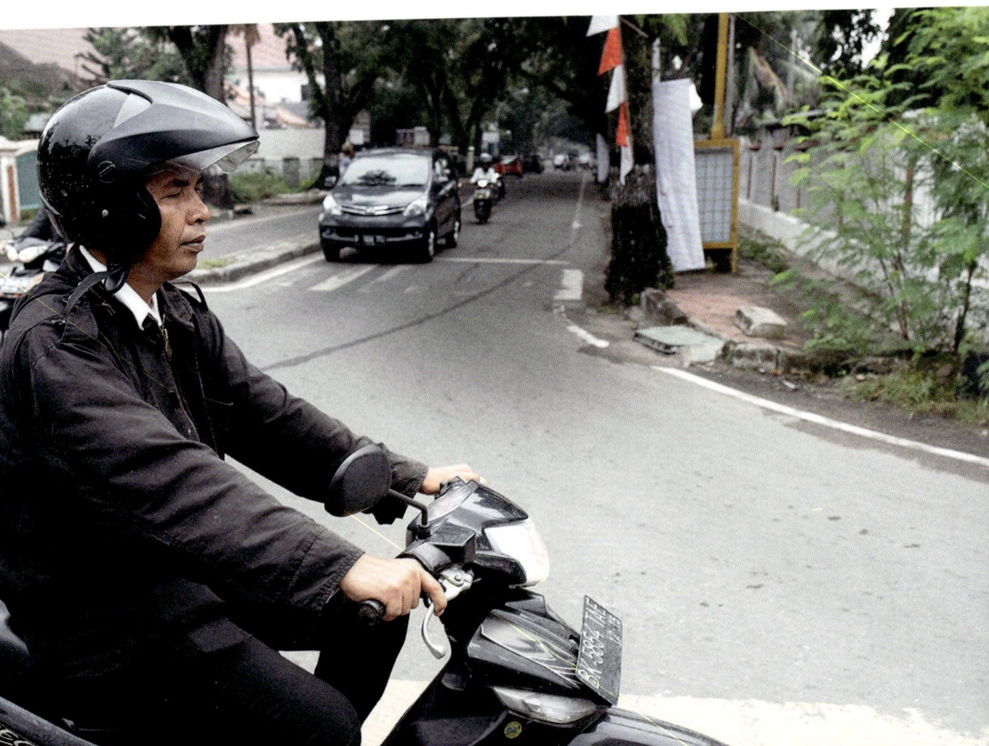

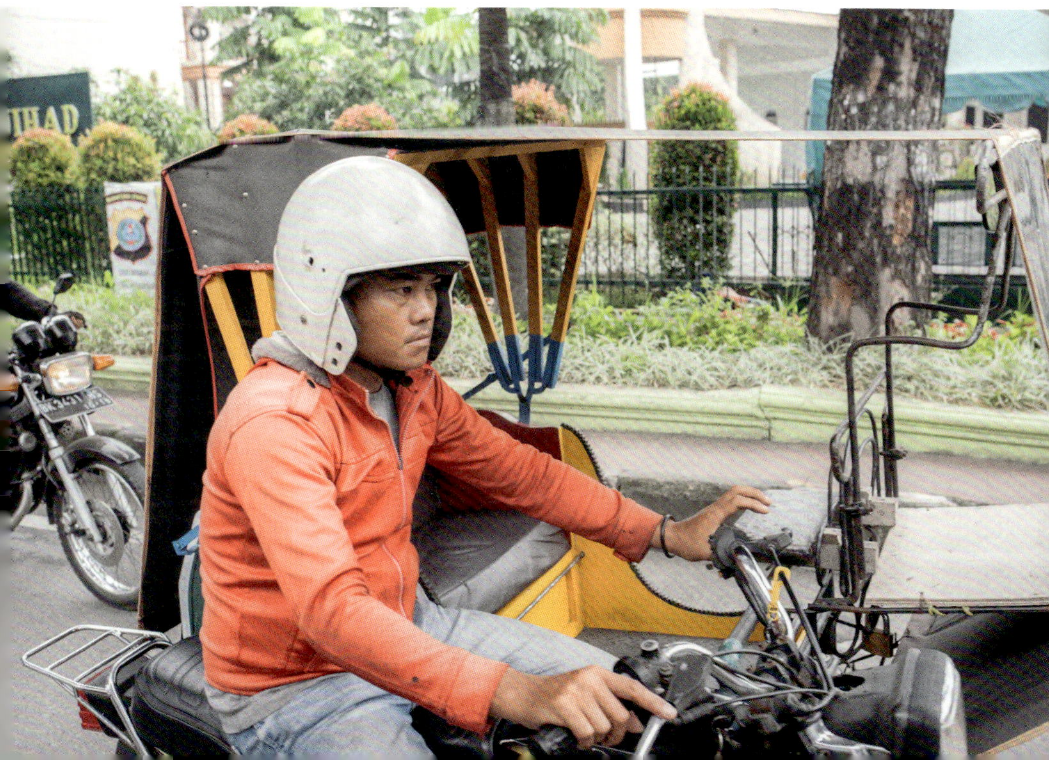

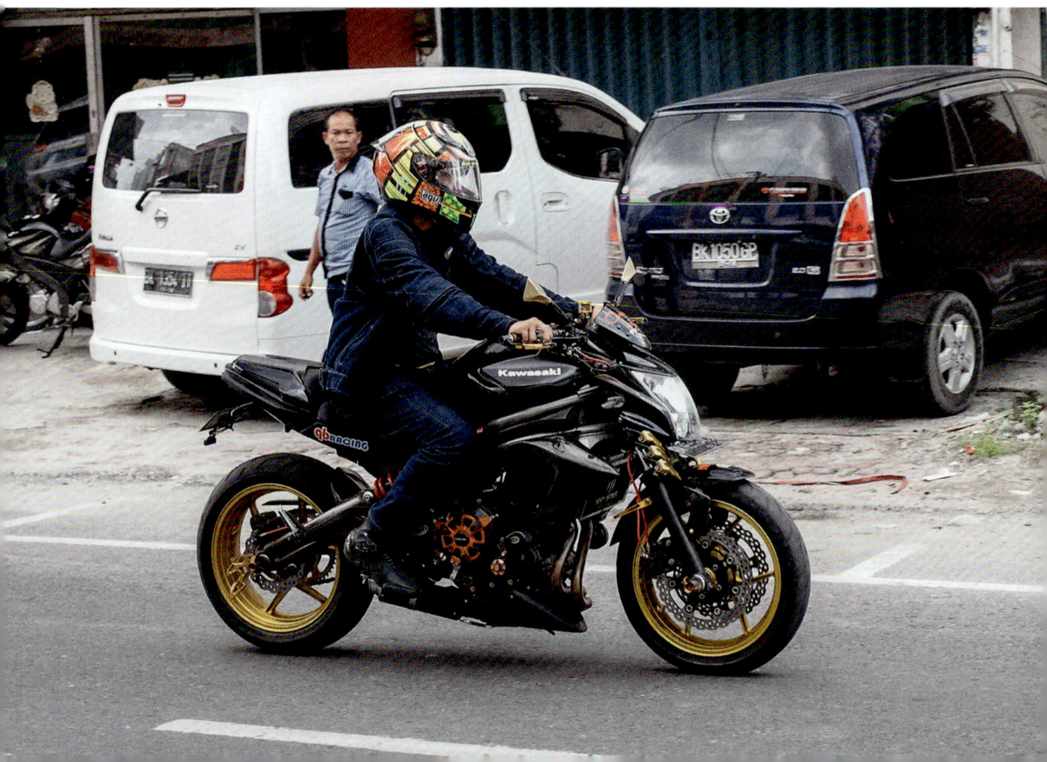
Kawasaki
qbRACING
BK 1050 GP

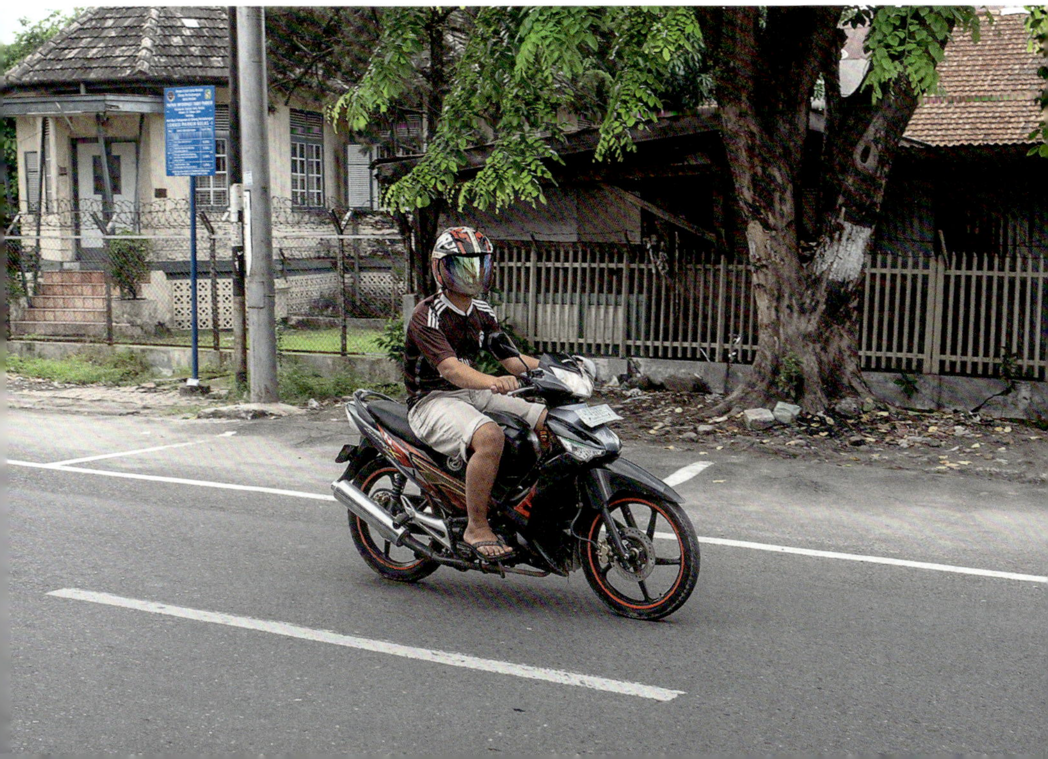

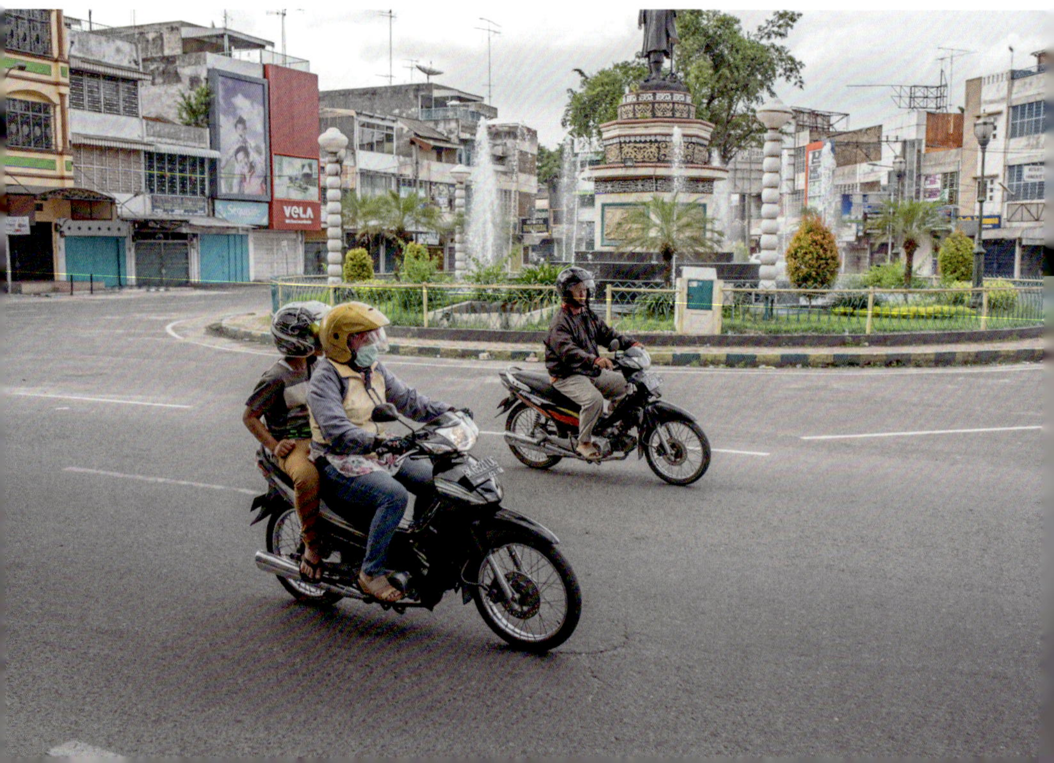
VELA

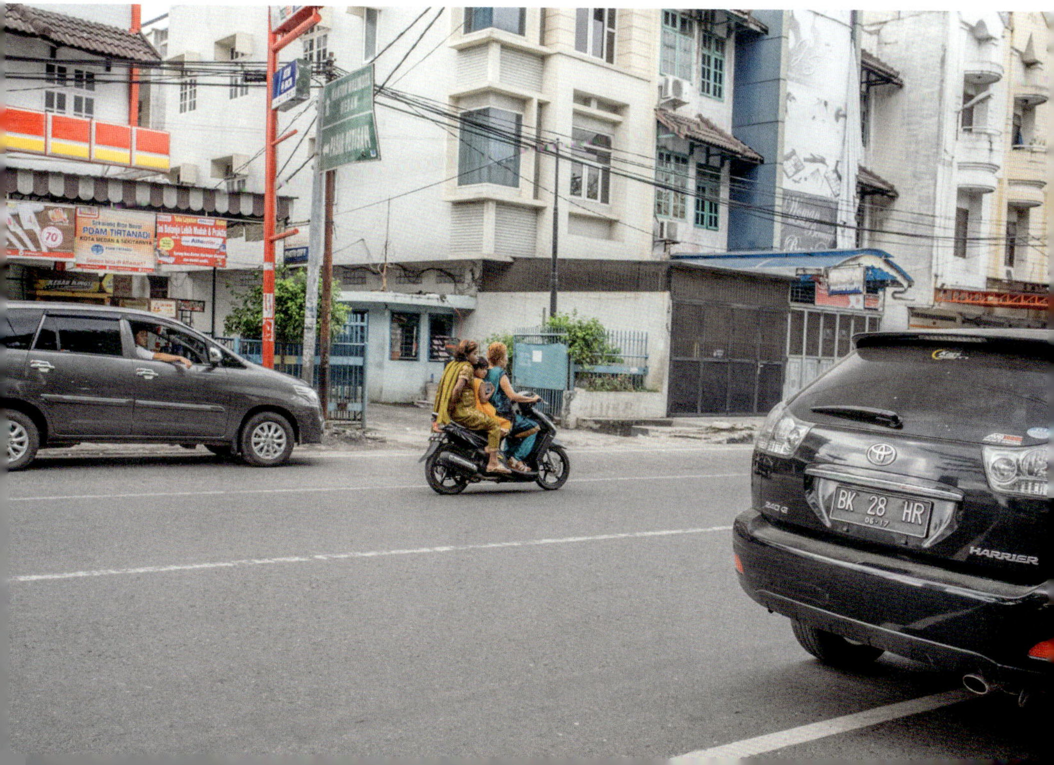
PDAM TIRTANADI
KOTA MEDAN & SEKITARNYA
BK 28 HR
HARRIER

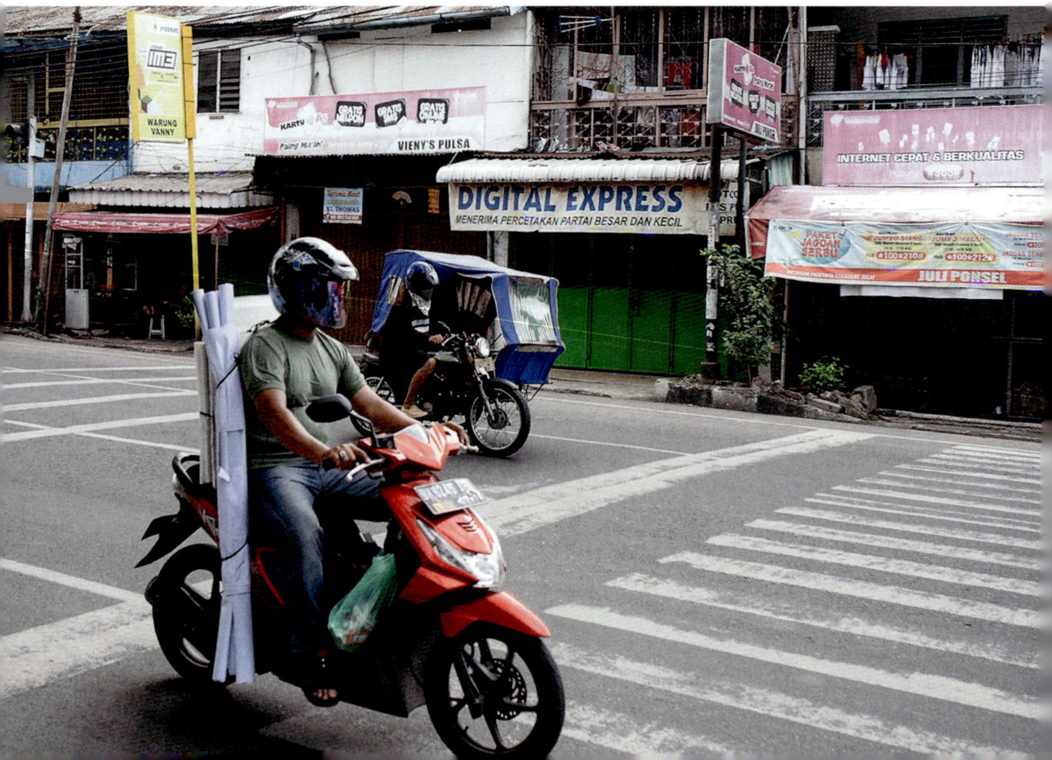
indosat
IM3
WARUNG VANNY
KARTU
GRATIS
Paling Murah!
VIENY'S PULSA
ST. THOMAS
DIGITAL EXPRESS
MENERIMA PERCETAKAN PARTAI BESAR DAN KECIL
INTERNET CEPAT & BERKUALITAS
PAKET JAGOAN SERBU
JULI PONSEL

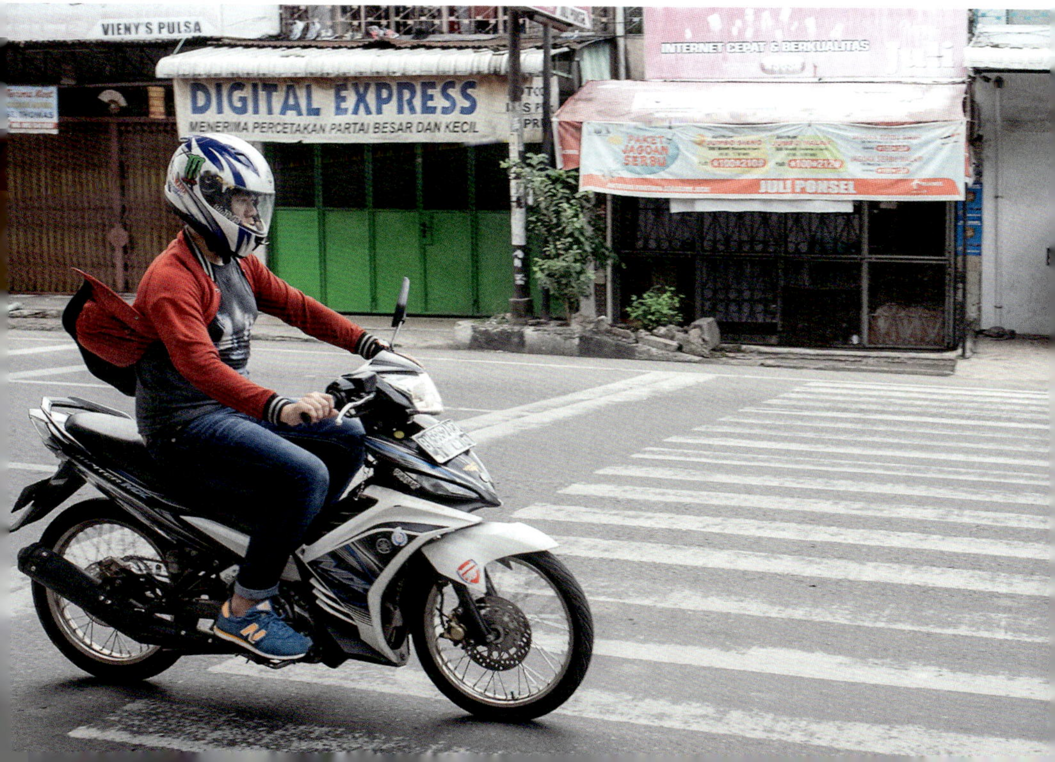
VIENY'S PULSA
DIGITAL EXPRESS
MENERIMA PERCETAKAN PARTAI BESAR DAN KECIL
INTERNET CEPAT & BERKUALITAS
PAKET JAGOAN SERBU
JULI PONSEL

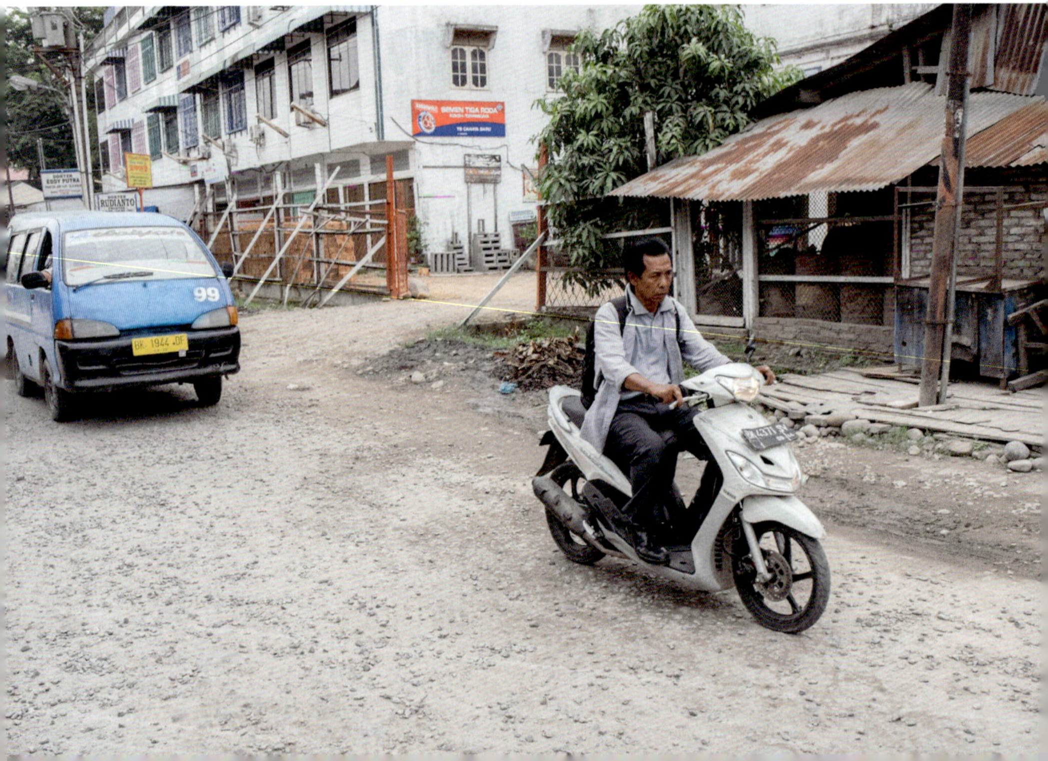
SEMEN TIGA RODA
DOKTER EDDY PUTRA
RUDIANTO
99
BK 1944 DF

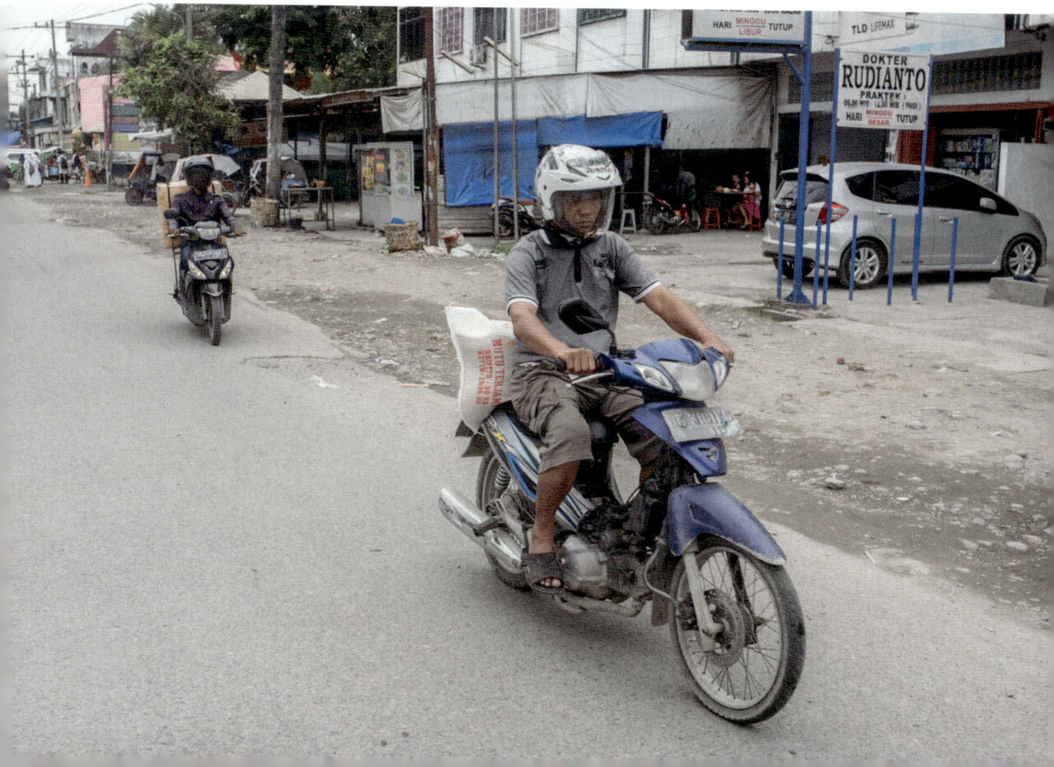
HARI MINGGU TUTUP
LIBUR
TLD LIFEMAX
DOKTER
RUDIANTO
PRAKTEK
HARI MINGGU TUTUP
BESAR

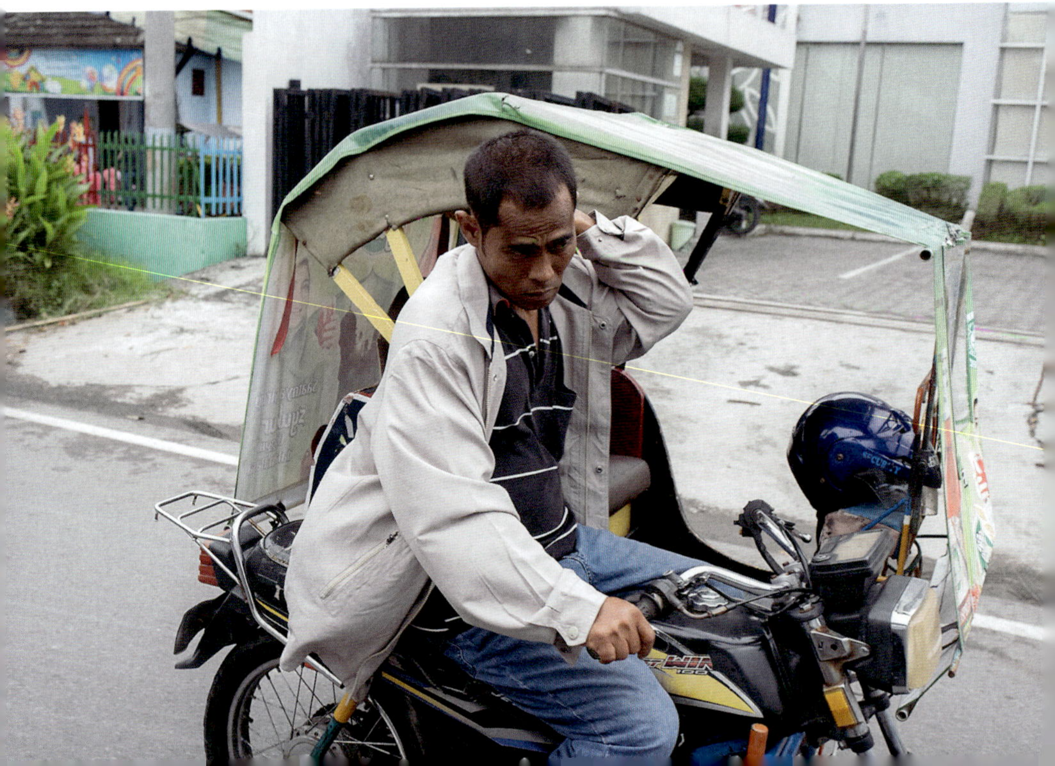

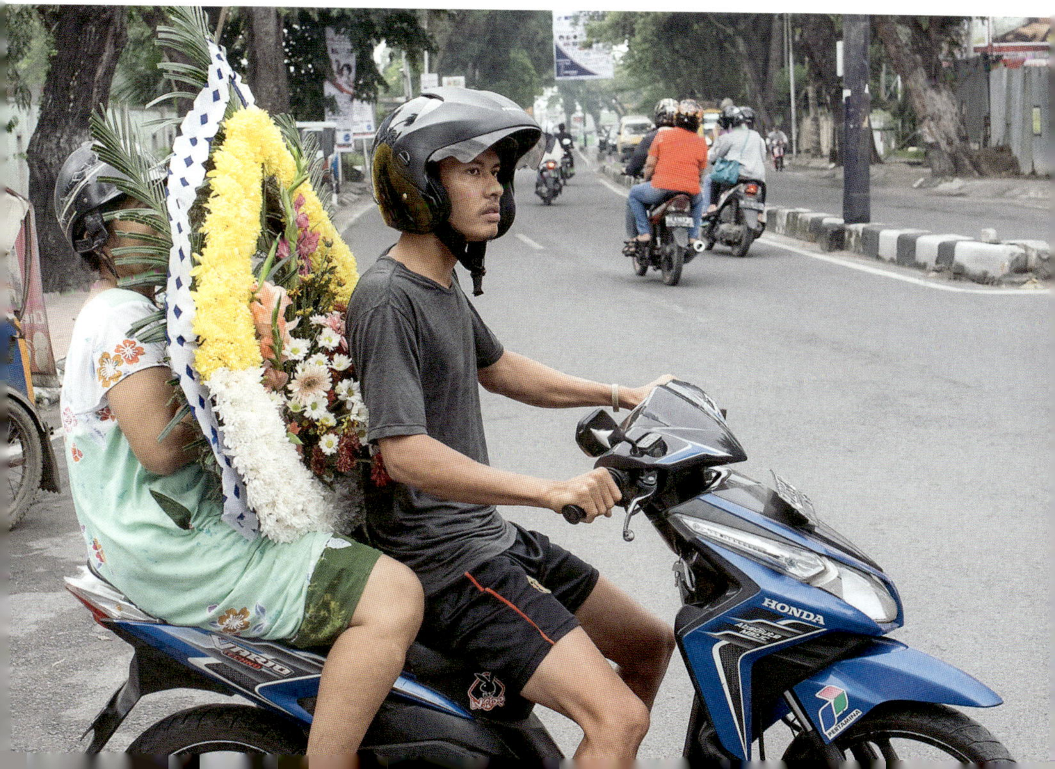
HONDA
VARIO

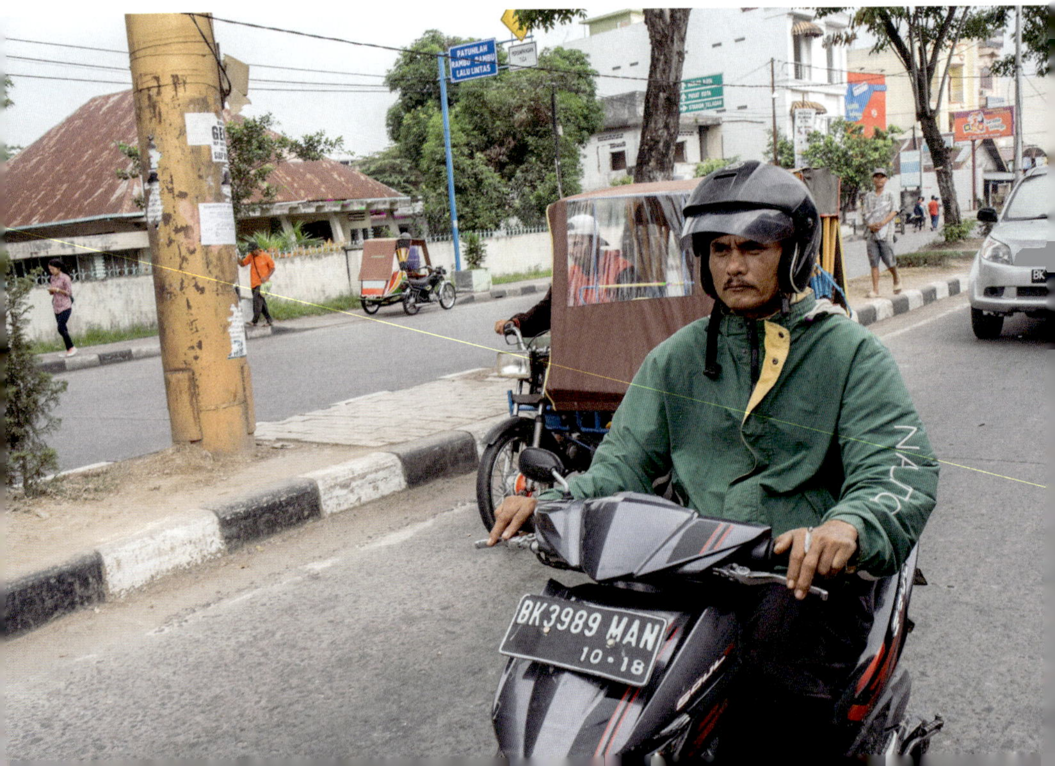
PATUHILAH
RAMBU-RAMBU
LALU LINTAS
BK 3989 MAN
10 - 18

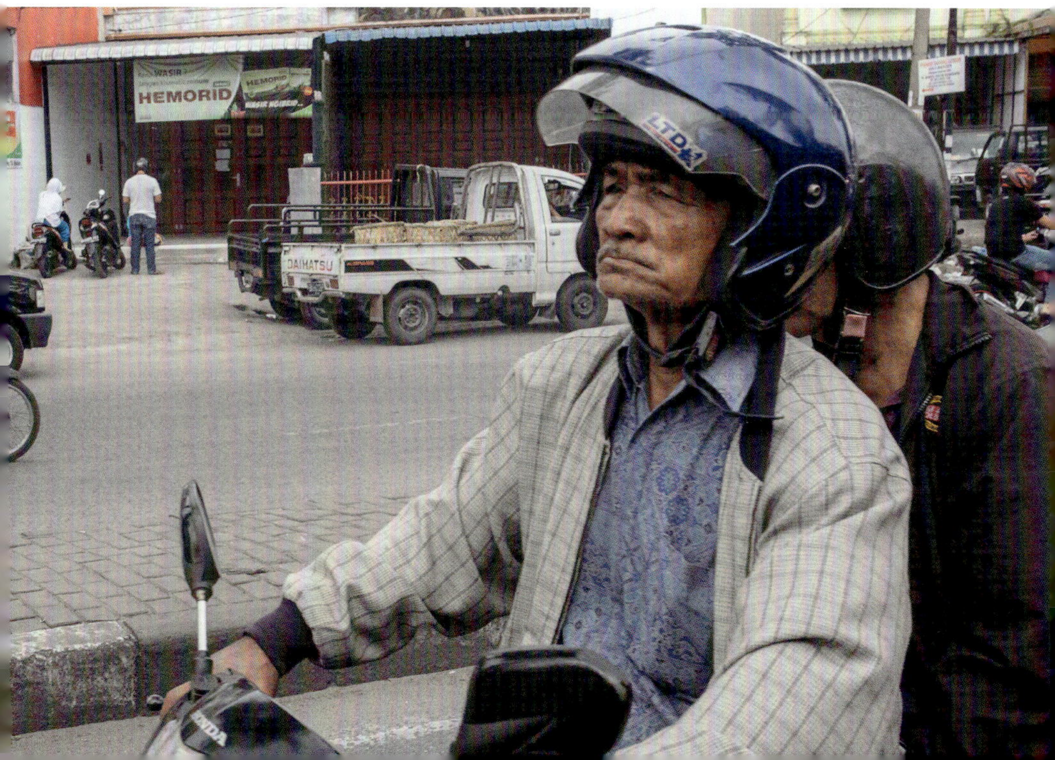
WASIR
HEMORID
DAIHATSU
LTD

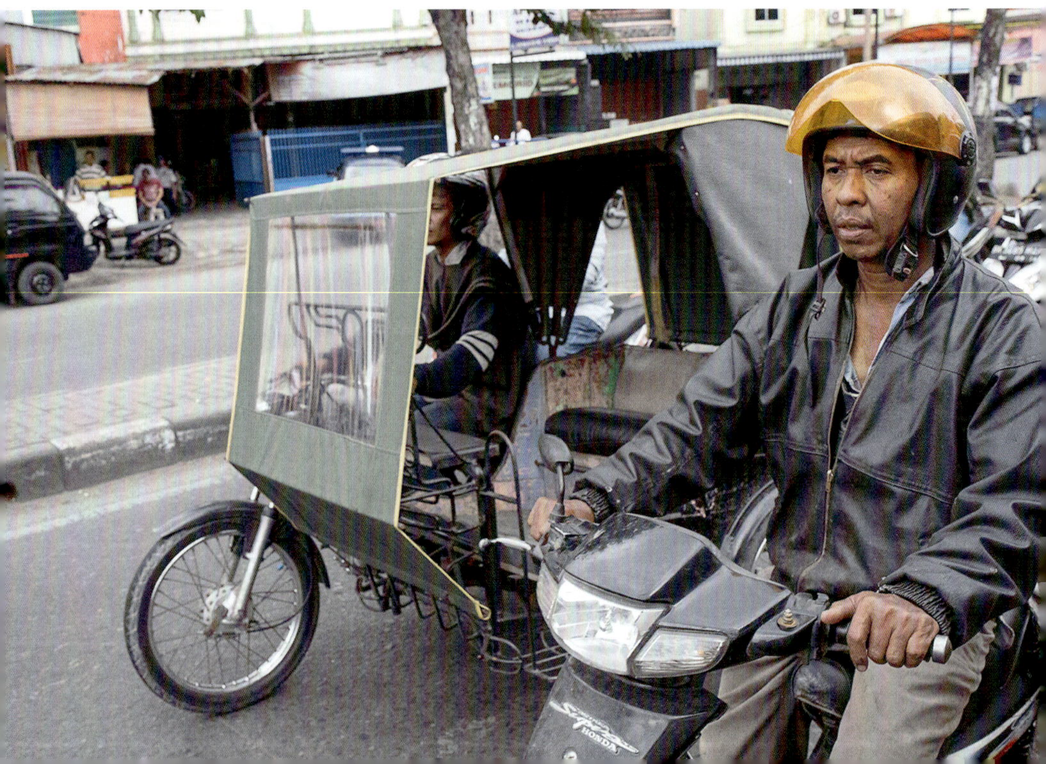
HONDA

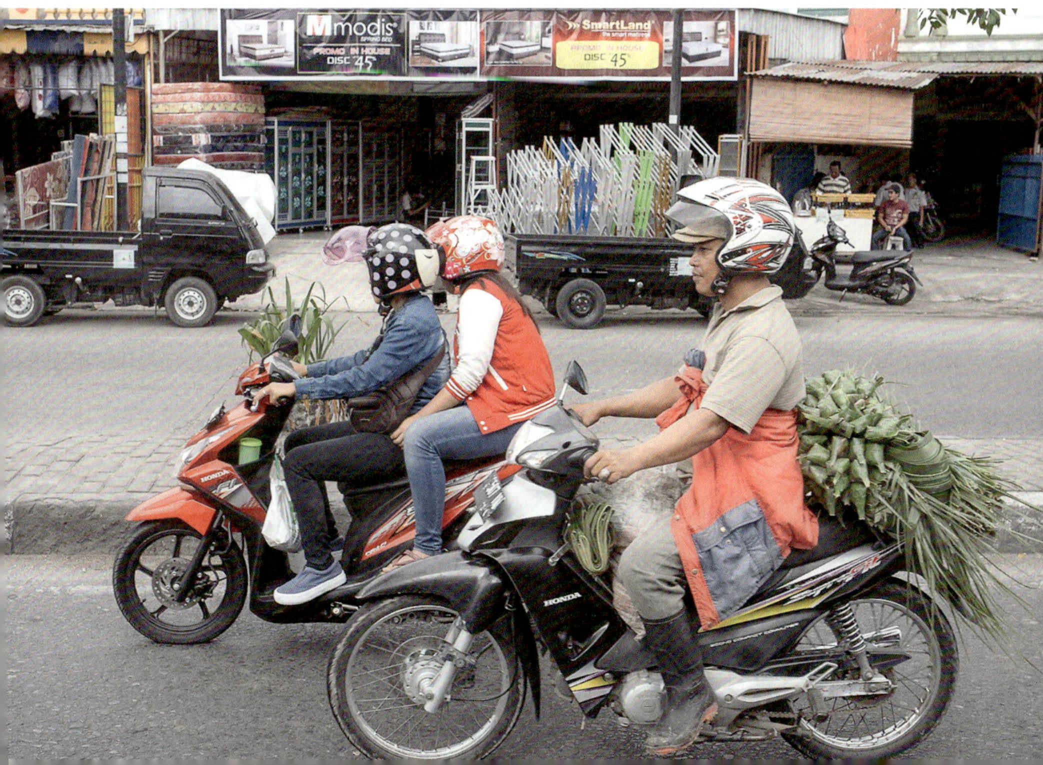
modis
PROMO IN HOUSE
DISC 45
SmartLand
PROMO IN HOUSE
DISC 45
HONDA
HONDA

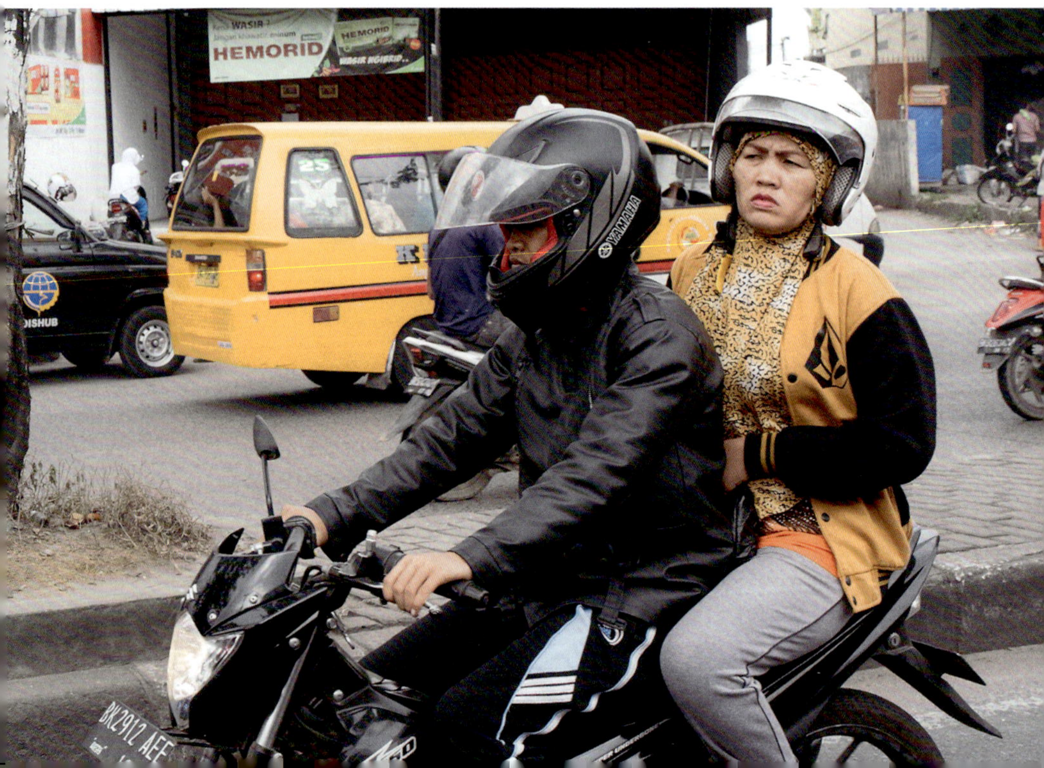
HEMORID
DISHUB
BK2912 AEF

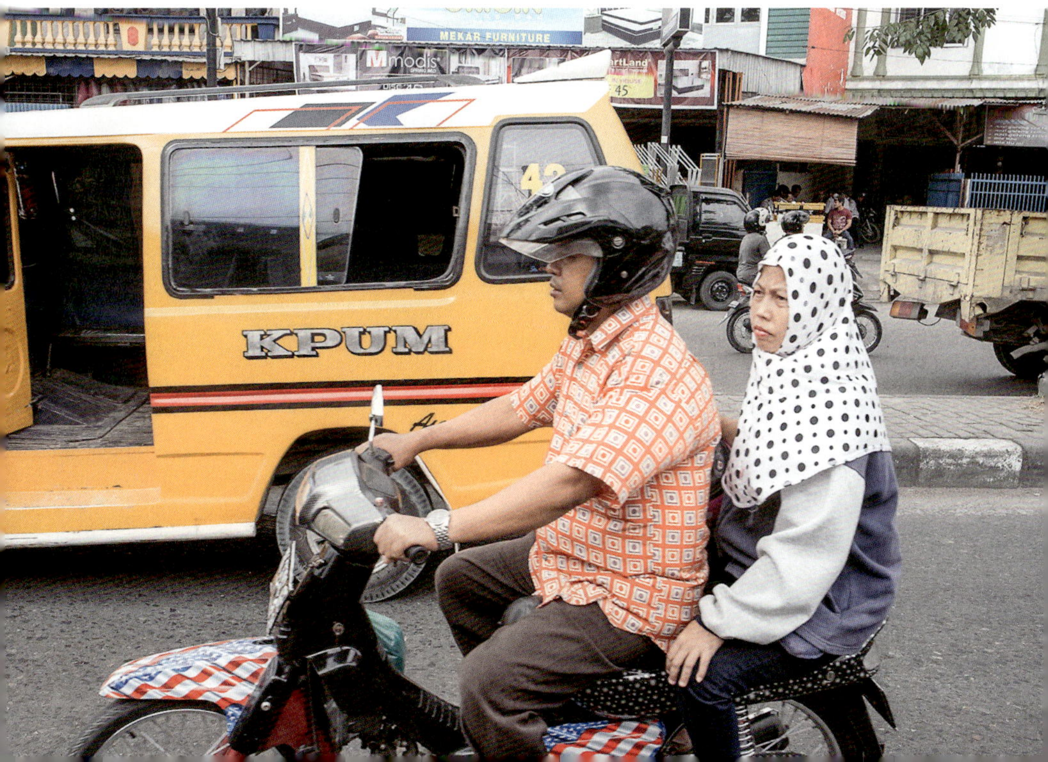
MEKAR FURNITURE
KPUM

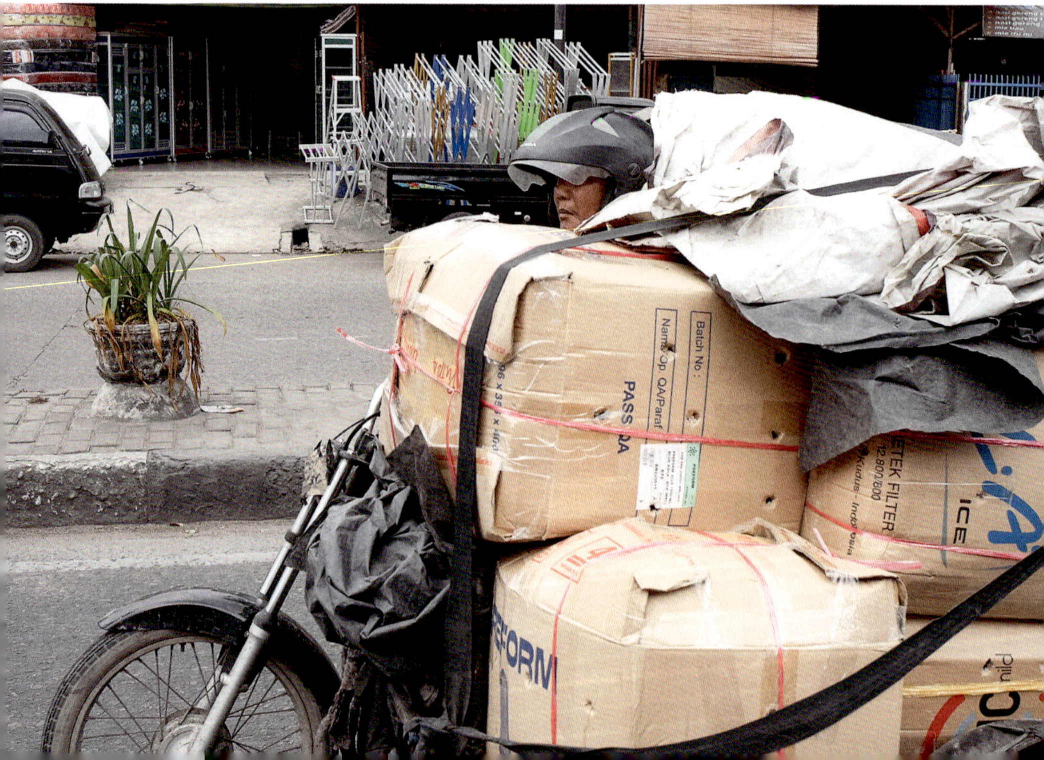
Batch No :
Name Op. QA/Paraf
ICE

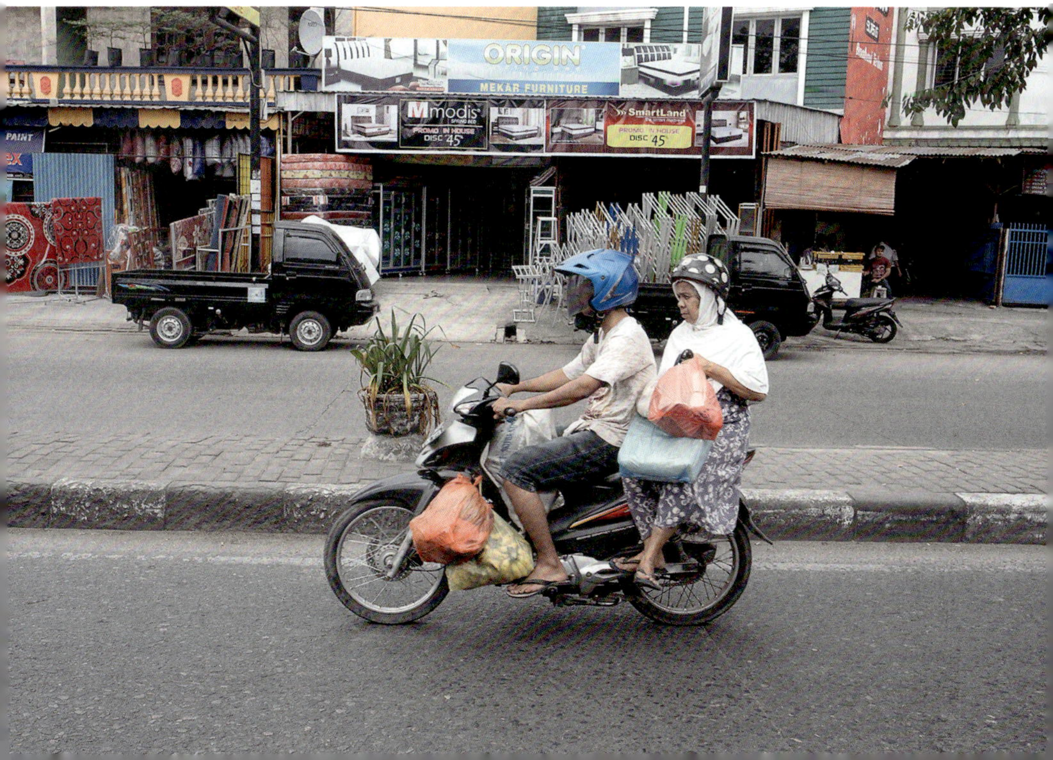
ORIGIN
MEKAR FURNITURE
Mmodis
PROMO IN HOUSE
DISC 45
SmartLand
PROMO IN HOUSE
DISC 45
PAINT

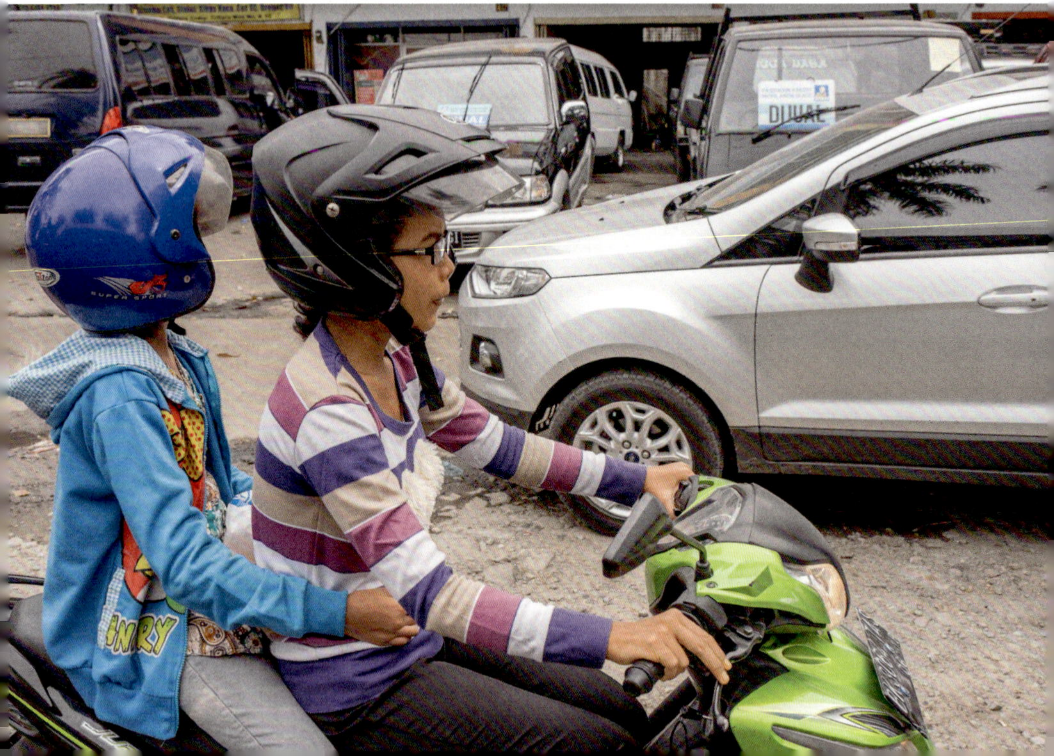
DIJUAL

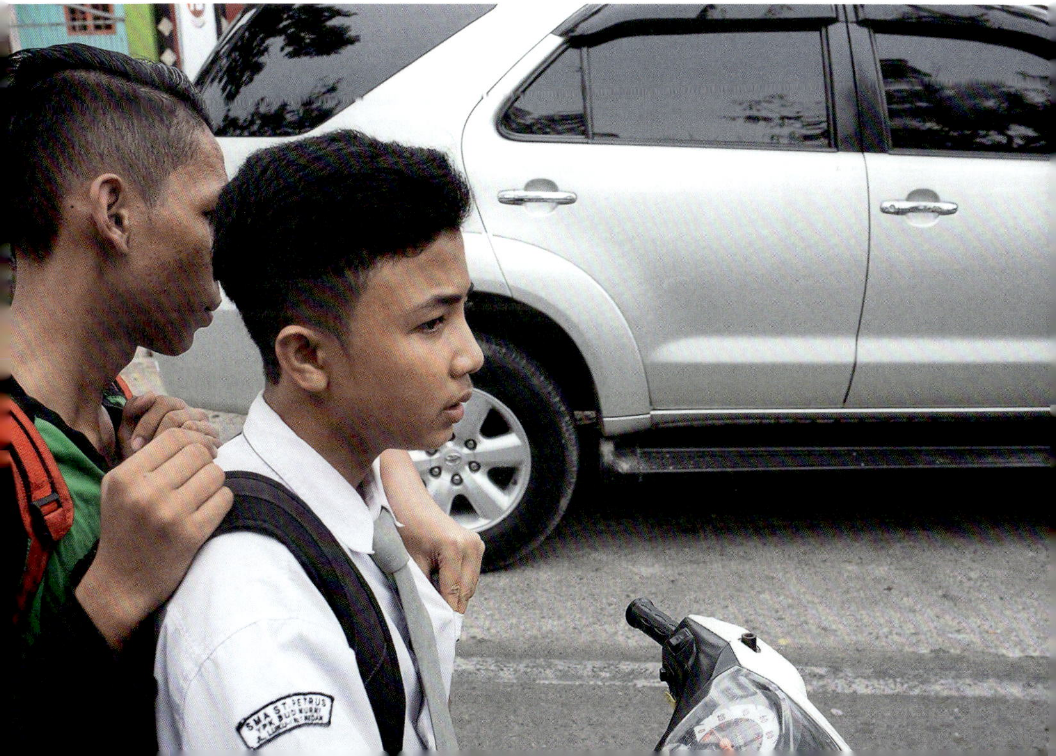
SMA ST. PETRUS

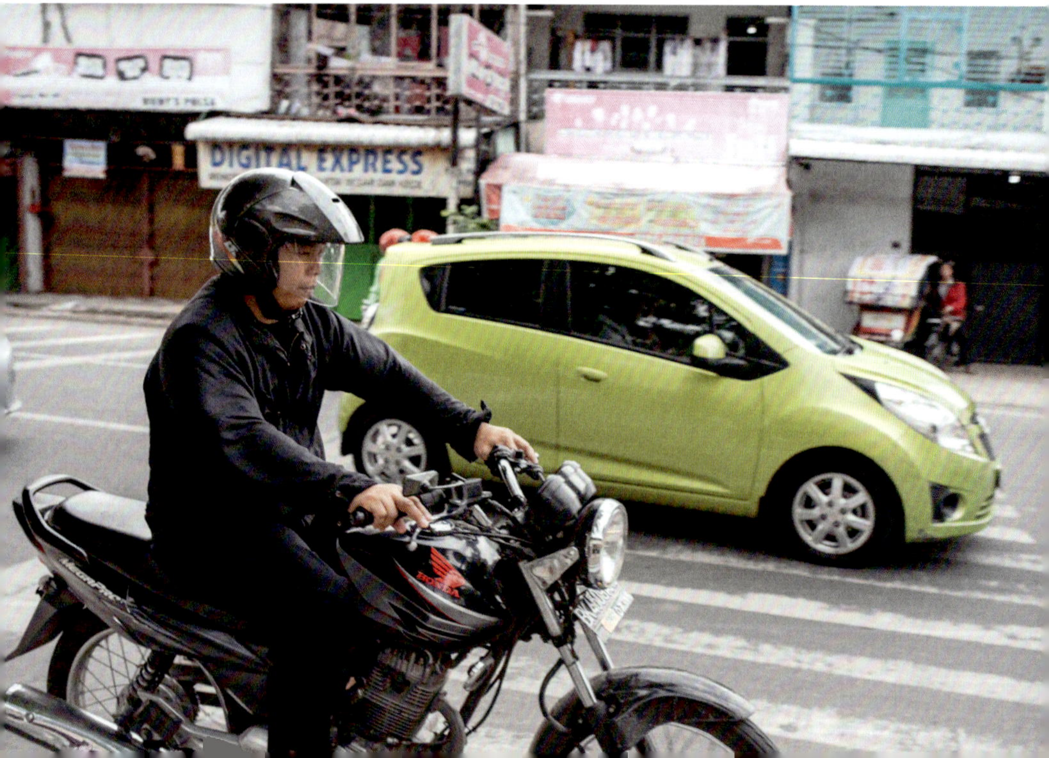
DIGITAL EXPRESS

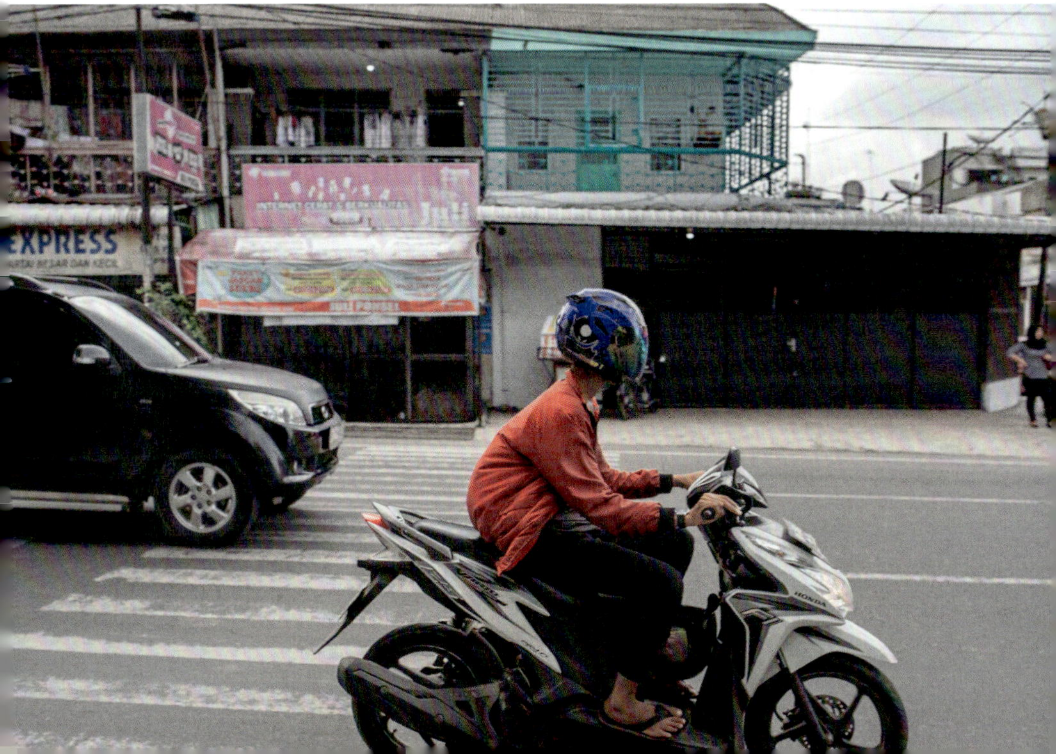
EXPRESS

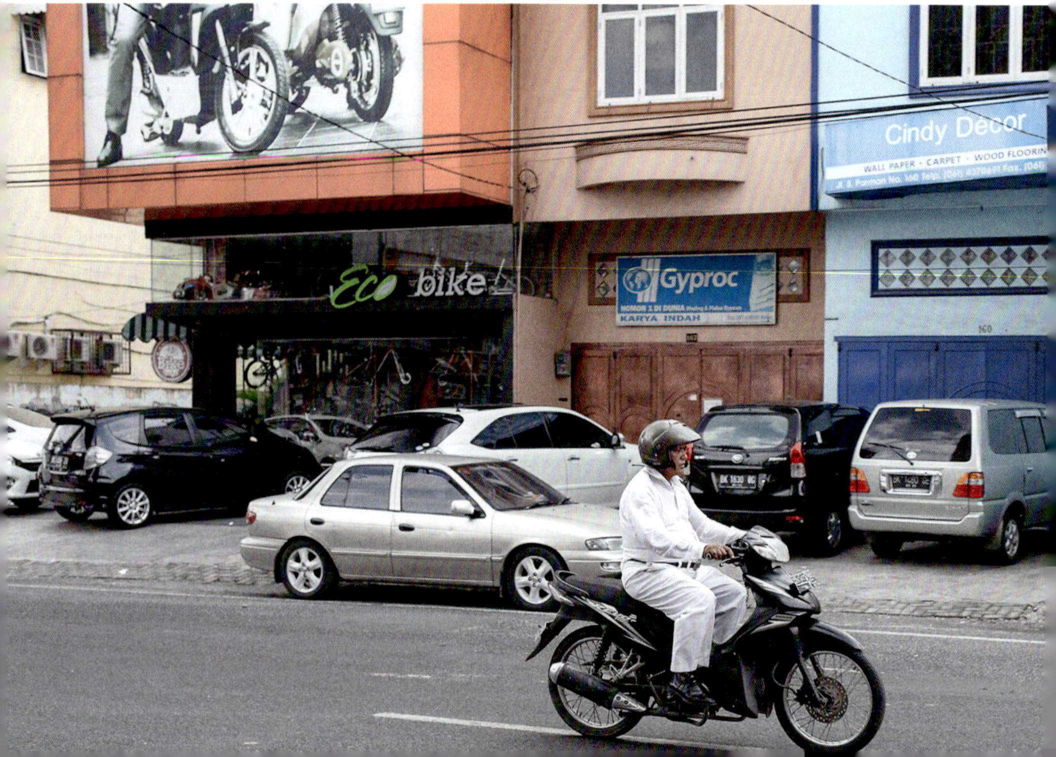
Eco bike
Gyproc
NOMOR 1 DI DUNIA
KARYA INDAH
Cindy Décor
WALL PAPER · CARPET
160

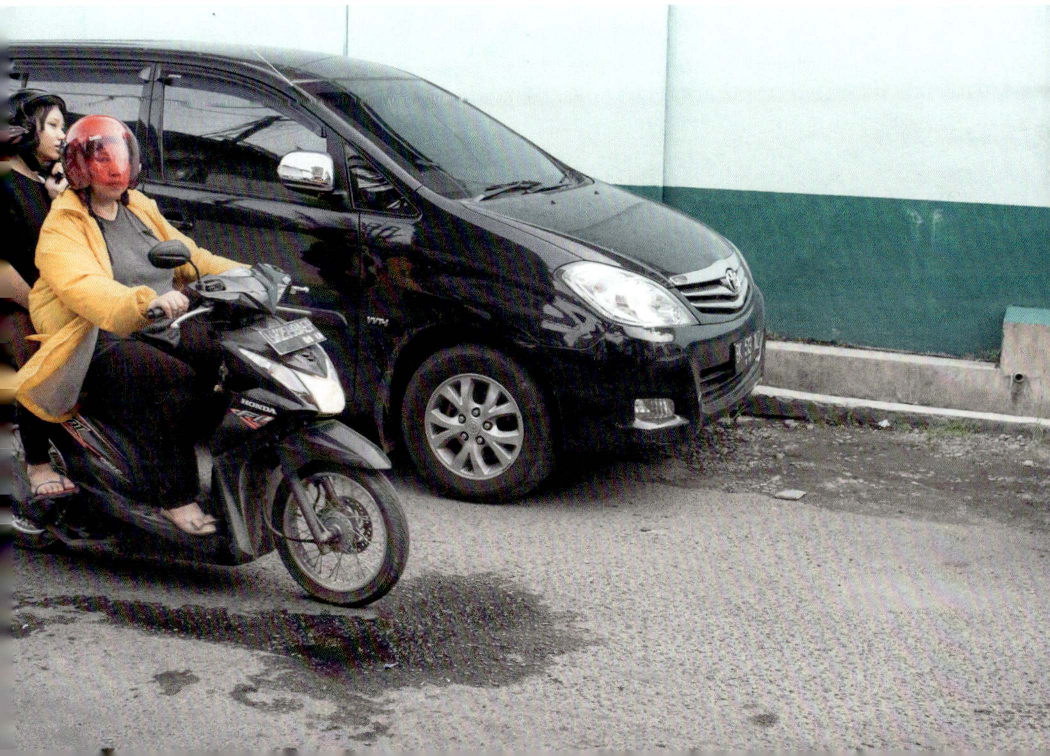
HONDA

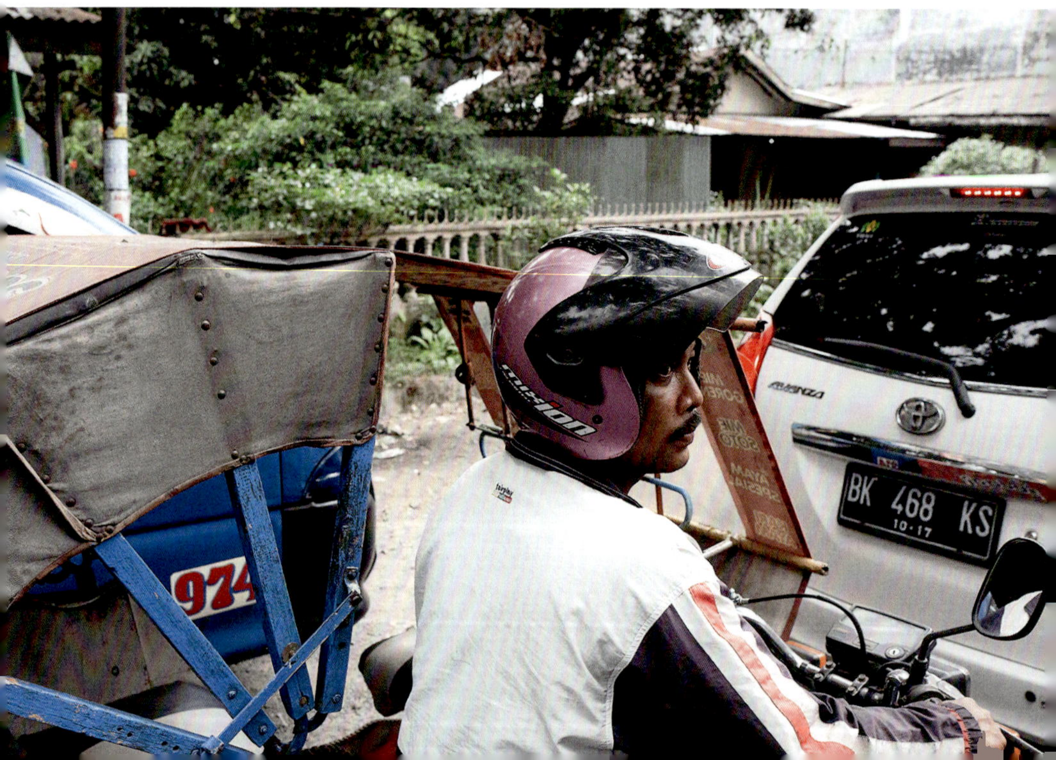
974
BK 468 KS
10·17

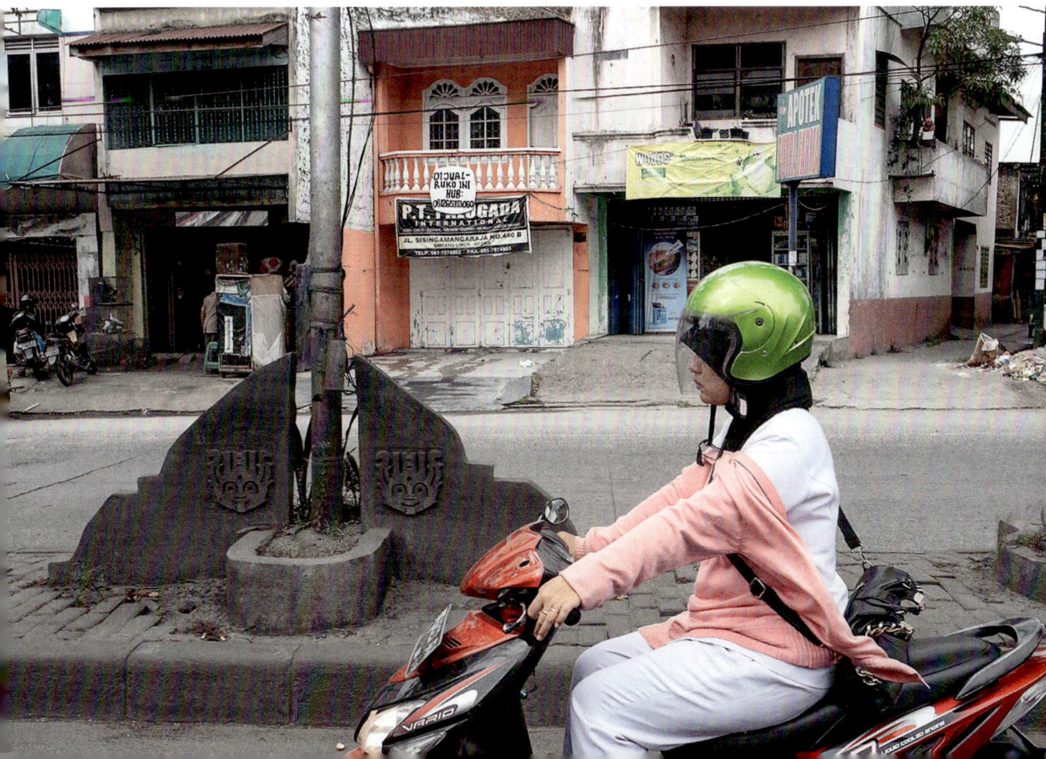
DIJUAL-
RUKO INI
HUB:
INTERNATIONAL
JL. SISINGAMANGARAJA NO.440 B
APOTEK
VARIO

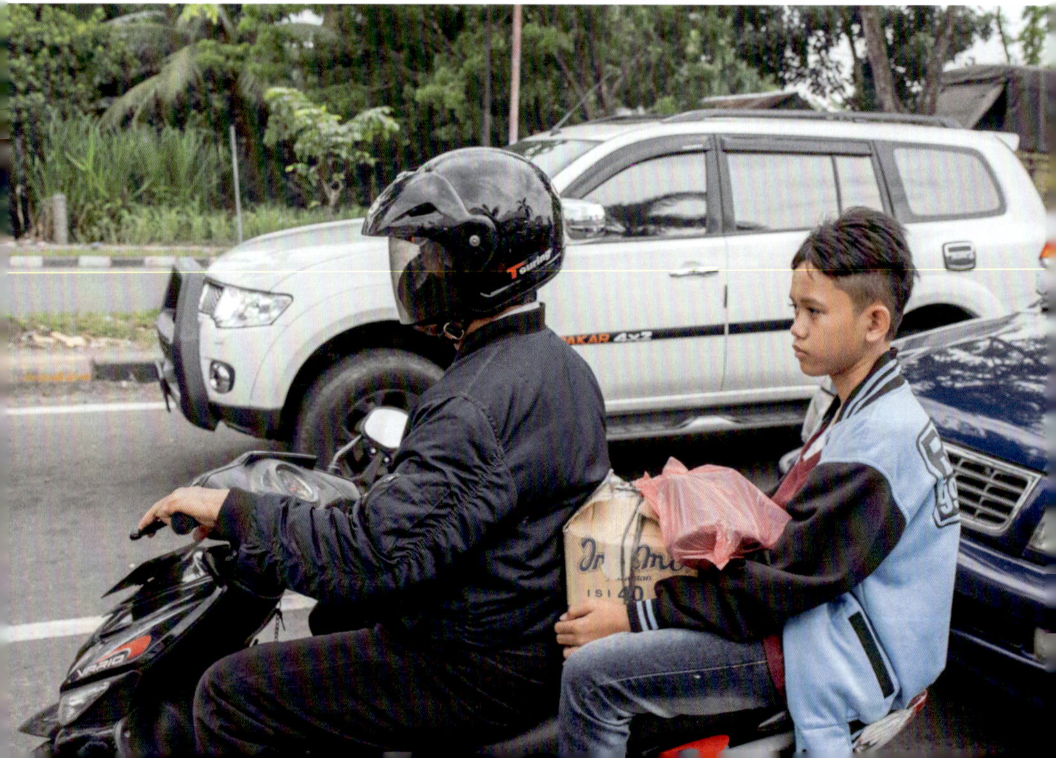
Touring
VARIO
ISI 40

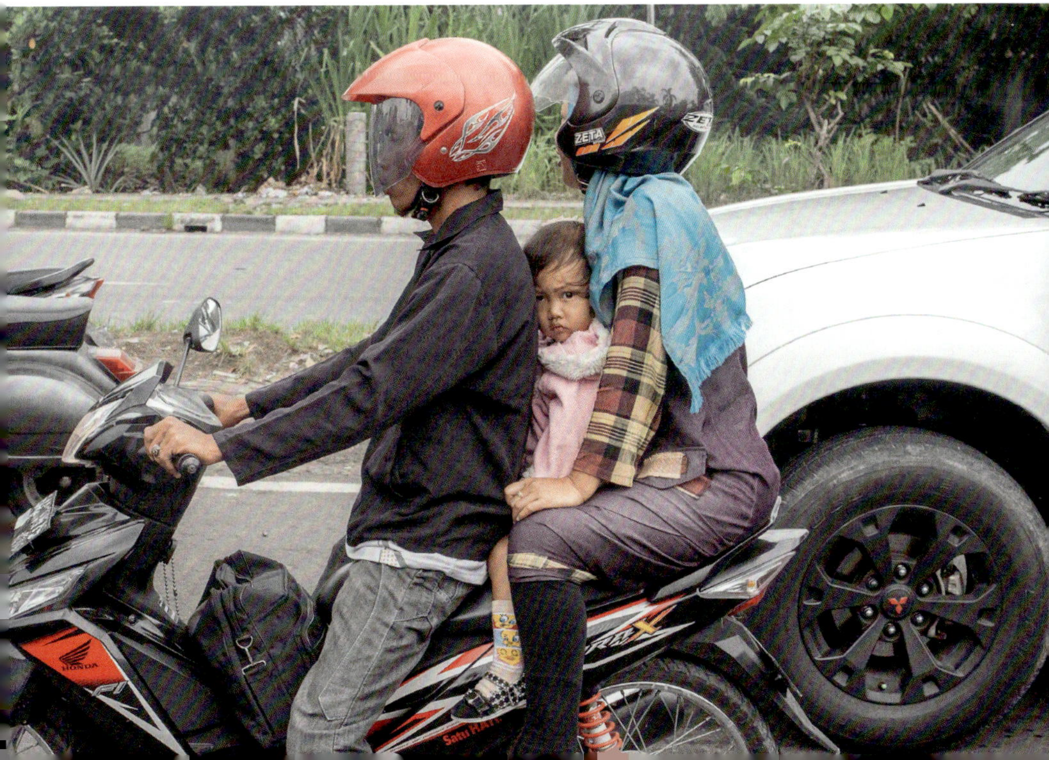
ZETA
HONDA

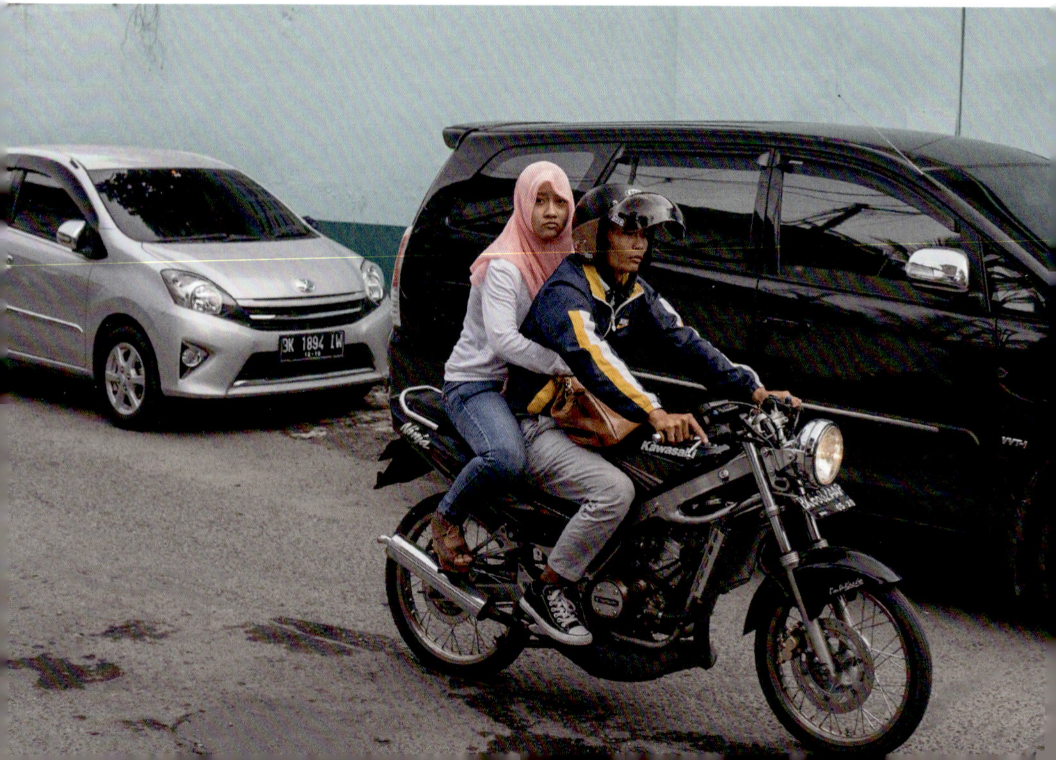
Kawasaki
Ninja

SKUTER

PHOTO CREDITS
BILLY BÜHLER, DOMINIQUE FREY

BOOK DESIGN
TEO SCHIFFERLI
ASSISTANCE
ANNE STOCK
PRINTED AND BOUND BY
KÖSEL GMBH
PAPER
PROFISILK, 115 G
COVER
PROFISILK, 300 G
FONT
MAXIMAGE GIMBADONG

FIRST EDITION
EDITION PATRICK FREY, 2017
PRINT RUN: 600 COPIES
ISBN 978-3-906803-31-9
PRINTED IN GERMANY

EDITION PATRICK FREY,
LIMMATSTRASSE 268, CH 8005 ZÜRICH
WWW.EDITIONPATRICKFREY.COM
MAIL@EDITIONPATRICKFREY.CH

DISTRIBUTION

SWITZERLAND
AVA VERLAGSAUSLIEFERUNG,
CH - AFFOLTERN AM ALBIS
AVA.CH

GERMANY, AUSTRIA
GVA GEMEINSAME
VERLAGSAUSLIEFERUNG
D - GÖTTINGEN
GVA-VERLAGE.DE

FRANCE, LUXEMBOURG, BELGIUM:
LES PRESSES DU RÉEL,
F - DIJON
LESPRESSESDUREEL.COM

UNITED KINGDOM
ANTENNE BOOKS
GB - LONDON
ANTENNEBOOKS.COM

JAPAN
MARGINAL PRESS
JP - TOKYO
MARGINAL-PRESS.COM

UNITED STATES
RAM PUBLICATIONS + DISTRIBUTION,
USA - SANTA MONICA
RAMPUB.COM

AUSTRALIA, NEW ZEALAND
PERIMETER DISTRIBUTION
AU - MELBOURNE
PERIMETERDISTRIBUTION.COM

REST OF THE WORLD
EDITION PATRICK FREY
CH - ZÜRICH
EDITIONPATRICKFREY.COM

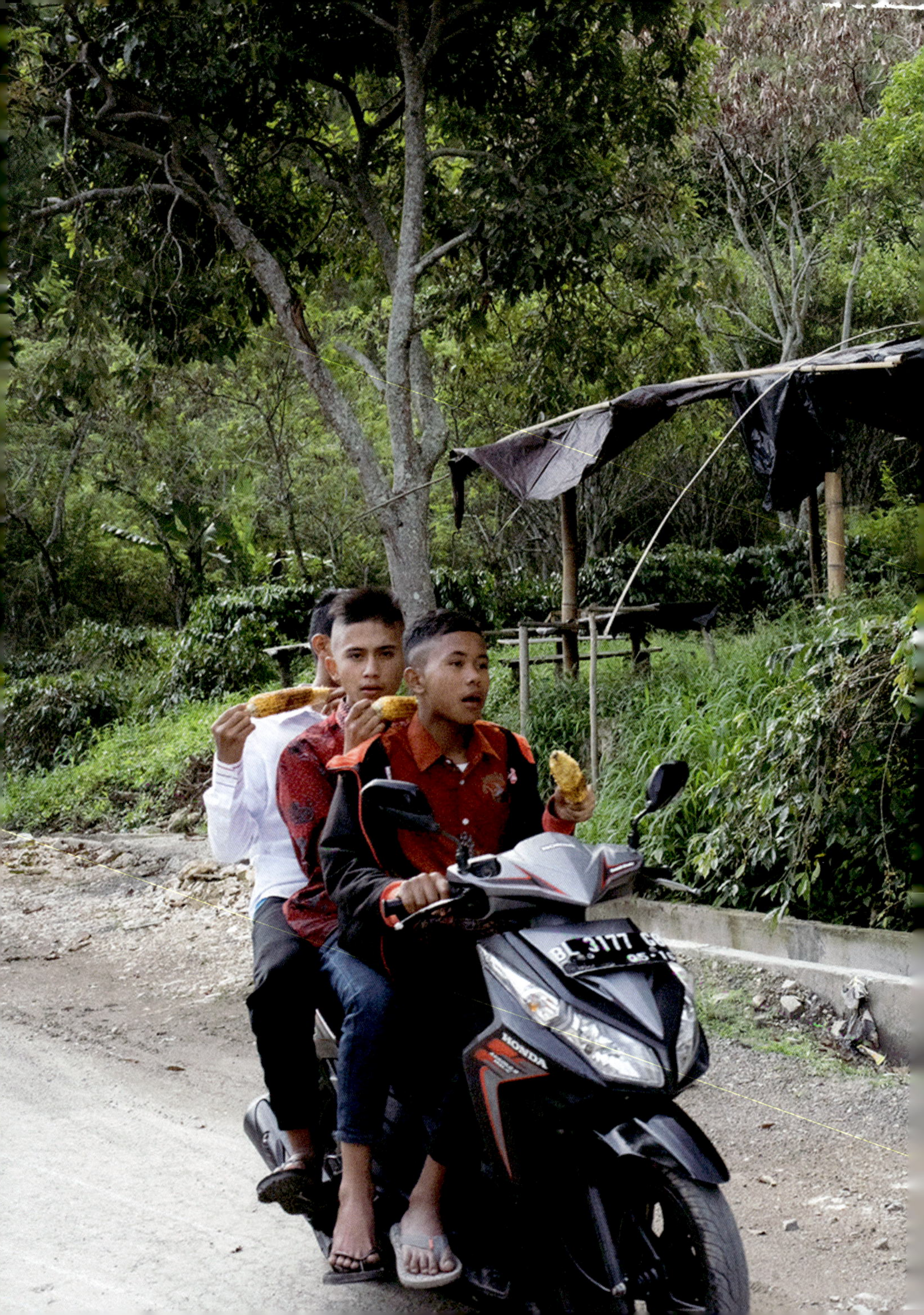
BL 3177
HONDA